THE FIELD WORK

ザ・フィールドワーク

生態人類学会 編

京都大学学術出版会

まえがき

マサイの家畜市場にて

二〇二四年の夏、ちょうど本書の制作中に、念願かなってアフリカ大陸をはじめて訪問しました。私のように東アジアに生まれ太平洋の諸地域で研究をしてきたものにとって、アフリカは、そこが人類誕生の地と考えるだけで憧憬の感情がわきおこる場所です。

タンザニアのモロゴロという町から北に一時間ほど車で走った場所にある家畜市場を訪ねた時のことです。そこは週に一回、土曜日だけに開かれる市場で、周辺に住む牧畜民であるマサイ（マーサイ）の人が家畜を売り買いし、日常生活に必要な布やサンダルを買い、直火で焼いた肉を食べながら知り合いと交流するような場所でした。広大な敷地に集められた家畜の多さ、そして背筋の伸びたマサイの人々の醸しだす活気は予想以上のものでした。

市場の中心には屠殺場があり、そこにはウシやヤギ、ヒツジが次々と運ばれてきました。屠殺場に運びこまれるまでは必死に抵抗する家畜たちも、倒されると驚くほどおとなしくなります。大きな前掛けをつけた屠殺人が、大きな包丁で家畜の首を掻き切ると、首の動脈から大量の血が噴き出します。屠殺された家畜は、枝肉となって直火焼きの店に運ばれていきました。

たくさんの哺乳類の命が奪われる場面を、複雑な気持ちで観察していました。その時、ひとりのマサイの老人が屠殺場に入ってきました。彼は地面にころがっていたガラスのコップをみつけると、ウシの首から噴き出す血をそのコップ一杯に満たし、ゴクゴクと飲み干しました。乾燥地に暮らし多様な動植物を食物として利用することが難しいアフリカの牧畜民が、動物の血と乳を常食とすることは、私も知っていました。ですが、私たちが喉の渇きをいやすために麦茶を飲むかのような飲み方に、私はすっかり驚いてしまいました。その後も、ウシが殺されるたびに、マサイの人たちが入れ替わり立ち代わりやってきて血を飲んでいきます。その姿をみて、若いころの自分が牧畜民の社会でフィールドワークをしたとすれば、やはり血を飲んだのだろうか、それは大変なことだなと考えていました。

自分が生まれ育った地域を離れて、よそで新しい生活を始めることは、それがどこであれ大変なことです。ましてや、生態人類学者のフィールドワークは、食べものをはじめとする日常生活の要素や人付き合いのルールが、自分の育った社会と大きく異なる場所で実施されることが多いので、調査者はいろいろな苦労をするものです。例外的にタフな人を除けば、よその地域で新しい生活を始める時、私たちはおっかなびっくり、弱弱しい笑いを浮かべながら、なんとか毎日を生きるのが普通ではないでしょうか。私が、ろくに言葉も勉強しないままに、はじめてパプアニューギニアの村で暮らし始めた時、私には見えない悪い精霊から逃げ惑う人々、私の腹痛を呪術で治そうとする老人、私がうんこをしているのをみつけると隣に並んでうんこを始める子どもなど、あまりのカルチャーショックに「これは調査どころではない、食べて、寝て、村から追い出されることなく、無事に日本に帰ることを目標にしよう」と考えたことを、血をゴクゴク飲むマサイの人々をみながら思い出してしまいました。

人間とは何か、その問いを人類（ホモ・サピエンス）と環境との関わりの中に解こうとする生態人類学は、自然科学に近い部分が多く、したがって私たちの書く論文や学術書には、調査の学術的成果以外のおもしろい話、すなわち、成果を得るまでに調査者が経験した感情の揺らぎについてはほとんど書かれていません。そういう話をことさらに喧伝するのは、科学的ではないし、プロのフィールドワーカーとしては恰好悪いと感じる人が多いのかもしれません。したがって、調査のなかで出会う驚き、感動、とまどいなどは、コーヒーやビールを飲みながらの仲間内の話として語られるばかりでした。

しかしながら、異なる社会で生きてきた人間（私たちと私たちを受け入れてくれた人々）が出会うことによって生まれる感情の揺らぎは、時としてホモ・サピエンスという生物の本質を考えるヒントになるとも考えられます。なにより、こんなおもしろい話を仲間内だけで話すのではなく、次世代を担う中学生、高校生、大学生、そして世の大人たちに広く伝えたい。そんな思いでこの本はつくられました。まじめな講演会や講義で語られるような小難しい話とちがって、コーヒーやビールを飲みながら読んでも、ベッドに寝転がって読んでもおもしろい話を集めることができました。一つの本にしてみると、生態人類学者というものは、よくもまあ世界のいろいろな場所でいろいろな経験をしているものだと感じます。一二九人の研究者が人生をかけた調査のなかで出会った、とっておきのノンフィクションをお楽しみください。

二〇二五年一月

梅崎 昌裕

ザ・フィールドワーク

THE FIELDWORK

129人のおどろき・とまどい・よろこびから広がる世界

目次

PART 2 何といっても人は食から

食事を通して知る人間世界

PART 3 身体と死生のリアル

身体と心の多様性

PART 4

精霊と呪術と死に触れる

PART 5

フィールド・サバイバル！

PART 10

破壊・消滅・変容の現場で
近代化の現実と保全の努力……………… 208

PART 11

調査作法は人生を左右する
フィールドワークの方法論を身につける… 230

PART 12

自らの問いにこだわる

この道、この場所、何十年

PART 13

かけがえのない出会いと別れ

友という果実

ザ・フィールドワーク

THE FIELDWORK

129人のおどろき・とまどい・よろこびから広がる世界

佐々木 恩愛
One Sasaki

2000年生まれ。京都大学大学院アジア・アフリカ地域研究研究科大学院生。ローカルに食利用される自然資源に関する在来知や狩猟採集行為から、野生の動植物の利用が人々にもたらす生活の豊かさを明らかにしようとしている。特に農村社会で行われる野鳥の狩猟活動に注目し、ラオスでフィールドワークを行っている。

篠原 徹
Toru Sinohara

1945年生まれ。国立歴史民俗博物館・総合研究大学院大学名誉教授、滋賀県立琵琶湖博物館名誉館長。主著に『海と山の民俗自然誌』(1995年)、『ほろ酔いの村』(2019年)などがある。

寺嶋 秀明
Hideaki Terashima

1951年生まれ。神戸学院大学名誉教授。主としてアフリカ熱帯雨林に生きるピグミー系狩猟採集民の生態と社会の研究。『エスノ・サイエンス』(講座生態人類学第8巻、編集)、『わける・ためる』(生態人類学は挑むSESSION 2、2021年、編集)など。

杉山 祐子
Yuko Sugiyama

1958年生まれ。弘前大学名誉教授。ザンビア、タンザニアの農村や日本の農山村を対象に研究を続けてきた。ジェンダーの視点をもちつつ生業システムと在来の技術革新史に焦点をあてている。筑波大学歴史・人類学研究科単位取得退学。博士(京都大学、地域研究)。主な著作に『サバンナの林を豊かに生きる:母系社会の人類学』(生態人類学は挑む MONOGRAPH 7、2022年)など。

座馬 耕一郎
Koichiro Zamma

1972年生まれ。長野県看護大学准教授。野生チンパンジーの睡眠や、シラミと暮らす霊長類、野生動物の分布など、その生物の視点でその生物の生活を考えている。主著に『関わる・認める』(生態人類学は挑む SESSION 5、2022年、分担執筆)、『チンパンジーは365日ベッドを作る』(2016年)など。

伊藤 詞子
Noriko Itoh

1971年生まれ。京都大学研究員。1995年にはじめてカソゲの森を訪れ、離合集散するチンパンジーの調査研究に着手。調査を継続するなかで、季節だけでなく経年変化し続ける森そのものへと関心をひろげる。主著に『たえる・きざす』(生態人類学は挑む SESSION 6、2023年、編著)など。

野田 健太郎
Kentaro Noda

1977年生まれ。総合地球環境学研究所研究員。タンザニアで観光事業を10年間運営した後、研究の道へ。コロブスザルの炭食い行動とそれを観光資源に変化していく地域社会を見ながら、人と野生動物の関係性について調査している。主著に『つくる・つかう』(生態人類学は挑む SESSION 4、2023年、分担執筆)など。

泉 直亮
Naoaki Izumi

1982年生まれ。弘前大学助教。アフリカ（タンザニア）や日本における牧畜や農耕などの生業に注目してフィールドワークしてきた。人びとの生業実践とその社会のあり方との関係を明らかにしようとしている。主著に『アフリカから農を問い直す：自然社会の農学を求めて』（2023年、分担執筆）など。

増田 桃佳
Momoka Masuda

1999年生まれ。東京大学大学院大学院生（博士課程）。人とのつながりのあり方が急速に変化する現代における、島嶼地域の社会、食、健康の関係性に関心を持っている。修士課程では長崎県・小値賀島において、食料の贈与交換と食生活および健康の関係を調べた。博士課程では、ニューカレドニア・マレ島で調査を進めている。

PART 1

あべこべの世界に生きる

異なる文化・異なる環境の中へ

人間とは何だろう？ 誰もが一度は考える問いだ。けれどそんなとき、どうしても自分や自分の周りの人々を思い浮かべて考えてしまう。日本で暮らす私たちの多くは、近代的な都市的生活をしている。しかし世界の人口はおよそ80億。そのうち日本のような近代的生活をしている人は13億人程度しかいないらしい。それで世界に飛び出してみる。実際に訪れてみると、自分とよく似た生活をする人々もいる。しかしときに、自分の常識がまったく通じないこともある。日本のフツーの感覚で言えば、まるで「あべこべの世界」と言いたくなるような「奇妙」な暮らし方なのだ。

生態人類学の研究は、それに驚き、戸惑い、ときに悩むことから始まるけれど、時間が経つと誰もがこう気づくのだ——日本の方が奇妙なんじゃない？

馬場 淳
Jun Baba

1975年生まれ。和光大学教授。パプアニューギニア、ケニア、日本にて、家族・結婚、法、性を主たるテーマにフィールドワークを行うとともに、生態環境に応じた人間の存在の仕方や人間観の変差・行方に関心をもつ。主著に『結婚と扶養の民族誌：パプアニューギニアの伝統とジェンダー』（2012年）など。

河合 香吏
Kaori Kawai

1961年生まれ。東京外国語大学アジア・アフリカ言語文化研究所教授。東アフリカ牧畜民の身体認識や地理空間認識、民族集団間の関係などの生態人類学的研究をしてきた。また、霊長類学との協働で社会性の起原と進化をめぐる学際研究を続けている。主著に『関わる・認める』（生態人類学は挑む SESSION 5、2022年、編著）など。

鏡の中の国へ

あべこべの世界に生きる

篠原 徹
Toru Shinohara

MY FIELD

エチオピア 南エチオピア州に暮らすコンソ

コンソはエチオピア南部に暮らす有畜農耕民で、1990年当時は約10万の人口であった。リフトバレー内の小山塊に密集した村に住み、さまざまな工芸に秀でた人びとである。酒が主食なんて、考えたこともない世界であった。コンソではどこを歩いていても人が寄ってきて写真のようになる。

コンソ文化の非常識

鏡に自分の姿を写せば、鏡をどの位置に置こうが写る像の上下・左右・前後のうちひとつは反対になる。自分の帰属する文化とは異なる文化に身を置けば同じことが起こる。もちろん共通することも多いのだけれども、調査では差異のほうがことさら気にかかるものだ。私が一九九〇年から一〇年ほど通ったエチオピア南部のコンソの社会には、最初から当惑した。コンソの文化と私が育った日本の文化はあまりにも違っていた。「コンソの常識は私の非常識であり、私の常識はコンソの非常識である」というアフォリズム的表現がぴったりの世界であった。コンソの文化は三つの常識（私の非常識）に集約できる。

コンソは山の頂上に稠密な集落を作って暮らしている。畑はその頂上から九〇〇メートル下まで円錐状に展開している。農作業で山を下り、夕方疲れてから山登りして家に帰る。日常空間のありようが平地に住む私たちとは反対である。これがひとつめの常識である。

ふたつめの常識は、主食が醸造ビールということである。彼らのアルコールの消費量は世界有数である。チャガと呼ばれるその酒は、ソルガムやトウモロコシを原料としているのでもちろん自給自足である。三番目がコンソの世界でプライバシーを守ることはきわめてむずかしいということである。山の上の私が住み込んだ村は直径二六〇メートルの円形の石塁のなかに二二六軒の家があり、毎日食事は数軒の家で数百人が一緒になって醸造ビールを飲むのである。私の調査したサウガメ村の総人口は推定一五〇〇くらいだと思われる。

プライバシーなき世界

慣れとはおそろしいもので、最初の二つは体力に自信があったのと酒が好きだ

左：石塁の村コンソ
右（上から）：毎日のように私の小屋をのぞきにくる少女たち／出作り小屋で子どもたちと寝る／男の機織り

ったので何回目かの調査以降はそれほど苦にはならなかった。最後まで私を悩ませ続けたのはプライバシーの確保であった。調査中はコンソの家屋に下宿していたが、そのひとつの小屋のなかに入口を閉めて閉じこもることもしばしばあった。だから夜ひとりになって眠る時間はどれほど貴重であったか。広々としているのでやっとひとりになれると思っていた山麓の出作り小屋での調査さえプライバシーはなかった。上の写真はこのプライバシーの確保がいかにむずかしいことなのかを示している。一見するとコンソの村は石垣で囲まれた城塞のような美しい景観にみえるが、実はこれは極めて恐ろしい光景なのである。これは我が親友の生態人類学者・掛谷誠がコンソを訪れた時の写真である。私のサジェスチョンにしたがって彼が城塞の外側に展開する畑のなかに用を足しに行ったときのものである。生態人類学の調査は長期間にわたることが多く、ぐっすり眠ることができる場所とトイレの確保は必須である。彼の滞在中、好奇心が強く人のプライバシーなんぞなんとも思っていない人びとはずっと彼にひっついて回っていた。城塞の石垣にズラッと並んで彼を注視するコンソの人びとをみて、さすがの彼も「聞きしに勝る」と呻いた。

いまひとつの写真（右頁中段）は出作り小屋に行ったときのもので、夜中この就寝中の子どもたちと並んで寝ていたけど起き出して彼らを撮ったものである。ここは出作り小屋の屋外なので、いくらでも寝る空間はあった。日中四〇度にもなり夜でも三七、八度はある酷熱地帯である。でも私が寝ると子どもたちは、といっても一四、五歳なのだが、みんな私の脇に並んで寝るのである。なにせ暑いし、この日の夜空は満天の星屑でひとり離れて孤独を満喫したかったが子どもたちは許してくれなかった。

異文化理解の不可能性

コンソの文化を三つの常識（私の非常識）に要約したが、他にもまだたくさんあって例えば機織りは立派な男の仕事であり、どんな男も糸繰りから機織り、はては縫物までこなす。モノを運ぶのに男は頭上運搬で女は背負い運搬なんてものもあった。私がナップサップを背負うと人びとは私をみていつも笑うのだ。私はこのラビリンスに迷い込んでしまって当惑しながら暮らしていたが、やがてそういう他者もありうるのだと思うようになった。しかし、プライバシーというより「ひとり」にしてくれないコンソの人びとのお節介（干渉というか世話好きというか）には最後まで悩まされ続けた。

あべこべの世界に生きる

素早い変身

街の生活と自然の中の楽しみ

佐々木 恩愛
One Sasaki

MY FIELD

ラオス

東南アジアの大陸部に位置する人口約750万の内陸国。本稿の舞台である首都ビエンチャンには、唯一の国立大学であるラオス国立大学がある。学生寮では同じ地方出身の学生達が各部屋に分かれて共同生活を送っていた。渡航直後、寮でたった1人の日本人であった私をいつもみんなが遊びに連れ出してくれていた。

「あなたはもう魚を外す係ね、持っている釣竿をちょうだい」

「そこに座って待っていて」

彼女達は口々にそう言いながら、私の一向に魚が食いつかない釣竿を取り上げ、後ろの椅子に座らせた。そして一〇分も経たないうちに、早速その釣竿で一匹釣り上げた。彼女と私で何が違うのかしらと、少し不満に思いながらも言われた通り彼女の釣った魚を外し、すでに五匹ほど入っているバケツに放り込んだ。

ここは、ラオスの首都ビエンチャンにあるラオス国立大学である。私はこの大学に通う学生達と大学の敷地内の池で釣りをしていた。フィールドワークをする傍ら、学生寮に泊まりながら、ラオス語を学ぶために半年間この大学に通った。

「ラオスギャル」漁師になる

ある日の放課後、寮で一番仲の良い友達、パヴィダの誕生日パーティーがあり、放課後みんなでキラキラのライトと爆音の音楽が流れるレストランへ向かった。モデルのようにスタイル抜群で、ばっちり化粧をした彼女達を、私は勝手に「ラオスギャル」と呼んでいる。浴びるようにビールを飲んだあと、寮の門限を過ぎて部屋に戻れなかった私たちは、大学の裏の小屋で寝ていた。翌朝、物音がして起きると、昨晩一緒にビールを飲んでいたラオスギャル達が小屋の前の池で魚釣りをしていた。釣れた魚をさっと捌《さば》き、油で揚げて、もち米と一緒に出してくれた。早朝から魚を釣って、さっと朝ごはんを作る彼女達の姿を見て、「昨夜のキラキラのラオスギャルたちと、同じ人なの?」と一人で戸惑っていた。

「ラオスギャル」木に登る

週末、実家に帰るというパヴィダに誘われ、彼女の幼馴染と一緒に、首都から二〇〇キロメートルほど離れた村に行った。実家に着くと、そのままカゴを担いで食料探しに出かけた。彼女達は裸足で田んぼを歩き、バチャバチャと小川に入って、握り拳くらいの大きなタニシを採ったり、スルスルと木に登ってヤニリンゴ(*Spondias pinnata*)の実やユカン(*Phyllanthus emblica*)の実を採ったりした。枝の先の方まで手を伸ばして実を採る友達に、思わず「気をつけて!」と声をかける私の横で、パヴィダは「大丈夫、あの子は木登りが得意だから」と誇らしげな顔で言った。次の日は、少し離れたゴムノキ林に向かい、みんなで必死にシュロチクの仲間(*Rhapis cochinchinensis*)の新芽を採った。彼女達のように硬い茎の植物を上手に刈れない私は、ナイフの持ち方から丁寧に教えてもらったのだが、それでも全然できなかった。私は大きいタニシも見つけられないし、木の上の実には手が届かないし、硬い新芽もうまく切れないが、家に着いたときには誰よりも疲れていた。パヴィダのお母さんは、みんなで採ってきたカゴいっぱいの食べ物を「やっぱり自然のものが美味しいのよ」と、嬉しそうに取り分けて、お土産としてたくさん持たせてくれた。パヴィダは「帰ったらこれでスープを作ってあげるね」と言ってくれた。

「ラオスギャル」国立大生になる

村から首都に帰ってきた日の夕方は、街の中心地でタートルアン祭りという大きな祭りがあった。寮に着くと、いつでも木に登れる格好からおしゃれな服にすばやく着替えた。綺麗に化粧をして、甘い香りの香水を身に纏って、長い髪を靡かせながら、素早くラオスギャルに変身すると「さあ行くわよ」と私をバイクの後ろに乗せ、颯爽と祭りの会場へ向かった。見たことのないほど人が集まった会場では、花火が上がり、みんな目一杯おしゃれをし、年に一度の大きなお祭りに気合を入れて参加していた。そしてその次の日には、首都の大きなホテル会場で大学の先生や専門家を招いてトークショーをやるからおいでとパヴィダに誘われ、私は司会を務めていた彼女を客席から見ていた。大学の制服をビシッと着て、国立大学の学生として仕事をこなしたり、ラオスギャルになって祭りを楽しむ彼女達の姿を見て、「木に登ったり、プロのような手つきで山菜を採るあの人たちと同じ人なの？」とまたも一人でそのギャップに戸惑った。

漁師に変身した「ラオスギャル」

街と自然を一体とする価値観と生活

ラオスは近年著しい社会発展を遂げているものの、東南アジアの他の国々と比較すると、経済の安定、産業の強化、法の整備など未だに多くの課題がある。今後さらに開発が進み、首都のビエンチャンに暮らす人びとの生活も変わりゆくだろう。ラオス人学生との日常の中で、ふだん国立大学の学生として活躍する彼らの姿と、一歩自然の中に入れば自分たちの手でさっと食べ物を手に入れる鮮やかな彼らの姿を、私は忙しく追いかけていた。そして、そのギャップにいつも驚かされた。しかしその姿にギャップを感じるのは、まるでそれが両極端にあるものと捉えていた私の価値観が前提にあるのかもしれない。自然のものが一番美味しくて、自分たちで作れるものはたくさんあるという彼女たちの中の事実、そしてそれを楽しむことができる余裕。大きく変わりゆくラオスで、人々の資源利用における価値観と実践がどのように変化していくのか。一緒にいろいろな経験をさせてくれた彼女達の将来とともに、これからも見守っていきたいと思う。

エフェ・ピグミーのキャンプ

アフリカの森の人に学ぶ

まぁるい世界にまぁるく生きる

あべこべの世界に生きる

寺嶋 秀明

Hideaki Terashima

MY FIELD

アフリカ大陸コンゴ盆地の熱帯林に暮らす人びと

注で書いたように、一般にいわゆる「ピグミー」と総称されるが、彼ら自身はムブティやアカなどと自称する。深い森の中でゾウから昆虫まで大小の動物を狩り、森の植物の恵みを利用する狩猟採集を主な生業とするが、後から森に入ってきた農耕民などとも交流・共存しながら、まぁるく暮らしている。

ピグミーという人たち

アフリカ大陸の中央部に位置するコンゴ盆地、小高いところから眺めると地の果てまで緑の海が続く光景に言葉を失う。この森に人が住み始めたのは数万年前らしい。その末裔として今も森から離れずに暮らしている人々がいる。身体が小さいことから一般にピグミー*と呼ばれている。身長は江戸時代の日本人より一〇センチメートルていど低いだけだが、はじめて出会ったときは子どものように見えた。

一九七〇年代末、大学の先輩で、日本の生態人類学を牽引していた掛谷誠さん夫妻と一緒に現コンゴ民主共和国のピグミーの住む森を訪れた。一歩足を踏み入れると頭上は三〇メートルを越す高木におおわれ、昼なお暗い。ピグミーの集落に通ずる踏みわけ道をたどるが、森の中はどこもかしこも同じに見え、西も東もさだかでない。やがて少しひらけたところに出るとお椀を伏せたような小屋が並んでいる。エフェというピグミーたちの集落（キャンプ）だった。

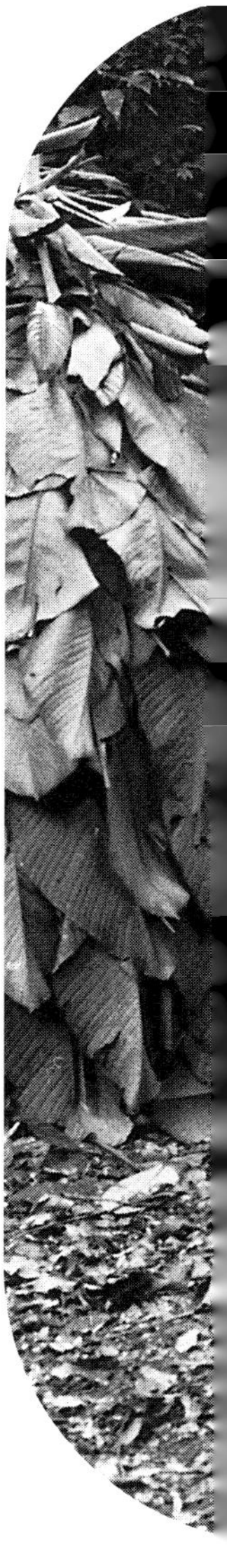

狩猟採集という生きかた

エフェは二〇世紀の後半においても野生の動物、蜂蜜、小魚、イモ類、果実といった自然界の食物を入手しながら日々暮らしていた。そういった暮らしでもっとも大切なことが分かち合い（シェアリング）である。キャンプに持ち帰ってきた猟の獲物はかならずほかの人々にも分配される。蜂蜜でも木の実でも同じだ。素材ばかりでなく、料理したあとのおすそ分けもある。キャンプは大きな家族といってよい。たとえていうなら、だれでも席につくことができるまるい大きな食卓がキャンプのど真ん中にあるのだ。

かれらの社会には特別な権威をもつ者はいない。大切なことは皆の話し合いで決められる。ただし多数の意見には従えというものでもない。迷惑がかかることでなければ、皆に同調しなくてもかまわない。自由の原点といえる。

狩猟採集生活は人類のもっとも古いライフスタイルである。不便きわまりない暮らしと思われるかもしれないが、二〇〜三〇万年というホモ・サピエンス全史の九五パーセント以上、人類をしっかりささえてきたものだ。農耕や牧畜が始まったのはせいぜい一万年前にすぎない。

狩猟採集社会がおおいにほこるべき特徴が平和だ。日本の縄文時代はその典型である。平和な暮らしが一万年以上続いたようである。しかし稲作農耕が進んだ弥生時代になると、とたんに資源をめぐって多数の死者を伴う争いが出現する。有史以来、日本にかぎらず国同士の争いが日常化し、人類は戦火に明け暮れてきた。科学知識や技術の発展が平和よりも戦禍拡大に貢献している。人びとの暮らしと自然を滅ぼしつつある科学と技術の暴走に対し、ホモ・サピエンス（「知恵ある・人」）はどう向き合うのか。思案している時間はあまり残されていないようだ。

森をわたる仲間の歌声

エフェたちの話に戻ろう。森は広大だが道に迷って行方不明になったという話はほとんど聞かない。卓越した空間認識力が備わっているのだろう。しかし日が落ちると行動は大きく制約される。あるとき単独で森の中に入った男が日が暮れてもキャンプに戻ってこなかった。夜がふけてくるとさすがにキャンプの人びとも心配になったようだ。漆黒の森に向かって女性たちの呼びかけがくりかえし発信され、木々のはざまに吸い込まれていった。

私はそれを聞きながら眠ってしまったが、翌朝目覚めてすぐにキャンプを見わたすと当の男性が何事もなかったかのように焚き火にあたっていた。聞くと、夜遅くにキャンプに着いたのだという。音響学的には樹木に囲まれた森の中はたいへん心地よい効果的な音響空間となっているらしい。皆の心を乗せた人びとの歌声が森の深くまでちゃんと届いたのである。事件にならない事件であった。

キャンプの上空には今日もぽっかりとまるい青空がのぞいているだろう。そこに生きる人たちのキャンプも草の葉で作った小さな住居もまるい。顔も目も、心もまるい。私たちもこのまぁるい地球にまぁるく生きることを学ばなければいけない。

＊人類学でいうピグミーとは成人男子の平均身長が約一五〇センチメートル以下の集団を指す。多くはアフリカやアジアの熱帯林に住む。二〇世紀半ばまで狩猟採集生活を営んできた人たちが多い。あとから移住してきた人びとと交流しながら森で暮らしている。

あべこべの世界に生きる

病人をひとりにしない人びとくらす

「病気のときはひとり静かに寝ていたい」との折りあいをつけるには

杉山 祐子
Yuko Sugiyama

シコクビエの酒宴を楽しむ若かりしころの著者

MY FIELD

ザンビア北部に暮らす農耕民ベンバ

バントゥー系の焼畑農耕民ベンバの人びとが暮らすのは、ザンビア北部州の乾燥疎開林帯。農業には向かないとされる環境にあって独特な焼畑農法を発達させ、多様な植生を生み出して豊かな生活を手にしてきた。対外交易を独占して伝統的な王国(チーフダム)を築いてきたこと、母系社会であることでもよく知られている。

どうしてみんながお見舞いに?

ザンビア北部に住む焼畑農耕民ベンバの村に初めて住み込み調査をしたときのこと。ある日、急に熱が出た。「家で安静にしなくては」そう思った私は、自分の小屋で静かに寝ることにした。しばらくすると扉をたたく人がいる。「誰?」「私よ、隣のMばあさんよ」扉をあけてMばあさんが入ってくる。そして私に尋ねる。「体調が悪いのか?」

Mばあさんにはほんの一時間ほど前に「ちょっと体調が悪いから家の中で休んでいるね」と言ったばかりだ。なのに、なぜこんなことを聞かれるのだろう。とまどっているとまた誰かが扉をたたく。Aばあさんと娘のBさんだった。「体調が悪いのか?」また同じことを聞く。ものの一時間もしないうち、私の小屋は見舞客でいっぱいになってしまった。そして皆が異口同音に「体調が悪いのか?」と聞く。「(私の心の声)だから体調が悪くて休んでるって言ったじゃない!なぜ静かに寝かせてくれないの?」身体の不調もさることながら、見舞客がひっきりなしにやってきて繰り返し同じことを尋ね、私が答えるまで帰らないので、いらだちを通り越して悲しくなってしまった。

病人をひとりにしない原則と掛谷さんの受難

やがて、このお見舞い攻勢は村びとが「病人をひとりにしない」という原則にそっているからだとわかってきた。家の中にばかりいて誰とも話さない時間が長いと「のどの塊《かたまり》病」を併発する、と人びとは恐れる。「のどの塊」というのは、イチコンコとよばれるピーナッツ団子の塊がのどに詰まって飲みこめなくなる状態になぞらえた表現なのだが、ひとたびその病になると気分がふさいで身体が弱り、死に至るほど重篤になることがあるという。それを防ぐにはほかの人と話さなければいけない。そうすると身体のなかに「風」が通り、力が戻って早く回復する……。なるほど先の例で皆が私に話しかけたのは、私の身体に「風」を通すためだったのか。

さらに村びとの行動を観察した結果、ほかの人が近くにいる東屋《あずまや》や木陰などなら静かに寝かせてもらえることに気づいた。年配者や成人男性は家の中で寝ていても許されるのだが、それでもずっと家の中にはおらず、ときおり外に出て人と言葉をかわすのだ。

この原則に触れて村びとのお見舞い攻勢を受けたのは、私の指導教員だった掛

チテメネ・システムとよばれるベンバの独特な焼畑。不足する有機物を補うために伐採した枝葉を集めて耕地をつくる

谷誠さんである。掛谷さんは私の調査の進捗を確認がてら、ご自身の調査をしに来られたのだが、マラリアらしき発熱症状が出た。掛谷さんは治療薬を飲み、昼も夜も家にこもって安静にする体勢をとった。村びとには私が掛谷さんの病状を説明し、私と話をするから「のどの塊病」にはならないと伝えたのだが、安心できない村びとはつぎつぎ見舞いにやってきた。「体調が悪いのか？」問われると掛谷さんは「昨夜は××だったが、いまは××」と丁寧に説明する。「おだいじに」その村びとがと立ち去ると、また次の見舞い客がやってきて「体調が悪いのか？」これでは安静になどしていられない。

日本人にとっての病気対処とはなにか

掛谷さんは村長に頼んで村びとを集め、こんな演説をした。「私は科学者でベンバの文化に敬意をもっているので、ベンバのやりかたの良さを知っている。しかし日本の文化で育った私の身体には日本のやりかたがしみついている。日本人にとっての病気対処は家の中で静かに寝ることだ。頭では私もベンバのやりかたに従いたいが、私の身体がいうことを聞かないのだ。だからいまは日本のやりかたで対処させてほしい」。

異文化の中で自分のあたりまえとは違うやりかたに出会い、それを通して人間の多様性に気づく。村びとへの掛谷さんの演説は、そんな人類学の講義そのものだった。しかしこれほど律儀に相手に向きあい、自分の現状を示して文化のちがいを説く研究者がどこにいようか。掛谷さんの演説は村びとの心にも響き、村びとは口々に言った。「よしわかった！私たちも日本のやりかたに敬意を払って、見舞いには来ないようにしよう」

その後、どうなったかって？二、三日お見舞いを控えていた村びとも、掛谷さんが回復するとこんなことを言いはじめた。「マラリアはアフリカの病気だからベンバのやりかたで対処したほうがいいのではないか？」これを機に病気対処について村びとと語り合うことが増え、人びとが近代医療を含む複数の方法をどんな理由づけによって、どのように組みあわせているかを知るようになった。やがてベンバのやりかたにすっかり染まった私は、掛谷さんの安静を邪魔する側に回ってしまったのだが、それを思い出すたび言いようのない申し訳なさとともに、人間だれもが病気を経験するのに、その対処は身体にしみついた文化とこんなにも切り離せないのだと教えてくれた掛谷さんの演説が鮮やかによみがえるのである。

座馬耕一郎
Koichiro Zamma

あべこべの世界に生きる

境界線の上を歩く
「地図上の境界線」と「実物の境界線」

マハレ山塊国立公園の「実物の境界線」

まっすぐだと起伏がある

焼けた地面。乾季の太陽に激しく照らされ歩く。喉が渇く。水はもうない。行く先には、低い林を二〇メートル程の幅で伐って作られた直線が小さな丘と谷を越えて続き、遠くに白い石柱がポツンと見える。

起伏に疲れ、朦朧とするが、足もとに糞を見つけると記録する。一一時一一分、ンシャの糞。野焼きで露出した地面に小さな糞がパラパラと集まっている。ンシャは体長一メートル程のウシ科の動物、ブッシュダイカーのスワヒリ語名だ。一一時一二分、高さ一メートル程の白い石柱にたどりつき、GPSで位置を記録する。今日、一〇個目の石柱だ。そこから遠くに次の石柱が見え、また重い足を動かす。

喉が渇く。小さな谷に沢を期待するが、水はない。一一時二四分、フィールドノートに力なく「水―」と記し、また丘を上る。希望は地図上に見つけたルクス川。地図に載る川なら水があるはず……。

二〇一四年一〇月一一日、タンザニア連合共和国、マハレ山塊国立公園の境界線の上を歩いていた。なぜ歩いていたか。境界線が分からなかったからだ。

境界線が分からない

マハレ山塊国立公園は一九八五年に設立された。もちろん境界線は地図に描かれている。その地図がおかしいことに気づいたのは二〇〇八年のことだった。この年、マハレの調査地の先駆者である西田利貞先生から「公園の境界線付近の住民の土地利用を調べてほしい」と依頼があり、タンガニーカ湖畔のカトゥンビ村から公園を目指した。道案内は村の若者にお願いした。村の道沿いの荒れた土地のところどころには畑があり、その端に家が建っていた。二〇分ほど歩くと、GPSが地図上の公園の内側に入ったことを示した。しかし様子がおかしい。公園の中なのに、畑もあるし、家もある。川で食器を洗っている人もいる。

それは想定外だった。境界線について、それまで村の人から「公園の警備が厳しく、境界線の内側に入っているところを見つかると逮捕される」と怯えの対象として聞かされていたからだ。何が起きているのかよく分からない。

それが分かったのは二キロメートルほど道を進み、林の中の木に打ち付けられた白い板を見つけたときだった。道案内の若者は「公園の境界線を示す板だ」と言う。「マハレ山塊国立公園、入園には許可が必要」と手書きのスワヒリ語で書かれた両手ほどの大きさの看板や、セメント製の白い石柱もある。どれも公園の職員によって設置されたものだという。「地図上の境界線」の内側に「実物の境界線」があったのだ。

翌日は「地図上の境界線」の内側で木を伐る音を聞いた。公園内なら密伐の現行犯だ。しかし道案内の若者は「看板がまだない。ここは公園の外だ」と言う。おそるおそる音に近づくと、二人組の若者がいた。彼らは、ここは公園の外で、公園はここから二〇分程奥に入ったところだと説明した。そして彼らの言う通り、林を奥に進むと、境界線の看板があった。

ここでは境界線は、人々が実際に目にし、認識できる、たしかな存在としての「実物」だった。そして「地図上の境界線」にこだわるのは私だけだった。

それから「境界線」は私の中のテーマとなった。公園の職員が林を伐って作る「実物の境界線」をはっきりと目にしたのは二〇一一年の雨季のことだった(写真)。そこには看板や石柱もある。しかしタンザニアの政府機関が作成した地図や研究者が作成した地図をいくら探しても「実物の境界線」を示した地図がない。それどころかこれらの地図の間でさえ、描かれた境界線の位置が異なっている。

正しい境界線が分からない。しかし少なくとも「実物の境界線」は、公園の職員や村の人が認めている境界線である。そこで「実物の境界線」の上を歩いて地図に描こうと思いたった。せっかく歩くなら、境界線付近で生活する動物の、糞などの痕跡も調べよう。

そして二〇一四年の乾季、公園の北東に位置するイカンバ・キャンプを朝八時〇六分に出発し、「実物の境界線」を東に向かったのである。

水と飲み水の境界線

一一時五二分、境界線に沿ってまっすぐ小さな谷へと下っていくと、ルクス川の支流についた。幅一〇メートル以上の川だが干上がっている。どこかに水があるはずだと、乾いた石と枯葉で覆われた川床を歩く。五分程歩くと大きな岩の合間に水たまりが見つかった。水だ!

しかし道案内の若者は「この水は飲めない」と言う。流れていないからだ、と。そしておもむろに岩の下の砂をかきはじめた。

じっと待っていると、小さな砂の穴に、澄んだ水がにじみ出てきた。その水をペットボトルの蓋で大切にすくい、ボトルに溜めて、飲んだ。朦朧と、岩の上の水とこの水の境界線とは何か、公園の境界線とは何か、考えながら。

MY FIELD

タンザニアのマハレ山塊国立公園

日本の援助を受け、1985年に設立された国立公園。チンパンジーの調査地としてよく知られているが、ヒョウやアカオザル、植生の調査もすすめられている。遠くに見える山の連なりがマハレ山塊。道案内をしていただいたトングウェの人々は、動物や植物、自然の中の暮らしについて詳しく教えてくれる先生でもある。

森のすごしかた

チンパンジーを追って

伊藤詞子
Noriko Itoh

子供は大人たちが昼寝をしたり毛づくろいで忙しくしていると、地上樹上問わず周りの環境や自分の身体運動を利用して遊び始める。それは恐ろしい「事件」に発展することもある。写真はパフィー（左）とピース（右）親子

MY FIELD

カソゲの森

東アフリカのタンガニーカ湖畔に位置する広大なマハレ山塊国立公園の一角をなすこの森には、1965年から継続的に観察されてきたチンパンジーたちと、彼らと共に暮らす多種多様な生きものがいる（中村美知夫撮影）。

森のムワリム

　異国の地の森は見るものすべてが新しく、調査対象のチンパンジー（以下、チンプ）のことだけでなく学ぶことが無限にある。フィールドでは地元育ちの調査助手に助けてもらいながら、チンプを追って森を歩き、時に藪の中を身をよじりながら匍匐前進する。私が同行をお願いするのは大抵、右頁下の写真手前の故ハミシ氏やその兄のモシ氏である。二人は国立公園化以前のこの森で生まれ育った。植物にも造詣が深く、私は「先生」（スワヒリ語でムワリム）と呼んで、とにかく目につくものをこれは何？あれは何？とうるさく尋ねたし、今もそうである。彼らも知らない植物に遭遇した時は、あの植物に似ている、いやあの植物の方が似ているんじゃないか、と一緒に葉や木肌の質感や匂いなど、感覚できる事をあれやこれや探索しながら相談しあえるようにもなった。

身体の調整と先読み

　森を進むには自分の身体についても知る必要がある。舗装された道を歩くのとは違い、全身を使わねばならない。身長や体重、柔軟性などの違いで、必要な身体の使い方は随分と異なる。例えば、一六〇センチに満たない私には飛び移ったり両手両足でよじ登ったりせねばならないのに、背の高いハミシやモシは普通に進めるという場面が何度もあった。逆に、私は簡単に潜り進めても、少し大柄のモシは山刀で枝葉を切り払わないと通れないような、密生した藪のトンネルもある。

　森ですごすには常に感覚の全てを使う必要がある。足元の感覚や音の変化に気をつけて体重の置き方や足運びの速度を調整する。そうしないと、複雑に絡まり合ったつる植物の上では、踏み抜いてはまり込み、更にその反動でつるが締め上げてくる。深く積もった落ち葉の下には動物が掘った穴や、滑りやすい石や泥が隠れている。水難もある。大きな川ではチンプに置いていかれないよう飛び石づたいに渡るが、何度かつるりと滑って川に落ち、びしょ濡れになった。チンプが木伝いに渡ったり、飛び石を軽々と渡っていくのを見ては、二足歩行を呪ったものである。一度だけ、飛び石で同じように滑ってびしょ濡れになり、呆然とするチンプを目撃した。以後、そいつには勝手に親近感をもっている。大雨であっという間に川が増水することもある。無理して渡ると湖まで流されてしまうので相当危険である。気にすべきは、自分に降り注ぐ雨ではなく、遠く離れたマハレ山塊の上の雨である。大した雨じゃないとたかをくくっていたら、上流で増水しゴーゴーと水飛沫をあげながら流れる鉄砲水を前に、帰宅困難になってしまう。

事件――ハチとチンプと人ども

　こうして徐々に身につく身構えもたくさんある一方で、森の中にはいろいろな生きものがおり、時と場合によっては相当危険である。この「時と場合」がやっかいなのだが、それはチンプに「教えてもらう」のが一番である。

　ある昼下がり、南から北へと追ってきたチンプの一団が休憩し始めた。ちびっ子たちは早速遊び始め、手近の細い小木に登って樹幹で何やらゴソゴソしている。地上の大人たちは寝転んだり毛繕いしあったりとのんびりしている。ハミシは誰かとお喋りに夢中で声だけが聞こえてくる。いつどこから他の個体が来るかもしれないのがチンプたちの離合集散性なので、私は目の前の個体たちを観察しつつ、周囲から誰かが来る気配はないかと目を光らせ耳をすませていた。しばらくして、突如大人たちが一斉に立ち上がり子供たちを回収し始めた。瞬間、私も何も考えずに一緒にとにかく逃げた。間髪入れず無数のハチの羽音が聞こえ始めた。あの小木にあったハチの巣をちびっ子たちがつついたようだ。走りながら振り返った瞬間、無数の小さな黒い点が空に浮き上がるのが見えた。音が聞こえなくなったところでしゃがみこみ、なお耳をすませた。難は逃れたようである。最初に私に緊張が走ったのはチンプたちの緊張を感じたからで、ともかくこの場を離れるという反応もハチの音を聞いたからではない。チンプたちに依存していなければ、出遅れて襲撃されたに違いない。しばらくして汗だくのハミシが追いついたが、一目で刺されたとわかった。「気をつけてー！ハチー!!」と叫んではおいたのだが、ハチの軍団はなぜか彼らを襲撃したのだそうだ。刺されたのが数カ所で済んだのは不幸中の幸いである。

データの手前で

　同様のことは、ハチだけでなくヘビの場合もあるし、チンプ個体の場合もある。事が起こる直前の状況や微かな興奮のきざしをチンプたちはよく察する。フィールドの観察は、人びと、チンプや他の生きものを含む身の回りの環境の微細な動きに身を浸すことで、さまざまな楽しみや安堵、更には身の安全を、いろんな意味でのドキドキとともにもたらす。それはデータを取るという研究活動の手前にあって、必要不可欠の森のすごしかたなのである。

あべこべの世界に生きる

はざまを生きる

狩猟民ハッザとの会話から

野田 健太郎
Kentaro Noda

タンザニア北部に暮らすハッザ

観光サファリの拠点の町アルーシャから150kmほどの距離にハッザたちは暮らす。これまでハッザは牧畜民とわずかな交流をしながら、男性は主に狩りをし、女性が根菜類などを採集する生活をしてきた。2000年以降、近くの国立公園に向かう道路が舗装されると、観光客が訪れるようになり地域が変化しつつある。そんな変化のはざまを生きている。

MY FIELD

近くて遠い世界

これほど近い別世界を私は知らない。

私が暮らしていたタンザニアの北部には、アフリカといえど電気があり、スーパーマーケットがあり、インターネットもある。しかし、そこから三時間あまり車で走っただけで、まったく異なる時間の流れで暮らす人々がいる。弓矢で狩りをし、森で果実や根菜類を集めて暮らす狩猟採集民ハッザの人々である。その地でのフィールドワークはまるでタイムスリップをしたかのようでもある。

約一万二〇〇〇年前、人類が農耕や牧畜を始める以前は、人類はみな狩猟採集民だった。しかし、やがてアフリカに農耕や牧畜が伝わると、安定的な食糧生産を背景に農耕や牧畜を行う人々が増えていった。ウシやロバなどの家畜が通ることで細く曲がりくねっていた獣道が通りやすくなり、家畜を利用してさらに農地の開墾が進んだ。

開墾された土地には狩猟対象の野生動物がいなくなり、狩猟民はさらに奥地へと獲物を追いかけて移り住んでいったとも考えられている。ハッザはアフリカ大陸にわずかに残っている狩猟民グループのうちのひとつで全体で一二〇〇～一五〇〇人くらいしかいない。そのうちの一人に、何度か訪ねるうちに友達になったムラという男がいる。言語でのコミュニケーションは互いの拙いスワヒリ語に限られていたが、どこか気持ちが通じる感覚があった。

彼らは、定住せず獲物を求めて移動して暮らすため、家財道具は背中で運べる程度しか持たない。乾季は草を編んだテントのような家で暮らし、雨季は岩場の影で雨を凌ぎ、地面に直接インパラなどの獣の毛皮を敷いて、そのまま寝る。〝家〟というよりずっとキャンプをしつづけているようでもあり、〝家〟の概念そのものが覆される。

男衆は集まるとよく車座になり、棒切れをササッと擦り合わせて火を起こして囲む。そして、おもむろに弓矢をいじり出す。焚き火で矢を温めては、歯で噛んで真っ直ぐに伸ばして調整している。弓の弦は、インパラの足の腱を撚ってできているが、巻き直すなどして道具の整備に余念がない。談笑しながらずっと弓矢をいじり、時々弓矢を愛おしそうに見つめている。草で編んだ家の奥には、地面に二股の枝が二本突き立てられ、専用の弓矢置き場さえ設けられていた。

狩りの一日

ムラに狩りに連れていってもらったことがある。なんの前触れもなく突然さっと立ち上がり、最初は六、七人で雑談をしながら列になって歩いているが、猟場が近くなると口数が減りどんどんペースが速くなる。そして、獲物がいそうな場

狩猟民ハッザの友人 ムラ

所に来ると、みんな散らばってそれぞれの勘が導くところへ。藪の中をのぞいて小鳥を探す者、斧を片手にミツバチの巣を探す者、イボイノシシやウサギの巣穴を探す者。まるで宝探しゲームだ。

そんなとき、目の前でワシがバッと飛び発った！

その瞬間、私の前にいた少年が、それまでは持っていなかったディクディクという小鹿くらいの動物を背中に担いでいた。仕留めたにしては素早すぎるし、断末魔の叫び声も聞こえなかった。身振り手振りで聞いてみると、ワシがディクディクを食べていたので、ワシを追っ払って横取りしたのだという。ワシは高い空をくるくると舞い、見下ろしている。ここでは人も食物連鎖の一部である。

そんな狩りの合間、ムラに家族の死について聞く機会があった。私の拙い現地語と手振りのジェスチャーで、聞いてみた。

「例えばムラのお祖父ちゃんは、なんで死んだの？」

「んー。知らない」

「原因は？病気とか？」

「んー。わからない」

「具合悪かったの？」

「いや、そんなことはない」

本当は亡くなった時の状況を聞き出したかったのだが、うまく伝わらず、会話がぐるぐると堂々巡りをしていると、突然、ムラは言った。

「わかった。おれのために死んだんだ」と。

「どういうこと？」と僕が聞くと、ムラは「じいちゃんが死んだ年に、僕が生まれた。だから自分が誕生する〝すきま〟を作るために死んだんだ」と説明してくれた。

彼が大自然の生態系の中で占める〝すきま〟と、私が日本社会の中で占める〝すきま〟。二つの生き方がこんなに違っていて、同じように〝すきま〟を生きている。その気づきは、私の胸の奥につかえていた何かを吹き飛ばしてくれる爽快感があった。

何年もたった今も、思い出す時がある。ムラは、そして私はどんな〝すきま〟を生きているのだろう。

パイライ（犬）とともに畑へ出かける

あべこべの世界に生きる

フィールド調査事はじめ

マレ島に足を踏み入れた時のこと

増田 桃佳
Momoka Masuda

マレ島へ

二〇二三年九月、私は初めてニューカレドニア・マレ島を訪れた。ニューカレドニアに行くというと、天国にいちばん近い島に行けて羨ましいとよく言われるが、果てしなく続く白いビーチも、贅沢なリゾートもマレ島にはない。マレ島はニューカレドニアで最も観光から遠い離島の一つである。島は一面の森に覆われ、断続的にビーチが存在する。首都ヌメアから飛行機に乗って四〇分で行くことができるが、私が初めてマレ島に向かった

MY FIELD

フランス領ニューカレドニアの先住民カナック

カナックの食卓は、フランスの食文化の影響を受けている。朝食の定番はバターを塗ったバゲットで、フランス人のようにコーヒーに浸して食べることもある。サラダにかけるのは、フレンチドレッシングの基本、ヴィネグレットソース。ヤムイモと野菜と鶏肉を煮込んだチキンブイヨンのスープなど、洋食の影響を受けた料理が食卓に上る。

便には、観光客らしき姿はなく、私と仕事で来ているというフランス人以外の乗客は皆、先住民カナックの人たちであった。ニューカレドニアはフランス領のため、フランス人も多く住んでいるが、マレ島は人口の約九八パーセントがカナックである。飛行機がマレ島ラ・ロッシュの空港に近づくにつれ、それまでずっと抱いていた調査を始めることに対する不安がさらに大きく膨らんでいった。縁もゆかりもない土地に一人で飛び込んでいくのは勇気のいることである。どんな人たちがいるのだろう。受け入れてもらえるだろうか。私はあまり人付き合いが得意ではないので、そういったことが一番の心配事であった。

出会い

私の不安は杞憂に過ぎなかった。もちろん、習慣の違いに戸惑いを感じることはあったが、しばらく現地で過ごすと不安な気持ちは消え去った。事前に首都ヌメアで会っていたラ・ロッシュの大首長が居候させてくれる家族を探してくださり、その家族がとてもよくしてくれた。最初、私は遠慮がちだったが、自分の家のように過ごしてほしい、遠慮しないで何でも言ってほしいと言われ、徐々に緊張もほぐれてきた。私は食と栄養に関心を持っているため、その家族と一緒に食事の準備をしたり、畑仕事をしたりして過ごした。親戚や友人の家も訪ね、どんどん人間関係の輪が広がった。私が出会った人たちは概ね親切に接してくれたが、お客さんとして過剰にもてなされることはなく、それが心地よかった。

ネンゴネ語一年生

マレ島の人たちとの距離を縮めるのに役立ったのは、現地の言葉を覚えることであった。ニューカレドニアの公用語はフランス語なので、マレ島の人たちは私にフランス語で話しかけてくれる。一方で、カナックは二八の言語を有しており、マレ島ではネンゴネ語が日常的に話されている。食べ物や植物の名前を訊ねてはメモし、ネンゴネ語の「辞書」を作っていった。覚えた言葉を披露すると喜んでもらえた。また、主食であるヤムイモはネンゴネ語で細かく分類されており、ヤムイモの耕作サイクルにも時期ごとに名前が付けられているなど、言葉を覚えることは食の理解にも役立ちそうであった。

ネンゴネ語で耳にする機会が多かったのが、「パイライ、タコル」である。パイライとは犬のこと、タコルとは失せろ、という意味である。マレ島の人たちは猟犬として、あるいは畑をイノシシから守る目的で犬を飼っているのだが、犬は結構邪険に扱われている。犬が家に入ったり、食卓に近づいたりすると、「パイライ、タコル！」と怒鳴りながら犬を蹴ったり叩いたりして追い出す。この厳しい教育のおかげか、犬は人間にとても従順で、飼い主が畑や家畜の世話に出かけるときはどこまでも付いてくる。散歩に出かけても飼い主に付いて来ず、好き勝手な方向に歩こうとする私の実家の犬とは大違いである。マレ島にいる間、私も犬に向かって「パイライ、タコル！」と言うようになった（流石に犬が可哀想だと思い、蹴ったり叩いたりはしなかったが）。ある夜、ラ・ロッシュの大首長のご好意で、普段は大首長が使っている家屋「カーズ」に泊めてもらえることになった。カーズの中でくつろいでいたところ、扉からカリカリと音がした。犬が来たのだろうと思い、私は「パイライ、タコル！」と怒鳴りながら扉を開けた。そしたら何と、扉の前にいたのは犬ではなく、声をかけに来てくれた大首長であった。翌日、この出来事を居候先の家族に話したら、帰るまでずっと会う人会う人に笑い話として吹聴された。恥ずかしかったが、この出来事のおかげで何だか人々との距離が縮まったように思うのである。

あべこべの世界に生きる

家族と結婚

「本当の家族」にはなれなかったけれど

泉 直亮
Naoaki Izumi

MY FIELD

タンザニア南西部のルクワ湖畔地域

スクマの人びとは、ウシなどの家畜を飼養し、ウシを用いた農耕を営むものが多い。一夫多妻の大家族をつくって生活をともにする。タンザニア北部をおもな居住域とするが、一部の人びとは多くの家畜を飼養するために南方の各地に移住している。ルクワ湖畔地域は、おもな移住先のひとつである。

「結婚したのか」

わたしがタンザニアでスクマの人びとと暮らしながらフィールドワークをはじめたのは、二〇〇九年のことである。当初は、寄宿先の一家を含めて地域住民との関係はぎこちなかったが、半年が過ぎて最初の滞在が終わりに近づくころには、わたしたちはずいぶんと打ち解けてきた。寄宿先の一家は、わたしを「家族だ」といってくれた。もちろん、それは正確には家族の「ようだ」という意味で、親しみを込めての表現である。ただ、わたしも人びとに家族のような親しみを抱いた。

　現地での生活になじんでくると、周囲から「スクマの女性と結婚しろよ」といわれるようになった。しかし、それはいつも冗談だった。三〇歳近くになっても未婚であり、スクマの男性としてはすでに婚期が遅れていたわたしを半ばからかって、半ば心配してのことである。スクマのもとを訪れるたびに、「結婚したのか」と必ず訊かれた。

　わたしは、自分の両親が離婚していたせいか結婚にあまりいい印象を持てなかったことや、長く貧乏学生だったこともあり、自分の結婚について消極的であった。しかし、スクマの大家族と暮らしているうちに、その考えは少しずつ変わっていった。結婚を急かされたこともあるだろうが、家族のメンバーが深く結びついたスクマの生き方に対して、わたし自身が憧れを抱くようになったのだろう。

スクマの男として認められたか

　冗談ではなく本気でスクマ女性との結婚を打診されたのは、二回目の訪問から五か月が経った二〇一一年五月のことである。これまでは家族の「ような」仲だったが、もしこの縁談に応じて結婚すれば、人びとの正式な姻族、つまり名実ともに「本当の家族」になる。

　縁談は三件ほどあったが、話をもちかけてきたのは、いずれも相手となる女性の父親か兄である。野暮だとは思ったが、わたしは、彼らになぜわたしを選んだのかを尋ねてみた。その答えは、要約すると以下のふたつである。まず、わたしがスクマの生活、とくにウシの世話に慣れており、酒を飲まずによく働くこと。つぎに、もしわたしに娘ができたばあいには、その娘が嫁ぐ際に多くのウシを得られることである。スクマ社会では女性が嫁ぐ際には、夫側の親族から婚資としてウシが支払われるのだが、花嫁の肌が白いばあいには、そのウシの頭数が増える傾向にある。

　これらを根拠に、わたしは多くのウシを所有する成功者になれると判断されたようだ。実際には、わたしは彼らのいうような働きものではないと思うし、酒も体質的に飲めないだけである。しかも、ウシの世話にしても、ひとりでこなせる知識も技術もまだない。それでも、後者の理由はさておき、彼らにスクマの男としての実力を認めてもらえたようで光栄に思えた。

「貧しい日本人」の悲しさ

縁談のゆくえであるが、わたしはこれらに応じることができなかった。おもな理由はふたつある。ひとつめは、結婚相手の女性のことである。わたしは、紹介された女性と懇意に話したことはなかった。わたしは、当人同士が互いに恋愛感情を抱いて関係を育んだ末に結婚に至るという感覚を持っていたのだが、スクマの結婚観とは隔たりがあった。また、スクマ女性の初婚の適齢期は一六歳ぐらいであり、わたしはこのような「少女」を恋愛や結婚の対象にはできないと思った。つまり、わたしは自分のことを「やはりスクマではなく日本人だ」と痛感してしまったのだ。

ふたつめは、身も蓋もないかもしれないが、そもそも婚資としてのウシを支払えなかったからだ。婚資の相場は四〇頭程度である。ウシを所有していないわた

ウシを放牧に送り出す夫婦

しに対して、相手は、家畜市でウシを買えばいいと提案した。しかし、いくら日本より物価の安いタンザニアでも四〇頭のウシは、数百万円にもなる。わたしには支払えない金額だった。人生でもっとも自分の貧しさを実感したのは、このときだったかもしれない。

心配をかけさせた「家族」

二〇一五年頃になると、いよいよ、わたしのために婚資を援助するというものが何人か現れだした。「とにかく泉は結婚するべきだ」という人びとの思いをひしひしと感じた。それはプレッシャーでもあったが、そこまでわたしのことを気にかけてくれることは嬉しかった。

結局、わたしはスクマではなく日本人の女性と結婚した。コロナ禍などで長らく不在にしてしまったが、五年ぶりにスクマのもとを訪れた二〇二三年にそのことを報告した際には、人びとは、とても喜ぶとともに安心したようだ。スクマからの縁談に応じて「本当の家族」になれなかったことについて、わたしは少し後ろめたさを感じていた。しかし、このときの人びとの反応を見て、わたしも安堵した。それと同時に、ずいぶんと長いあいだ心配をかけてしまったことを申し訳なく思った。

馬場 淳
Jun Baba

葬儀の嘆き、最後の遊び

イトコにまつわるルールと情動

MY FIELD

パプアニューギニア マヌス州マヌス島クルティ

単純な漁労も行う農耕民。教育を積んで都市部のホワイトカラーとなり、現金や物資を地元に送る世帯戦略は、資源のない辺境の小さな島の生活を潤してきた。そんなムラの真実は「俺たちは（金ではなく）振る舞い（文化的行為）で生きてるんだ」というホストファミリーの父の教えにあった。

裸で踊り、泥を塗る

キラキラと輝く青い海が眼前に広がる浜辺の小屋は、泣き声に包まれていた。そこには、早すぎる死を迎えてしまった男性の遺体が安置されていた。リードをとる老婆が泣きはじめると、周りの人々が一斉に泣きはじめる。号泣が号泣と重なりあい、大合唱のようになったかと思うと、泣き疲れたのか、いきなりピタリと止む。女性たちはそそくさと網袋からビンロウ噛みの三点セットであるビンロウの実とマスタードの実やキンマの葉、石灰を取り出して、クチャクチャと噛みはじめる。小さな声でおしゃべりしていて、一服といったところだろうか。ほどなくして再びリードの老婆が泣きはじめる……。

ふと、小屋の外が騒がしくなった。哀悼を表現するガラムート（割れ目太鼓）のビートのせいでないことはわかっていた。ココナッツの並木道に目を向けると、裸の人々が踊りながら、こちらにやってくるではないか。裸といっても、体中に泥を塗りたくっているし、草花で装飾もしている（現在、下着を着る人もいる）。異様ないでたちとパフォーマンスに笑う人もいれば、写真を撮っている人もいる。彼らが小屋に着くと、遺体の男性の顔に泥を塗りたくる。近くにいた故人の妻（寡婦）やキョウダイの顔にも、泥を塗る。みんな嫌がったりする様子はない。裸の来訪者も、また泣いていた。

これをはじめて見たときの私は驚きと興奮に震えていたが、それを察した隣の古老は静かに「彼らは（亡くなった男性の）イトコだ。これは、イトコの最後の遊びなんだ」とささやいた。なるほど……いつの間にか、私も目頭が熱くなったのを覚えている。

遊ぶことを期待される人々

ここは、パプアニューギニアのマヌス島である。文化人類学ではマーガレット・ミードが調査を行ったところとして、また日本では太平洋戦争の戦場の一つとして、知られている。複数の日本人研究者も生態人類学的調査を行ってきた。私は島の中央部北岸でクルティ語を話す人々を対象に調査をおこなったが、そこではイトコは特別な関係、文化人類学でいう

イトコの最後の遊び（2003年8月）

冗談関係にある。冗談関係とは、無礼な行為が「遊び」「冗談」として許される、ないし期待される間柄である。どのような関係性が冗談関係になるかは社会ごとに異なるし、その意義や機能を一言で単純に説明することは難しい。クルティ社会では、冗談関係が、モノの循環を促進させたり、社会生活に「親密性」や「気晴らし」をつくりだす装置のようにみえる。

　冗談関係では、からかったり、ふざけたり、断りもなしにモノをとっていってしまったりすることもある。例えば、ホストファミリーを通して私の冗談関係にある「イトコ」は、私が帰国するとき、「見送るよ」と言って州都に向かうボートに乗り込んできたかと思えば、「ここまでだ。またな！」と途中で海に飛び込んで手を振っていた（彼は岸まで泳いでいった）。一時帰国しているとき、現地に置いておいたラジカセを「イトコ」にとっていかれたこともある（ラジカセは返ってこなかった）。一般的には、成熟した男女が公の場で肩を抱き合うといった密な身体接触は控えられるが、イトコの間では許される。こうしたふざけあいに腹を立てることは、逆にマナー違反／礼儀知らずといわれてしまう。内心ムカついても、ヘラヘラしていなくちゃいけないのだ。「やられ損」と思うならば、こちらも同じようにやればいいのである。亡くなったイトコへの泥塗りは、こうした相互行為の最後を告げるものなのである。

ルールから情動へ

　悲しみや嘆きは、文化的にパターン化されたスタイルで表現されるものだ。嘆きの小屋（ハウス・カライ）での号泣も、イトコの遊びの最後が泥塗りであることも、文化的に決まったスタイルである。遺体は土葬されることから、体が帰っていくところ＝土／泥を塗ることは、死と象徴的に結びついている。

　冗談関係は、親しいかどうかにかかわりなく、文化として実践されるものだが、年齢が上がるにつれ、相互行為も増えるため、特別な感情が伴うようになる。嫌だと思う人もいる一方で、親近感や愛着をもつ人もいる。どのイトコにどんな感情を抱くかは、人それぞれだ。だから「最後の遊び」を演じるイトコたちの感情も一様ではない。ただ濃密な相互行為を積み重ね、故人への強い思い入れや愛着を抱くイトコは、必ずいる。「イトコの最後の遊び」を理解した直後に私が目頭を熱くしてしまったのは、そんなイトコたちの感情、遊ぶ人がこの世から一人いなくなってしまった悲しみに思いを馳せたからだった。

あべこべの世界に生きる

牧童たちに「まかれた」話

ウガンダの牧畜民ドドスの日常に浸る日々の中で

河合 香吏
Kaori Kawai

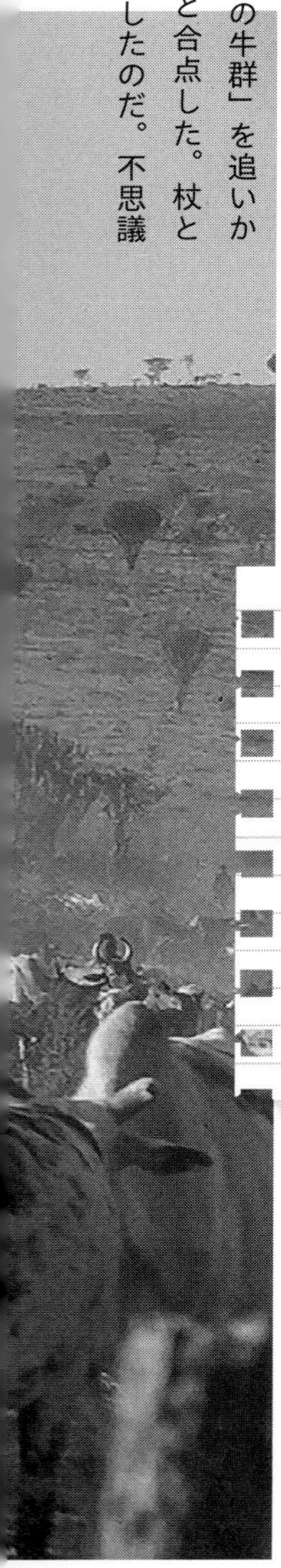

MY FIELD

ウガンダの牧畜民ドドス

ドドスは東アフリカ・ウガンダの北東部の半乾燥地、カラモジャ地域の北東端にすむウシ牧畜民である。「村」を作らず、散在する集落(ホームステッド)には拡大家族の家長とその妻や娘や幼い子どもたちが、集落から数km～100kmほども離れた家畜キャンプには壮年男性や青少年たちが家畜を追って暮らしている。

ドドスのフィールド

ドドスの地は遠い。飛行機を乗り継いでケニアの首都ナイロビまで丸一日。そこから四駆を運転してウガンダに入り、ケニア・南スーダンとの三国国境地域に位置するフィールドまでさらに三泊四日を要する。この長い旅には時間と体力と気力が必要だが、行こうとすればちゃんと着く。そこには、待ってくれているわけでもないけれど、行けば「おお、また来たのか」と、当たり前のようにその日常に迎え入れてくれる人たちがいる。

調査を始めた当初、ドドスは隣接する牧畜諸集団と家畜を略奪し合う敵対的な関係にあった。家畜キャンプはその最前線だったから、セキュリティ上、滞在は許されなかった。私は集落で年配の家長とその妻たちや娘たち、幼い子どもたちと暮らし始めた。家畜のほとんどは壮年男性や青少年が管理する家畜キャンプにいたため、生態人類学の一課題である生業活動の詳細をじゅうぶんに追うことはできなかった。略奪合戦が沈静化し、キャンプで生活することを許されたのは二〇一三年。一五年が過ぎていた。

初めて訪れたキャンプには一〇〇を越える家畜囲いが設営されていた。その広大さと家畜の数に圧倒された。実際に来て見てみない限りわからないことだった。キャンプでは毎日、日帰り放牧について歩いた。乾季になって牧草地や水場までの距離が長くなる時期には、薄暗い夜明け前にキャンプを出て、帰ってくるのは陽がとっぷり暮れてからだった。

牧童たちに「まかれる」

ある朝、いつものように朝食の酸乳とミルクティーを飲んで、放牧の準備にいったんテントに戻った。準備を整え、ウシ囲いに行ったところ、囲いの脇に立てかけておいた放牧にいつも持ってゆく杖が、肩にかけてゆく布といっしょになくなっていた。テントに探しに戻ったが、ここにもない。ウシたちは囲いから出され、放牧に出かけようとしていた。あちこち探し回ってもみつからず、仕方なく囲いに戻ったら、そこはもぬけの殻になっていた。牧童たちも皆いなくなっていた。牛群がどこに向かったのかわからなかったが、隣りに家畜囲いを作っている男性が「行き先はわかっている。おまえはそこに行きたいのか」と言って私を導いてくれた。ウシの群れをいくつも追い越し、先を行く「うちの牛群」を追いかけた。「まかれた!」と合点した。杖と布は誰かがどこかに隠したのだ。不思議に腹は立たなかった。ただ追いつきたいと、それだけを思って走り続けた。

　ようやく追いついたのは、すでに牛群は牧草地に着いて採食を始めていた午前八時過ぎだった。私の姿を見て、牧童たちは笑い転げた。「おまえは来たのか！」と目をくりくりさせて言い、そしてまた笑った。ウシたちは採食を終え、反芻を始めた。なにもなかったかのように、牧童たちと私は大きなエソコニ（*Salvadora persica*）の木の下で、その実を拾って食べた。牧童のひとりが木に登って実のついた枝を落としてくれた。直径二ミリメートルほどの薄くピンクがかった白い漿果はほのかに甘く、みずみずしく、美味しかった。放牧中、牧童たちは昼食抜きだ。家畜キャンプでは朝と晩にミルクや酸乳やウシの血を飲むだけの食事で暮らしている。放牧中につまみ食いする野生の果実はちっぽけだけれど、ささやかなごちそうだった。

私の本気は理解されたのか

　家畜キャンプは男の世界である。まれに少女たちが集落で醸造した雑穀酒を運んでくることもあるが、彼女たちがキャンプに泊まることはない。だから私はキャンプに滞在した唯一の女性だった。ドスの生業活動には明確な男女の性的分業がみられ、放牧は男性の仕事である。女性の放牧は禁忌（タブー）ではないが、私が毎日、放牧について行けたのは、考えてみれば特別なことだった。私は「異人」として性を超越した存在だったのか、あるいは名誉男性とみなされていたのか。そうしたことに、うかつにも私は無自覚だった。牧童たちは私のキャンプ滞在に異を唱えることはなかったし、むしろ面白がっていたようだったが、どこか居心地の悪さを感じていたのかもしれない。

　そんな中で起きた「まかれた」事件、あれはいったい何だったのだろう。私は煩わしい存在だったのだろうか、嫌がられていたのだろうか。たまには私ぬきで放牧に行きたかったのか。あるいは何かを試されたのだろうか。それともふざけてからかっただけの、ちょっとした悪戯にすぎなかったのか。今でも真相はわからない。だが、あのとき私は放牧について行くことを諦めなかった。大笑いした牧童たちは、遠い国からドスの地に来て、いっしょに暮らし、家畜キャンプで過ごすことを許され、毎日放牧について行く私の本気を、わかってくれたのではないか。あれ以来、こうしたことはいっさい起きていない。

早朝、ウシたちが日帰り放牧のため、牧童たちとともに家畜キャンプを出てゆく。その数、数千におよぶ。この勇壮な光景が私は好きだった

佐々木 綾子 Ayako Sasaki

1978年生まれ。日本大学専任講師。樹木や森を利用する農業「アグロフォレストリー」をとおし、自然生態系と人との関係や森林保全の可能性について考える。調査地で食べた「茶の漬物」をきっかけに茶や発酵食品のフィールドワークも行うようになる。主著に『たえる・きざす』(生態人類学は挑む SESSION 6、2022年、分担執筆)など。

大橋 麻里子 Mariko Ohashi

1980年生まれ。京都大学・日本学術振興会特別研究員。ペルーアマゾン先住民の生活とグローバルな動向(開発や生態系保全)の関係について、食文化や生業、そして、コモンズである「共」という視点から調査をしている。南米のキャッサバとバナナに加えて、メキシコのトウモロコシにも注目し、ラテンアメリカ熱帯地域の食文化に関するフィールドワークも行っている。

辻 貴志 Takashi Tsuji

大阪府生まれ。アジア太平洋無形文化遺産研究センター・アソシエイトフェロー。フィリピンやラオスの自然社会に生きる先住民や農漁民の生業活動と生物資源利用に着目し、人々の行動の構造や思考様式をとおして「人間性」を解明しようとしている。主著に、『病む・癒す』(生態人類学は挑む SESSION 3、2022年、分担執筆)など。

八塚 春名 Haruna Yatsuka

1980年生まれ。津田塾大学准教授。人と植物の関係に関心をもち、野生や半栽培植物の採集から消費までを追っている。近年はタンザニア北部に暮らす狩猟採集民ハッザのキャンプや日本の山村でもフィールドワークをしている。主著に『フィールドにみえた〈社会性〉のゆらぎ:霊長類学と人類学の出会いから』(2024年、分担執筆)など。

古澤 拓郎 Takuro Furusawa

1977年生まれ。京都大学大学院教授。人類生態学の観点からインドネシアやソロモン諸島で生態環境と人の健康について、多角的に研究している。主著に『ウェルビーイングを植える島:ソロモン諸島の「生態系ボーナス」』(生態人類学は挑む MONOGRAPH 2、2021年)など。

山口 優輔 Yusuke Yamaguchi

1992年生まれ。京都大学大学院生。人類生態学的視点から、太平洋の小さな島々(ソロモン諸島・小笠原諸島)における人と生態系の関係を多岐にわたって研究している。近年では、野生動物の保全・保護と伝統的利用の両立可能性や、気候変動に脆弱であるとされる島々において、環境の変化に人々がどのように適応しているのかを、現地でのフィールドワークと衛星画像解析を併せて研究している。

中野 真備 Makibi Nakano

1992年生まれ。人間文化研究機構・東洋大学拠点特別研究助手。漁師が自然環境をどのように認識しているのか、ナヴィゲーションや身体技能、時空間認識、民俗分類などを手がかりとして捉えようとする。主著に「多島海のナヴィゲーション:環境のなかを動く身体」(古川不可知編『モビリティと物質性の人類学』2024年、分担執筆)など。

内堀 基光 Motomitsu Uchibori

1948年生まれ。一橋大学・放送大学名誉教授。オーストラリア国立大学太平洋地域研究所所属当時から現地調査のスタートを切って以降、東南アジア島嶼部の熱帯林に暮らす人々の習俗と観念を研究。主著に『森の食べ方』(1996年)、『死の人類学』(1986年、共著)など。

木部 未帆子
Mihoko Kibe

1995年生まれ。東京大学助教。集団特有の健康関連要因と「なぜそれを食べるのか」という食の動機に関心を持ち、ラオス農山村における野生植物の利用、苦味や酸味に対する嗜好、それらが健康に与える影響などを調査している。フィールドワークを通して、住民が望む生活の向上と健康状態の向上がどのように両立しうるか検討している。

末吉 秀二
Shuji Sueyoshi

1957年生まれ。吉備国際大学教授。伝統的アラブ・イスラーム社会の出生力転換のメカニズムを明らかにするために、地域固有の社会規範、避妊行動、出生率といった人口再生産に関わる一連の関係を調査している。主著に『動く・集まる』(生態人類学は挑む SESSION 1、2022年、分担執筆)など。

PART 2

何といっても人は食から

食事を通して知る人間世界

どんな場所にどんな姿で暮らしていようが、人は必ず食事をする。ここは共通だ。でも、「自分には絶対無理!」としか思えない食材や味も、ときにはある。しかし、現地の風土からすれば、すべてが意味あることなのだ。つまり食を知ることは、ホモ・サピエンスを知る基本的な手がかりとなる。

ひとことで言えば、食をめぐる思考や嗜好は、生態環境に依存しているのはもちろんだが、実のところとても恣意的なものだ。当事者でない身にはなかなか合点がいかない。だがこれまたしばらく経つと、「絶対無理!」と思っていた自分も馴染んでしまっていたりする。その意味を探るのが、生態人類学の醍醐味でもある。

小谷 真吾
Shingo Odani

1970年生まれ。千葉大学文学部教授。主にパプアニューギニアとマレーシアで、生業、動植物、人口動態などを生態人類学の立場から見境いなく調査している。主著に『姉というハビトゥス:女児死亡の人口人類学的民族誌』(2010年)など。

暁の波間に漂うゴカイの群れ

科学と在来知識の揺らぎ

何といっても人は食から

古澤 拓郎
Takuro Furusawa

ニャレが出た

ついに出た！ニャレだ！

二人の祭司が、手のひらに乗せたニャレを大切そうにしながら、ゆっくりと海から浜に上がってくると、それまで浜で静かに様子を見守っていた数百もの人々が一斉に海へと入り、歓喜の声を上げながらニャレをすくいはじめた。ある者は網を使い、またある者は素手である。ニャレは後述するようにミミズに似た環形動物である。数センチメートルのものから、十数センチメートルのものまで、赤茶色のものや、緑色のものがあり、水面をくねくねとしながら波に流されている。

気が付くと東の空には太陽が昇り浜を照らした。その有明の空に、下弦の月が高く昇っていた。私は、いま、この場に至るまでにかかった日々を思い出し、そ

MY FIELD

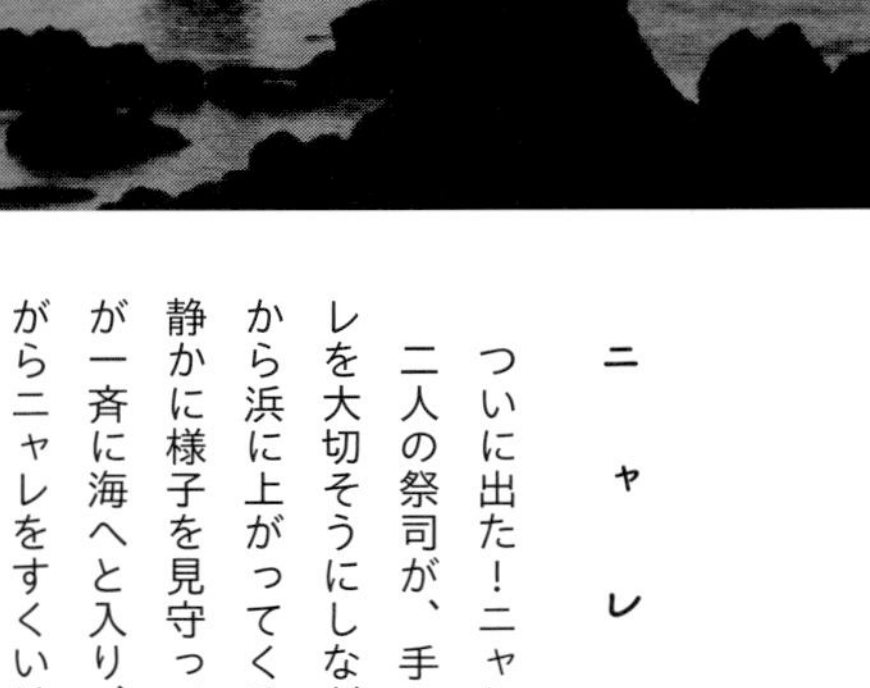

インドネシア 東ヌサ・テンガラ州
西スンバ県ワノカカ

西スンバ県ではいまでも住民の20%は祖先神マラプ信仰であり、県内にはワノカカの他にランボヤ、ロリナなど異なる言語集団がいる。サバナ気候で乾季末にはポドゥという祭りが、雨季後半にはニャレの祭りがあり、伝統的な暦と生活が一体化している。

代々ニャレの祭りを担う二人の祭司が夜明けの海で生殖群泳をみる

してこの光景が、想像していた以上に美しいことに、感無量になった。

インドネシア・スンバ島西部ワノカカでニャレの話を初めて聞いてから、四年が経っていた。

はじまり

二〇一二年八月、はじめてワノカカを訪れた。同地は経済発展著しいインドネシアの中にありながら、いまでも伝統的な生業と文化が残っており、そそり立つトンガリ屋根の伝統家屋や巨石墓は訪れる者を圧倒する。イカットと呼ばれる絣(かすり)を織る女性たちや、腰に剣を指した男性たちによる社会が、二一世紀に残っていることに感動を覚える。この地は、乗馬した男性たちが二群に分かれ槍を投げ合う勇壮な祭りパソーラでも有名である。

私が訪れたのはパソーラの季節ではなかったが、地元の人が話をしてくれた。かつてワノカカの勇士が、奪われた妻を取り戻すべく、一族を引き連れてある地方へと向かった。勇士はそこで差し出された財宝に目もくれなかったが、最後に香しい食べ物に魅了された。初めてみたニャレであった。勇士は、妻も財宝もおいてニャレを持ち帰った。それ以降ワノカカの浜には年に一回ニャレがでる。毎年人々はその日に向けて禁忌と儀礼を重ね、ニャレを祖先神マラプの加護と豊穣とみなしてパソーラを催す。パソーラは、神聖にして美味なる生き物ニャレの祭りなのである。

私はぜひその祭りに参加したいと思い、次はいつあるのかを尋ねたところ、その人は首を振りながら、祭司のみが知ることで、他の人があらかじめ知ることはできないと答えた。

科学の知識と在来の暦

できないと言われると、やってみたくなるのが研究者である。ニャレの生物学研究や、スンバ島の民族誌研究を調べれば、ニャレの時期を知ることができるのではないかと考えた。

調べるとニャレの正体はすぐにわかった。それは日本で釣り餌になるゴカイやイソメの仲間である。パロロ(*Palola viridis*)とする文献もあるが、それ以外の種も記録されている。これらのゴカイ類は岩場や砂泥の中に棲息するが、太陽と月の周期に合わせてどっと湧き出て生殖のための群泳をする性質がある。生物学研究によれば、この生殖群泳の時期は光の周期と強く関係しているが、それ以外の変動要因もあり、それぞれの種がいつ群泳するかは明らかになっていない。

民族誌によれば、スンバの生活は在来暦法に基づいており、暦はサバナ気候の限られた降雨の中で農耕と儀礼とを営むのに使われるが、祭司たちのみが理解する暦であり、研究者がそれを完全に再現できたことはない。同じくニャレを祀る風習のあるロンボク島で暦を研究された五十嵐忠孝先生によれば、人々は星の動きで暦を決めているかのようにみえるが、実際には星だけでなく自然の季節性からも暦をみており、その現象の一つがニャレなのである。

人と自然

これらの情報を元にワノカカを訪れて、空振りしたこともあった。しかし足を運ぶうち、祭司たちは、雨季の始まりなどの自然現象と暦が合わなければ、暦月を延ばすことや飛ばすことをして、ニャレの出現日を予測することがわかった。その暦操作は、結果として畑の火入れや、稲の田植えなどの農事に適するようであった。私の中で科学や知識というものが大きく揺らいだ。科学では十分に解明されていないニャレの生殖群泳の日を、ワノカカの祭司は知っているが、祭司の暦もまた固定したものではない。科学や知識は、可塑的であり、柔軟に用いられてこそ、人は自然の中で生きられる。

ニャレは、実際に大変美味なものであり、それゆえその出現情報はあっという間にすべての人々に伝達される。暦が可塑的だと一見不便そうに思われるが、毎年このご馳走を食べる時に、人々の時間が「同期」するのである。

未明。祭司たちを先頭に人々は浜に集まり、その時を待つ。写真は暁を迎え、ついにニャレの祭司二人が海に入り、ニャレの出現を確かめている光景である。ドキドキしながら、人々とともに固唾を飲んで見守った。出たのか、出なかったのかと。

何といっても人は食から

お茶屋の孫、タイの茶に出会う

「噛む」お茶の味から風土を知る

佐々木 綾子
Ayako Sasaki

「茶の森」の調査へ

私の母方の祖母は小さな市場の中で乾物や海苔と一緒に茶の量り売りをしていた。駅から遠く、近所に住む（そして多くが年配の）馴染み客しか来ないような店だが、扱う茶葉にはこだわりがあり、近くの会社の「応接用に」とわざわざ買いに来るお得意様もいらした。私の実家では食後は誰ともなくお茶を入れるのが習慣で、祖母の店で扱う茶を毎日ごくごく飲んでいた。祖母の家の生け垣は茶の木だったので、新芽の時期に食べる茶葉のてんぷらも楽しみだった。

　そんな環境で育ち、時には店番もした私が熱帯の森林保全について調べる中で「お茶を育てる森」に目を留めたのは当然といえるかもしれない。

　私の研究対象は、簡単にいうと森の中で作物を育てる「アグロフォレストリー」と呼ばれる農業である。二〇〇一年に大学院に進学し、渡辺弘之先生（京都大学名誉教授）の著書でタイ北部の山間ではコンムアン（低地タイ人）が「茶の森」と呼ばれる森の中で茶を栽培し、「ミアン」という茶をつくっていることを知った。木を残したままの農地で地域の人びとはどのように生活し、経済的な利益を得ているのだろう。そんな疑問から「茶の森」を詳細に調べることにしたのだ。

「噛む」お茶

雑木林のような茶畑と高さ一・五メートルにもなる茶の木、その景観と人びとの生業との関係という研究のテーマについてはさておき、ここではタイでのお茶との出会いをお話ししたい。調査地に入る前にチェンマイ市郊外にある居候先の姉妹の家でタイ語を学んでいたころ、姉妹の知人宅に招かれた。今度「茶の森」に調査に行くのだと話すと、その家の年配の女性がミアンを出してくれた。夕食も終わったちゃぶ台に、何か黒い塊が載った皿がどんと置かれた。他の家族はくさい、だの、年寄りの食べ物、だのと口々にいい、遠巻きにしている。この塊が発酵させた茶、ミアンだった。

　女性は塊から茶葉をひとつかみむしり取り、岩塩と一緒に口に入れた。片側の頬を膨らませもぐもぐと噛んでいる。さ

MY FIELD

タイ北部山間地のコンムアン（低地タイ人）

「茶の森」からは木材はもちろん、果物、タケノコ、キノコ、野生動物など、季節ごとのさまざまな林産物が採れる。最近ではコーヒーが植えられ、それを楽しむカフェやゲストハウスも建てられている。森は人びとにとって資源を出し入れできる抽斗をたくさん持った「タンス」なのだ。

チェンマイ市の市場でミアンを売る女性。大きい小さい、苦い酸っぱいなど選べる。手前に写る棒状のものは巻きタバコ。本来、ミアンと巻きタバコはセットで味わうものだそうだ

あ、と促され私も遠慮がちに塊から茶葉を数枚はがし、いわれるがまま岩塩を包み、一口サイズに丸めてから口に入れた。噛むとじゅわっと汁が口に広がった。顔をしかめるような渋さではなく、舌が軽く刺激されるような苦さと、その奥からじんわりと酸味がひろがる。そこに岩塩特有の「苦じょっぱい」とでもいうような味が加わり、口のなかはいよいよ複雑になってくる。この汁をごくりと飲み込み、味がなくなるまで茶葉を噛み続けるのがミアンの味わい方だと、女性は説明する。味がなくなった茶葉は吐き出すが、柔らかい場合は飲み込んでもいいという。

女性と私がミアンをもぐもぐしているのを、娘夫婦やその子供たちがにやにやとみている。彼らにも勧めるとオーバーリアクションで逃げて行った。その後、アンケート調査からも明らかになったが、どうやら都市近郊ではミアンを食べる習慣は一般的ではなくなっているようだった。

私はその後、「出されたら食べる」という程度のミアン好きになった。ただし、岩塩を添えたオーソドックスな食べ方のミアン限定である。砂糖水や酢を加えて売っているものもあるが、それはどうも苦手だ。ミアンを食べるだけで親しみを持たれたり面白がられたりしてぐっと距離が近くなることは、フィールドワーカーとしてとてもお得だと思っている。

茶を通して風土を知る

はじめてミアンを口にしてから二〇年近くが経った。私は森だけでなく茶をめぐるフィールドワークも行うようになった。

最近ではチェンマイ付近でもてなしにミアンを出されることはほとんどない。それでも大抵の市場ではミアンが売られているし、冠婚葬祭のお供えとしては欠かせないものだ。思えば日本でも急須でお茶を入れる人はずいぶん減っているが、それでも「緑茶の国」というイメージは強いし、私たちの身の回りにもさまざまなお茶製品をみることができる。それぞれの茶は形を変えながらも生活のどこかに根付き、場面によっては本来の形で味わい談笑する機会を持つのだろう。

茶は地域ごとにさまざまな方法で利用され、嗜好品として、時には収入源としても大切にされてきた。さらには思いもよらない地域のつながりを生み出してきた。茶の姿とその多様なあり方を調べることで、土地々々における風土と人との関係に触れたいと思っている。

久しぶりの肉

ウミガメを喰らうということ

何といっても人は食から

山口 優輔
Yusuke Yamaguchi

ウミガメを持ち上げようとする様子

MY FIELD

ソロモン諸島 テモツ州リーフ環礁ニフィロリ島

ニフィロリ島はとても小さな環礁島である。一見のどかな暮らしがあるが、近年では海面上昇に伴う沿岸部の侵食や、高潮時の浸水が生じ、ココヤシの倒壊や淡水の塩水化、畑の塩害など、生活に直結する問題が生じている。リーフ環礁一帯と、さらに東部に位置するダフ諸島タウマコ島では、ポリネシア系のヴァエアカウ・タウマコ語が話される。

ウミガメとの出会い

二〇一九年一〇月、私はソロモン諸島という国の東方に位置するテモツ州リーフ環礁ニフィロリ島にいた。初めてのソロモン諸島での調査であり、ここで人々と共に生活することで、その暮らしや文化を大まかに知ることを目的に滞在していた。

同月二二日の午前六時ごろだろうか。島では首長の家に厄介になっていたのだが、首長の「ユースケ！タートル！」という突然の呼びかけで目が覚めた。島に滞在してからこのような大声で起こされたことはなかったので、何か緊急事態かと思い飛び起きた。

家を出て首長の声がする砂浜に行くと、二頭のアオウミガメが仰向けで転がっていた。二頭はともにメスであり、おそらく産卵のために砂浜に上陸したところを発見されたのであろう。ウミガメはその体格から、陸上で仰向けにしておくと自力で戻ることはできない。したがって、夜中や明け方に産卵で訪れたウミガメを発見した際は、満潮時でも潮がかからない場所まで引き上げて、ひっくり返しておくと生きたまま簡単に捕獲ができる。

二頭のうち、小さい個体はなんとか持ち上げることができたが、大きい個体は私の力では持ち上げることができなかった。首長曰くこの大きいサイズであれば、首都ホニアラでは二〇〇〇ソロモンドル（当時のレートで約三万円）程度で取引されるだろうとのことだ。なお、ウミガメはこの地域の言葉で「ホヌ」や「フォヌ」と呼ばれている。

捕獲したウミガメは、昼過ぎに捌《さば》いて皆で食べることになった。私は島に来てから、たまに島の食材を分けてもらえることもあったが、基本的には別の島から持ち込んだ米とツナ缶を食べる生活を送っていたため、久しぶりに新鮮な大量の肉を分けてもらえることに心から歓喜した。

解体と調理

解体の手順は想像していたよりもシンプルだった。まず、何人かの男性が協力しつつ頸部を露出させ棒で殴って撲殺する。一度海に放り込んで体の砂を落とし、砂浜に用意しておいた板の上に仰向けに置き、解体を始めた。腹部の甲羅を一周するように刃を入れ、甲羅を外し、内蔵を取り出す。肝臓と心臓だけは鍋に取り分けておくが、腸などの内臓は海に廃棄した。腸を取り出したら脚部、腕部、頭頸部にバラし、甲羅に残った筋肉もナイフで刮《こそ》ぎ、背側の甲羅を大皿替わりにして取り分ける。全ての肉をバラし海水で血を洗い、今度は各部の肉をより小さく切り分けていった。ヒレ状の四肢は一度湯引きして皮を取り除き切り分けていた。これで下拵《ごしら》えが整った。

主な調理法は、スープと石蒸し料理である。スープではまず肉を五分から十分ほど水で煮込んで臭みを取る。この際臭い消しにレモンの葉を足した。その後、水を新しくし、ココナツミルクを足して一五分ほど煮込み塩で味を整える。普段だとこれで完成であるが、今回はカレー粉があったので、それも加えた。石蒸し料理では、肉をバナナの葉で包み、大きな焼いた石の上に時々水を加えつつ一晩蒸し焼きにする。

午後三時、スープの調理が終わり、いざ実食である。味は空腹も相まってとても美味であった。肉はほどよく脂ののった鶏肉のような食感と風味である。感覚としては鶏のもも肉と胸肉の中間ぐらいのように感じた。米と合わせて食べ、何杯もおかわりをいただいた。また翌日の午前七時ごろ、石蒸し料理が完成しており、こちらもいただいた。石蒸し料理ではスープとは違う美味しさがあった。葉で包んでいることで脂が閉じ込められ、よりウミガメ独特の香りを感じた。焼いた石の上で長時間調理していることで、やや焦げた箇所もあったが、その苦味も良いアクセントだったと言える。蒸したバナナと合わせて食べたが、相性が抜群であった。

腹部の甲羅を取り外した状態

日常の中のウミガメ

何より印象的だったことは、子どもたちの振る舞いだ。私が仰向けになったウミガメを撮影していると、子どもたちが集まってきた。子どもたちは身動きが取れないウミガメに跨《また》って、上で飛び跳ねたり、足で蹴ったりと新しいおもちゃを手に入れたように扱っていた。解体時には海に捨てられた腸で綱引きをして遊んでいた。そして、完成した料理を食べているとき、彼らの顔は久しぶりのご馳走で幸せに満ちていた。

近年、ウミガメなどの希少生物は保全や保護の対象として扱われることが多く、食べることに対して否定的な意見が多い。しかし、この島の子どもたちにとってウミガメを食べることは生活のなかに組み込まれた日常の一端であり、残虐性とは程遠いことである。彼らの日常の外から保全や保護などの大義名分だけを掲げ、彼らの食文化を否定することなど私には恥ずかしくて到底できない。

何といっても人は食から

タコス♪タコス♪タコス

都市の味にも魅せられて

大橋 麻里子
Mariko Ohashi

トルティージャに巻けば何でも

タコス。日本でも多くの皆さんが聞いたことがあるだろう。メキシコの食べ物である。

私は、二〇〇八年から南米アマゾン先住民の村で生業や食に関する調査をしてきたが、二〇一七年に子どもが生まれて母となってからは、様々な理由（ここでは割愛）からアマゾンでの調査を「休む」ことにした。そのため、同じラテンアメリカでも比較的近く、夫の調査地であるメキシコに渡航し、子連れでも調査のしやすい都市部で「食」について調べ始めた。

メキシコといえばタコスである。メキシコではトルティージャ（トウモロコシや小麦の薄くて丸い形をした生地）に、具を乗せて巻けばなんでもタコスと呼ぶ。具は必ずしも肉でなくてもよい。炒り卵でもチーズでもよいのだ。なお、タコスはtacosと書くが、このsは複数形を表すため、単数形（つまりひとつだと）は「タコ」になる（チュロスも同じで、本当は一本だとチュウロである）。

通常、タコス屋で具に用いられるのは、豚あるいは牛の肉であるが、そのなかから皮、舌や耳、腸などの部位を選ぶこともできる。部位による食感や味のちがいを楽しむという点では、日本の焼き鳥に

ホエルが頼んだタコス

似ているが、メキシコのタコス屋では、好きな部位を複数選んで、それらをまとめてひとつのタコスにしてくれることもある。そうなると、「部位のちがいを楽しむ」というより、「それぞれのちがいが一体となって別のうまさを生み出す」といった方が正しい。

わたしは最近、本格的にタコスとトルティージャに関する調査を始めた。食材にしても調理法にしても地域差が大きく、実に多様なのである。友人であるホエルのお姉さん夫婦がタコス屋を営んでいて、わたしはそこで「手伝い」ながら調査をしたいとずっと願ってきた。

ルピータの店

二〇二四年三月二日、土曜日、ホエルの車に乗せられて、お姉ちゃんの店に向かった。店がある界隈に入っていくと一気に雰囲気が変わるのを感じる。街のいたるところに落書きがあり（でも、やたらにうまい）、この地域はメキシコシティーのなかでも治安の悪さで知られているというが、「なるほど」と思わずにはいられない。薄暗い路地に煌々と灯りがともる店がホエルの姉ちゃんであるルピータとその旦那のペペの店だ。その日も店は客で賑わっていた。今年で九年目だという。ルピータはトルティージャを、ペペは肉の調理を担当している。

わたしは胸を踊らせ、よだれを飲み込みながらタコスの到着を待った。いよいよ、パクチーとタマネギの薬味に飾られたタコスがやってきた。美しい、その見た目に惚れ惚れする。これに赤いソース（辛いソース）をかければ、緑・白・赤とメキシコの国旗の完成である。心のなかで拍手を贈る。好みでテーブルに置いてあるタマネギとパクチーをさらに追加する。あー、うまい。ライムを絞って食べれば、さっぱりした味も楽しめる。ルピータのタコスは、トルティージャをたっぷりのラードで焼いてある。脂好きのわたしにはたまらないおいしさである。わたしがこれまで調査をしてきたアマゾンの先住民社会でも、動物の肉や魚などタンパク源となる食材に対する褒め言葉はまさに「脂たっぷり」であった。思わず、「脂を好むのは、自然と共に生活していようが、都市に生活をしていようが、共通する人類のひとつの嗜好性なのだ」と言いたくなる。そんな「脂ファン」代表として、食べながら、「ルピータ、日本に支店を出してくれないかな」と心のなかで無理な願いをつぶやく。

食べ終わってから、ルピータのいるキッチン（店頭）へ。彼女はトルティージャを手で作りながら、「いつ手伝いに来るの―⁉」とわたしに声をかけた。「手作りのトルティージャ」というのがこの店の売りだ。別のスタッフが厚い鉄板の上で、包丁でザクザクと肉を刻んでいる。こちらが恐縮するぐらいに肉を細かく刻むのは、硬い部位でも美味しく食べるために編み出されたひとつの知恵なのだろう。

MY FIELD

メキシコシティ、都市の人びと

路上の屋台から高級レストランまで、社会階層に関係なく、タコスはメキシコの人びとに愛されている。近年、道路整備などが進み、タコス屋台の撤去が求められたり、タコスを食べるのに欠かせない調味料となるライムの価格が急激に高騰したりと、タコスをめぐる状況は日々変化している。そうしたタコスをとりまく事情から、メキシコの社会情勢もまたみえてくる。

タコスをめぐる後悔

この店にはタコス五個セットなるものがある。ホエルはこれを頼んでいた。帰り際、席を立ってから、ふとホエルの皿を見ると、なんとひとつ残っているではないか。「いくら、姉ちゃんが作ったものだからといったって、残すとは……」私はそれを口に入れる願望にかられるも、「お行儀が悪いかな」とか「コロナが流行ったあとだしな」とか、くだらない常識に惑わせられて、結局、手を伸ばせなかった。あのタコスを食べなかったことが悔やまれるが、タコスは冷めると「あのおいしさはどこへやら」、と味が失われてしまう。「熱々」が大事なのだ。それもあってホエルも残したのだろう。とはいえ、やっぱり食べればよかった。今日もまたあのタコスを口に頬張ることを想像しているくらいなら……。

何といっても
人は食から

サマ／バジャウの食卓から

海の民と味わう至福

中野 真備
Makibi Nakano

海の民、サマ／バジャウ

東南アジア島嶼部三か国の沿岸域に、サマ人、あるいはバジャウと呼ばれる海の民がいる。私は二〇一六年からインドネシア東部の離島にあるサマの集落に通い、かれらの漁撈技術について調査をおこなってきた。調査中の楽しみは、なんといってもメシである。ハレの日の食事を除いて、肉類が食卓にあがることはほとんどない。一日三食、様々な方法で加工・調理された海産物を毎日食べるが、一度も飽きたことがない。かれらの料理は、サゴヤシやイモ類、トーチジンジャーなどをふんだんに使用したインドネシア東部らしい要素と、このあたりの新鮮な海産物が手に入るサマの漁村ならではの要素が融合した、ここでしか食べられない味なのである。

サマの「サシミ」

暑い日中に村を歩いていると「こっちにおいで！ほら、サシミがあるよ！」と声をかけられる。行ってみると、ボウルに白っぽいなめろうのようなものが入っている。これはゴフやロアルと呼ばれる料理で、ナンヨウブダイなどの生魚を包丁で叩き、ライムの絞り汁と唐辛子で和えたものである。インドネシア料理では一般的に魚の生食はされないが、魚やウニ、貝の生食はサマの定番料理のひとつである。日本人の魚の生食文化には親近感をもつらしく、私に対しては海産物の生食一般を指して「サシミ」と表現する。

貝を食べるならシャコガイだ。丸鶏ほどもあろうかというでっぷりとした身を剥ぎとり、小さく切って唐辛子とライムの汁にちょいちょいとつけて食べる。コリコリとした食感が楽しく、磯の香りとパンチの効いた酸味がたまらない。電力の供給も不安定で冷蔵庫も普及していない村だが、床下を覗けば小魚が泳ぎまわり、シャコガイがトラバサミのごとく口を開いて待っている。こんなに新鮮で美味しい「サシミ」にありつけるのだから、海辺の調査はやめられない。

幻のタコ料理

この村にタコ料理があると知ったのは実はつい最近のことだった。というのも、私が初めて訪れる少し前に、タコはサマの食卓から姿を消してしまっていたのである。

そもそもタコは、つい最近まで価格のつかない、村の市場にも並ばないような下魚《げざかな》だった。そんなタコの浜値が数年前から次第に上昇し、タコ漁は一躍人気の漁法となった。その背景には、西アフリカでのマダコ資源量の減少と世界的なタコ需要の増加があった。そこでこのあたりで獲れるワモンダコが注目されはじめ、輸出品として取引されるようになった。

MY FIELD

インドネシア東部の海上居住民サマ／バジャウ

東南アジア島嶼部の海に暮らすサマ／バジャウ人は、漁撈が主な生業である。手釣りや刺し網、潜水など、様々な漁法に長けた漁師たちが毎日のように海に出かけていく。かつてはナマコやフカヒレ、ハタ類など中国市場向けの高級海産物が主な漁獲対象だったが、資源の減少や需要の変化により、漁撈のありかたも変容しつつある。

海上家屋の露台でエイを干すサマの女性

そうしてサマ自身が日常的にタコを食べることは減っていった。「ナマコもフカヒレももう海にいないよ、今はタコさ」と語る仲買人から小さいタコをいくつかもらい、調査で居候している家のお母さん（私も母と呼んでいる）に渡すとよろこんで調理をしてくれた。

下茹でして皮を剥ぎとり親指の爪ほどの大きさに切ったタコを、唐辛子、コショウ、エシャロット、ショウガ、ニンニク、ウコン、塩、コブミカンの葉と炒める。複雑なスパイスのなかにコブミカンの葉の独特の風味が際立つ一品である。

辺鄙な海辺の経済は、実はグローバル市場の変動に左右されやすい。老齢の母はともかくとして、このレシピをいまの若者たちは知っているのだろうか。これが幻のタコ料理となる日はそう遠くないのかもしれない。そんなことを思いながら、タコをむちりむちりと噛み締めた。

おせち料理にエイでんぶ

海上集落を歩いていると、露台で小魚やサメ、エイを干しているのをよく目にする（写真）。乾物は安価で日持ちのする人気の食材で、束になって市場で売られている。エイの乾物を使った料理にアボン・パイがある。アボンとは、インドネシアではポピュラーなふりかけ状の食べ物で、調理法からすればでんぶに類する。

乾煎りした干しエイを手でほぐし、種々のスパイスと一緒に炒める。乾燥したエイは樹皮のように硬く、包丁を使わないと裂けないほどでいつも手指が痛くなる。これをエシャロット、ニンニク、ショウガ、レモングラス、白コショウ、ジャワナガコショウ、クミン、うま味調味料、白砂糖、サンバル（辛味調味料）、ケチャップ・マニス（大豆発酵調味料）などの調味料でグツグツ煮詰めると、煮炊き場いっぱいにカレーのような香りが立ち込める。水分が飛ぶと次第にしっとりした肉厚のおかかのようになる。噛み締めるたび口に広がるスパイシーな旨味がエイ独特の臭みと不思議とマッチする。のっぺりとした足拭きマットのような情けない裏返しのエイや、洗濯物のように干されていたエイ（の切り身）がこんなに感動的な味になるとは誰が想像できただろう。

あまりに私が美味しい美味しいというものだから、いざ帰国という日に母がバケツいっぱいのアボン・パイを持たせてくれた。強烈な臭いが漏れないよう厳重に梱包した容器を抱えて飛行機に乗り実家に持って帰ったところ、酒飲みの実父はこれをいたく気に入った。つまみの常備菜となり、ついにはおせち料理に仲間入りして黒豆の隣に鎮座することになったのだった。

人類の食の恣意性

フナクイムシのガストロノミー

何といっても人は食から

辻貴志
Takashi Tsuji

MY FIELD

フィリピン・パラワン州の先住民およびセブ州の農漁民

自然に寄り添い生きる先住民や農漁民は、ヴァナキュラーな技能や民俗知識を駆使して生物を利用する。様々な生物は、狩猟・採集・飼育（栽培）、食料、薬、道具、嗜好品、命名、民話、信仰の対象となる。人々の生物に対する眼差しは多彩であり、生物は人々の生活や文化を潤す。

フナクイムシ研究の理由《わけ》

フナクイムシは、世界的に「海のシロアリ」と呼ばれ、木造の舟や橋を食害する嫌われ者である。その風貌もまた気味が悪い。しかし、このような人間生活にとって害のある生物を食べるのは、人類に特異な習性なのである。これは、いわゆる「イカモノ食い」ではない。地域に根づいた立派な食文化である。特に、フィリピンのマングローブ林域で生活する人々にとって、フナクイムシは価値ある食用生物資源である。「フナクイムシを食べるなんて、なんと粗野な人たちだろう」、そう思う読者こそ人類学に親しむことを強くお勧めしたい。ある国ではマイナスの価値しかない食べ物が、別の国ではプラスの価値を持つのだ。このことは、文化に優劣をつけるのではなく、文化を相対的に捉えることであり、人類学の基本中の基本だ。

私は、こんなフナクイムシの採集と食文化を研究対象としてきた。世間から奇異の目で見られることも随分とある。しかし、フナクイムシからわかることは少なくない。具体的には、人類の環境適応や食の嗜好性、そして環境問題について知ることができる。ここでは、これらの知見を踏まえ、フナクイムシを食べることの意味について紹介しよう。なぜなら、そこから人類と食の関係、すなわちガストロノミーの重要性がみえてくるからである。

フナクイムシへの眼差し

そもそもフナクイムシとは、どのような生物なのであろうか。世界中には、実に多種多様なフナクイムシが分布するが、ここではマングローブ林に生息するヒルギフナクイムシに焦点を当てる。このフナクイムシは、大きい個体で体長六〇センチメートル、太さ一センチメートル程度に成長する。ミミズのように長い体部を持ち、乳白色を呈する。大きな頭部にはドリル状の殻を有し、尾部にはエナメル質の突起が二つある。この形状の特徴が、フナクイムシを分類する表徴である。実は、この生物、二枚貝の一種なのである。

フナクイムシは、貝殻をドリルにして木に孔を穿ち、カルシウム質の巣を作り、そのなかで生活する。人類はこのフナクイムシの習性を見逃すことなく、その原理を巧みに応用してトンネルを掘削するシールドマシーンを開発した。このような生物の習性を応用して道具や製品を作る人類の創造力を、バイオミミクリー（生物模倣）と呼ぶ。

人々は、ズブズブの泥地に行く手を遮られながらも、鬱蒼としたマングローブ林に入り、フナクイムシが穿孔するマングローブの枯木を探し求める。そして、斧《おの》や鉈《なた》で枯木を叩き割り、その中のフナクイムシを採集する。相当な労力のいる作業であるが、老若男女問わず人々はこの奇妙な生物の採集に夢中になる。フナクイムシにはほとんど市場価値がなく、人々のこの生物に対する執着は単に経済的合理性では説明できない。

フナクイムシをめぐる人類の思考と嗜好

フナクイムシは貝の仲間であるので、貝のような味がする。その気味の悪い風貌から食用にしない人も少なくないが、主に酢の物やココナッツミルクで煮て食べる。身が白いことから、妊婦の乳の出をよくする民間薬と俗に考えられているほか、ヤシ酒のつまみとして人気が高い。酒呑みたちは、フナクイムシを題材にした唄を歌い興じる。さらに人々は、マン

ギョッとするフナクイムシの風貌

グローブの樹種に応じてフナクイムシの風味を独自に解釈する。例えば、オヒルギに穿孔する個体は甘い反面、ホウガンヒルギに穿孔する個体を苦いと評価する。基本的にフナクイムシには甘味があるが、マングローブ樹種はタンニンを含有し、食する樹種によっては苦味のある個体も存在する。しかし、苦いフナクイムシが必ずしもまずいわけではない。その苦味がまたうまいのである。このように、人々の解釈も評価も極めて恣意的である。人々はヴァナキュラーな風味づけをフナクイムシに対して施しているのだ。これは、マングローブ林域に生きる人々のささやかな楽しみと豊かな想像力の表れと考えられる。まさに、かのレヴィ＝ストロースが指摘したように「食べるに適している」のではなく、「考えるに適している」のがフナクイムシを食べることの論理と言える。その点に私は魅力を感じ、フナクイムシ研究を進めてきた。そこからわかるのは、人類の食の恣意性であり、すんなりとは合点のいかない人類特有のガストロノミーである。人類の思考と嗜好はいよいよ不思議である。そこを追求するのが、人類学の醍醐味である。フナクイムシの研究は、すなわち人間性の探求にほかならない。

ボルネオ焼畑民が食べた米

米食う人としての違和感から

何といっても人は食から

内堀 基光
Motomitsu Uchibori

犬の飯

一九七〇年代半ば、ボルネオ島西部、サラワクのイバン人ロングハウスの村長宅に居候しつつ調査していた。ひとり留守番をしていたある日、昼飯時に腹が減ったので炉端においてあったアルミ鍋の米飯を失敬して食べたことがあった。家人が帰ってきてそれを知り、大いに哀れまれた。「かわいそうにアパイ・ショク（アパイは「父」、ショクは我が息子の名で、わたしはこう呼ばれていた）は犬の飯を食べた」と。わざわざ犬のために別に米飯を炊いていたとは思わなかった。そういえばその飯は市場米らしく、いつもの陸稲米より白く水っぽいとは感じた。

　飼っているブタには米飯でなく、キャッサバを削って与えていたのだから、さすがに犬は猟犬として大事にされている、というところではある。調査地はある川の最上流部にあったせいもあり、住民は当時としても珍しいほど食物に関して自給自足的な生活をしていた。米作りの民としての自己規定が強く、ボルネオにもいる狩猟採集民のように「獣のような」生活をしていないと自負するイバン人ではあるが、森や川に近いところの住民は狩猟も漁猟も、また採集活動も実によくしていた。

夕食の風景。米飯のほか「おかず」は5皿——川魚塩ゆで1皿、川魚と川エビ塩ゆで1皿、山菜塩ゆで1皿、キャッサバ葉塩ゆで1皿、焼いた肉断片1皿。炉のあたりに煮物のための竹節がみえる。紅茶をつけることが多い

おかず

三〇数日間の一日三食の献立表をつけてみたことがある。居候だから自分が食べたもの、ということなのだが、記載したのは実際には「おかず」の皿だけである。そういう表が作れるほどに、米飯はかならず洗面器か大皿に盛られて出てくる。「おかず」と主食（米飯）の区別と組み合わせという点では、日本人としてまったく違和感はないのだが、不思議なことは、このお宅では三食とも基本的に新たに米を炊くということだった。冷たくなった残りの米飯を食べることはないわけではないが、出来るだけこれを避ける。村長宅では飼い犬の飯にしてしまっていた。たしかに冷たくなった陸稲米はうまからず、ではあるが、なんとまた贅沢なことと違和感を覚えたものだ。農作業中、昼食を畑でとるときでさえ、休み小屋で米を炊いていたのだから、これは違和感どころか、驚異ですらあった。

うるち米ではなく、もち米の場合には冷たくなったものをむしろ好んで食す。うるち米がふつう鉄の鍋で炊かれていたのに対し、もち米は直径五センチ長さ五〇センチほどの竹の節を使って炊くことが多い。焦げた竹の外皮を削って適当な長さに切っておけば持ち運びやすく、旅や狩猟行時の携行食になる。時に応じて必要十分な長さに切れるというところがミソである。これに塩漬けイノシシ肉か川魚の竹筒煮があれば、言うことなしだ。

空腹の時季

換金作物としてはゴム樹があった。村人は樹液を集めて加工乾燥させた延べゴムを片道五時間ほどかかる別水系上流の中国人の店まで、尾根道を辿って運んでいた。ときには六〇キロほどにもなるのをカゴに背負って行く。ゴムを売って買うのは衣類や刻み煙草、ちょっとした雑貨のほか、口に入れるものとしては塩と砂糖、すこしの食用油と子供への菓子、どういうわけか好まれていた化学調味料のミチン（味精）。そして多くの村人にとっていちばん重要なのは、なんと米であった。

二〇世帯からなる集落で、通年食うに足るだけの自家米収穫があったのは三世帯だけで、他の世帯は自家米が尽きた後の何か月間はゴムを売るか、それもないときはキャッサバやサゴ椰子の澱粉で食いつなぐ。彼らの言い方で「空腹の時季」なのだが、実はこの言い方にもだいぶ違和感をもった。米がなければ即「空腹」というのは、日本農村の飢餓史を聞いた者にはやはり贅沢なもの言いだと思えたのだ。

MY FIELD

マレーシア サラワク州南部
イバン人ロングハウス

調査は、ボルネオにおける「死の表象」という浮世離れしたといわれそうな主題追究のためであった。民族学者としては素直な選択なのだが、生態人類学者なら当然のいろいろな数量調査などはしていない。

豊かさか

熱帯林での生活には根底的なところで豊かな基盤がある。北方の農耕民のもつ飢餓の恐怖とは度合が違う。献立表の「おかず」にはアリやらオタマジャクシの塩ゆで、さまざまの山菜の塩ゆでが、イノシシなどの獣肉の皿とともに書かれている。家畜・家禽の肉は儀礼の時くらいにしか出てこないが、おそらくたんぱく質分にもそれほど困ることはない。さまざまの個人的タブーはあっても、全体として「われわれはなんでも食う」というのだからなおさらである。米についての贅沢を許す土台である。

最初の調査のころ、この村でもコショウの栽培をはじめる者が出てきた。他の地域ではすでに広まっていたので、これは相当な遅れではあった。コショウの実は収穫後に日干しをする。物干しに広げられたそれを見て、「これは食べる物なのか」と私に訊いた老女がいた。それほどに住民にとって珍奇なコショウであったが、二〇一〇年代に入ると集落全体がコショウ栽培に特化していた。コショウは四輪駆動のハイラックスを駆使して町まで運び、米はその代金でいくらでも買えるものになっていた。豊かさの相貌が変り、「空腹」期もなくなった。

フィールド料理教室

何といっても人は食から

「食べる」を調べる楽しさ

八塚 春名
Haruna Yatsuka

MY FIELD

タンザニア ドドマ州に暮らすサンダウェ

降雨が少ない半乾燥地帯に暮らすサンダウェは、短い雨季のあいだに野生植物を採集し、食材が乏しくなる長い乾季に向けて、それらを乾燥させて保存する。乾季になると、保存した植物をウガリのおかずとしてたくさん食べる。なかでもわたしはゴマ科の植物の葉を利用したネバネバ料理のムレンダがもっとも好きだ。

眺めるだけの役立たず

タンザニアの村で調査を始めた頃、わたしは居候先のはなれで寝起きしていた。日が沈むと母屋から子どもが呼びに来てくれて、行くとごはんがテーブルに用意されていた。しばらくして居候先の家族になじんでくると、わたしはごはんが出来上がる前に、おばあちゃんが調理をする台所へと足を運ぶようになった。三つの石を三角形に並べたかまどに薪をくべて料理をつくるおばあちゃんの横で、小さな椅子に腰かけて、調理の様子をじっと見ていた。まだあまり言葉がわからなかったので、調理道具や食材の名前を聞くだけの単純な会話をしながら、ただただじっと見ていた。この家にはおばあちゃんの姪にあたる小学生の女の子がいて、彼女がおばあちゃんの手伝いをずいぶんたくさんこなしていた。一方のわたしは何ひとつ役に立たず、ただ毎日、椅子に座ってふたりの様子を眺めていた。

「見習い」になれてから

その後、徐々に言葉を覚え、調理の手順を理解するようになると、わたしも多少の手伝いができるようになった。道具や調味料をおばあちゃんに手渡したり、トマトやタマネギといった材料を切ったり、「見習い」くらいにはなれたと思う。そのうちに今度は、さんざん見て学んだから、わたしにもつくれるんじゃないか、という気になってくる。穀物の粉を練ったウガリというタンザニアの代表的主食の調理をマスターしたくなったのだ。

ウガリは、湯を沸かし、粉を入れて練り上げるシンプルな料理だが、難しい。しかも当時この家にはわたしを含めて七人が暮らしていたので、七人分をつくらないといけない。薪を使った調理だって、ほとんど経験がない。おばあちゃんは「少ない人数分から始めたらいい」と、小さな鍋を用意してくれた。やってみると調理の難しさ以前に、鍋の真下で薪が激しく燃えていて、とにかく熱い。汗をだらだら垂らしながら、粉を練る。出来上がりもよくわからない。おばあちゃんは、練り上げながら時折その木べらのにおいを嗅ぎ、粉臭さが残っていないかどうかチェックをしていた。でもその塩梅は、わたしにはまだよくわからない。出来ているのかチェックしてもらいながら、なんとか小さな鍋でつくれるようになった。そこで次は大鍋に挑戦してみたが、やってみると、七人分をこねるのが、そうと

三石かまどでウガリをこねるおばあちゃん

うな力仕事であることがわかった。しかも熱い。出来上がったころには、大仕事を終えたように汗だくで疲れきっていた。

ウガリにはさまざまな穀物の粉が使われる。おばあちゃんは、トウモロコシ、モロコシ、トウジンビエ、キャッサバのうち、その時あるものを製粉所に持ち込み粉にして使っていた。モロコシにはいくつもの品種があって、彼女たちはそのうちのひとつを、ウガリには使わない酒用の品種だと認識している。ある日、おばあちゃんは地酒をつくるつもりで、製粉所で酒用モロコシを製粉し、同時にウガリのために別の穀物も製粉してきた。そのため、家には二種類の粉が置いてあった。夜ご飯のウガリをわたしがつくることになり、ふたつの袋の中身をよく確認せずに粉を取り出し、いつものようにウガリを練った。できたウガリを見たおばあちゃんが異変に気付き、粉を間違えたことが発覚。「仕方がないから、今日はこれで」といってくれたが、小学生の孫は一口だけ食べて寝に行ってしまった。

「食べる」を調べる

こうやって失敗をしながらも、わたしはウガリだけでなく、いろいろな料理の作り方を覚え、食べるだけではわかりえないような材料の細かな違いや、調理の工夫が理解できるようになっていった。

その後わたしが研究することになったムレンダというネバネバ料理（ウガリにつけて食べる緑色のおかず）のおいしさとおもしろさを教えてくれたのも、やはりおばあちゃんだった。ムレンダには多種の植物が使われるのだが、その材料をおばあちゃんと一緒に採集し、おばあちゃんがつくる様子をじっと見て、出来上がったムレンダを何度も一緒に食べた。わたしが村に到着した日と村を去る日には必ず、おばあちゃんがウガリとムレンダをつくってくれた。今ではわたしもムレンダをつくれるようにはなったが、おばあちゃんのあの味にはとうてい及ばない。二〇二一年に八五歳で亡くなったおばあちゃんは、食材を獲得し、料理をつくり、食べるという一連の行為を調査する楽しさを教えてくれた、わたしにとっては偉大な師匠だ。

今でもフィールドに行くと、たくさんの人がわたしにごはんをつくってくれる。わたしは相変わらず隣でじっと眺め、できあがりを一緒に食べることを楽しんでいる。

何といっても
人は食から

アラブでの調査とマンサフ

グローバル化・市場経済化の中で遠のく料理

末吉 秀二
Shuji Sueyoshi

ヨルダンの国民料理マンサフ

これから家系調査をはじめる。私の調査地、ヨルダン南部アル・サフィ村のような伝統的アラブ社会で、いかに協力を得られるか。家系調査は、インフォーマントの記憶を頼りにするしかないし、少しでも反対者がいれば調査はおぼつかない。私が間借りする大家とその仲間に相談したところ、調査に影響をもつ人たちを集めて、調査の内容と目的を説明し、その後に「マンサフ」をご馳走しようということになった。さっそく招待者のリストを作り、翌日には説明会を開催する運びとなった。

マンサフとは、ヒツジやヤギの肉をジャミード（ヤギのミルクに塩を入れ発酵乾燥させたもの）を溶かしたスープで煮込み、それを米の上に乗せた野性的な料理である。ジャミードは大きな三角の握り飯のような形をして十分に乾燥されて固く、長期間の保存がきくことから、マンサフのはじまりは、ベドウィン（アラブ系遊牧民）料理とされる。ヨルダンの国民料理ともいわれるが、ベドウィンが遊牧生活をしていたヨルダンの周辺国、パレスチナ、イラク、シリア、サウジアラビアでも食されている。マンサフはアラブ人の好物であるとともに、客をもてなし歓迎する料理という意味合いもあることから、様々な祝いの席で供されている。農村でのマンサフは大皿にもられ、取り分けられることはなく、各自が右手を伸ばして口に運ぶ。

アラブ人でマンサフが嫌いという人を聞いたことがないが、日本人で嫌いという人はかなり多い。ジャミードは独特の匂いがあること、塩気がとても強いこと、ヒツジやヤギの肉を食べ馴れていないこと、そして手で食べることに抵抗があると、日本人は苦手という。しかし、私はヨルダン料理のなかでもマンサフが一番の大好物で、とくに大勢で食べるときは彼らとの一体感を強く感じる。

買う・料理する・食べる

まずは、マンサフには欠かせない肉の調達である。新鮮な肉を調達するために、ベドウィンからヒツジを買うことになった。ベドウィンは、冬季には避寒地である調査地の周辺で放牧しており、仲間の顔見知りもいる。翌朝、予算は二万円以内と決め、勇んで出かけたものの、なかなか値段の折り合いがつかず延々と交渉が続いた。私は少しくらいなら予算をオ

MY FIELD

ヨルダン 南ゴール郡アル・サフィ村

農業をおもな生業としてきたアル・サフィ村では、きわめて高い人口増加が続き、貧困が顕在化し始めている。その根底には、「子どもは神の賜物」という伝統的アラブ・イスラーム社会の規範がある。近年では、徐々に家族計画を受け入れてきたが、子どもの価値とはなにか、適応とはなにかを考えさせられる。

大皿に盛られたマンサフ。調査前の説明会には部族長や宗教指導者など30名ほどが参加した

ーバーしてもいいと妥協案を提示したものの、仲間は、彼らの使命感か律義さか、あくまでも当初の予算にこだわり交渉を続ける。はじめの交渉で、子ヒツジ二頭を買うことになった。しかし、その肉は柔らかいものの量が少ないとの懸念から、結局、ヒツジよりも安い黒ヤギの雄一頭を買うことになった。

黒ヤギは、ザブフ（イスラーム法の定めた屠畜方法）に則り屠畜された。屠畜者は、ビッスミンラー（アッラーの御名によって）と唱えてから、頸動脈を切断して血抜きをした後、解体を始める。肉はこのザブフによって、ムスリムが食すことができるハラール肉になる。解体作業は実に手慣れたもので、一時間ほどで終了した。その後、肉はジャミードスープで煮込まれ、二時間ほどでマンサフが完成し大皿に盛られた。

その晩の説明会には、部族長や宗教指導者など男ばかり三〇名ほどが参加した。マンサフは、腹が一杯になるまで食べるものという。食事中の会話はなく、皆もくもくと大皿から口に手を運び続け、三〇分ほどで食事は終了し解散となった。

マンサフを取り巻く状況

ベドウィンからの肉の買い付けは良き思い出となってしまった。というのも翌年から、ベドウィンのヒツジやヤギの価格が昨年の二倍にも跳ね上がり、昨年の予算では到底買うことができなくなってしまったのだ。そこで、調査地から四〇キロメートル離れた郡都カラクの肉屋まで出向き、ニュージーランドやオーストラリア産の冷凍肉を買うことになった。

それら輸入肉はハラール肉だろうか？イスラームでは、ムスリムの質問に対する法学的な回答（ファトワー）があり、ムスリムの判断基準となっている。シリアで発せられたファトワーには、キリスト教国から輸入された肉であれば、ザブフに則って屠畜されなくとも食用が許されるとある。現状を見据えたイスラームの柔軟性である。

マンサフのおかげか、その後の調査は順調に進んだ。しかし、気になるのはベドウィンのヒツジやヤギの価格高騰の理由である。ヒツジやヤギは遊牧されるので、飼料代がその理由とは考えにくい。たぶん首都アンマンの富裕層や旅行者の増加が需要を押し上げ、価格が高騰したのだろう。調査地では、いまやベドウィンの肉は高嶺の花となってしまった。グローバル化や市場経済の波がここまで押し寄せている。

採ってきたチョロムセンシーを木臼でつき、水、塩、うま味調味料を加えたものでキンソムである

何といっても人は食から

強烈な苦味・酸味との出会い

近代化の中でローカルな嗜好は続くのか

木部 未帆子
Mihoko Kibe

苦い！酸っぱい！

私がはじめてラオスの山村を訪れたのは、二〇一八年の八月である。まともに現地語を話せない私にできることは、村をうろうろし、誰か見つけては一緒に時間を過ごすことだった。昼食後の一番暑い時間帯、日陰でまったり休んでいた中年の男性が声をかけてくれた。「食べてみるか？」。彼が差し出したのは、プラスチックのどんぶりに入った直径一センチほどの黄緑色の実だ。初めて見るその実を、ドキドキしながら一個かじってみる。苦い。とにかく苦い。「これと一緒に食べると美味しいよ」。男性が差し出した別の皿には、塩とうま味調味料が入っていた。二個目はなかなか気が進まないが、物は試し、このミックス調味料をつけて食べてみる。なるほど、苦味が少し和らいで、いくらか食べやすくなった。

この苦い黄緑色の実は、現地語（プーニョート語）で「マッケンシー」と呼ばれており、その正体はテンジクナスビ（*Solanum violaceum*）である。私が感じた強烈な苦味は、恐らくナス科の植物の多くに含まれるアルカロイドに由来するものだろう。塩味やうま味には、苦味をマスキングする効果がある。

夕方になると、十代後半の女の子たちが植物採集に誘ってくれた。水田のあぜ道や道路わきの茂みで、その日の晩におかずとして食べる野生植物を採集する。四〜五種類ほどの葉をとると、かばんの中もいっぱいになってきた。そろそろ家

ラオス北部山地のコンサートとプーニョート

山道を1時間半歩くと、森林と水田に囲まれた美しい村がぽっかりと現れる。少数民族のコンサートとプーニョートは、移住政策によってこのナムニョン村で一緒に暮らすようになった。彼らの食を支えるのは、焼畑と水田で栽培した大量のもち米だ。苦い野菜のスープやトウガラシのつけだれ(ラピトン)に、甘いもち米がよく合う。

MY FIELD

に帰ろうかというときに、一人が何かを見つけた。指さす方を見上げると、木に緑色の細長い実がなっている。女の子二人が器用に木に登り、足で枝を揺すって実を落とした。女の子たちに勧められるまま、その細長い実を一口かじってみる。今度は強烈に酸っぱい。口がすぼむ。かじったところからはボンドのように白くてとろっとした液体が出てきた。私はそれ以上食べ進めることができず、食べかけの実をそっとかばんの中にしまい他の植物で隠した。この実は「チョロムセンシー」という名前で、キョウチクトウの仲間である可能性が高い(*Chonemorpha megacalyx*、和名なし、以上の植物分類は東京大学総合研究博物館の宮崎卓氏によるものである)。

どうやら私は、とんでもない味の世界に足を踏み入れてしまったようだ。

忌避される味の嗜好

苦味と酸味は、それぞれ毒や腐敗のシグナルとして機能する。ヒトはこれらの味を嫌悪することで、毒や病原体の摂取を避けてきた。

しかし、ラオスの山村に住む人々は、苦い・酸っぱい食べ物を好み、よく食べる。苦いドクダミのスープが主菜として食卓に登場したり、まだ熟していない酸っぱいスターフルーツをおやつとして食べたりする。苦い品種のタケノコが好まれ、発酵させた酸っぱいタケノコも料理によく使われる。農作業で疲れたときや手持無沙汰なときに、酸っぱいものを食べる習慣があり、これはラオス語で「キンソム」と呼ばれる(キンは「食べる」、ソムは「酸っぱい」の意)。植物だけでなく、アヒルやブタの内臓や、魚の腸の内容物(つまり便になる一歩手前のもの)といった動物性の苦味も好きな人が多い。なぜ彼らは苦い・酸っぱい食べ物を好むのだろうか。

味覚を調査する

私は味覚に目を付けた。ラオスの山村に住む人は苦味や酸味を感じにくく、したがって苦い・酸っぱい食べ物にも嫌悪感を感じにくいのではないだろうか、と考えた。

この仮説を検証するために、私は市販の味覚検査キット(甘・酸・塩・苦・うま味)を使って、ラオス山村に住む人たちの味覚を調査してみた。結果をアメリカや中国の人と比べると、とりわけラオス山村の住民が苦味や酸味に鈍感というわけではなさそうだ。

好きな食べ物や普段の食事について尋ねると、野生植物のように苦味や酸味、渋み・えぐみのあるものは「味が濃い」から美味しい、畑で育てたハクサイやキャベツは「味が薄い」から物足りないと答える人がいた。また、味の捉え方も複雑で、「苦甘い」「酸っぱしょっぱい」といった言葉が村人の口から出てくる。苦い・酸っぱい食べ物は健康に良いと主張する人もいた(事実、苦い・酸っぱい食べ物が肥満などの予防に効果的だとする研究報告もある)。

ラオス山村の味の世界は、私の仮説よりかなり複雑なようだ。一度でいいから、村の人と同じ味の感じ方で、マッケンシーやチョロムセンシーを食べてみたい。私はどんな感想をもつのだろう。

苦味・酸味の嗜好は続くのか?

私が調査している村では、二〇二〇年からの数年で大きく生活が変化した。サトウキビの契約栽培を始めて農作業が忙しくなったことで、「味の濃い」野生植物を採集しにいく暇がなくなり、代わりに畑で育てた「味の薄い」野菜を頻繁に食べるようになった。村にはお菓子や清涼飲料水を販売する小売店ができ、小さい子どもが甘いものを口にする機会が増えた。

一〇年後に村を訪れたら、私はまたあの強烈な苦味と酸味に出会えるだろうか。

小谷 真吾
Shingo Odani

酒は飲むべきか飲まざるべきか

酒とニューギニアと人びとと我々

SPというビール

写真に写っているのは、パプアニューギニア（PNG）の町、ゴロカ近郊の野外「ディスコ」にて、共同調査をしていた古澤拓郎さん（本書38頁）と村の人がビールを飲んで楽しくなっている場面である。このビールは通称エスピー（SP）、ブランド名South Pacific、PNGでよく飲まれているお酒だ。PNGの民族誌でよく登場する交換儀礼でブタや現金の代わりに目玉商品として何箱も積み上げられたり、酒に伴う暴力や健康問題から禁酒令の対象となったりするいわくつきの酒でもある。

もともとPNGの人びとは発酵という食品加工に関心がなかったのか、酒を造ってこなかった。植民地支配を受けた後、欧米やアジア各地との人の行き来が盛んになって、徐々に飲酒の習慣が広がっていったのだろう。現在では、SPの醸造工場がある首都ポートモレスビーや北部の大都市レイ、その他、道路が通じている町では簡単にSPを手に入れることができる。それらの都市や町に住む人びとは、現金が手に入るなり小売店にSPを買いに走る。店にはSPだけではなく、ジンやラムなど強い蒸留酒も売られているが、人びとはビールの方を好むようだ。

PNGのお酒事情

PNGは交通網が発達しているとは言えず、道路の通じていないリモートな地

域に住む人びとは簡単に酒を手に入れることはできない。近くの町までなんとかして買いに行くというのも一つの行動パターンだが、自分で酒を造ってしまうというのもリモートな地域の人びとの暮らしの一部である。レイ近郊で調査していた時に自家製酒の作り方を詳しく聞いたことがある。曰く、ラバウルという町の人びとが第二次大戦中に日本兵からサツマイモやバナナを使った蒸留酒の作り方を伝授され、そこから酒造が広まったとのこと。さらに、学校で化学の実験を習って蒸留の原理や器具の使い方を覚えたという。輸入小麦粉を使ってスコーンを自作するのも盛んなので、ドライイーストも簡単に手に入るそうだ。調べればPNGの近代化に関する様々な分析ができそうだが、ここでは措いておこう。自家製酒だけではなく、ローカルな酒造もそれなりに盛んである。ゴロカではツリートマトの実を使ったリベラベ（Live Lave）という酒が流通していて、写真の「ディスコ」でもよく飲まれていた。

調査者と酒

私は、人やモノの往来がPNGの中で最も困難な地域に住む、ボサビという集団で長らく調査をしてきた。ボサビの人びとは酒造をしないし、ほとんどの人が一生酒を飲まない。酒がなくても人間は楽しく暮らせるのだ。酒にまつわる暴力などの問題が無いことはいいことだということをボサビでのフィールドワークで経験できた。私はあまり酒が強くない。短期の調査であったが沖縄や中国に滞在した際、四六時中酒を飲まなければ人びとの日常生活に溶け込むことができないのには閉口した。私にとって、体を壊してしまうフィールドでの調査は無理そうである。その意味で、PNGのリモートな地域は私にとって体や心にいいフィールドである。もう一つのメインフィールド、マレーシア半島部でも宗教的飲酒規制のおかげで体や心にいい過ごし方ができている。

しかし強くないからと言って私は酒が嫌いなわけではない。むしろ、酒を飲まないことは心や体にいいと言いながら、ボサビでの長期滞在時に渇望していたのはSPであった。蒸し暑い中一日歩き回った後、冷えたSPを飲み干したいと何度思ったことだろう。実は、その渇望は部分的に満たされたとも言える。一年半の滞在中、文献と情報の収集のためゴロカの町中にある医学研究所に立ち寄ったことがあるのだが、研究所に着くなりそこの門衛さんに誘われ、文献収集そっちのけで一日SPを堪能することになった。次の日にも、町中にある一流ホテルで、当時ゴロカで調査していた夏原和美さん（本書164頁）と昼間からSPを飲むことができた。その時には数本SPを飲んだだけなのだが、調査に疲れていたのか、心が解けてしまったのか、一流ホテルの真中で前後不覚になる醜態を晒してしまった。渇望に身を任せることは控えるべきだったと今でも反省している。

生態人類学と酒

酒は生存に必須でない一方で、全世界で盛んに生産消費され、時には社会問題、健康問題を引き起こす。その点で、酒と人間の関係はこれからも生態人類学の一大テーマとして研究され続けるだろう。PNGにも研究テーマが豊富に存在しそうである。さらに、酒は時にはコミュニケーションを豊かにするし、時にはおいしく楽しく飲める。調査者はフィールドでいかに生活するべきか、そこで酒は飲むべきか飲まざるべきか、のようなフィールドワーク論もいくらでも書けそうである。この本でも他に酒にかんするエッセイを書く人がいるだろうか。酒は飲んでも飲まなくても人を饒舌にするものである。

ゴロカ周辺の人々は換金作物としてコーヒーを盛んに作っている

MY FIELD

パプアニューギニア 東部高地州ゴロカ近郊
言語集団アサロ

古澤拓郎さんとはアサロの村の一つ、サプサプで調査を行った。サプサプも含め、ゴロカ周辺はニューギニア高地の中でも早くから近代化の波に洗われた地域である。サプサプの近くにはブリティッシュ・アメリカン・タバコの工場もあった。

河合 文
Aya Kawai

1983年生まれ。東京外国語大学アジア・アフリカ言語文化研究所准教授。動植物に関する民俗知や空間認知・ナビゲーションについて研究。近代国家のもとにおける狩猟採集民など、移動を伴う暮らしを営んできた人々の変化にも着目している。主著に『川筋の遊動民バテッ：マレーシア熱帯林を生きる遊動民』(生態人類学は挑む MONOGRAPH 5、2021年)など。

岡野 美桜
Mio Okano

1999年生まれ。京都大学大学院博士後期課程。健康に生きるとはどういうことかを、食習慣の変遷から解き明かそうとしている。特に、オセアニアの食文化に関心を持ち、ベテルチューイング習慣を事例にパラオにおいてフィールドワークを行っている。

卯田 宗平
Shuhei Uda

1975年生まれ。国立民族学博物館教授。鳥と人とのかかわりに興味をもち、日本や中国、バルカン半島の鵜飼漁を調査している。最近は鳥に関わる祭事や儀礼、生業の道具も収集している。主著に『鵜と人間：日本と中国、北マケドニアの鵜飼をめぐる鳥類民俗学』(2022年)など。

関山 牧子
Makiko Sekiyama

1977年生まれ。国立研究開発法人国立環境研究所室長。アジアやアフリカのフィールド、そして最近では日本を対象に、社会や環境の変容が子どもの健康にどう関係しているのか研究している。主著に『病む・癒す』(生態人類学は挑む SESSION 3、2021年、分担執筆)など。

関野 文子
Ayako Sekino

1991年生まれ。京都大学大学院博士課程。狩猟採集社会の平等性や対等性に関心を持ち、生態人類学的手法を用いて、狩猟採集民の食物分配における相互行為や分配を取り巻く社会関係について研究している。農業や現金経済の浸透が分配に与える影響についても関心を持つ。主著に『わける・ためる』(生態人類学は挑む SESSION 2、2021年、分担執筆)など。

相原 進
Susumu Aihara

1975年生まれ。京都大学特定研究員。日本の芸能を研究対象としていたが、アフリカのダンスの動作解析に関わったことをきっかけにアフリカもフィールドとするようになった。芸能表現における演者の実践と、芸能をめぐる環境との関係について研究している。主著に『ダンス・イン・エチオピア』(2022年)など。

太田 至
Itaru Ohta

1953年生まれ。京都大学名誉教授。人類学とアフリカ地域研究の視点から東アフリカの牧畜社会、とくにケニアのトゥルカナを対象として、家畜の認知と分類、家畜の所有と利用、家畜の委譲を介して創出・維持される社会関係などを研究してきた。主著に『交渉に生を賭ける：東アフリカ牧畜民の生活世界』(生態人類学は挑む MONOGRAPH 1、2021年)など。

中野 久美子
Kumiko Nakano

東北大学助教。健康格差の是正をテーマにへき地で活躍するヘルスワーカーを追ってネパールからエチオピア、アラスカに到達。歴史、気候、食などアラスカ先住民のウエルビーングにつながる文化の作用を強く感じ、問いが増える毎日。

PART 3

身体と死生のリアル

身体と心の多様性

競歩の選手は向こうずねに筋肉がつく、という話があるけれど、住む場所の環境や生業は、人の身体を大きく変える。これが同じ人間？——たとえば慣れないと何の視界も無いように思える暗い熱帯雨林の中を、裸足ですいすいと歩いて行く狩猟民に息も絶え絶えに付いて行くとき、心底、そう思ったりする。

身体の機能や感覚だけではない。人の身体観の底には、わたしたちの命、つまり健康や死についての信念がある。それはある意味で、食以上に自分の考えとは違い、ときににわかには理解しがたい。でもそのリアルに触れること、その意味を探ることが、ホモ・サピエンスを知る上で不可欠なのだ。

秋道 智彌
Tomoya Akimichi

1946年生まれ。総合地球環境学研究所名誉教授、国立民族学博物館名誉教授、総合研究大学院大学名誉教授。日本、東南アジア、オセアニアなどにおいて、漁撈民を中心とした生態人類学的調査・研究活動を行ってきた。

島田 将喜
Masaki Shimada

1973年生まれ。帝京科学大学教授。野生ニホンザル、野生チンパンジー、そしてヒトの遊びを動物行動学的観点で分析することで、人類進化史に遊びが果たした役割や、私たちにとっての遊びの重要性を明らかにしようとしている。主著に『遊びの人類学ことはじめ：フィールドで出会った〈子ども〉たち』（分担執筆）など。

子どもを連れて移動する夫婦。筏は彼らにとって日常的な乗り物のひとつ

熱帯林を生きる身体と命

身体と死生のリアル

狩猟採集民バテッと暮らす

河合文
Aya Kawai

見えない、聞こえない

あの上にある突き出た木の根をつかんで、右足はこっちの窪みに移動させ、勢いで身体を持ち上げる……

だめだ。地面近くまで移動しているはずだった身体は、斜面をずり落ちる。やっぱり今日は朝から飛び回っていたから疲れて力がでないや。

そう思ったら、フランの父が背中を押し上げてくれた。私は地面まで登り切って、一息つきながら「疲れた」と愚痴をこぼす。森のなか、バテッと一緒に谷を登り切った時のことだった。狩猟採集を生業としてきた彼らは、こうした急斜面もスイスイ進む。幼い子を抱いて移動しても、たいしてバランスを崩すこともない。

同じ人間なのにこんなにも違う。歩きながら「あそこにクボン（シロテテナガザル）がいる」と言われて視線の先をおっても何も見えない。「静かに。聞いて」と立ち止まられても、葉擦れしか聞こえてこない。けれど、彼らには見えている、聞こえている世界がある。それに加われないのが悔しかった。

狩猟採集民バテッ

私はマレーシア半島部に暮らすバテッという人々を対象に調査をおこなってきた。彼らは自然公園近くに政府が設置した村を利用しつつ、森でのキャンプを組み合わせて暮らす。二月末に始まる花の季節と、七月の果実の季節は、皆が森へ移動するのを楽しみにする時期だ。

若葉溢れる雨季明けの森を、花を摘んで着飾りながら歩くのは楽しいし、川では一度に食べきれないほどの大きな魚が何匹も獲れる。また数年に一度やってくる果実の当たり年には、食べても食べても余る程にドリアンや野生ランブータンが実り、フルーツ太りで少しふくよかになる人も多い。

変化

彼らと暮らし始めて二度目の雨季明け、山へ花摘みに行った。それぞれ散らばって花を探し互いの姿は見えなかったが、斜面を登りながら昨年その辺りで薄紫の花を見つけた記憶が蘇り、馴染みある空間であることに気づいた。「キジン（聞いて）」、「トット（見て）」と言われて目当てのモノを認識できるようになり、斜面にも多少慣れて身体つきも変化し、それまでつかなかった部分に筋肉がついていた。そして、腕に真っ黒な灰を塗りたくった子どもは捻挫か骨折をした子、頬に石灰を塗った人は虫歯で歯が痛い。ふくらはぎにナイフをあてて血を集めている女性は、子どもの調子が悪い。こうしたことが当たり前に分かるようになっていた。彼らは集めた血液に呪文を唱え、それを幼児の患部に塗って治療するのである。

二〇一〇年代当時、病院は彼らにとって身近な場所ではなかった。高さ五メートルはあるかと思う枝から落ちて腕を抱えて泣いていた子も、パタググットという薬の黒い灰を塗って固定したらいつの間にか治っていた。けれど甘い紅茶を好む彼らはいつも誰かしら虫歯に苦しめられていて、これについては痛みがなくなるのを待つしかない。薬草やまじないの粉など、自ら入手できるもので対処した後は治るのを願う、人間が出来ることは限られている、という姿勢にもどかしさを感じつつ、日本で当然視されていることの特殊さを改めて感じた。

ヌン

出産も看取りも自分らで。女性たちの出産も、六回目、七回目となると、大きなお腹で釣りに行った日の夜中に陣痛が始まり、朝には子どもが生まれていたりする。人間とは逞しいものだ。

けれど死ぬ時は、何も食べられない日が続き、やせ細って冷たくなる。とくに若くして妊娠すると、産後の肥立ちが悪く、死が身近に迫ってくることがある。

仲の良い女性が流産し、衰弱して何も出来ない日が続いた。彼女、ヌンは夫とその両親のキャンプに同行していた。起き上がれない日が続いたため、私たちはヌンを親元へ送り届けることにした。彼女を車から降ろし、筏に載せて父親に引き渡した後、一緒にいた義母の瞳が潤んでいた。ああ、ヌンとはこれが最後になるのかもしれない、そう思った。

けれど数か月後、キャンプを移動した私たちのところに彼女がやって来た。自分で歩けるようになったヌンは、私が彼女を送る際に川岸で足を滑らせたことを楽しげに語った。輪になってしゃがみ込み、膝を抱えておしゃべりは続いた。

新しい命

生まれる命も大変なものである。一緒に暮らしていた女性が、男の子を生んだ。彼女にとって六度目の出産だ。みなで集まって可愛がっていたが、お乳を吸わない日が続き、その夜どんどん冷たくなっていき、誰も抱かなくなった。

名もないその子は、森のなか、木の傍に台をつくって葬られた。大人の遺体は木の上の方に置くが、赤子だから台の上で良いのだという。そして数日のあいだ、母親だった彼女は、子どもがいなくても胸から出てくるお乳を竹筒に集めてあの子にあげに行っていた。

それが約八年前。他にもさまざまな誕生と別れがあった。そしていま、彼女はその後生まれた三人のやんちゃな息子の世話に手を焼いている。

MY FIELD

マレーシア半島部の狩猟採集民バテッ

川に沿って熱帯林を移動する生活を送ってきた人びと。多くの森がプランテーションになった今も一か所に留まり続けると「力がなくなってしまう」ため、雨季明けや果実の季節に森へ移動するのを待ちわびる。森を歩くエキスパートである彼らは、「右」や「左」という語を使わず、口を尖らせたり顎を使って「あっち」と方角を表す。

ベテルチューイングとエンソク

健康とは何か、人々の楽しみから考える

岡野 美桜
Mio Okano

アンガウル島でのエンソクの様子

アンガウル島へ

パラオにはベテルチューイングという、ベテルナッツと石灰をキンマの葉で包んだものを噛む習慣がある。噛むと酩酊感が得られることなどから、パラオの人々にとって古くから親しまれてきた一方で、発がん性を有するという側面も持ち合わせている。このような嗜好品の健康問題について調査するべく現地に向かい、キンマの葉の生産地として有名なアンガウル島に滞在した。

パラオのエンソク

その滞在中、エンソクに行こうと声をかけてもらった。エンソクは、日本語の「遠足」由来のパラオ語で「ensok」と書く。第一次世界大戦後、日本の統治下にあったという背景から、パラオ語には日本語由来の単語が多いのである。発音が似ているが、パラオのエンソクは日本の遠足とは違って、学校行事で行くのではなく、家族や友人と行くピクニックのようなものである。また、その行先は海である。食材やテーブルセットを車に積んでビーチに向かうこともあれば、ボートを走らせて離島や陸路では行けない海岸に乗り着けることもある。海辺でというだけあって、お弁当を持っていくより、

釣った魚をバーベキューにすることが多い。また、パラオの人々にとってエンソクは、特別なイベントというよりも身近な休日の楽しみである。パラオには映画館や遊園地といった私たちが思いつくような娯楽施設はなく、出かけるといったら海か滝なのである。

エンソクの一日

　アンガウル島のある夫婦は、学校職員として働く妻の休日に合わせ、天気の良い日曜日はエンソクと決めている。その日はエンソクの準備から始まる。食材については、米を炊き、冷凍チキンを解凍して、あとは残りもののおかずやスープも用意する。そして、買い込んだビールや釣具、バーベキューセットと共にトラックの荷台に積み込む。つつがなく準備が進んでいく時も、炊き上がりを待つ手持ち無沙汰な時間も、みると夫婦の口はベテルチューイングで忙しい。ベテルチューイングをしていると、ベテルナッツの成分が反応して赤く染まった唾液が口腔内に溜まってくる。それを吐き出すことを何度か繰り返した頃には、ベテルナッツの繊維だけが残り、その繊維を捨てる時が一回分のベテルチューイングの終わりである。これでひと心地つくこともあれば、間髪入れずに次のベテルナッツと石灰を手に取り、それらをキンマの葉でくるんで咀嚼し始めることもある。噛んでいると、リラックスできて気分転換になるのだという。

　一通りの準備が整うと、トラックを走らせてエンソクスポットを順に周り、先客のいない場所を探す。辿り着いてやっと腰を下ろすかと思ったら、今度は火起こしと魚釣りが始まる。煙たさをわきに、太陽に照らされたエメラルドグリーンの海に餌をつけた釣り針を投げ込むと、まさに南国らしいカラフルな魚が釣れ、それを肉と共に焼く。火が大きくなるのを、魚がかかるのを、肉や魚が焼き上がるのを待っている側では常にベテルチューイングがあり、緩やかに時が流れていた。食事を始める頃には、時刻はすでに一四時を回っている。不思議なことに、準備にこれだけ時間がかかったのに、食べるのはあっという間である。あとは海岸を歩いたり、うたた寝してみたり、またベテルチューイングをしながら言葉を交わしたり、日が落ちる頃までゆっくりと過ごす。

健康に幅を持たせる

　どうして毎週エンソクに行くのかと尋ねてみた。答えは「波の音を聞いて静かな時間を持ちたいから」であった。思い返してみれば、家にいると誰かしらが訪ねてきて、世間話をしたり、仕事の手伝いを頼まれたり、物々交換をしたりしていた。おまけに、島内は全員顔見知りという密なコミュニティである。そんな空間から離れ、海岸で波の音に包まれながら過ごす癒しのひと時を求めているのだろう。

　エンソクが週に一度の息抜きであるならば、ベテルチューイングは、毎日の暮らしを支えるひと時である。アンガウルの夫婦は、ベテルチューイングが健康問題になることを知らないわけではないが、特に気にする様子はなく、一日に何度も繰り返した。二人はとても楽しそうであった。私もその様子を見ていると、保健機関による健康政策だけが正しいとは思えなくなり、それでは健康とは何かを問い直すようになった。不健康そうなものを一掃していくのでは、人間の生活は窮屈になるだろう。健康か否か、黒白分明にするのではなく、健康というもの自体にもっと幅を持たせてみてはどうだろうかと考えている。

　京都に帰ってきて、土地柄ふらっと海を見に行くことも、ベテルチューイングをすることもできなくなった。それでもどこか、自然を求めて目線が少し遠くを向くようになったり、意識的に一呼吸置くようになった気がしている。

パラオ共和国 アンガウル島

アンガウル島はパラオ南西部に位置する東西約3km、南北約4kmの大きさの離島で、その人口はおよそ100人である。都市コロールとのアクセスは、州政府のボートか小型飛行機のみである。どちらも週2便のみの運行で、天候によっては欠航になることも多いが、コロールへの人と物の行き来は盛んである。太平洋戦争における激戦地としても知られる。

MY FIELD

MY FIELD

卯田宗平
Shuhei Uda

長江中流域における漢民族の漁民

中国の鵜飼漁ではカワウが利用される。大食漢のカワウを利用すると、一日の漁でさまざまな魚が捕れる。捕れた魚は市場に持ち込まれ、農民によってすべて買い取られる。中国の内陸部に広く根づく淡水魚の食文化が生業としての鵜飼漁を下支えしている。

人びとの身体観・健康観を知る

中国の小飯店で小言を食う

厨房から

—あなた、ほんと下手ね

—下手？

中国江西省の村々を歩きまわり、腹がへったので近くの小飯店に入った。その日は朝からほとんど何も食べていなかったため、鶏肉とニンニク、ネギの炒め物、羊肉の串焼き、白酒《パイジウ》と呼ばれる蒸留酒など安くて満腹感が得られる品を注文した。すると、コックが厨房から出てきて厳しい口調でわたしに言った。「下手ね」。

聞くと、わたしは注文が下手だという。客に向かって注文が下手ってなんやねん。わたしは人の話を聞かないだの、敬語が話せないだの、これまでいろいろと小言を並べられることはあった。ただ、その都度さっきの言動かなと振り返ることができた。だが、今回は小飯店でなぜ小言を食うのかさっぱりわからなかった。

作れないものばかり頼んだのだろうか。いや、作れないものはないという。食材が揃わないのか。いや、すべて揃っているという。もしかしてコックの嫌いな食べ物なのか。いや、嫌いなものはないという。

—何が悪いのですか？

—バランスが悪い。冬瓜のスープも作るよ

熱・中・寒

食べ物のバランス。李という名のコックは、子供の健康を気にする母親のようなことをいう。厨房から飛び出してきた姿をみると、わたしはよほど出来の悪い子供だったのだ。しかし、彼がいうバランスとはどういうことか。なぜ唐突に冬瓜を追加するのか。

じつは、このときの李さんの行動は、中国人とくに漢民族の食と健康に対する考え方が大きく関係している。一般に、身近にある食べ物は熱性・温性・中性・涼性・寒性の五つに分類される。これを五性という。もっと簡単に熱・中・寒の三つに分けることもある。いずれにせよ食べ物には個々に性質があるというのだ。この考え方が人びとにも分かりやすい体系で定着している。

たとえば、カボチャやニンニク、ショウガ、ネギ、ニワトリ、ヒツジ、白酒、ザクロなどは温熱性、コメやニンジン、ハクサイ、卵などは中性、トマトやダイコン、レンコン、冬瓜、リンゴ、カキなどは寒涼性といった具合である。小飯店でわたしが注文したのは、意図せず温熱性の品ばかりであった。これが「ほんと下手ね」となり、対となる寒涼性の品が追加されたのだ。

しかし、ちょっとまて。冬瓜スープは熱々だった。これは熱性ではないのか。いや、五性では熱力学的な物体の温度は問題にしない。食べ物が本来もつ性質の問題なのである。人びとの経験哲学に細かなツッコミは不要だ。

体内のファイヤー

ではなぜ食べ物を分類し、そのバランスを重視するのか。これには独自の身体観が関係している。人間の体内には火（内火という）があり、その強弱のバランスを保つ必要がある。つまり、手足の冷えや悪寒といった寒性体質の人には熱性や温性の食べ物がよいという。一方、のぼせやほてり、いらだち、鼻腔や口腔の炎症は内火が旺盛な「上火」の状態だという。このときは涼性や寒性の食べ物が重視される。食事を通して体内の火を「降火」させるのだ。シンプルで分かりやすい説明体系が一般に広く知れ渡る要因の一つだろう。

夏季に江西省の村で調査をしていたとき、わたしは真っ黒に日焼けして、汗だくで、ほてった顔で、空腹で少々イライラしながら李さんの店に入ったのだ。そこで席に着くなり温熱性のものばかり注文していた。それを見るに見かねた李さ

テーブルに散らばったニンニク。消化能力を高め、体を温めるとのこと。店員がどっさりくれたが、そんなに食べられない

んが寒涼性の冬瓜を緊急で追加したのだ。その観察力と当意即妙さ、食に対する信念に感心する。実際、出てきた冬瓜のスープはあっさりしていて美味しく、脂っこいほかの料理との相性も抜群であった。わたしは偶然入った寒村の小飯店で李さんの気遣いをありがたく頂戴した。

見えない火を扱う

西洋医学では病気を特定し、故障した部分をピンポイントで治す。病名に応じた薬は強力で、副作用はあるが即効性がある。中国医学にもそうした考え方もあるが、むしろ体全体のバランスの崩れを中庸に戻すことが重んじられる。

さらに、病気ではないが健康でもない状態を「未病」と呼んで配慮する。エビデンスに欠ける部分も否定せずに受け継ぐ態度が重要なのだ。病名を特定して診断を下すことを強く欲する西洋医学では未病を診断できないのではないか。

このように中国医学では体内の強すぎる火を鎮め、弱い火を補うことで健康を維持する。その見えない火を日々の食事や中薬（日本でいう漢方）によってコントロールするのだ。発症する前に食べ物で食い止める。医食同源とはこのことである。

自宅でのお産

伝統的産婆を重んじる文化

伝統的産婆が赤ちゃんを取り上げた後に臍の緒の処置をする様子

関山 牧子
Makiko Sekiyama

保健所でなく産婆さん

「赤ちゃんが産まれる!」その時は調査中であったが、調査対象とする子ども達が連れ立って走っていくので私も一緒に向かった。ほんの数週間前にはヤギのお産に立ち会ったところだったので、今度は何だろうと思いながら向かったその先は、私も結婚式に参加させてもらった、若い女性の自宅であった。彼女の家には、親戚や隣近所の女性たちが大勢集まり、布団に横たわり陣痛とたたかう彼女を取り囲むように座り、彼女の手を握ったり、声をかけたり、一緒にいきんだり、汗を拭いたりしてあげている。まさにみな一体となってのお産は順調に進み、赤ちゃんが産声をあげたあとは、女性たちの歓喜の声がこだまし、みなで生命の誕生を心から喜んでいる様子であった。

　これは、大学院生の時に約二年間滞在したインドネシア西ジャワ農村において、二〇〇一年四月頃に遭遇した出来事である。当時、村には分娩台などの出産設備のある保健所があり、「ビダン」と呼ばれる近代医学のトレーニングを受けた有資格の助産師も常駐していた。出産にかかる費用も低く抑えられていた。また、保健所には近代的な避妊具も常備され、避妊のためのホルモン注射なども日常的に実施されていた。妊娠後は、定期的に妊婦健診を受けることも可能であった。しかしながら、「ドゥクンバィ」と呼ばれる伝統的な産婆によるお産に慣れ親しんでいる村人たちは、当時は保健所での出産よりも自宅での産婆による出産を選択する傾向にあった。今回出産した妊婦も、村の保健所からは徒歩一〇分もかからないところに住む、村の中でも比較的裕福な家庭の出身であったが、保健所ではなく産婆による出産を望んだ。

ジャムゥ（植物薬）の調合

お産の介助後、産婆は寝室の床にマットと布を敷いた上で、取り上げた赤ちゃんをぬるま湯で丁寧に洗う。そして、スンダの祈りを唱えながら、竹の刃で臍の緒を切離する。その後、臍の緒を、ターメリックの根茎をすりおろして少量のココナツオイルと混ぜたもので消毒する。普通の家庭の一室で行われるその一連の流れは、数週間前にみたヤギのお産とさほど変わらないようにも思え、動物の命と人の命が同じように共有される場に直面したときの驚きを、私は今でも忘れることができない。

産婆の役割はお産の介助だけでなく、産後の母体や赤ちゃんの身体的・精神的ケアにも及ぶ。特に、産婆は、様々な植物を調合して作る植物薬「ジャムゥ」の知識が大変豊富であり、「ジャムゥ」を用いて、そして時にはマッサージと組み合わせ、産後の母体回復を促す。産婆それぞれが、同じく産婆であった母親や祖母から継承されたレシピに基づいて、「ジャムゥ」を調合する。使用される植物は五〇種以上にのぼり、その中でも特に、「ジャウェル　コトック」や「クミスクチン」などのシソ科植物、「クンチュール」などのショウガ科植物、小タマネギ、タマリンド、カリンなどが高頻度で使用される。これらの植物の、樹皮、花、果実、葉、塊茎、根、幹などの様々な部位を混ぜ合わせ、何時間もかけて煎り、ふりかけのような状態になったら、産後の母体回復用の「ジャムゥ」の完成である。この「ジャムゥ」を、ほとんどの母親が出産後四〇日間（子の生後四〇日目に行われる儀礼まで）継続的に摂取する。この「ジャムゥ」には産後の母体の回復を促すだけでなく、母乳の出を良くする効果もあるという。

MY FIELD

インドネシア 西ジャワ州のスンダ

人口稠密地域として知られる西ジャワ州スンダ農村は、都市部近郊の地の利を活かし、恵まれた賃金労働の機会と地域での農業生産とを組み合わせた生業により、今でも人口増加が続いている。村を離れないのか？という問いに、多くの村人が「ブッダー（居心地がよい）」なので嫌だ、と答える穏やかな農村。

近代医学と伝統的産婆の共存・協力

最近では、伝統的産婆による出産を段階的に廃止し、近代医学のトレーニングを受けた助産師に置き換える政策を策定している国もあるようだ。一方で、インドネシアでは、伝統的産婆「ドゥクンバィ」を排除するのではなく、近代医学のトレーニングを受けた助産師「ビダン」のパートナーとしての役割を正式に認め、協力し合う関係を求める方向にある。そんなところにも伝統を重んじるインドネシアらしさを感じるとともに、村人みんなに頼られる「ドゥクンバィ」の豊かな経験と知識は失われてほしくないと願う。

母の死への怒り、生きる子への思い

狩猟採集民の死への身構え

関野 文子
Ayako Sekino

カメルーン東部州の狩猟採集民バカ

かつては森での遊動生活をしていたが、現在は狩猟採集のほか、小規模な農業を営む。最近新しく調査を始めた別の村では、レンガ造りの家に住み、亡くなった夫の写真を飾っているバカもおり、地域によって生活の変化が大きいことに驚いた。

MY FIELD

アベレが死んだ。コロナ禍以来、四年半ぶりに訪れたカメルーン東部州の狩猟採集民のバカの村で聞かされた。四か月ほど前のことだという。アベレは八人目の赤ちゃんを農耕キャンプで産んだが、出産したその日のうちに亡くなった。彼女の亡骸は村まで運ばれ、その後、埋葬されたという。アベレは死んでしまったが、ナビラと名付けられた女の子の赤ちゃんは無事とのことだった。ナビラは、三キロメートル離れたメソックの町で商店を営むバムンという民族に育てられていた。父親によると、村には育てられる人がいなかったからだという。他村から婚入したアベレには血縁がいないし、ナビラの父の若い女兄弟もいない。そのため、母乳を与えられる女性がいなかったのだと思われる。それに畑の近くや森のキャンプでも生活する父や姉たちが毎日粉ミルクを買って与えることは、生活スタイル的にも経済的にも難しい。バムンはカメルーン西部の民族で、この地域に暮らすバンツー系農耕民ではないし、私はバカが子どもを他の民族に養子に出すことをこれまで聞いたことがなかったので驚いた。

育ての家族

二週間後、ナビラの父のコッパと一緒にナビラに会いに町へ行った。わずかな距離とはいえ、商店を営み、現金や物資に恵まれたバムンの家族と、その日暮らしを送るバカの暮らしには大きな差があった。ナビラは丸々と太り、肌艶もよく、見るからに健やかに育っていた。また、紙おむつを履き、穴の空いていないベビー服を着て、粉ミルクを飲んでいた。ナビラの育てのお母さんは五〇代くらいの女性でやや気が強そうだったが、甲斐甲斐しくナビラの世話をしていた。彼女の夫や成人した娘たちも皆、ナビラの顔を覗き込んであやしたり、抱っこしたりしては、顔をほころばせて実に愛おしそうだった。ナビラは、すっかりバムン家族のアイドルだった。「ナビラはもうバムンの子よ」とお母さんや姉は言った。しかし、コッパは「ナビラはバカの子だ。もう少し大きくなったら、村に連れて帰りたい」と帰り道で私に言った。両者の気持ちも痛いほどにわかる。でも、生みの親の元ではなくとも、他の民族の元であろうと、その子が愛情を受けて心身ともに健全に育てばそれが良いのだと思いながら、満足した気持ちで私は家に帰った。

死への怒り

バカの人々への死に関する対応で、私が不思議だと思ってきたことが二つあ

家の前のアベレの墓、手前に薄く土が盛られているところがお墓である

る。一つは、亡くなった人への感情表現である。日本では、人が亡くなった時、喪失や悲しみの感情が表出されることが多いと思う。しかしバカの人々は人が死んだ時の感情を、怒りを意味する「カブ(kabu)」と表現する。会いたい人に会えなかった時にも「カブ」を使う。私は人の死にまつわる感情にも「カブ」という言葉を使うことに対してずっと疑問に思っていた。でもよく考えてみると、それは、理不尽なことに対する行き場のない感情を表す言葉であって、日本語で言う「憤り」に近いことに気がついた。アベレのように生まれたばかりの赤子を残して逝ってしまった人に対して、「なんで死んでしまったんだ!」と、どう足掻いても消化しきれない感情を持つことはとても自然だと思う。

忌避される故人の写真

もう一つは、故人の写真を見ることを強烈に拒否することである。私は、『生態人類学は挑む』シリーズに寄稿した拙論のページを開き、アベレの義母のアヤに写真や図を見せていた。ページをめくったところ、そこには亡くなったアベレの写真があった。アヤは写真から目をそらした。「見たくない。（アベレの夫の）コッパが帰ってきてこれを見たら、怒る（カブを感じる）からしまいなさい」と言った。私は良かれと思って見せてしまったことを後悔し、自らの配慮のなさを恥じた。さらには、その数日後、コッパが私の家にやってきて、アベレの顔写真付きの身分証を預かってくれと言ったのである。そんな大事なものをどうして私にと、不思議で仕方がなかった。しかも、身分証をもらうのはこれで二回目だった。バカの人々にとって故人の写真は大事に残しておきたいものではなくて、むしろ手放したいものなのだと気づいた。アヤとコッパの態度は、死者を想起することを回避しようとする態度なのだろう。かつて遊動していたころのバカの人々は、森に故人を埋葬すると、当てどころのない怒りや深い悲しみ、無念さを忘れようとその場をすぐに離れていたと考えられる。現在バカの人々は、定住化とともに、近隣農耕民に倣って、死者を集落にある家の前に埋葬するようになった。だが、死に対する人々の態度は、遊動時代とあまり変わっていないのかもしれない。

幼い子を残してこの世を去ってしまったアベレよ、「ナビラは愛情を一心に受けて成長しているし、残された家族も、アベレのいない世界を懸命に生きている。だから大丈夫だよ。」と私は、パスケースの中にしまった彼女の身分証を見る度に彼女のことを思い出している。

エチオピアで踊ってみた

身体を通じて文化を知る

相原 進
Susumu Aihara

ウェグデラス氏のレッスンを受ける筆者

プロのダンスを知る

エチオピアには一九五五年に設立された国立劇場があり、各地域・各民族に伝わる音楽やダンスの継承と発展の場であると同時に、ポップスやモダンダンスなど、最新の文化の発信拠点として機能している。

私は二〇一七年から国立劇場をフィールドとして、伝統的なダンスに関する調査を継続している。調査では映像による記録に加え、モーションキャプチャという、動作をデジタル記録化して統計的に分析する方法を用いている。調査を通じて、国立劇場には約三〇種のダンス演目があり、その特徴として「民族・地域ごとに演目を立てること」と「各演目には一〇種類前後の基本的な動作があって、各動作はそれぞれ異なっていること」がわかった。ダンサーたちは、音楽に合わせて各動作を組み合わせることで演目を創作していた。また、ダンスの学習においても各演目に含まれる動作ごとに学んでいた。この学び方はプロかアマチュアかを問わず、首都アディスアベバの多くのダンスグループで採用されていた。私自身もダンスを学びたいと思っていたものの、プロになる気もない自分がプロのダンサーに指導を頼むことへの遠慮もあり、なかなかその機会に恵まれなかった。

ある日の午後、偶然、アマチュアグループが劇場のダンサーからダンスを教わっている場面に出くわした。ダンサーがアマチュア時代に所属していたグループなどでダンスを学んだという話を聞いたことはあったものの、国立劇場内でのレッスンの存在は聞いたことがなかった。ダンサーのひとりが「どうせあいつは全部調べてしまうのだから、さっさと喋ってしまったほうがいいよ」と同僚たちに言ってくれたことで事情がわかった。劇場内でのレッスンはいわゆる闇営業であり、許可を得ずに練習場を使っていることもあって、レッスンのことは私に隠していたらしい。私にとって重要なのは、この方法なら遠慮なくレッスンを受けられるということであった。

プロからダンスを学ぶ

年長の男性ダンサーで、その年のエチオピアを代表するダンサーとして表彰されたウェグデラス氏がレッスンを快諾してくれた。当初の予定では、一週間程度で、約三〇種の演目に含まれる各動作を体験させてもらうつもりであった。

しかし彼は甘くなかった。レッスンでは各演目の動作を三、四日かけて一つずつ反復練習して、ひととおり学び終えた後、最終試験として各動作をウェグデラス氏が確認して、合格すれば次の演目に進むという方針が採られた。

レッスンの時間は平日の毎朝九時から約一時間であったが、ケガをしたら大変なので、毎朝六時頃に起床してウォーミングアップと柔軟体操をした。ホテルに戻ってからもその日のレッスンを復習し、柔軟体操をしてケガのリスクを下げた。レッスンは合計七八日に及んだ。

早々に、見るのとやるのとでの違いを実感した。開始から約三週間は、アムハラ人のダンスを学んだ。アムハラ人のダンスには「エスケスタ」と呼ばれる特徴的な動作があり、この動作では、肩を上下、前後、さらに前向きや後ろ向きに回すように何度も動かす。最初は肩を上下に動かすことに苦労したが、少しずつコツがわかってきた。まず両肩を上に引き上げる。そして力を抜けば肩は下に落ちる、下に落ちたときの反動で、また肩を引き上げれば、反動があるので最初ほど力を入れなくても肩は上に行く。これを繰り返せば、上下の動きに限れば力強いエスケスタができる。ウェグデラス氏に確認すると、両肩を頬に引き付けるイメージで上げるのが重要で、そこから先は、私が気づいたのと同様の方法で上下の動きができると教えてくれた。

ダンスに限らないが、初心者にとって激しい動きを学ぶ際はケガが怖い。懸念された問題は発生しなかったが、筋肉痛にはなった。映像やモーションキャプチャでは見た目でわかることだけが記録されるが、筋肉痛は、ダンスで使用する部位が実感を伴ってわかるという点において重要なデータとなる。アムハラ人のダンスを学ぶ中で、もっとも痛みが現れたのは太ももとふくらはぎであった。とくにふくらはぎの外側の痛みを伴っていたのが特徴的で、日本での運動では、この箇所の痛みをほとんど体験したことがなかった。ウェグデラス氏によると、アムハラ人のダンスは肩の動きに注目されがちだが、実際は脚とひざの動きがまずあり、それに合わせて肩を動かすように演じるのが良く、肩よりも脚に筋肉痛が出るのは良い傾向だと言われた。

MY FIELD

国立劇場をフィールドにする

エチオピア共和国首都のアディスアベバには1955年に設立された国立劇場があり、各民族・地域で継承されているダンスや音楽が上演されている。劇場所属のダンサーの多くは午前中には国立劇場、夜間にはダンスを鑑賞できるレストランで働いている。近年、観光産業が急成長しており、ダンサーたちは多忙な日々を過ごしている。

近くて遠いプロの世界

現地での調査時は、昼間は国立劇場、夜はダンスを鑑賞できるレストランをフィールドとしている。ダンサーに限らず、歌手、演奏家、スタッフも調査に協力してくれている。

二〇二二年の国際会議で、多くの若手研究者たちと交流した。私のフィールドで現地研究者に出会った経験がなかったので、彼らに「エチオピア人が私のフィールドでどのような研究をするのか興味がある。いつでも紹介する」と言ったら「それはお前が日本人だからできるんだ。プロの楽屋に堂々と入るなんて信じられない」と返された。最近ようやくわかったが、現地の人びとの感覚として、プロのダンサーへの独特の畏敬のようなものがあるらしい。私の感覚では文化の継承・発展や研究にとってこの状況が良いとは思えないのだが、これも現地の人びとの作法なのだろう。

これからは研究と並行して、ダンサーたちとの交流についても発信していくことを通じて、多くの研究者が畏れずにこのフィールドを訪れることのできる状況を作りたいと思う。

ウンチの話

ケニア北西部の牧畜民 トゥルカナの現地調査から

太田 至
Itaru Ohta

淡緑色のウンチ

最初にトゥルカナの村に住み込んだ頃、私は四歳ぐらいの男の子がウンチをしているのを見た。この村には便所はなく、みんな村の外に出て少し離れたところまで歩いて行って用を足しているのだが、その子は村の中でウンチをしてしまった。そしてびっくりしたことに、その子のウンチは白っぽく淡い緑色をしていた。私は、「あれ?この子はなにかの病気なんだろうか」と思ったのだが、体調が悪そうには見えなかった。

よい雨に恵まれて、あたり一面が緑になり家畜が丸々とふとる季節には、たくさんのミルクが得られる。トゥルカナの人びとは搾乳したミルクを乳酸発酵させて、水分がかなり多くて酸味のきいたヨーグルトを作る。これはアクルムと呼ばれる容器に入れられるが(写真1)、家族のメンバーは子どもでも自分専用のアクルムをもっていて、基本的には、それに分配されたヨーグルトを消費している。

寄寓していた家族は、私にもひとつのアクルムを用意し、朝と夕方の二回、それをたっぷりのヨーグルトで満たしてくれた。家畜から搾乳できるミルクの量は季節によって変化するが、この家族が消費しきれない量のミルクを得て、その一部をチーズに加工して保存していた豊かな時期には、私は一日の食事をほとんど、このヨーグルトだけですませていた。

すると、この食事を数日間続けたあと、驚いたことに私のウンチはあの男の子とおなじ色になったのである。さきほど述べたように、この地域では外で用を足すため、自分のウンチの色や形はいつも確認できる。私はそのとき、「赤ん坊のウンチは薄い緑色になる」という話を日本で聞いたことがあるな、という曖昧な記憶をたぐり寄せ、自分もミルクだけの食事をとっていたためにこうなったのだと納得した。あとで調べてみたところ、ウンチに含まれるビリルビンは、乳酸菌などの腸内細菌のはたらきによって腸内が酸性になると緑色を帯びるとのことだった。

真っ黒なウンチ

あるとき私は、寄寓していた家族のウシ・キャンプに滞在していた。そのとき

写真上:ヨーグルト用の容器(アクルム)。水分の多いヨーグルトを入れる下半分の丸い部分も、それを飲むときにコップとして使う上の筒状の部分も、いずれも木をくりぬいて作る/写真左頁:ウシの首の静脈から採血する

MY FIELD

ケニア北西部に暮らすトゥルカナ

トゥルカナ人は、東アフリカ・ケニア共和国の北西部の半砂漠・サバンナに暮らしている。彼らはウシとラクダ、ヤギ、ヒツジ、ロバの5種類の家畜を飼い、利用できる水場や家畜の餌となる植物を求めて移動性の高い牧畜生活を営んできた。近年には人口増加と家畜数の減少により、町とその周辺に定住して現金収入に頼る生活を送る人々も増えている。

には雨がほとんど降らず、ウシのミルクも少しだけしか搾れなかったため、人びとはウシから採取した血液を主たる食事にしていた（写真2）。ウシの首に革紐を巻きつけて固く縛ると静脈が浮いてくる。そこに小さな矢尻がついた専用の弓矢で傷をつけ、ほとばしり出る血液を容器に受けつつ、すぐに革紐をほどく。出血量は次第に少なくなり自然に止まるため、人びとはウシの首の傷口をマッサージしてやるだけで、とくに薬をつけたりはしない。ウシ一頭からは三リットルほどの血液をとることができる。一度採血したウシは、少なくとも一か月は採血せず、体力の回復を待つ。

こうして得た血液を食べる方法は二つある。第一には、近くの木の小枝を折り取って採取した血液をすぐにかき回し、小枝に血餅を付着させて取り出す。血餅は犬のエサになる。そして残った血清を水分の多いヨーグルトに混ぜると、イチゴミルクの色をした爽やかな飲み物になる。第二の方法は、採取した血液の血餅と血清を分離せず、そのまま鍋に入れて火にかけ、かき回しつつ加熱するとボロボロに固まった褐色の食べ物ができあがる。これには塩などの調味料を加えることもなく、そのまま食べるのだが、肝臓を料理したときのような鉄分の味がして、とてもおいしい。私はこのウシ・キャンプに一〇日間ほど滞在し、ウシの血液料理ばかりを食べていたのだが、ある朝、自分が排泄したウンチが真っ黒で固いものになっていることに気づいたのである。

「糞肛門」

トゥルカナ地域で旱魃が続いて人びとが深刻な食料難に直面し、緊急援助としてトウモロコシが配給されていたとき、「糞肛門」という病気がはやったことがある。配給された大粒のトウモロコシにはかなり厚い半透明の殻がついており、それを除去するにはたいへんな手間がかかるため、人びとは殻ごと製粉して食べていた。その殻は消化されずにそのまま排泄される。人びとの語るところによれば、これは重篤な便秘をひき起こし、ときには直腸から肛門周辺に傷をつける。人びとはこの新しい病気を「糞肛門」と呼ぶようになった。この病気は単なる便秘ではなく、患者は、足の麻痺など全身にわたる多様な不調に悩まされていた。「糞肛門」の症状とそれへの対処方法を調査した作道信介（『糞肛門――ケニア・トゥルカナの社会変動と病気』恒星社厚生閣、二〇一二年）は、たび重なる旱魃などに起因する社会的混乱が、この病気の流行の背後に存在していたと述べている。ウンチは、単純な生物学的現象ではない。

凍てつくフェアバンクスの低い太陽と木漏れ日

身体と死生のリアル

イヌピアット語のIhruma 英訳しづらい言葉

文化と心の作用

中野 久美子
Kumiko Nakano

風土・自然・文化と言語

イヌピアット語には"ihruma"という一英単語で表現しづらい言葉がある。二〇二四年のアラスカ出張中にイヌピアットの大学職員に教わった。"*ihruma*"＝"innermost thoughts and feelings"、「心の奥深いところにある考えや気持ち」は日本語では例えば胸中、内心が思いつき、辞典を引けば、心胸《しんきょう》、内懐《うちふところ》などといった難しい言葉が見つかるけれど、確かに英単語に置き換えることは難しい。さらにイヌピアットの人々は他者のIhrumaを問題視したり、誰かがそれをさらけ出さなくてよいようにと、敬意ある関係性、面目を保つことに気をはらう、と教えて

アラスカ州北部北極海沿岸地域に住む先住民イヌピアット

いわゆるエスキモーに属するモンゴロイドで、カナダ領域に暮らすイヌイットとの間では文化や言語は連続的に変化している。もともとは狩猟・漁撈・捕鯨を専らの生業としてきたが、近年では原油や天然ガスなどの鉱業関連の仕事など賃金労働に従事しながら、伝統的な生業を行っている。

MY FIELD

くれた。それを聞いて私の故郷の関西とは一味違う、東北の人々の距離の取り方についても思い出した。

風土・自然・文化が異なる言語をつむぎだしてきたことは自明の理だ。例えば「雪」を表す言葉ひとつとっても、日本では、「粉雪」、「細雪」、「牡丹雪」、「吹雪」など語彙の少ない私でもすぐに何通りも思いつくけれど、一〇年前のフィールド、エチオピアで話されているアムハラ語ではたった一語しかない。色とりどりの季節の中で生活し、生存のためにも多様化した表現の必要性が、各地の言葉を形づくってきたとして、英語話者は複雑な心の奥深さを表す必要性が少なかったとも一概に言えない。

心の機微への親近感

ここで話はいったんそれる。二〇二三年から北極研究に本格的に携わる機会をいただき、これまでのアジア・アフリカに加えアラスカをフィールドとしてへき地医療の研究を進めているが、アラスカ先住民の村で話を聞くときにモンゴロイド系の顔で良かったと感じることは実に多い。アラスカの西沿岸部ノームでフィールド調査を共にしたヨーロッパ系アメリカ人の方に、「気づいた？通りすぎる町の人（先住民）があなたに挨拶する時の顔が自分に対しての時と全然違って親しみがある」と言われたことがあった。私が調査当初から感じていたアラスカの先住民の人々に対する独特の親近感は、もしかしたら特別だったのかもしれない。

アラスカの人々と関わりを深めていくうちに、似ているのは顔だけではない気もしてきた。零下三〇度の極寒の昼下がり、枝に張り付いた樹氷に弱い光が当たるのをそっと触れながら「きれい」と言った私に、枝の雪をはらおうともせずそのままを愛でるのは自分たちと似ている、なんでも折って不自然な状態で家に持ち帰る〝マジョリティ〟のやり方とは真逆で自分と同じだと言われたことがあった。またある時、私自身がインタビュアであることを忘れ、初対面の方の話に聞き入って涙したことがあった。近親者の自殺と自身のアルコール依存症を乗り越えて保健カウンセラーとして働くその方と、遠くに居るもう会えなくなった大切な家族の話をした時に、違いよりも似たところが多いという当たり前のことに心底から気づかされ、感動とも嬉しさとも違う気持ちが押し寄せた。仕事中に泣いたのは二〇年ぶりだった。

言葉と心と健康

アラスカで人や自然に感じるそこはかとない親近感の正体を言語化することは私にはできない。なぜ“ihruma”を表す表現は日本語に豊富なのかを考えつづけることは意味があるに違いない。そして自身の“ihruma”を見つめる時間さえなく、その必要性すら感じない私自身や現代人の心の回復の鍵が見つかるかもしれない。そしてそのことは現代のアラスカ州イヌピアットの若者の、文化・伝統への回帰が心の健康増進や依存症・自殺予防につながるという言説や、著しい健康格差と植民地化の歴史によるトラウマとの関わりについての問いに迫るヒントにもなりうるだろう。

どうしても課題解決型志向となる保健領域に身を置く私が出逢ったアラスカイヌピアットの人々、人類学者（とその方々の書籍）から語りかけられるように教えられたことを論文で端的にまとめることも、本でしっかり言語化することもできないけれど、ここで実に多くのことに気づかされたということを伝えたい。この歳で新たに気づかされることが増えている私の人生は楽しくて幸せだ。専門性やくだらない領域の垣根をまたぎ交わることで研究の問いは深みを増し、答えに導いてくれる道しるべは増えていくのだと実感している。

身体と死生のリアル

フィールドで健康になるということ

病気をめぐる自然な助け合い

島田 将喜
Masaki Shimada

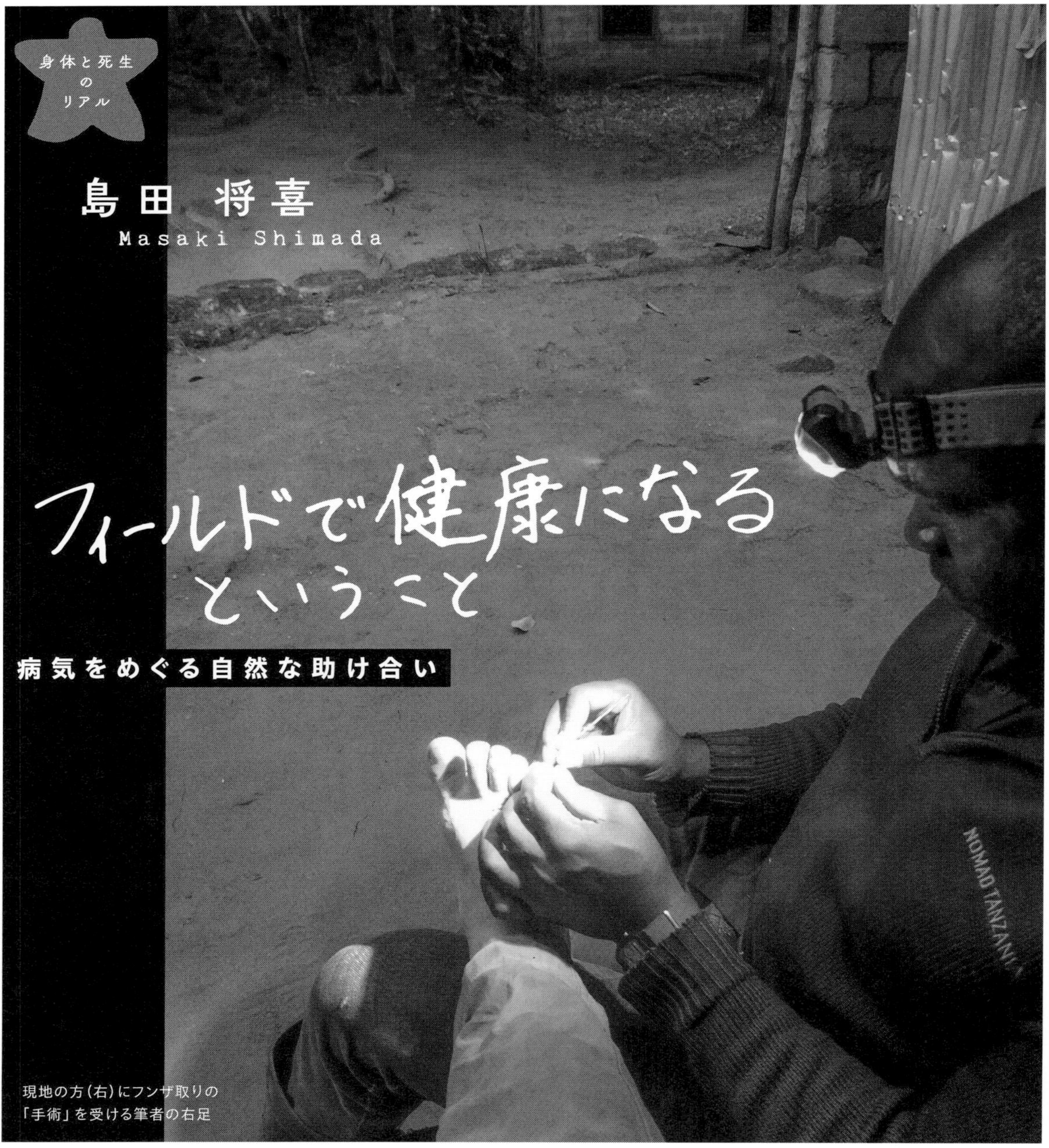

現地の方（右）にフンザ取りの「手術」を受ける筆者の右足

フィールドワーカーも病気になる

タンザニア西部のマハレ山塊国立公園に生息する野生チンパンジーの行動調査を二〇年以上続けてきましたと自己紹介すると、一般の方々から、アフリカで長く活動しているのだから病気にはさぞ強いのでしょう、と問われることがある。事実はむしろその逆で、私たちフィールドワーカーだけでなく、現地のアシスタントやその家族たちも、病気にはよく罹患する。たとえば蚊に刺されることよって罹患し、発症すると高熱になるマラリアは、タンザニアでは一般的な病気で、予防薬を服用していても発症してしまうことはまれではない。現代日本人にとって、もはや馴染みのない病気だからか、マラリアに罹るというと、アフリカは不衛生なところだ、といった印象を与えてしまいがちなため、私は不用意にそうした発言をしないように注意している。マラリアに限らず、日本では聞きなれない病気に罹るリスクがあるのは確かだが、タンザニアでのフィールドワーク中に、私はそうしたことを不安に感じることはほとんどなく、逆に、日々健康になってゆく自分を実感することになる。

MY FIELD

タンザニア西部の焼畑農耕民トングウェ

マハレでチンパンジー調査が60年も継続できているのは、トングウェの人々が、アシスタントとして研究者を支えてくれてきたからだ。行く手を阻む深い森をンパンガ（なた）で切り開きながら、チンパンジーを見失うことなく追跡する技術や、どんな植物の名前や利用法をも熟知している彼らは、私にとって師でもある。

医者代わりの経験

その理由の一つは、私たちがマラリアを含むさまざまな「現地の病気との付き合い方」を経験してきており、適切で素早い対応の仕方をある程度知っているとかもしれない。お腹が痛いから、熱があるから、（私たちが日本から持ち込んだ）市販薬を分けてくれないか、といった現地の方々からのお願いは非常に多く、そうした要望への対応は、調査基地における私たちの典型的な雑務の一つだ。私たちは医者ではないが、彼らの症状を丁寧に聞いて、アドバイスしたり、薬を分けてあげたり、あるいは緊急を要すると判断すれば船を出して村の診療所に行かせてあげたり、といった対応を日常的に実践している。こうした経験が、現地での自分自身の体調の変化に対しても素早く適切な対応ができるという安心感につながっていると私は思う。

病気になることの「メリット」

もう一つの理由は、たとえ病気になっても、現地の方々に必ず助けてもらえる、という安心感だと思う。例えば、現地語でフンザ、すなわちスナノミ（砂蚤）と呼ばれる寄生虫がいる。体長一ミリメートルほどの小さなノミで、アフリカの砂地には広く分布している。このスナノミが棲んでいる砂地を歩くと、人間の足、典型的には足の指先と爪との隙間に寄生するのだ。一〇本ある足先のほとんどに入られてしまうことさえある。ただ、よほど注意深く自分の足先を観察しないと、スナノミの体内への侵入を許したかどうかさえ気づけないことが多い。さて体内で吸血したスナノミはそこで卵塊を形成し、数週間して卵が成熟してくると塊は直径五ミリメートルほどにまで膨らむ。このときになってやっと、足先に独特の痒みや痛みを感じるようになり、この卵塊を始末する必要に迫られる。ただし皮膚の中に入り込んで膨らんだ卵塊をかきむしったりすると、卵塊がぐちゃぐちゃに潰れて出血も多くなり別の感染症の原因となったりもする。針などの細い道具を用いて丁寧に慎重に塊自体を潰さないように取り出す「手術」が必要なのである。こうした慎重な作業を、いわばスナノミと共存してきた現地の方々は難なくこなす。一方、不器用な私は、自分で何とか取り出そうとして大失敗してきた経験もあり、今では自分の足先にスナノミを見つけると、近くにいる現地の方に「フンザを取ってください」とお願いするようにしている。依頼された方は、「島田がフンザに入られた」とげらげら笑い、樹木の刺などを拾ってきて、時間をかけて、すべての足先からきれいに卵塊を取り除いてくれる。私がお礼を言うと、彼らはどこか得意げだ。こうした経験から、病気そのものが、彼らとの助け合いの実践を媒介してくれているように私は感じている。つまり病気をネタとして、助け、助けられることを、今の私は義務感や負債感なく、マハレではごく自然にできる。こうした居心地の良さが、安心感につながっているのだと私は思う。

助け合う社会が与えてくれる健康

私は（多くの他の方々と同様に）日本においては、一大学教員として、何かと精神的にストレスを感じることの多い日常を送っている。しかし日本では、たとえ体調不良を感じたり、病気に罹ったりしても、なかなか誰かに「助けてください」と言い出せないことが多いように思う。ところがマハレにいる私は、フンザの例に限らず、たやすく人に助けを求めたりお願いしたりすることができている。助け合いがごく自然にできる居心地の良さがあってこそ、私は、ストレスフリーな自分と健康を取り戻してゆくのを実感できているのだと思う。

サンゴ礁島で嗅ぎまわる

排泄・月経・出産・性交

秋道智彌
Tomoya Akimichi

サンゴ礁島での排泄行為

ミクロネシア・中央カロリン諸島に隆起サンゴ礁のサタワル島がある。島の周囲は浅い海で、波の砕けるリーフの外側は深い海となっている。

男性は大小のカヌーに乗り、漁撈や遠洋航海をおこなう。陸ではパンノキやココヤシの木によじ登り、長い竿で果実を地上に落とす。カヌーや漁具の製作、ヤシ酒作りも男の仕事である。

一方、女性は畑でタロイモを栽培し、食物の調理、育児を担当する。そして、バナナの幹からとった繊維で腰布を織る。

男性は帯状の褌《ふんどし》を付け、女性は腰布を巻くだけで、両者とも上半身は裸である。現代では褌や腰布は外来の木綿製である。

さて、こうした姿で日常の排泄はどうするのか。島に滞在中はトイレを私用に

サタワル島の大型帆走カヌー。浜から浅瀬があり、その外側は深い外洋である

作ってもらったが、元々トイレは島に見当たらない。

盗み見したわけではないが、男性は浜辺の木の脇にしゃがみ、褌から一物を取り出して用を足す。尿はすぐ砂にしみこむので、上から木の葉でもおいておけばまったくあとかたがない。大便はふつう、住居から離れた海岸部で灌木の陰に隠れるようにしゃがんで排泄する。

女性の場合はどうか。村内で小便をするさい、両手で腰布を開き、後ろからは見えないようにして立ったまま用を足す。京都の小学校時代、時代祭を御所の南西場所で見ていた時、和服姿の中年女性が数人立ったまま御所の石垣に向かって用を足していた。女性の立ちションは前近代における排泄ポーズなのかと気になった。

では女性は大便をどこでするのか。畑や森の場合もあるだろうが、奇妙なことが分かった。日の出前の早朝、浜に行くとサンゴ礁の浅瀬に数多くの女性が一定の距離をおいてしゃがんでいるのが遠くからでも見えた。女性は早朝にサンゴ礁の浅瀬で集団になって排便することがわかった。

匂いの人類学

排泄の姿勢や場所だけでなく、人びとの食とのかかわりを考えてみた。結論からいえば、人間の大便を食べる動物や魚の生態がポイントであることがわかってきた。

男性が浜辺で排泄した大便はヤドカリがあさる。ヤドカリの腹部は釣り餌とされ、その餌で釣れた魚を食べることは、人間の便を食べることになる。ただし、ヤドカリを使った本人以外は餌のことを知らないだろうから、だれが食べるのかについての事情はわからなかった。

サンゴ礁の浅瀬にいるチョウチョウウオはあまり食されない。男性に理由を聞くと、「糞のにおいがするから」という。女性が浅瀬で集団的に排便することを知っての回答だろう。

一方、女性や子ども、若い男性はチョウチョウウオを食べてはならないとする慣行がある。なぜなら、この魚は少し泳いですぐサンゴ礁で横になる。人間が食べるとチョウチョウウオのように怠惰になると説明された。このほかにも、ヤガラ（骨だけで肉がない）、オコゼ・ミノカサゴ（ほとんど動かない）、カワハギ（ぼんやりしている）などは、食べるとその魚の影響を受けるので健康上よろしくないとされている。食べるとその性向が「感染する」とされているわけだ。こうした魚は「悪い魚」と称されている。

サンゴ島における匂いの文化

話はこれだけにとどまらない。サタワル島民は超自然的な存在（ヤニュー）を認めてきた。海には男のヤニューが、森には女のヤニューが、天空には絶対的なヤニューがいてそれぞれの領域を支配する。海のヤニューは森・畑の土や、人間の性交、女性の月経・出産時の血の匂いをきらう。森のヤニューは、海や魚の匂い、人間の性交・女性の血の匂いを忌避する。天界のヤニューはココヤシの匂いを好むが、森や海、人間の性交や血の匂いとは無縁と考えられている。

性交の翌日や畑のイモをもって海に行くとその男の太ももが腫れ、島の資源がなくなる。性交のあとや魚をもって森や畑に行けば、その女性の太ももが腫れ、島の資源が枯渇すると恐れられた。ヤニューが匂いに敏感な存在とされていることがわかる。ただし、ココヤシは天空の中立的な存在で、海や森に持参してもそこのヤニューを怒らせることはない。

調査で嗅ぎまわる

サンゴ礁世界では、人間の排泄・月経・出産・性交などの生理現象がたくみに食生活の規範や人びとの世界観に取り込まれている。現場で実感できるさまざまな匂いから、意外なことがわかるわけだ。目や耳だけでなく、鼻を活かして歩き回ることが面白い発見につながるだろう。

MY FIELD

ミクロネシア連邦 中央カロリン諸島
サタワル島とサタワル島民

現在、世界で帆走カヌーにより遠洋航海術をおこなう数少ない集団で、1976年にハワイ―タヒチ間の遠洋航海を成し遂げたホクレア号の船長M・ピアイルック出身の島。サタワル島から1975年の海洋博にもチェチェメニ号が来日した。

原子 壮太
Sota Harako

1977年生まれ。日本アフリカ学会所属。人と自然の関係についての関心から、在来農法・食文化・多様なイネ品種やタケ類などの調査に取り組んできた。主著に「東アフリカ焼畑農耕民の稲作と米食文化：タンザニア南部の僻村の事例」『農耕の技術と文化』30（2021年）。

奥田 真由
Mayu Okuda

1997年生まれ。京都大学大学院アジア・アフリカ地域研究研究科東南アジア地域研究専攻に所属。人々が相互扶助行為を通して、いかに地域の自然環境や観光資源を維持しているのかということを研究している。岐阜県白川村とインドネシアジョグジャカルタ特別州で主にフィールドワークを行っている。

安松 弘毅
Hiroki Yasumatsu

1996年生まれ。京都大学大学院博士課程後期。ラオスにおけるラン科植物の利用に着目し、宗教的信仰を踏まえながら、ランとその自生地の保全、地域住民の生業維持、採集者と利用者の対等な関係構築を目指しフィールドワークを行う。主著に『ヴィエンチャンでの出家体験からみる僧侶の戒律と生活』（2020年）。

近藤 史
Fumi Kondo

1977年生まれ。弘前大学准教授。アフリカおよび日本の農山村やものづくりの現場で、食・農・環境をめぐる資源の利用と管理について研究している。在来の知識や技術と、その自律的なイノベーションを支える社会関係に関心をもつ。主著に『争わないための生業実践：生態資源と人びとの関わり』（アフリカ潜在力 第4巻、2016年、分担執筆）など。

吉村 郊子
Satoko Yoshimura

1968年生まれ。国立歴史民俗博物館助教。看取りや供養・死の受容など生前から死後の過程について、当事者に寄り添って考え、理解したいと試みている。論文に「身近な人の死と想いを、わたしたちはどう受容し、生きていくのか」『葬送文化』24（2023年）、「遺された／生きる者にとっての墓」『国立歴史民俗博物館研究報告』181（2014年）など。

佐川 徹
Toru Sagawa

1977年生まれ、慶應義塾大学准教授。東アフリカの乾燥地域にくらす牧畜民の紛争や平和、開発、食文化などに関心をもっている。主著に『歴史が生みだす紛争、紛争が生みだす歴史：現代アフリカにおける暴力と和解』（2024年、共編著）など。

大津留 香織
Kaori Ootsuru

台南應用科技大學設計學院漫畫系助理教授。法学と犯罪社会学を経て、人間にとって法とは何かを明らかにするため、人類学を専攻した。法から共感性や物語論へ関心が移行し、現在はマンガ研究に従事。主著に『関係修復の人類学』（2020年、成文堂）。

三浦 哲也
Tetsuya Miura

1974年生まれ。育英短期大学教授。酒宴で取り交わされる酒や食事、そしてその場でのコミュニケーションが、人びとの関係をどのように構築維持しているのか、ボルネオ島の先住民社会を対象にして、その実践過程を調べている。主著に『食をめぐる人類学：飲食実践が紡ぐ社会関係』（編著、2017年）など。

田所 聖志
Kiyoshi Tadokoro

1972年生まれ。東洋大学教授。パプアニューギニアのテワーダを対象に、人の移動と人間関係の秩序構造のかかわりについて民族誌的研究をおこなった。現在、フリを対象に、資源開発による社会変化に対する人びとの適応に焦点をあてた研究をしている。主著に『秩序の構造：ニューギニア山地民における人間関係の社会人類学』（2014年）など。

PART 4

精霊と呪術と死に触れる

精神世界への旅

身体観・死生観につながるのが、「宗教」的な信念だ。宗教というよりも、あの世とこの世、目に見える世界と目に見えない世界をめぐる精神世界と言うべきかもしれない。そしてこの精神世界が、実に多様で豊か。目に見えないけれど、どこかに必ずいて何かをしでかす精霊たち、そうした目に見えない力を操って人を幸福にしたり不幸にしたりする呪術——。

迷信だなんだと笑い飛ばすことなかれ。実際自分が神秘に触れることだってあるし、実は呪術の使い方には、ちゃんと社会的な意味があったりもする。何より、生きている自分たちと同じようにそこにいるという、死者や人以外の存在を大切にする感覚は、私たちが忘れてしまった生命への畏敬の念を思い出させてくれる。

リンガサガをさがして

生の根拠としての化け物とその不在

原子 壮太
Sota Harako

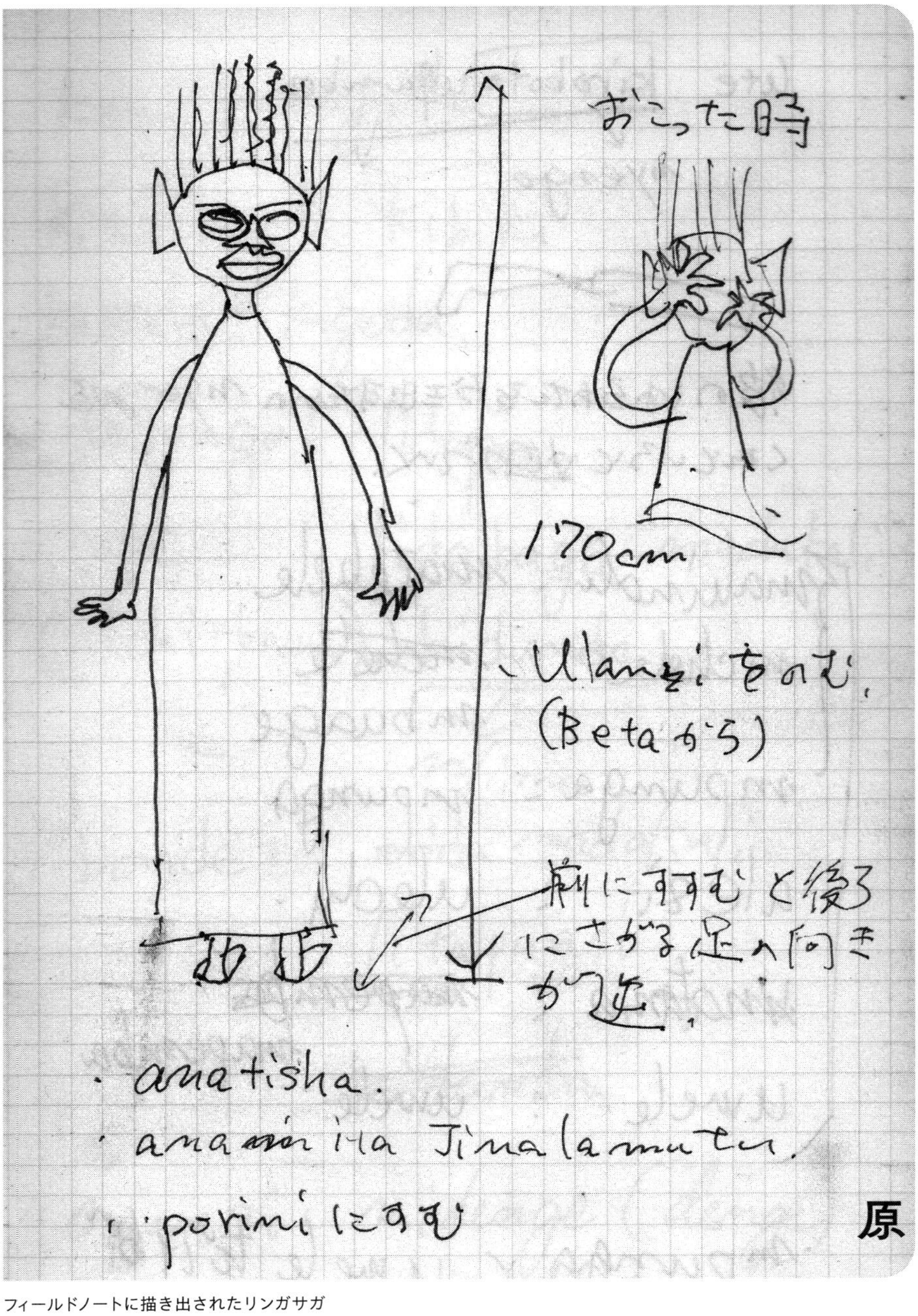

フィールドノートに描き出されたリンガサガ

「腹を割く道具をくれ」

調査に出た先で醸造酒を振る舞われ長居をしてしまった。月のない夜で、あたりはすっかり暗くなっていた。家に帰ると、ホストファミリーも焚き火を囲んで酒盛りをしており、彼らは私に酒を勧めつつ「ソウタ、こんな時間に出歩くとリンガサガに出くわすぞ」とおどかした。

リンガサガとは、この地域で真夜中に出没する化け物のことだ。私は少しふざけて、リンガサガの特徴を聞きながら、フィールドノートに描き出してみせた。逆立った髪の毛、色白の顔、ぎょろりと大きく見開かれた目、体には白い一枚布をまとっている。怒ってかっとなると、手のひらを顔の前でひらひらとさせるという。この化け物のなによりの特徴は、くるぶしより先が前後逆になっていることである。彼らは「リンガサガは、近づけば遠のいているように、遠ざかれば近づいているように見えるのだ」と説明する。きっと恐ろしいに違いない。

フィールドノートをじっと覗き込んでいた子どもたちが、やがて「ワーワー」と騒ぎ出し、酔っ払った大人たちは「そう、これだ、これだ」と笑い出した。「リンガサガに遭ってしまったらどうしたらいいのか」と問うと、「レテキロボタウトゥンボ！（腹を割く道具をくれ！）」と叫べばリンガサガは逃げ出すという。私は、その夜の寝小便が確定した子どもたちと一緒に「レテキロボタウトゥンボ」と唱えた。

酒泥棒リンガサガ

リンガサガは森に住み、人が寝静まった頃に村にやってきて、台所に置いたままになっている残り飯を漁る。だが、リンガサガの何よりの好物は、この地域に生育するタケから採れるウランジという酒だ。若いタケの先端を一日に二度、朝と夕方に薄く切り取ってやること数日、やがて切り口から染み出す甘い樹液が発酵を始める。そこに採集用の竹筒をぶら下げておくと、発酵した樹液（ウランジ）が溜まっていくという仕掛けである。

ところがリンガサガは夜中にやってきて溜まったウランジを飲んでしまう。そして、空の竹筒をタケの稈（茎）に叩きつける。人々は「パーン」という大きな音にようやく目覚めて、リンガサガがやってきたことを知る。竹筒にたまった採れたばかりのウランジをンダウコという。ほのかに甘いンダウコを竹筒からじかに飲むことは、ウランジの採液者と特別に招かれた客人だけの特権とされている。招かれざる客が立てるこの「パーン」という音に人々は腹を立てることだろう。

ものの道理

後日、私はこの化け物について、簡単な聞き取り調査をしてみた。「昨晩来ていたよ」という者から、「最近は見なくなった」という者までいたが、そんなものは迷信だと言う者はただの一人もいなかった。

最近見なくなったと語る者の多くは、年配者であった。聞けば、森に住むリンガサガは、人間が森と距離をおき、集まって住むようになったので、村には来なくなったのかもしれないという。人が集まって住むようになったというのは、一九七〇年代にタンザニア政府によって、集村化政策が実施されたことを指している。たしかにこの地域の集落形態は、集村化政策によって散村から集村へと大きく変化した。この集落形態の変化に続いて、焼畑耕作地の分布や土地利用の形態も大きく変わっていった。焼畑耕作は人間と森との関係に依拠した生業である。集村化政策は、単に住み方の問題だけではなく、人と自然との関係を変化させた。

ある古老は、私に「リンガサガが来なくなったのは、人々が道理を守らなくなったからだ」と語った。しかし、リンガサガはモラルに反した行為を咎めにわざわざ村に来るのだろうか。残飯を漁りウランジを盗み飲むような化け物に、人は何を咎められるというのだろう。

いやむしろ人間が道理を犯すことに躊躇しなくなると、あるいは道理が忘れ去られてしまうと、リンガサガは、こちらが呪文を唱えるまでもなく、未練がましく人に顔を向けたまま自ら去っていくのである。この化け物は臆病で、威勢よく大きな音を立てるくせに、人が現れると自ら逃げ出してしまう。そう説明した者もいたように、リンガサガの挙動はときに恐怖よりも哀愁を誘う。

MY FIELD

タンザニア連合共和国 ルヴマ州
イフィンガ村の農耕民ベナとベナ・マンガ

イフィンガ村は幹線道路から50kmほど離れた山間の集落である。当時、村にゆくには2日にわたって人気のない丘陵をただただ歩くしかなく、眼の前にミオンボ林を伐り開いて造成した焼畑が現れたときには、心底ホッとしたものである。

生の根拠

リンガサガについて語る人々は、その存在を認めて受け入れていた。「リンガサガは家庭の礎である」とある老人は語った。普段は無口な老婆も「Kクランの人間は死ぬとリンガサガになるが、私達のクランの人間は死んだらヘビになるのよ」、そして、「私の夫はニシキヘビになるのよ」と笑った。

リンガサガやヘビのように忌み嫌われる動物たちの存在は、もしかしたら、自分の生の根拠であるのかもしれない。そうだとすれば、それらの不在にもまた意味があるはずだ。

私は、フィールドノートを見返してみた。リンガサガは跳梁跋扈するどころか、前に進むか後ろに進むのか決めかねてゆらゆらしながら立ち尽くし、ただ私の方を見つめていた。

男性の踊り手（ジョグジャカルタ特別州バントゥル県にて）

浄化する人々

インドネシアにおけるゴイッの存在

奥田 真由
Mayu Okuda

ゴイッの存在

ジャワの人々にとって、「霊」はとても身近な存在である。私たち日本人は「霊」と聞くと、まず存在する、しないの議論が繰り広げられる場合が多いだろう。だが、ジャワとりわけジョグジャカルタでは、「霊」がいかに存在したのか、「霊」が人々に何を行ったのかという議論が始まる。

ジョグジャカルタでは、親しい者同士が集まり話すなかで、よく「ゴイッ」という言葉を耳にする。ジャワ語で「霊」を意味する言葉である。インドネシア語では「セタン」や「ハントゥ」といった言葉も「霊」的存在を指す場合が多いが、「ゴイッ」は人間にとって良い霊も悪い霊をも指す言葉である。人々は人間と「ゴイッ」のつながりを信じて疑わないが、必ずしもその存在を好意的に受容しているわけではない。「人々の生活するエリアから「ゴイッ」を引き離す儀礼も存在している。その一つがジャティランである。

儀礼ジャティラン

ジャティランとはジャワ島各地でみら

れる伝統的な儀礼を指す。音楽にのせて装飾をつけた人々が踊り狂い、それを村の人々が鑑賞するのである。そのスタイルは時代とともに移り変わり、現代音楽を取り入れているジャティランも存在する。一方ジョグジャカルタで行われるジャティランには、今でも伝統的なガムラン音楽が用いられている。装飾類はトペンと呼ばれ、頭にお面をかぶる場合もあるが、それは地域ごとに語り継がれる「霊」の姿を表している。ジャティランでは主に楽器を演奏する人、歌い手、踊り手、そしてその場を取り仕切る人がいる。取り仕切る人はパワンと呼ばれ、彼はジャティランに欠かせない。パワンはジャティランのグループのなかでもリーダー的存在、つまり年長者が請け負うことが多い。

ゴイッとつながる踊り

ジャティランはスサジェンと呼ばれるパワンによる祈祷から始まる。タンパという竹籠に花や野菜、白粥、雑穀粥、お茶、各地の伝統的なお菓子、時にはタバコが盛り付けられ、伝統的なお香を焚く。地域の安全と繁栄を祈る一方で、「ゴイッ」が好むといわれるお香を使って「ゴイッ」を呼び寄せる祈祷でもある。ジャティランが始まると、最初踊り手は綺麗な舞を見せているが、一時間も経てば踊り手は自我を失ったように踊り狂う。このような状況を人々は「ゴイッ」が乗り移ったという。さらに「ゴイッ」が表に出てくるようにと、パワンがまじないを授け、踊り手は過激さを増す。与えられたご飯を地面に置き、直接食べ、さらにムチを使いたたき合いながら踊りだす。終盤になると、踊り手は地面に寝転び苦しみだす。そして最後にパワンが再びまじないを使い、踊り手のなかの「ゴイッ」を取り除くのである。こうして「ゴイッ」はその地域から完全に消えたと考えられ、人々は安心を得るのである。

MY FIELD

インドネシア共和国 ジョグジャカルタ特別州ジャワ

ジョグジャカルタ特別州は王室制度が現存し、王スルタンが州知事を務めている。古マタラム王国時代に栄えたジャワ文化とイスラムが融合した独自の文化を持つ。主要言語はジャワ語であり、ジャワ暦を用いた儀礼も数多く行われる。北は活火山であるムラピ山、南はインド洋に面した自然豊かな地域である。

浄化する

ジャティランは、誕生や結婚など村でなにか良いことが起きた後に、その幸福が長く続くようにと行われる。あるいは農作物の豊作を祈り、作物の成長を妨げるとりわけ「悪いゴイッ」を取り除くために行われる。ジャティランにおける最初の祈りスサジェンでは、粥が盛り付けられることはよくあるが、ジャティランはコメだけでなくすべての農作物の豊作を祈るものである。ジョグジャカルタでは主要農作物のコメのほか、トウガラシやキャッサバ、サトウキビや果実類を組み合わせて生産している。人々は天候に左右されながらも、柔軟に生産スタイルを変化させている。ジャティランには、これまでの豊作を感謝するという意味合いもある。

初めてジャティランを見たときは、村の人々の熱狂に驚いた。おそらく練習のなかで体得したであろう綺麗な舞が、音楽に合わせて徐々に奇妙さを帯びていく様は圧巻であり、それと同時に恐ろしさも感じさせる。ジャティランでは、踊り手に「ゴイッ」を乗り移させることで、「ゴイッ」を村から出すことが前提となる。私が踊り手に「ジャティランとは何か」と問うたら、彼らは「村を浄化するために行われること」と教えてくれた。

ジョグジャカルタの人日は日々、姿かたちが見えない「ゴイッ」を恐れている。子供が毎晩泣き止まないことや、貯水池の水が突然枯れてしまったなど、自分たちでは解決できない困難や不思議が起こったとき、人々は「ゴイッ」という言葉を口にする。ジャティランは村を浄化するために行われるというが、私はそういった人々の恐れや不安といった負の感情を浄化する儀礼だとも感じた。誕生や結婚といった人生で幸せな瞬間に、恐れにつながる「ゴイッ」を取り除きたいということは自然なことだと感じた。

手相占いを取り巻く死生観

将来産まれる子供が何人死ぬか？

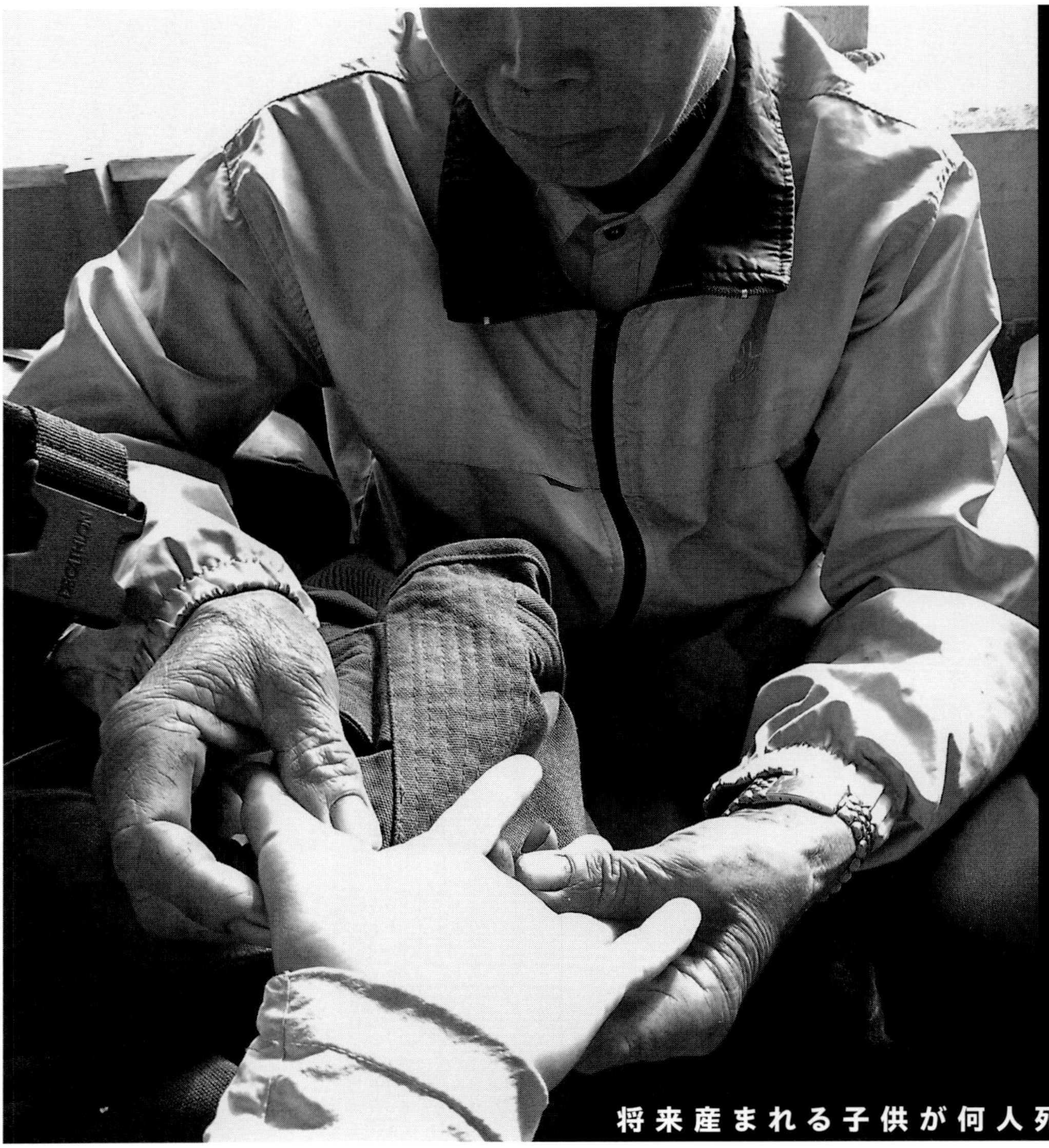

真剣な顔で唸ったり首を振られたり。いかにも悪そうな反応に僕は不安に。周りは笑顔に

安松 弘毅
Hiroki Yasumatsu

調査地探しの旅

僕がラオスに来て半年が経ち、簡単な会話ができるようになった頃、季節は乾季を迎えていた。雨も降らず暑くもなく、道も良いこの時期が、ラオスの観光ハイシーズンである。

　僕はラオスの北部を流れるウー川のボートに乗りこんだ。直前のバスで乗り合わせた中国人旅行者も一緒になった。ウー川は、ラオスと中国の国境辺りから、少数民族の多く住むポンサーリー県を流れ、ラオスの一大観光地であるルアンパバーン県の繁華街の辺りでメコン川に注ぐ。また、観光地の喧騒から逃れて北上するパッカーと、ベトナムからラオスに抜けてきたパッカーの交差するルートでもある。ほとんどが大荷物の欧米人パッカー、そして日本人が一人、中国人が一人。そこに地元の初老の男性が乗り込んできて、客席を一瞥した後、僕たちの向かいに座った。

手を見せろ

「お前たちはどこの国の人だ？ラオス人じゃないだろう？」

向かいに座った彼が話しかけてくれた。

「どうも、僕は日本人で、こいつは中国人です。」

MY FIELD

**ラオスの首都ヴィエンチャンほかに暮らす
ラオ族、中国人移住者**

ラオスでは多くの人々が農業や林産物の利用によって生計を立てているが、近年は海外資本による開発が急速に進み、社会・自然環境ともに大きな変化を迎えている。調査村に一か月ぶりに訪れると、道が拡張されアスファルトになっていたり、ランの着いていた大木が切り倒されていたりする。

「欧米人は鼻が高くて顔がぜんぜん違うけど、お前たちの顔は俺たちに似ているな。」

「そうかもね。おじさんは旅行ではないですよね。地元の人ですか？どこに行くんですか？」

「手を見せろ。」

自分の語学力が足りなかったのか、突然話が噛み合わなくなったように感じながら、手を差し出した。彼は僕の手を見つめ、シワを広げたり、何かを数えたりした。真剣な顔で首を横に振ったとき、僕は不安になったし、隣で見ていた欧米人パッカーたちは笑っていた。

「いいか、これからの人生、お前はお金を稼ぐだろう。」

「よかった。僕まだ学生だから、安心しました。」

「そして、稼いだ分だけ使い果たす。つまり……」

「つまり？」

「俺と同じだ！」

宵越しの銭は持たないという、チャキチャキなラオっ子による手相占いが始まっていた。ラオス語がわかるんだね？と、周りのパッカーたちも興味深そうに手相占いの様子をみていた。英語と中国語で同時通訳しながら、彼の手相占いを聞いた。

将来の子供の人数

「気をつけろよ、お前は大病を二回患うことになる。そして、八二歳で死ぬ。」

なんだ、なかなか長生きじゃないか。僕はまた安心した。

「結婚はしているのか？」

「まだしてない」

「したいと思うか？」

「ええ、まあ。」

「そうか。それならお前は将来子どもを四人持つことになるな。」

「おお、多いですね」

「そうだ。それで、一人死ぬから、三人になるな。」

結婚して、子宝に恵まれることを想像したと同時に一人が死んだ。僕も、周りのパッカーも笑った。

「お前の手も見せてくれ。」

同行していた中国人の手を取り、また同じように何かを数えはじめた。そしてまた、占いの結果を伝えてくれた。

「お前は七四歳まで生きるし、お金持ちになる！
……子供は六人産まれる。」

「何人死ぬんですか？」

「二人だ。」

占いの前提

ラオスの葬式に参列する機会は度々あった。人が集まる絶好の機会と言わんばかりに、トランプを使った賭け事に興じる場になり、それが火葬までの数日間続く。火葬の瞬間になると、勝ち負けなんか無かったような顔で、故人に思いを馳せて、別れを惜しみ、泣き出す。これがラオスの弔いの形だと思う。この死生観を、ラオスが仏教の国で、あの世があると考えているから死を必要以上に重く受け取らないのである、と教科書的な説明をしてもいいだろう。ただ、ラオスの人々にとって死は、少なくとも死ぬ子供の人数を告げられて笑っていた僕らの感覚よりも身近にあるのではないかと思う。合計特殊出生率によれば、女性一人あたり日本が一・三〇、ラオスは二・五〇だそうだ。乳児の死亡率は、一〇〇〇人の乳児あたり一・七〇人の日本に対して、ラオスでは三四・二〇人とあり、彼の占いも頷ける。

日本で手相を見てもらい、子供の数を聞くとする。「将来、子供が欲しいのだけど、どうですか？」という問いは頻出だろうから、当然子供の人数の根拠となるシワはあるだろうし、占い師はきちんと答えるだろう。でも、そのうち何人死ぬかを判断するシワはあるのだろうか？死ぬかどうかを聞こうとも思わないし、それを答える用意もしていないのではないだろうか。

僕は占いに関心もなく、特段信じてもいない。ただ手相を占われているとき、彼の手を通して、彼と彼の住むこの国を取り巻く死生観が生々しく感じられた気がした。

おばあちゃんの形見分け

ベナの家族の一員になる

精霊と呪術と死に触れる

近藤史
Fumi Kondo

故人の夢をみる

学生時代から通うタンザニアの農村より、居候先のおばあちゃんの訃報が届いたのは二〇一七年の春のことだった。直前に会ったおばあちゃんは、かなり体力が衰えているようだった。八〇歳をこえてなお矍鑠《かくしゃく》とした人だったが、大好きな酒場通いをやめてしまい、あまり食欲がないといってベッドで過ごす日も多かった。だから帰国後、携帯電話にそれを報せる国際通話がかかってきたとき、覚悟はしていた。

　でも、どこかでまだ信じられない気持ちだったのかもしれない。八月に再び渡航し、村に着いた日の夜、おばあちゃんの夢をみた。なぜか私はシーツを縫っていて、急いでいるのに作業が進まず、業を煮やしたおばあちゃんから叱られるというものだ。「Samahani（ごめんなさい）」とスワヒリ語で叫んで目が覚めた。翌朝、居候先の母にその話をすると、「まだお墓に行っていないでしょう。挨拶に来ないからおばあちゃんが腹を立てているのね」と返され、墓地を案内してくれることになった。

葬送儀礼に参加する

墓といってもこの段階では土まんじゅうで、その後おこなわれる「マプウェラ」の際にセメントで固めてタイルを貼り立派な墓へと整える。マプウェラとは、この地に暮らすベナの人びとの葬送儀礼を締めくくるイベントだ。親族が集まって墓を建て、故人を弔い相続について協議する。お墓参りの道すがら、来年おこなうマプウェラに必ず来るよう母からいわれた。八月半ばまでは大学の業務があって日本を離れられないと伝えると、私も「孫」の一人として参加すべきで、日程は調整してやるという。

　植民地期にキリスト教を受け入れたベナの人びとだが、現在もその暮らしの端々に祖霊信仰を残す。臨終の際は神父を呼び埋葬のミサをあげる一方で、マプウェラを終えないと死者は祖霊の仲間入りを果たせず、病気や事故などの不幸を招くと信じられている。また、故人の夢をみるのはそうした困難の前兆だったり、故人の姿を借りて祖霊が何かを伝えたがっていると解釈される。今回の夢をめぐる顛末は、そうした彼らの世界の文脈にいつの間にか私も組み込まれていたということだろう。

　マプウェラの初日には村の内外から親族が集まり、近隣住民を広く招く。長老の差配で地酒と家畜を故人に捧げた後、故人の配偶者と子どもは一人一つずつ鍬などの象徴的な遺品を受け取る。さらに、

マプウェラのために用意した揃いのワンピースを着て女性親族で記念撮影

MY FIELD

タンザニア南部 ンジョンベ州の農耕民ベナ

冷涼な高原地帯に暮らすベナは、農地に製材用のマツやユーカリ、製炭用のアカシア、果樹のアボカドなどを植えて、木々が大きく育つまで樹間でトウモロコシなどの自給用作物を栽培する。近年、林産物販売によって高額収入を得られるようになったことで、土地の価値が高騰し、その相続をめぐってマプウェラの重要性は増している。

家族会議でおばあちゃんの形見を分ける

この日にあわせて整えた墓へ参ることもある。最後に参列者に食事と地酒をふるまい、夜通しダンスを踊る。当日、村の葬式講メンバーの手伝いも得て、早朝から調理にかかる女性たちは手も口も賑やかだった。皆にまじって水汲みや野菜の筋とりなどに励む私を、「すっかりベナね」「おばあちゃんによく教わっている」とからかうことも忘れない。おかげで食事が完成した頃には、面識の乏しかった遠方の親族とも打ち解け、皆で記念撮影やSNSのアカウント交換となった。

布はめぐる

二日目には、長老と遺族、近しい親族が故人の家で家族会議をおこなう。そこでは、こまごまとした衣類や日用品の形見分けとともに、土地や家屋といった不動産の相続について協議する。例えば幼い子どもにも成人後に困らないよう土地を分け、成人するまで誰が後見してそれを管理するかを話し合う。また、最近はこの地域で林業が盛んになり、親子や兄弟のあいだでも土地争いが頻発している。親族の立ち会いのもと、長老の仲裁によって問題解決をはかる調停の場としてもマプウェラは機能している。

　家族会議のあと、仲の良いオバ——母の異母妹で、父の弟に嫁いで隣州に暮らす——から、ちょっと来なさいと声をかけられた。オバは形見分けで受け取った布や衣類を並べると、あるキテンゲ（プリント布）を指さして、これをおばあちゃんはとても喜んでいたという。女性への贈り物として定番の人気を誇るキテンゲは、生地や染色の質に応じて手頃な値段のものから高価なものまで幅広い。それは以前、私が職を得たのを機に奮発して購入し、長くお世話になったお礼にと贈ったキテンゲだった。オバは、並べた布のなかからあなたも一つ取りなさいという。しかし私は、そもそも選んで良いのか、どれを選べばよいのか判断できなかった。戸惑っていると、折々に食用油や砂糖などを届けておばあちゃんをよく助けた「孫」なのだから思い出の品をもつべきだと諭され、別のキテンゲを渡された。

　おばあちゃんに贈ったキテンゲは、噂話と分与のネットワークをめぐりめぐって、オバの手に渡るとともに、形をかえて私のもとに戻ってきた。どちらのキテンゲも、やがて使い古されて土に還るまで、彼女たちと私の共に過ごした日々を誰かに伝えていくのだろう。受け取ったキテンゲを羽織ると、ベナの家族の一員として彼らの社会のなかにいる自分を改めて実感した。

家囲いの中の墓。男性M（1997年に死亡）の墓の周りには、その後、妻や娘・息子たちも埋葬されて、墓が増えていた（写真は2020年当時）

精霊と呪術と死に触れる

ともに生きる

生きている間も、亡くなった後も

吉村 郊子
Satoko Yoshimura

MY FIELD

ナミビア北西部の牧畜民ヒンバ

彼らはナミブ砂漠に近い半乾燥帯で家畜とともに暮らす。その居住域はナミビアとアンゴラの国境を流れるクネネ川をまたぎ、近年、そこに水力発電用のダムを新たにつくる計画が浮上すると、現地に暮らすヒンバの人々の動向もまた国内外から注目を集めるようになった。写真は私の調査地の人びとで、左がエッセイに登場する男性Mである。

ともに暮らしながら、学ぶ

人類学を始めたころ、私がフィールドワークの際に心がけていたのは、現地の人たちとともに暮らしながら、できるだけ同じようにやってみるということであった。当時の私は知識や経験も十分ではなくて、まずはそうするしかなかったというのが正直なところかもしれない。

日本の山村で炭焼きの調査を始めたとき、最初の一、二か月の間は炭焼きさんのお宅に泊めてもらい、寝食をともにしながら毎日、窯場に通って炭を焼く作業を手伝った。できることを見つけては手を動かしつつ、目にしたことや耳にしたことを漏らさずに、何でもメモしようと必死だった。なぜなら、何が重要で、何が重要でないかという判断すら、まだあまりつかないような、人類学の初心者だったから。そして、フィールドノートを見直しつつ、作業の合間や夜の食事時などに質問を重ねて、さらなる教えを乞うた。

そうした拙い学生に対して、炭焼きさんたちは実に寛容で、たくさんのことを教えてくれた。炭焼きの作業のこと、木々の伐採と育成や薪炭林の利用サイクルのこと、そして、炭焼きとしての彼らの想いと人生の道のりや、家族のことなど。

単に話を聴くだけでなく、限られた期間であっても、ともに暮らし、身体を動かして一緒に作業したからこそ、わかったことや身についたことも多い。そうして学び、調査したことの一部は、後に論文などにまとめたが、炭焼きさんたちから私が受けた恩恵は、それだけではない。彼らこそが、若く至らない私を調査者として、そして人間としても成長させてくれたと思い、感謝している。

墓とともに生きる

その後、二〇代後半の間は、南部アフリカの牧畜民ヒンバのもとで調査を行った。彼らはナミブ砂漠に近い半乾燥帯で、ウシやヤギ・ヒツジとともに暮らす。私は三年近くの間、ナミビア北西部の彼らのもとに身を寄せて、調査を行った。

家囲いはヒンバの人びとの居住空間である。その中央には夜間、ウシを入れておくための家畜囲いがあり、それを囲むように女性たちの小屋が点在する。わたしもそこに最初はテントを、後には小さな小屋を建てて、彼らとともに暮らした。

ある年の雨季が終わったころ、一緒に暮らしていた八〇代の男性Mが亡くなった。ナミビア北西部では、ヒンバの墓の多くは家囲いから離れた林や川辺などにある。また、彼らの慣習では、主が亡くなった家囲いは放棄されて、遺された家族たちは他所に新たな家囲いを築いて暮らすか、別の親族のもとに身を寄せることが一般的である。

しかしながら、Mは家囲いの中に埋葬されることを望み、その願いを家族は叶えた。Mの遺体は、家畜囲いと第一夫人の小屋との間に埋葬されて、そこに新たな墓が作られた。このように亡くなった主が家囲いの中に埋葬される事例はごく少ないが、その場合、「墓をひとりぼっちにしてはいけない」として、人びとは家囲いを放棄せずに、そこに暮らし続ける。Mの場合も、彼の墓がそこにあるからこそ、遺された妻や子どもたちは、その後も墓とともに暮らし続けることになった。

そうしてMは亡くなった後も、私たちの家囲いの中にいた。当時、私が暮らしていた小屋は彼の墓に近く、毎朝、小屋の戸を開けるといつも、何よりも先に、まず彼の墓が目に飛び込んできた。その横を、やがて放牧に出かけるウシやヤギ・ヒツジたちの群れが通り過ぎていく。日中は各小屋の人びとの往来もあり、幼い子どもたちは墓の前を走り周って遊び、子ヤギは墓碑の傍で跳ねている。夜になると、焚火の炎の向こうに、Mの墓が浮かびあがる。

墓を怖いと思う感情は私には全くなくて、亡くなってもしばらくの間はMがまだ近くにいるような気がして、少しほっとした。その一方で、日々の暮らしの中で墓を目にする度に、生きた身体をもつMとはもう会えないのだということを、私は少しずつ受け入れていったようにも思う。

そうして、Mの死後も一年近くの間、彼の遺族たちとともに私は暮らし、調査を続けた。その過程では、葬送などの儀礼に加えて、生前のMの病とその治療の話や、死後のMをめぐる人びとの言説と行為を通して、彼らが病や死をどのように受けとめて、Mが亡くなった後、新たな暮らしを再構築しようとしているかを知り、理解しようとした。

それらは、遺された人びとのみならず、Mが生前から死後に至るまで身をもって教えてくれたことでもある。彼は、生きている間も亡くなった後も、私たちの傍らにいた。墓を目にしながら、Mの家族や親族たちは、彼にまつわるさまざまなことを語ってくれた。

そのようにして私がヒンバの人たちと、ともに過ごした時間は、それぞれの「人の一生」からみれば、ごく限られた「一《ひと》瞬《とき》」に過ぎないのかもしれない。それでも、ともに過ごし、経験し、知りえたことや感じたこと、そこから考えたことや理解したことは、今も確かに私の中にある。そして、歳を重ねてきた今、こう思うのだ。一つひとつは限られた時間の事柄であったとしても、誰かとともに生きたという経験とその記憶こそが、私を今の私たらしめて、そして生かしてくれているのだと。

「家囲いの中の墓」のその後

Mが亡くなってから二〇年余りの時を経て、私は再びその場所を訪れる機会を得た。Mの子どもや孫たちが、妻子を連れて今もそこに暮らしていた。そして、Mの墓の周りには、新たな墓がいくつか並び、そこには彼の妻や幾人かの子どもたちの名前が刻まれていた。

社会とつながり、神とつながる

みんなで飲む、ひとりで飲む

精霊と呪術と死に触れる

佐川 徹
Toru Sagawa

コーヒーとともにある暮らし

アラビカ・コーヒーの起源地であるエチオピアには、コーヒーをめぐるさまざまな慣習がある。この国の西南部にくらす農牧民ダサネッチの生活にもコーヒーは不可欠だ。彼らが飲用にしているのは、コーヒーの豆ではなく豆の外を覆う果肉や外皮を乾燥させた殻である。殻を煮出した飲み物の味は、われわれが知るコーヒーよりも麦茶などに近い。

ダサネッチはコーヒーを朝昼夕に飲むが、それはただの渇きを癒すためだけのものではない。体に痛みを感じた際には、治療師からコーヒーを霧状にして痛みのある部位へ吹きかけてもらうと、症状が和らぐとされる。寒気を覚えた場合には、やや冷ましたコーヒーを肩から浴びることで体調を整える。幼い子どもが汗をかくと、母親はみずからの口に含ませてほどよい温かさになったコーヒーを注ぎながら、その体を洗う。

ともに飲み、話す

コーヒーを飲む場は、性別や年齢にかかわらず、世帯内外のすべての人が同席できる集いの場だ。ダサネッチが建てる半球状の家は、直径三メートルほど、高さ一・五メートルほどしかない。このせまい家に多いときには一〇人以上が座り、肌を触れあわせながら熱いコーヒーを飲むと、すぐに大量の汗が滴りおちる。この汗は重要である。ダサネッチによれば汗は豊穣さを含んだ液体だからだ。もてなしを受けた客は家に敷かれた家畜の皮の上に汗を残していく。コーヒーの場に多くの人が集まる家は繁栄する、といわれる理由だ。

この場では、夫婦間の些細な会話に始まり、家畜の放牧地の状態や国家の政策への評価にまでいたる多様な話題が俎上にのぼる。会話の最中に、一杯だけコーヒーを飲んで席を立とうとすると、「おまえの片方の目がつぶれてしまうぞ」と人びとに忠告される。コーヒーは楕円形をしたヒョウタンカップに入れて飲むが、このカップの形状が目に似ているため、目が二つあるようにコーヒーも最低二杯は飲まなければならないのだという。一杯だけで場を離れて失明した人が実際にいたのかを私は知らないが、この忠告には、コーヒーを飲みにきたらその場で長い時間をともに過ごすべきだ、との含意がある。

ひとりで飲み、祈る

コーヒーを飲む場は、ひとり静かに大切な人への思いをはせる場でもある。老女ガルドイと私は、二〇〇一年の最初の調査時からの知りあいだ。当時、彼女は四人の子供とともに暮らし、コーヒーの場もにぎやかだった。それから一〇年以上が経ち、四人はみな結婚して別の集落に居を構えている。夫は若い第二妻の家に入り浸りで、ほとんどの夜を彼女はひとりで眠る。そして、ひとりで迎えた朝に欠かさず行うのが、コーヒーによる子供と孫への祝福だ。

毎朝、ガルドイは二番鶏が鳴くころに身を起こすと、水とコーヒーの殻を入れた土器を火にかける。最近ではほとんどの家が町で購入した鍋を利用しているが、彼女は土器を使い続けている。「鍋のコーヒーには神がいない。土器のコーヒーにだけ神がいるのよ」。コーヒーが沸くとカップに注ぎ、一口目を口に入れるが、これを飲み干してはいけない。一杯目のコーヒーは祝福を行うためのものである。コーヒーを噴き出して神に語りかけ、大

祝福するガルドイ。私の滞在中には、「コーヒーをいっしょに飲もう」とよく朝から誘いにきた

MY FIELD

アフリカ大陸北東部に暮らすダサネッチ

ダサネッチは、おもにエチオピアとケニア、南スーダンの三国国境付近に暮らしている。家畜とともに遊動的な生活を送る牧畜民だが、農耕や採集、漁労も営む。何事においてもよく話し合い、自分たちで自分たちのことを決めようとする。コーヒーを飲む場での会話も2時間程度続くことがある。

地と人間と家畜の安寧を祈るのだ。

ふつう祝福はその家の夫と男の客だけが行う。女は男による祝福をとおしてはじめて神の恵みを得られる、と男たちは語る。だが、ガルドイの家には夫が来ないし、早朝には客もいない。この場で神に語りかけることができるのは彼女だけだ。「若いうちは自分で祝福したことなんてなかったけどね。年を取ってくると、女も神のことを知るようになって祝福できるのよ」。

彼女の祝福は男性に比べて控えめだ。男性は、神がいる上方に向けて口に含んだコーヒーを霧状に吹き、大きな声で祝福のことばを唱える。ガルドイは、上方ではなく四人の子供が暮らすそれぞれの方角へ順番に顔を向け、彼らへ語りかけるように静かにことばを発する。「ラブルに安寧を」。「アトロの子供に病気がありませんように」。「ニュルベの牛がよく草を食べますように」。「ミロのくらす地が芳香で満たされますように」。

コーヒーをとおして神とつながり、子供と孫の平安を祈願すれば、彼女の気分は朝からもう休まるそうだ。二杯、三杯とコーヒーを飲み進めるうちに、ひとりだけの家にも朝日が差しこむと、ガルドイはさわやかな気持ちで一日の仕度を始める。

精霊と呪術と死に触れる

病気と神秘、そして真実

不確かな未来を生きるための術

大津留　香織
Kaori Ootsuru

夢で神秘に近づく

ある日の夜、M家のおばあちゃんが病気だ、行こう、といわれて、私はお世話になっている友人と一緒に家を出た。ここはバヌアツ共和国の中でも首都から離れた小さい島で、満足な医療サービスはなく、病気や事故による死が身近な土地である。私が滞在する七〇人程度の村の人々はみんなどこかで血が繋がっている家族だ。

村自体も広くはないので、家の出入り口から顔を出した段階で、すでにたくさんの人がおばあちゃんの家に集まっているのが見えた。はて、病気になったからといってこんなに人が集まることがあるだろうか。よほど危ない状態なのだろうか、と私は心配になった。人だかりに近づくと、M家のグレゴリーが話しかけてきた。なんだか興奮して「彼女は病気で寝ていて、夢をみたんだ」という。その様子がなんだか嬉しそうに見えて、私は少し驚いてしまった。

周りの人に改めて尋ねると、どうやら人々が集まっているのはおばあちゃんが病気だからだけでなく、おばあちゃんが見た夢の方に理由があるのだという。おばあちゃんは夢の中で、一〇年前に死んだ妹に出会い、彼女しか知らないはずのことを教えてもらったらしい。いわく、昔、一枚の毛布が無くなったことがあったのだが、それを盗んだのは自分の息子だったよ、とのことだった。

ここで重要なのは、夢の内容そのものではなかった。どうやら毛布の一件を調べると「本当」だったらしく、ということはおばあちゃんは死者しか知らない「真実」を夢で教えてもらったということになり、いわゆる科学では説明できない「神秘」が起こったことになる。この神秘に、平穏な村は色めきだっていたのだった。この夢の内容は、特段おばあちゃんの病気を治すための情報というわけではない。しかし、神秘が起きたことで、おばあちゃんの病気もまた、科学で解明できない領域である（かもしれない）、という可能性を示すことになった。

この小さな村どころか、そこそこ都会の首都ポートビラでも、個人の死や病気やケガが神秘と結びつけられることはよくあることだ。むしろ病気や怪我を治すために、必ず一度はキリストの神や、伝統文化の手法で祈祷をすることになる。このおばあちゃんの夢の一件以後、おばあちゃんのために若者たちが、山をふたつ越えたところにある特別な草をとりに行き、それを用いて魔術をかける予定だと聞いた。

「解明」と「解決」は隔たっている

このとき私は「村の人にとっては、神秘の領域にあることの方が、コントロールできるチャンスがあると感じるのかも

MY FIELD

バヌアツ共和国 タフェア県エロマンガ島

エロマンガ島は広大なジャングルが広がる資源豊富な島である。タロイモ、ヤムイモ、バナナ、サツマイモが豊富にとれ、林業・漁業も可能であり、生活には困らない。ただし、病院といった近代的施設はほぼない。火山で有名なタナ島は最も近い島であり、よく比較対象として話題にのぼる。現在の豊かな生活と開発とのバランスは、常に彼らの大きな関心ごとである。

女性たちのマーケット活動の様子。お金を使う機会が少ない島の中で、近代貨幣のやり取りの機会を創出している

しれない」とおもった。呪術などは、異文化の私からすればコントロールの難しい領域に感じてしまうが、文化の当事者にとっては、むしろコストパフォーマンスが高い解決方法と映る場合がある。

おそらく、おばあちゃんの病気を治すためには最低限の設備しかない首都の病院では足りず、検査のために外国の病院に行く必要があるだろう。しかし、そんなお金はどこにある?珍しいチャンスがなければ、この選択肢は実質的には無いに等しい。お金がいくら必要で何がどのくらいできるのか、そしてその場合の成功率は何パーセントか。近代社会の住人は、数字を元に明らかにしたがる。それが科学的方法だし、それらが徹底的に明らかにされて、初めて正しい解決法がわかると教育されてきたからだ。しかし生活のレベルでは、数字が明らかだからといって、いや明らかだからこそ、達成できない、あるいは「自分たちにできることがない」といったことも、よくわかってしまう。

神秘をたぐりよせようとする

だが神秘の領域であれば、誰も確かなことがわからないからこそ、自分たちにもチャンスがある、と思うことができる。同時に、病気を神秘の領域に置いたとしても、村人は西洋医学の活用を完全に捨て去っているわけではないという点に注意してほしい。村人たちは常にいくつかのチャンネルをキープして、よりよい結果につながるように工夫している、という、葛藤解決で言われる事例のひとつといえよう。呪術はチャンネルのひとつという訳だ。

幼い頃、高学歴だったり、数字や理論を間違えることに厳しい態度をとる人までもが、神社やお寺で手を合わせたり、おみくじを引くことを、私は不思議に思ったことがある。あなたたちの領域ではないのじゃないの?と思った覚えがあるのだ。人類学を知った今では、どんな人間もローカルな資質から逃れていないのだ、ということをよく理解することができた。エロマンガ島の人々の生活感覚の一部を、私たちも持っている。

相手が大切な人であればなおさら、できることがないというのは、大変つらいことだ。人間が超自然的なことがらを求めるメカニズムはこういう風に発生し、たくさんの選択肢のひとつとして慣習へと発達していくのかも……、と病気のおばあちゃんを、みんなで見守りながら考えたのだった。

ホタルを追った翌日、撮影依頼に応じてシャーマンはポロシャツから「正装」に着がえてくれた

精霊と呪術と死に触れる

精霊信仰のリアル

ホタルを追う男たち

田所 聖志
Kiyoshi Tadokoro

二〇〇三年、私の住み込んだパプアニューギニアのテワーダの人びとの村では、三か月間、病気にかかる人が後を絶たなかった。その理由について、村のあるシャーマンは「自分の住まいに大きなヤムイモがある。そのヤムイモには私が住まわせた精霊がいる。その精霊が村人の病気を引き起こしているのかもしれない。その精霊を村から追い出せば病気の流行が終わる」といった。そこで人びとは、彼のいうとおりに村から精霊を追い出すことにした。

写真の中央で大きな木片をかかえているのがシャーマンだ。彼は「自分は精霊をあやつって病気を治せる」という。テワーダのシャーマンは脱世俗的で神秘的な存在ではなく、ほかの村人と変わらない日常を送っている。ときどき病人が訪ねると治療儀礼をおこなうのがシャーマンの役割だ。

ホタルを追う

シャーマンによると、精霊は夜になるとホタルに乗って動き回るのだそうだ。精霊を追い出す方法は、夜に皆で大声を

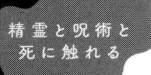

パプアニューギニア ガルフ州
アンカヴェ河渓谷に暮らすテワーダ

テワーダの人びとは、パプアニューギニア、ガルフ州のアンカヴェ河にある標高約800mの熱帯林の渓谷で暮らしてきた農耕民である。僻地に住む少数集団なので、私の調査時には小学校を卒業した人さえいなかったが、近年、大学に入って都会で活躍する若者も登場した。約600人だった人口も今では2000人を超えた。写真は浄化儀礼のときの様子。

MY FIELD

上げながら精霊の乗ったホタルを追いかけて村の外に追い出すという単純なものだった。私はホタルを追い出す様子を見ようと、日暮れ前にシャーマンの住まいを訪ねた。庭には、つるが木に絡みついて二メートルくらいの高さまで茂った大きなヤムイモがあった。シャーマンによれば「ここに精霊が住んでいる」という。やがて村の男たちが集まってきた。女や子どもや老人はいない。二〇人くらいいただろうか。

しばらくするとシャーマンは私に「ホタルがきた」とささやいた。確かにヤムイモの周りに二、三匹はいるようだ。しばらくして彼が「ウォー！」と合図をすると、まわりの男たちも「ウォー！」と応じ、シャーマンを先頭に隊列を組んでゆっくりと歩き始めた。私は最後尾についた。男たちは、皆で大声を出しながら村はずれの方向へ進んでいった。一〇分ほどすると村の外にでた。すると先導するシャーマンの指示があったらしく、男たちがもと来た道を戻りはじめた。私も彼らと一緒に戻ることにした。

帰り道、シャーマンは「ホタルを追い出した」と私にいった。彼は、村はずれに大きな木片を転がし、人のつくる庭と同じように竹や木を植えてミニチュアの住まいをつくり、そこにヤムイモを植えてホタルに乗った精霊を住まわせたという。

あっけなく終わったので拍子抜けして、私は、シャーマンがいうとおり「これで精霊がいなくなり、病気の流行はやむ」と村人たちが本気で受け止めているのかどうか気になった。

人びとの捉え方

そこで翌日から周囲の男性たちの捉え方を探ってみることにした。話をしてくれた男性たちの受け取り方は三人三様で、精霊が病気の原因なのか、ホタルに精霊が乗っているのかさえ捉え方はあやふやなものだった。

たとえば、一緒にホタルを追った若者は「ホタルは精霊の車のようなものだ。シャーマンはそういっていた。でも本当かどうか私には分からない」といった。彼はシャーマンのいうことを信じているようにも思えるが、確信はなさそうだ。

また一緒に参加した中年男性は、「マサライ！マサライ！」とからかうような仕草で大きな声をあげた。マサライとは村ではあまり使われない共通語で精霊を意味する。テワーダ語で精霊を指すイマウェという語を使う人には精霊の存在を信じる姿勢を感じるが、マサライと呼ぶ彼の様子には精霊を迷信と断じる彼の思いを見た気がした。

一方、周囲から儀礼の知識を豊富にもつとみなされ、多くの儀礼で重要な役目を担っている年配男性も、「精霊が病気を引き起こすのか、精霊がホタルに乗っているのか、昔の人はよく知っていた。私には分からない。」といった。こうした年配男性でも、ホタルを追う活動の効果に確信はもっていなさそうだった。

それでも村の男性たちは、シャーマンの号令のもとに集まって皆でホタルを追い出した。

テワーダの村に調査で入ってしばらくの間、人びとは皆、精霊という超自然的な存在を重視しており、儀礼を大切な行為だと捉えていると私は考えていた。だが実際には、精霊の存在や儀礼の効果に疑問をもっている姿勢を示す人に出会うことが多かった。外国人である私には本音を隠したのだろうか。

一か月後、ホタルを追いだしても病気はやまず、村人は別のシャーマンたちに頼み、精霊の住む高い山からとってきた特別な水を皆で飲むという浄化儀礼を行った。やはり人びとは儀礼に効果を求めていたようだ。精霊という存在をどう捉えているのかを理解することは、一筋縄ではいかない。

精霊と呪術と死に触れる

呪術の「使い方」

抑止力としての呪いを体験する

三浦 哲也
Tetsuya Miura

村長と呪医

ある朝。赤道直下のボルネオ島とはいえ、トゥルスマディ山脈の山中、標高七〇〇メートルほどに位置するこの村では、朝はかなり冷える。私は上着を着て、借家の玄関の戸を開けてテラスに出た。そして、昨晩そこに干しておいた雨合羽と作業靴が無いことに気づいた。

風で飛ばされたかとあたりを探すが見つからない。となると、夜中に誰かが盗んだのか…、しかしそんなことがあるだろうか…、テラスで考え込んでいると、その様子を目にして心配した大家さんが訪ねてきた。

事情を聞いた大家さんは「村長に相談しよう」と言う。私たちは村長の家を訪ねた。村長は、いくつかある血縁集団のリーダー格の者たちから世故に長けた者が選ばれて任に就く。現村長は、酒に酔えば陽気になるが普段は物静かで思慮深く、言葉を選んで喋る男だ。村長は私たちの話を聞き、少し考えて、

「それは泥棒だ。だが、警察に行くほどのことではなかろう？」

「はい」

「これは村の問題だ。村のやり方で解決すべきだ」

「どういうことですか？」

「ヨイロイに相談しよう」

ヨイロイは七五歳の女性で、呪医である。呪医は村人からの依頼により、精霊の力を借りて病を治したり人を呪ったりする。また、村人同士の諍いや慣習法に対する違反について、村長とともに仲裁したり処罰の裁定をしたりもする。私は村長に連れられて呪医ヨイロイの家を訪ねた。

邪術と噂話

ヨイロイは、彼女が呪医としての仕事場にしている小屋に招じ入れてくれた。村長と私が事情を説明すると、ヨイロイは私に尋ねた。

「精霊の力で、その泥棒を殺すか？手足を動かなくするか？」

「いいえ。私は盗られた物が戻ってくればそれでいいんです…」

「あらまぁ。じゃあ、私にできることは無いねぇ…」

ヨイロイは笑って私と村長の顔を見比べた。私は困惑したが、村長も笑って、

「そうですねぇ。じゃあ、帰ろうか、ミウラ」

彼女の小屋に居たのは、ものの二〇分ほど。帰り道、村長は穏やかに、

「まあ、盗品はいずれ見つかるかもしれないよ」

「どういうことですか？」

「待ってみることだよ」

村長の真意を測りかねて、私はさらに困惑した。しかし翌日以降、次第にその意味が分かってきた。私が大家さんと村長の家を訪ね、村長と呪医を訪ねたことは、村人の格好の噂話の種になり、盗難事件は数日中には村中の周知の事実となったからである。

酒宴で謝罪

盗難事件から八日後の夕刻、村長が私

東マレーシア サバ州タンブナン郡

ここに住み暮らす稲作農耕民ドゥスン族は、水田と焼畑での稲作、森での狩猟、川での漁撈、そして家畜飼養による自給的な生業を営んできた人々だ。かつては、村落間での戦争では首狩りが行われた。彼らの伝統的な精霊信仰においては、死者の魂は約60km北北東に聳えるキナバル山（東南アジア最高峰、4095m）の頂に集うとされる。

MY FIELD

写真の向かって右が呪医ヨイロイ、中央が筆者。左はヨイロイの第3イトコで、後年、彼女の嫁姑問題にヨイロイが呪術で介入したことが村中の話題になったのだが、それはまた別の話

盗難事件からしばらく後、ヨイロイによる新生児への命名儀礼の準備を手伝ったことがある。私が鶏の首を斬り、彼女が必要な血液と尾羽を取って、そのあとは子どもたちが肉にした。この子たちの中から、次世代の呪医が生まれるだろうか

の家を訪ねてきた。

「明後日、サリムの家で酒宴がある。ミウラに必ず来てほしいとのことだ」

サリムは、村では数少ないムスリムである。その家で酒宴とはどういう事だろう…？また、村ではこのように人づてで客を酒宴に招待するという事は珍しいことではないが、その役をわざわざ村長がするとは何事か…？私は少し考えて、ピンときた。

「わかりました。村長も行きますか？」

「行くよ。ヨイロイも呼ばれているよ」

酒宴当日。私と大家さんと近所の者たち、村長と呪医ヨイロイ、そしてサリムの近所の人たちが招待され、サリム家の広間で昼食と酒が振舞われた。村人の多くはコメを原料とする伝統的な酒を醸造する。しかし、ムスリムであるサリム家ではそれはしないから、酒は近所の人々から買い集めたのだという。

酒宴が盛り上がってきた頃を見計らって、サリムがきれいに包装した雨合羽と靴を私に返してくれた。そして、

「息子が興味本位で盗ってしまったのです。申し訳ない」

「品物が戻ってきたので、もう問題はありません。ありがとうございます」

招待客たちから拍手が起こり、これで一件落着。謝罪と和解のための酒宴は和やかに夜まで続いた。

酒宴からの帰途、私は村長に訊いてみた。

「最初からこうなると予想していたんですか？」

「…さあ…」

村長は笑って答えなかったが、これが初めに村長が言った「村のやり方」だったに違いない。村長のお膳立てをヨイロイは暗黙のうちに了解し、そして村長の思惑通りに村人たちは噂話を広め、犯人は邪術に恐れをなして自白し、そして村の慣習法通りの謝罪の酒宴で和解、という流れだった。

人類学においては、呪術への信仰、邪術への畏れ、呪われることへの恐怖が、反社会的な行動の防止や、犯罪行為による問題の解決といった社会統御に繋がるとされる。私は、いわばその教科書的な事例を当事者として経験したわけである。

私は、呪医の邪術を実際に使うことなく、村人の心理、呪いへの恐怖をうまく利用した村長の鮮やかな手並みに、深い畏敬の念を抱いた。と同時に、私自身がそのようなドゥスン族の価値体系の中に巻き込まれたことに、「私もとっくにこの村の人間なのだ」という感慨が改めて深まった。

チョウ ピンピン
Pinpin Chou

1974年生まれ。東京外国語大学アジア・アフリカ言語文化研究所共同研究員。ヤクの糞(牛糞)に注目して、その燃料資源としての有用性から文化的な象徴性を理解し、それによって人類が寒く乾燥した高所へいかに適応したのか、そのプロセスを明らかにしようとしている。主著に『チベット高原に花咲く糞文化』(2023年)など。

四方 篝
Kagari Shikata

1976年生まれ。京都大学特任助教。熱帯農業生態学の視点から、焼畑やアグロフォレストリーなど、農地に樹木を取り込み、人々の栽培管理と自然の植生遷移の相互作用によって形成されるダイナミックな農のあり方に関心をもつ。主著に『焼畑の潜在力:アフリカ熱帯雨林の農業生態誌』(2013年)など。

岩田 有史
Yuji Iwata

1981年生まれ。一般財団法人あしなが育英会会長室課長。霊長類学の視点から、ゴリラの採食行動を個体と集団双方のレベルで観察することで、群れを維持するメカニズムを考察している。現在は現代の日本人における家族、社会の意味について研究中。主著に『関わる・認める』(生体人類学は挑む　SESSION 5、2002年、分担執筆)など。

高田 明
Akira Takada

1971年生まれ。京都大学大学院教授。日常的な相互行為における「意味のやりとり」を分析することで、心理学とは異なる視点から「心」と「文化」をとらえなおしている。主著に『狩猟採集社会の子育て論:クン・サンの子どもの社会化と養育行動』(生態人類学は挑む MONOGRAPH 8、2022年)など。

小松 かおり
Kaori Komatsu

1966年生まれ。北海学園大学教授。アフリカの熱帯雨林の農業と食の研究から、そこで出会ったバナナの品種・農法・利用法の多様性に関心を持ち、地域間比較を通じて、人間と植物の関係、農と食文化の多様性を調べている。主著に『バナナの足、世界を駆ける:農と食の人類学』(生態人類学は挑む MONOGRAPH 6、2022年)など。

松本 卓也
Takuya Matsumoto

1987年生まれ。信州大学助教。霊長類の生活史と社会に関心を持ち、熱帯の野生チンパンジーの子育て、排泄等について調べる一方、信州のニホンザルを対象に、霊長類がなぜ寒い環境で暮らしていけるかを研究している。主著に『病む・癒す』(生態人類学は挑む SESSION 3、2021年、分担執筆)など。

谷口 晴香
Haruka Taniguchi

公立鳥取環境大学講師。ニホンザルの地域間比較を通して、生息環境がアカンボウの伴食関係に与える影響、つまり誰と一緒にいるかという社会関係に環境がどのように影響するのかについて調べている。主著に『動物と出会うII：心と社会の生成』（2015年、分担執筆・コラム）など。

神田 靖範
Yasunori Kanda

1957年生まれ。公益社団法人国際農林業協働協会技術参与。青年海外協力隊としてタンザニアで3年間活動した後、JICA専門家として飼料作物・草地に関する調査研究に従事した。2010年以降はJICAとのコンサルタント契約により家畜飼養、畜産物流通、マーケティングの専門家として開発調査案件等に従事している。主著に『アフリカ地域研究と農村開発』（2011年、分担執筆）など。

PART 5

フィールド・サバイバル！

調査地には危険もいっぱい

生態人類学の現場には、リスクもいっぱいだ。

危険な動植物に襲われることもあれば、温暖な中緯度の都市の暮らし――つまり日本――とは大違いの環境に晒されて身体が悲鳴を上げることもある。たとえば標高5000メートルの高地遊牧民が暮らす土地では、いくら辛くても愉快でも、大泣きや大笑いすることが出来ない。なぜかといえば、即、酸素不足に苦しむことになるからだ。リスクはこうした自然環境に関わるものに限らない。大事な調査機器が壊れたりしたら、ちょいとそこらで修理を頼んだり代わりを調達というわけにはいかないから、そこは原野の知恵を働かせる必要がある。そして時には、自らの下腹部に緊急アラームが！

このパートでは、そんな危機から身を守った、あるいは守れなかった経験を集めてみた。でも怯むことなかれ。フィールドワークは楽しいし、そうしたリスクを知ることが、まさに人と世界を理解する鍵になるときもあるからだ。

梅崎 昌裕
Masahiro Umezaki

1968年生まれ。東京大学大学院教授。腸内細菌は人類の適応と進化のプロセスにどのような役割を果たしてきたのだろうか。太陽の光を浴びながらできる知的な仕事は何かと考えた上で、人類生態学を志した。主著に『微生物との共生：パプアニューギニア高地人の適応システム』（生態人類学は挑む MONOGRAPH 9、2023年）など。

砂野 唯
Yui Sunano

1984年生まれ。新潟大学助教。アジアやアフリカにおいて、酒をはじめとする発酵食品の科学成分や摂取方法、役割、醸造環境と方法などを調査し、比較することで、発酵が人間の生業・生活に与えた影響を理解しようとしている。主著に『酒を食べる：エチオピア・デラシャを事例として』（2019年）など。

サファリアリは集団で森を移動する肉食性の非常に凶暴なアリで、ヤギやヒツジなどの大きさの動物でも、それが縄に繋がれて逃げられないような場合、あっという間に骨だけを残して食い尽くす。人間の赤ちゃんが襲われるときもある

はね罠にかかったクロアシマングース。サファリアリの行軍が、尻尾から襲いかかる（写真：安岡宏和）

フィールド・サバイバル!

サファリアリに襲われた夜

先達はあらまほしき事なり

四方 篝
Kagari Shikata

本稿は「京都大学ASAFAS・Cameroon Field Station」のホームページ上で発表した文章に加筆・修正したものです。
https://jambo.africa.kyoto-u.ac.jp/cgi-bin/CameroonFS/

「なにごと?!」

二〇〇一年九月。当時、大学院生だったわたしは、二度目のフィールドワークでカメルーン熱帯雨林地域の村に滞在していた。ちょうど雨季のはじまる頃で、その日も雨が降っていた。夕食をすませたわたしは、いつものように灯油ランプの明かりを消して、蚊帳のつりさがったベッドに横たわり、「明日は晴れますように」と念じながら眠りについた。ランプを消したあとには、すいこまれるような暗闇と静寂の時間が訪れる。ツリーハイラックスの高い声だけが、遠くの森に響

MY FIELD

カメルーン東部州バンガンドゥ

熱帯雨林に暮らす農耕民バンガンドゥは、主食のバナナをこよなく愛し、毎日さまざまな品種のバナナが食べられる状態を理想としている。バンガンドゥの焼畑は、バナナ・キャッサバなどの複数の作物と、生い茂る草木や倒木が入り乱れ、「カオス」の様相を呈しているが、かれらはそのような畑から毎日とぎれることなくバナナを収穫してくる。

き渡る――。

何時だったのか、もう覚えていない。かなり夜もふけたころ「ピヨピヨピヨピヨ」とヒヨコの鳴く声がして目が覚めた。じつは数日前から三羽のメンドリがわたしのベッドの横で卵を温めはじめていた。そのことには気づいていたのだが、フィールドでの生活も長くなり「生物との共存」に寛容になっていたわたしは、「メンドリだし、静かにしているならまあいいか」と思ってそのままにしておいたのだった。「ヒヨコって夜中に生まれるのか。おめでとう」などと無邪気に祝福しつつ、わたしはそのまま眠りつづけようとした。しかし、あまりにもうるさい。「ピヨピヨピヨピヨ」だけでなく「コッコッコッコッ」と親鳥も交えての大合唱になっている。「ええい、うるさい!なにごと?!」わたしは枕元のヘッドライトをつかみ、スイッチを押した。光で照らされた面前に繰り広げられていた光景は、まさに地獄絵。ベッドの前は無数のサファリアリで埋め尽くされ、真っ黒のじゅうたんになっていたのだ。

アリのじゅうたんの上の惨劇

カメルーンで調査している研究者のあいだで「サファリアリ」と呼ばれるこのアリは、分類学上は「サスライアリ」という肉食性のアリで、巣を持たず隊列をつくって地表を行進し、エサとなる獲物を見つけるやいなや、ガブリと鋭い大アゴで喰らいつく。わたしが初めてサファリアリの洗礼を受けたのは、一回目のフィールドワークのときだった。テントの中で寝ていたところ、パラパラパラパラ…という音で目が覚めた。「雨が降ってきたのかな?」と思ったのと「あいたたた…!」と悲鳴をあげたのがほぼ同時だった。パラパラ……は雨ではなく、テントの中でアリが縦横無尽に這い回る音だったのだ。びっくりしたわたしは「痛い!痛い!」と叫びながら慌ててテントの外へ逃げ出した。それまでフィールドワークの先達である先輩や教員から、マラリアに関する怖い話はさんざん聞かされていたが、サファリアリのことは全く知らされていなかった。どうして誰も教えてくれなかったのか!

話をサファリアリのじゅうたんに戻そう。その真っ黒のじゅうたんのなかに、ヒヨコたちはいた。からだ中をアリにたかられ逃げ惑う十数羽のヒヨコたち、我を忘れて走り回る親鳥三羽を目の前にして「どどどうしよう、助けなきゃ。でもどうやって?」などと逡巡しているうちに、親鳥たちは何を勘違いしたのかわたしに襲いかかってきた。するどい爪で容赦なく飛びかかり、蚊帳のうえでバッサバッサと走り回り、スーツケースの上でフンをし……わあ、やめてー!!

決死の逃避

そうこうするうちに、大合唱していたヒヨコの声は「ピヨピヨピヨピヨピヨピヨ……」とだんだん小さくなり、ほどなくして「しーん」と静まり返った。部屋のそこここにできていた黒い塊がしぼんでいくさまを、わたしは呆然と見ていることしかできなかった。ヒヨコはサファリアリに食い尽くされてしまったのだ。その衝撃から立ち直る間もなく、気づけば今度はその黒いさざなみがベッドの方へじりじりと迫ってきていた。「いかん。このままではわたしもやられる!」決死の覚悟を決めたわたしは、裸足でサファリアリのじゅうたんを走り抜けた。足のつま先から頭のてっぺんまで這い上がって噛みつくアリたちを振り落としながら逃げ場を探した。まだアリが到達していない部屋の一角にイスがあることに気づいたわたしは、その上に飛び乗り、灯油を周りに振り撒いた。連中は灯油が大嫌いなのだ(ということは、洗礼を受けた後に先輩から教わっていた)。その小さなイスの上で三角座りしたまま、朝が来るまで眠れぬ夜をすごした。以後、ニワトリの入室を厳しく禁じたことは言うまでもない。

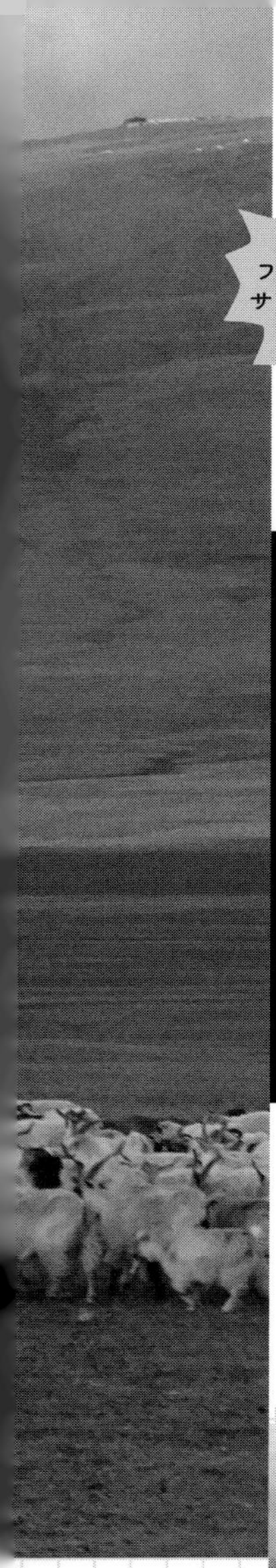

フィールド・サバイバル！

泣くのも贅沢

高地牧畜地域での研究者

チョウ　ピンピン
Pinpin Chou

慣れれば良いこと

現地調査において、一番の悩みはなんだろう？調査地によってそれぞれ異なると思うが、私の調査地での一番の悩みは酸素不足だ。標高四〇〇〇メートルから五〇〇〇メートル以上の地域に長期間滞在する場合、酸素ボンベを用いることは現実的ではない。これについては慣れるしかなかった。いわゆる高度馴化だ。もう一つ、日常生活での悩みのひとつは水の不足である。風呂、シャワー、洗髪などは勿論、洗顔や手を洗うことすら贅沢なことで、私の場合、寝る前に歯を磨く分の水についてはぎりぎり確保していた。食事は主に現地の遊牧民の人々と同じ乳茶（ミルクティーのような飲物）とツァンパ（麦こがし）。チュラ（カッテージチーズのようなもの）は搾乳が出来ない冬季のための保存食で、普段は食べられない。しかし、こうしたことは慣れれば何でもないことだ。

トイレを探す

「テント以外はすべてトイレです」と、はじめに言われたとき、冗談だと思ったが本当だった。遮蔽物の無い牧草地では、トイレとして利用できる場所を探すのはとても難しい。最初の頃は毎回トイレへ行く際に、赤い傘とトイレットペーパーを持って、テントからかなり離れたやや低いところへ行って傘をさし、体を隠すようにして問題を解決していた。しかし見渡すかぎりの草原でテントより低い場所にしゃがむと、姿は見えないが赤い傘でかえって目立つようになる。傘をさすとバレちゃうよと人に言われたが、やはり傘でも無ければなんとなく不安になる。やがて傘を持ってテントから出ていくのがトイレを探しに行く合図になってしまい、調査地の人々は私が傘を持っているのを見ると、笑うようになった。そして赤い傘を見ると、遠巻きに眺めるのである。最初の頃はトイレットペーパーの始末にも困った。風に飛ばされる白い不審な物体は何も無い牧草地ではとても目立つので、毎回終わったら埋めるようにした。

私は野生と家畜両方の草食動物の糞の燃料を調査しているので、つい、人間の糞は燃えるかどうかも調べたくなり、自分のものを調査対象として観察しはじめた。毎回排泄した日時を記録し、乾燥するまでにだいたい二、三週間かかる。着火剤を変え、いくつかの方法で乾燥したものを燃やしてみたが、私のものは燃えないようだった。ヤクの糞の燃料としての品質は食べ物や体調に関係する。たぶんヤクと同じようにしばらくビーガンとして暮らせば、もしかしたら人間の糞も燃えるかも知れない。そのようにして牧畜民とともに暮らしながら、動物の糞を観察し、拾い、乾燥し、袋に集める日々を送っていたのである。

ある朝のできごと

ある年の八月二三日のことが忘れられない。その朝、いつものように早朝、目が覚めた。起き上がって座ろうとしたが、足が動かない。はじめは足が痺れて動かなくなってしまったのかと思ったがそうではなかった。寝袋の足の方がテントの入口に向いているのだが、隙間風で寝袋内の水蒸気が凍結し、寝袋の足の方がパリパリに凍ってしまって、その冷たさで足の感覚も無くなっていたのである。どうしよう。トイレに行きたいけれど体が動かない。まだ牛糞炉に火はついておらず、テント内は氷点下だ。

標高5200mを超え、8月下旬の朝、気温-7℃。霜が降りた荒野を放牧に出かける遊牧民の女性

MY FIELD

中国チベット高原に暮らす遊牧民

森林限界を超える標高4000mから5000m以上に暮らすチベット遊牧民は、燃料となる薪が入手できないので、草食動物の糞を燃料にしている。家畜や野生の草食動物の糞を拾い集めることが、寒さの中で生きる彼らにとっては日々の最も重要な仕事のひとつである。筆者は彼らと共に暮らしながら、糞の利用について調査している。

一瞬頭が真っ白になり、それから、私はなぜこんな所にいるんだろう、なぜこんなに苦労しないといけないんだろうという思いが次々と頭の中に浮かぶ。ホームシックと調査がちっとも進まないことが頭をよぎり、突然悲しさがこみあげて号泣してしまった。ところが数秒後、泣くことができなくなった。号泣で酸素不足になり、呼吸困難におちいったのである。酸欠で襲ってくる頭痛によって冷静さを取り戻した。落ち着いてゆっくり呼吸しなくてはならない。標高五二〇〇メートルでは大笑いも号泣も出来ない。思い切り笑ったり泣いたりすることもここでは贅沢なことだというのを思い出した。そうなるとさらに悲しくなる。ひたすら足を揉み、三〇分ほどでようやく足の感覚が戻って来た。いつもどおり寝袋と布団をたたんで収納し、牛糞炉に火をつけ、茶汁を煎じてミルクを入れ、乳茶を作った。一時間ほど前の無力感と悲しみはまるで無かったことのようで、夢を見ていたような気分だ。この日は私の放牧当番ではなかったが、やらないといけないことはいつもと同じ、午前中はミルクをチャーニングし、毛皮をなめし、午後はテント付近の牧草地で草食動物の糞を拾う。五〇〇〇メートルを越える場所で生きるためには、こうした日課は休むことが出来ないのである。

キャンプ近くに現れたゾウ

フィールド・サバイバル！

疾駆するゾウ

大型動物から逃げる！

岩田有史
Yuji Iwata

ゴリラが見つからない

私が中央アフリカのガボンでゴリラの調査を始めた頃、ゴリラが我々の存在に慣れておらず、ゴリラの直接観察はほぼ出来なかった。六か月の滞在でゴリラを観察できた時間は八時間に満たない。一週間以上ゴリラを観察できないこともざらだった。私は仕方なく踏査中に見つけることができたゴリラのベッド（ゴリラは眠るときに毎日、木の枝や下生えを曲げてベッドを作る）を調べ、収集したゴリラの糞をキャンプに持ち帰り、糞中の内容物を調べて、なんとか研究を成立させようとしていた。

ゴリラが見つからない毎日の中でも、森の中やサバンナで時折見かける野生動物の姿に心が踊った。木々の間を飛び回る数種のサルばかりでなく、小型の羚羊類やカワイノシシ、ウォーターバック、アフリカスイギュウなどの中大型哺乳類。そんな中には鉢合わせたくない動物もいる。マルミミゾウだ。

マルミミゾウ

日本ではあまり知られていないこのゾウは、オスで体高が二・四〜三メートル、体重四〜七トン。メスは少し小さく、体高一・八〜二・四メートル、体重は二〜四トン。日本でもよく知られるサバンナゾウのオスが三メートルを超え、最大のものになると体重が一〇トンを超えるのと比較して二回りほど小さい。小さいといえども四トンという重量は大体二トントラックの車両重量と同等で、小さいメスでも大型のミニバンと同程度だ。そんな大きな動物と見通しの効かない森の中で出会ったときの緊張感は筆舌に尽くし難いのだが、それがどういった体験なのかを可能な限り描き出してみたい。

森の中でゾウと鉢合わせになるのは大体、踏査の帰り道だ。ゴリラを探している最中は些細な手掛かりも逃すまいと五感を研ぎ澄ませているが、一日中歩き続けて疲れ切った帰り道は私も調査助手も歩く速度が速くなり、集中力も散漫になる。頭の中にあるのは夕飯のことくらいだ。そんなときに突如、目の前に動く巨石のようなものが現れる。

ゾウに出会ってしまったとき、群れであればかなり危険だ。群れでいるのはメスとコドモで、ゾウはコドモを置いて逃げることはない。コドモが危険だと判断すればこちらに突進してくる可能性は極めて高い。ゾウの走る速度は時速約四〇キロ。時速四〇キロでアルファードに追い回されると想像してご覧なさい。私が踏査中に履いていたのは現地調達した硬い長靴で、走るのには全く適していない。長靴で走るためにガボンに来たわけではないのだ。

ゾウとの遭遇

多くの場合、ゴリラを探すために聞き耳を立て、物音を立てずに歩いている我々の方が先にゾウの存在に気づく。その場合はゾウがどこにいるのかを確認して避けて通れば良いだけだ。勿論、緊張はするが、ゆっくり考えて対処する時間がある。我々が気づかなくても、こちらが風上にいる場合にはゾウが我々の臭いを感じとって逃げていく。だが、どういうわけかお互いに全く気づかずに鉢合わせしてしまうことがたまさかに起こってしまう。

頭に血が昇る。自分の動悸を感じる。立ち尽くす。ゾウも立ち尽くす。しばらくするとゾウは体を横に振り始める。なぜかは分からないが、ゾウの目が顔の横についているために我々の姿を見ようと横に体を振っているのかもしれない。そしておもむろに後退りする。後退りするのを見たら絶対に逃げねばならない。後退りは突進の合図だからだ。

走る。視界が狭まる。足元。獣道。辿る。倒木。飛び越える。着地。走る。三〇メートルは走ったか。振り返ると巨大な生物は一五メートルほど手前で仁王立ちしている。視線をゾウから切らないようしながら後退る。ゾウは安全を確認するとゆっくりと我々の前から姿を消す。

ゾウは我々を追い払うために突進してくるだけなので、三〇メートルも走ればそれ以上追ってくることはまずない。ゾウの気配が完全に消えると調査助手と顔を見合わせる。どちらからともなく笑いだす。

キャンプへの帰り道もときおり笑いが起こる。ただ、何も話さない。疲れているせいもあるが、直前の恐怖を表す言葉がまだ見つからないのだ。キャンプに帰って装備を下ろし、水浴びに行き戻ってくると、調査助手がキャンプキーパ達に先ほどの出来事を喋っている。私も煙草に火をつけながらその輪に加わる。恐怖感は笑いに変わり、やっと日常に戻ることが出来る。

何度か追いかけられたせいで、今も私は動物園でゾウが視界に入ると一瞬、凄まじい緊張感に襲われる。

MY FIELD

ガボン共和国 ムカラバ・ドゥドゥ国立公園のニシゴリラ

ニシゴリラは果実が多い時期には果実をよく食べ、少ないときは若い木の葉や草本の髄を食べる。果実は葉や草本に比べてパッチ状に分布しているので、一か所に群れ全体でまとまって採食するのは難しい。それでもニシゴリラの群れはバラバラになったりはしない。群れは彼らにとってどんな意味があるのだろうか。

道を渡るゴリラの群れ

リカオンとの遭遇

野生の力への眼差し

高田明
Akira Takada

MY FIELD

南部アフリカのカラハリ砂漠に暮らすサン

南部アフリカの中央部に位置する広大なカラハリ砂漠は、砂漠という名称とは裏腹に、乾燥地に適応した特徴的な野生植物が繁茂し、多様な野生動物が闊歩する豊穣な大地である。リカオンはこの地を縦横に移動しながら暮らす優れたハンターであり、カラハリ砂漠の先住民・狩猟採集民として知られるサンは、その環境についての正確かつユニークな知覚によって私たち人間の潜在力を露わにしてくれる。

リカオンの群

初めてアフリカの地を踏んだ一九九七年。私はボツワナで経験と準備の不足、予想外の出来事に悩まされ続けた。三か月間強の滞在を経て、帰国を間近にしていた一〇月後半のある日、私は当時から現在に至るまで私の調査地となっているコエンサケネから最寄りの街であるハンシーへと続く車道を一人で運転していた。すると、視界の彼方に黒い点々があらわれた。ほどなく、それらはイヌ科の動物であることが分かった。それまで図鑑でしか見たことのなかったリカオン（ワイルドドッグとしても知られる）の群れである。彼女らは、一筋の躊躇も見せることなく、しかし急ぐこともなく、淡々とした足取りで車道に沿って近づいてくる。まったく人や車を怖れていないように見えた。

私は、しめしめ動物写真のコレクションが増える、と思って、エンジンを止めた車の脇でカメラを構えていた。調査がさっぱり進んでいない私にとって、原野に生きる動物たちの写真は人に語ることのできそうな数少ないアフリカ行きの成果の一つであった。まもなく、リカオンたちは撮影の射程距離に入り、私は数枚の写真を撮った。それでも、彼女らは足取りのスピードを変えず、こちらに向かってくる。ふと、心がざわついた。それが恐怖だと認識するまでには少し時間があった。私から十数メートルのところまで歩みを進めた彼女たちは、立ち止まり、やはりこちらをじっと見つめていた。次の行動をとるスイッチが入る前に、遭遇した生き物の価値を見定めようとしていたのだろうか。痩せてはいるが、それぞれが体長一メートルはあると思われる大きな体躯と大きな耳、目が合っているのに感情の読み取れない、漆黒の深淵のような数々の瞳が印象的だった。

野生の力

後に私は、リカオンの群れが猛烈なスピードで駆けだしてバッファローなどの大型の草食獣を襲い、数分の間に骨だけにしてしまう動画を見た。カラハリで私が見た静謐なたたずまいとはまるで異なる、容赦も呵責もない野生の獰猛さが弾

筆者が遭遇したリカオンの群（1997年）

丸のように草食獣にぶつかり、その肉を切り裂いていた。それから、私のぼんやりとした恐怖は、繰り返し経験される戦慄となった。

当時から、リカオンは種としての絶滅を危惧されていた。過去を遡れば、リカオンは現在よりもはるかに広い地域を生活域としていたという。だが、一対多で対峙したとき、彼女たちは保護されるべき稀少な個体ではなく、野生の生きとし生けるものと繋がった大きな力として感じられた。

先住民・狩猟採集民サン

ふと、自分が調査対象としてきたサンのことに思いを馳せた。サンは南部アフリカ一帯の先住民・狩猟採集民として知られている。さまざまな地域・言語集団からなり、かつてはより広い地域により多くのサンの人々が暮らしていた。しかし、一七世紀以降の白人の植民やバントゥ諸民族の南下により、サンは次第に弱体化し、カラハリ砂漠付近に追い詰められていった。現在では、サンの多くは南部アフリカ諸地域の政治・社会的な機構の周縁に位置づけられ、少数民族として貧困や多数派からの偏見に苦しんでいる。その一方で、多数派の深層には、サンが荒野の中で動植物を利用して生きる自由を享受し、それに由来する野生の力を体現しているという信念も残存している。不治と思われる病に直面して、サンのトランス・ダンスに救いを求める地域住民も少なくない。この思いは、サンにルソー以来の「自然人」の姿を追い求め、西欧や日本から海を越えて会いに来る研究者やその著述を介してサンに浪漫を抱く人々のそれとも時に響き合う。

リカオンとサン……私たちが交わし合うこれらの眼差しについて、それぞれどこが似ていて、どこが異なり、それが何を意味するのか、まだ答えは出ていない。

フィールド・サバイバル！

真夜中の訪問者たち

快適な昼寝と夜寝を求めて

小松 かおり
Kaori Komatsu

コンゴのかしぐベッド

フィールドワークでは、いろんなところで眠ることになる。眠ることが大好きなわたしは、その旅で最も過酷な状況を想像して、寝袋や蚊帳やマットや蚊取り線香を持参する。

アフリカの調査地では、いろいろな家を借り、いろいろなベッドで眠った。

最初の長期の調査地はコンゴ・ブラザヴィルの熱帯林の中だった。空港のある北部の街から二日ほどモーターをつけた丸木舟でたどり着く調査地の村では、土壁にラフィアヤシの葉で葺いた大きな家を借りた。

屋根がヤシの葉で葺かれているので、ときどき雨漏りするのには往生したが、昼寝をすると、風でさわさわと葉が揺れる音がして気持ちよかった。

工業製品のとても少ない村だったので、ベッドは、村の人に作ってもらった。竹を蔓で編んだ床材に木の脚をつけたもので、その上にスポンジのマットを敷いた。なぜか頭と足先の部分が反り上がっていて、どうにも寝心地が悪かった。しばらくするとだんだんにかしいできて、そのうちベッドの脚が完全に斜めになってしまい、直してもまたかしぐ。そのベッドをだましだまし、半年以上眠った。

夜に灯りを消すと、ゴキブリやヘビが活動をはじめる。蚊帳でしっかりとマットレスをくるみ、蚊取り線香を燃やすと、守られている感じがして安心して眠れた。

カメルーンのいわくつきベッド

次に調査地としたカメルーンの東南部の村で提供された家は村一番の立派な家で、土壁だが村で唯一トタン葺きだった。主寝室に置かれていたベッドも、製材した木材で作った立派なダブルベッドで、すこぶる寝心地がよい。

しかし、トタン屋根は、昼には目玉焼きが焼けそうな熱さになる。天井が低く、天井板がないので熱を遮るものがない。暑くて仕事にならないから昼寝をしようとしても、暑くて眠れない。持って行ったカセットテープの中に、「グラン・ブルー」という地中海を舞台にした映画のサウンドトラックがあったので、それを聴きながら、ここはギリシャ、目の前には青い海が広がっていて、すぐにも飛び込める、と自分に暗示をかけたら汗まみれでも気持ちよく眠れるようになった。

一か月ほど経ったあと、家を貸してくれた村長さんが、「ところでこの家は、あなたが来る直前に主人夫妻が相次いで変死したのだが、何か気になることは起きないか」と言い出した。妻は難産の末、そのベッドで命を落とし、直後に夫も事故死したのだという。それで空き家になっていたのだ。驚いたが、一か月間、なんの知らせも感じなかったので、そのまま寝続けた。次の年に行くと、厄落としが済んだと思われたらしく、すでに他の人が住んでいた。

沖縄の離島で震えた夜

旅の途中で印象に残っているのは、住

カメルーンの村の夕暮れ。涼しくて
焚き火が気持ちよい時間

ときどきネコを餌付けて一緒に眠る。
蚊帳を引っかかれる

MY FIELD

バナナを追って世界を駆ける

バナナは世界中の湿潤熱帯で栽培されている。これまで、コンゴ（ブラザヴィル）・ウガンダ・ガーナ・インドネシア・パプアニューギニアなどで調査した。ずっと通い続けているのはカメルーンで、サバンナから移動してきた人たちが熱帯雨林に開いた多民族な村。家から橋まで、なんでも自分たちで作ってしまう人たち。

民が数十人しかいない沖縄の離島で泊まった宿の布団だ。日帰りしようと思っていたら、台風で帰れなくなり、民宿もないので、小学校の先生が昔使っていたという宿舎に泊めてもらうことになった。小さな居間と台所だけで家具もないその家には、居間の真ん中に、なぜか唐紅のカバーで統一された布団が一式置いてある。台風なので外も歩けず、早くに布団に潜り込んでいたら、夜中に、暗闇でノックの音がするので飛び上がった。ベランダから女の子がふたり顔を覗かせていて、台風の目に入って風が収まったから遊びに来た、散歩に行こうという。おしゃべりしながら歩いていると、あ、今、どこそこのおばあが通っていった、さっきはあの人もいた、などと話している。台風の夜中に歩いている人がいるわけもない。この島では、亡くなった人を見かけることは普通にあるという。残念ながら、わたしには全く見る能力がないらしい。散歩から帰って、再びの雨風の中、唐紅の布団の中でうとうとしながら夜を明かした。夢だったかと思ったら、翌日も同じ子たちが遊びに来てくれてほっとした。

どんな場所でも眠れるように、今も、アフリカに行くときには、最初にアフリカに行ったときからのお供である寝袋をお守り代わりに抱えていく。

フィールド・サバイバル！

漏らす者たち

お腹の弱いチンパンジー研究者が言いたいこと

松本 卓也
Takuya Matsumoto

トイレを探す、というこの世の地獄

青天の霹靂とは、いつものお腹にやってくる、あの突然の腹痛を表現するために紡ぎ出された言葉だと、私は信じて疑わない。下痢腹を抱えて公衆トイレを探すとき、私はこの世のあらゆる罪を背負い、神の裁きの雷を自身の下腹部のみで受け止めているような心持になって、本当の祈りというものを理解できた気にすらなるのである。「排泄場所が決まっている」。それだけで、どれだけの人々がこの世の地獄を味わっただろう。そして開き直って白状すれば、たまらず漏らしてしまった経験は一度や二度ではないのである……。

排泄場所を探して焦るという経験は、何も公共空間に限った話ではない。タンザニア連合共和国の森で野生チンパンジ

ーを追いかけながらのフィールドワーク中でも同様に経験する。何を言っているのだ、誰もいない森の中なのだからそのへんで野グソすればよい。そう思われる方は、野外排泄の経験がないか、あるいは恵まれた環境でしか野外排泄の経験がない人たちであると言わざるを得ない。試しに、いますぐその場でしゃがんでみていただきたい。一回一〇〇グラムとも二〇〇グラムとも言われる大便をひり出すには、肛門と地面との距離があまりにも心許ないと感じられることだろう。つまり、森の中においても私は「トイレ」を探す。洒脱な穴でも掘って優雅に排便を決め込もうという余裕は、おなかの中から雷鳴が聞こえる状況では当然ながら、ない。板根の間、V字になった倒木、ヤブイノシシが掘ったであろう穴。とにかく、肛門と地面との距離を稼げるような「トイレ」を探す。

チンパンジーの「トイレ」？

お腹が弱い私だから、自ずとチンパンジーたちの排泄行動にも目が行く。するとどうだろう。野生チンパンジーたちも、肛門と地面との距離を大事にする同志だということに気が付く（写真は、坂の下に向けて排便するオトナオスのテディである。はばかりながら、掲載させていただく）。時には私と同じように板根の間や倒木に足をかけて排泄することもある。野生チンパンジーの肛門を観察した時間であればおそらく世界で五指に入るであろう私は、チンパンジーを追跡しながら、その個体の排泄をある程度予期できるようにすらなってきた。しかし、チンパンジーの排泄に関する知見の蓄積はまだまだ少ない。『行動生物学辞典』（東京化学同人）を紐解くと、「排泄する場所を特定しない」動物種として、「ヒト以外の霊長目」が挙げられている。確かに、人間の公衆トイレのような意味でのマクロな「特定の場所」は、おそらくチンパンジーには見当たらないだろう。しかし、ミクロな排泄場所という観点から言えば、チンパンジーの「トイレ」と言いたくなるような、「特定の場所」が見出されることは間違いないと思う。チンパンジーたちにとっての排泄にまつわる（ゆるやかな）規則を明らかにすること。これが私の目下の研究テーマである。

漏らす者に寛容たれ

ただし、われわれ人類の同志たるチンパンジーたちの排泄にも、やはり人類との相違はある。チンパンジーが下痢をしているとき、おそらく不意に出てしまうのであろう、歩いている途中でブビビーと下痢便が吹き出てくることがある。これが町中にいる私だったらと思うと目を覆いたくなるような事態だが、当の本人はあまり気にするそぶりを見せない。私のようには決して焦らないのである。そして周囲のチンパンジーも、驚いたそぶりを見せることはあっても、基本的には無視である。下痢の者も近くにいる者も、これは見習いたい態度だ。昨今の日本のようにトイレが整備された生活では、排泄物があまりにも日常からかけ離れすぎている。トイレの中に排泄したものは、軽くレバーを捻れば、あるいは近年ではそれすらなく立ち去るだけで、どこかへと流れて消えていく。もちろん、そこかしこで排泄するような社会に戻そうと言うつもりはさらさらないが、われわれ人類に、排泄（物）について改めて見つめ直す（あるいは、嗅ぎ直す？）機会があってもいいのではないか。

そして、漏らす者に寛容たれ人類。お腹の弱いチンパンジー研究者の私から、言いたいことはそれだけです。

MY FIELD

世界最古の野生チンパンジー調査地のひとつ

タンザニア連合共和国のマハレ山塊国立公園は、60年近く長期調査が継続されている、世界最古の野生チンパンジー調査地のひとつ。チンパンジーたちが人間の存在に慣れているため、研究者がチンパンジーたちと遊動をともにすることができる（チンパンジーたちがさっさと崖を登っていくなど、人間が置いていかれてしまうこともしばしばだが）。

フィールド・サバイバル！

無人の荒野で車を直す

ローカル・テクノロジーに救われた思い出

神田 靖範
Yasunori Kanda

少し昔の話であるが、タンザニアでローカルな技術に救われたことがあった。一九九一年、私はタンザニアの家畜飼料・飼養管理の基礎調査に参加する機会を得た。調査内容は、飼料の開発、飼養管理の現状と課題、畜産行政・研究機関の実態など多岐にわたっていて、調査先も農業省から大学、訓練学校、試験場、生産牧場を広く見て回ることになっていた。

アフリカでの広域調査には四輪駆動車が欠かせないが、当時のタンザニアには信頼できる四輪駆動車はそれほど多くなかった。レンタカーの運転手はクラスCというオートバイからトレーラーまで何でも運転できる運転免許が必要だったが、アフリカでは無人の原野で車が故障したときに自力で脱出できる特別な技術も身につけておかなければならなかった。それは教科書などには載っていない、スワヒリ語で「ウフンディ・ワ・ムターニ（街角のテクニック）」とよばれるような現場の技術だった。

ブタや乳牛の餌でラジエターを直す

調査団は首都ダルエスサラームを出て、モロゴロ、ドドマを回って次の調査地ム

タンザニア・ルクワ湖畔に広がるアカシア林帯を行く。無人の原野で四輪駆動車がスタックしても車を捨てるわけにはいかない

ベヤへ向かっていた。移動時間を短縮するためにリフトバレーの断崖を一気に駆け上がる近道のルートを選んだ。レンタカーは頑丈なトヨタのランドクルーザーなので問題ないだろうという判断だったが、車はリフトバレーの未舗装の急坂で突然停ってしまった。ラジエターに空いた小さな穴から水が漏れてオーバーヒートしてしまったのだ。持参していた水を補給して様子をみたが水漏れは止まらない。停車した場所の周辺に集落はなく、断崖を上がる悪路には行き交う車もないなかで助けを求めることすらできなかった。最寄りの町イリンガまではまだ三〇キロメートル以上もあって歩いて行けそうもない。なすすべもないまま日没が迫っていた。

　そのとき、ラジエターをチェックしていた運転手がおもむろに車のダッシュボードから小さな茶封筒を取り出した。袋の中にはスワヒリ語で「プンバ」とよばれるトウモロコシのふすま（胚と種皮）の粉が入っていた。農村ではブタや乳牛の餌にするものだが、なぜかこの運転手は少量のプンバを袋に入れて持って来ていたのだ。これで水漏れを止められると運転手は言う。にわかには信じられなかったが、他に策もないので彼に任せることにした。運転手はラジエターの給水口からプンバと水を入れてエンジンをかけた。やはり小さな穴から水が噴き出した。ところが、しばらくすると噴水が弱まり、やがて水漏れが止まった。手品のような出来事に一同唖然としていたが、驚いてばかりもいられない。水温も下がったことだし、再びオーバーヒートしないことを祈りながら大急ぎで出発し、日没直前にイリンガの町にたどり着くことができた。

　運転手は休む間もなく修理工を探しに出かけ、翌朝の修理の約束をとってきてくれた。朝早く、彼はガレージに車を持って行き、ラジエターを下ろして穴をロウ付けで塞いで修理を短時間で完了した。大きな故障だったが、わずか三時間あまりの遅れで次の調査地へ向けて出発することができた。日本から来た調査団一行がこの運転手の不思議な修理と手際のよさに感動したのは言うまでもない。車は修理のあと、悪路を一〇〇〇キロメートル以上も走ったが何のトラブルもなく無事ダルエスサラームに帰還し、調査を計画通りに完結することができたのである。

アフリカを生き抜くとはどういうことか

タンザニアでは、穀物のでんぷん粉を熱湯で練った「ウガリ」という練り粥を主食にしている。ウガリは冷めると固まり、一旦固まると湯をかけても簡単には溶けない。よい陶土が手に入らない地域では、この性質を利用して醸造用の容器をつくる。竹籠の内面に糊（のり）状のプンバを塗ると、籠の隙間に糊が詰まって固まり液体が漏れなくなる。ラジエターの小さな穴から噴き出した糊状のプンバも外気に触れて少しずつ固まりながら穴を塞いでいったのだろう。それにしても、ラジエターにでんぷんの粉を入れて車のオーバーヒートを修理するなどという荒技は、スペアパーツが手に入りにくいアフリカのローカルならではの発想である。この出来事から私は「アフリカを生き抜くとはどういうことなのか」を教わった気がして、それは長くタンザニアとかかわっていくなかでの精神的な礎となっていった。

MY FIELD

タンザニア連合共和国

タンザニア南西部の半乾燥地には、アカシア林とシクンシ科林がモザイク状に分布している。ここではもともと農耕民ワンダがモロコシを中心にした自給的な生活を営んでいたが、1980年代に移住してきた農耕民スクマが稲作技術を伝えたことで、急速に水稲栽培が普及した。グローバル化や経済政策の変化が環境への負荷を高めている中、環境に配慮した農村開発が求められている。

フィールド・サバイバル！

フィールドノートを落としたとき

捜すか、見捨てるか、それが問題だ

谷口 晴香
Haruka Taniguchi

私が落としたフィールドノートに触るニホンザルのアカンボウ（2010年11月6日、屋久島にて）

二兎を追うものは一兎も得ず

私の調査対象はニホンザル（以降、サル）である。私の調査では、決まったサルの群れの決まった個体についていき、そのサルの行動や食物などの情報をフィールドノート（以降、ノート）に記載する。

私には苦い思い出があり、それ以降ノートを落としてもそのノートを見捨ててサルについていくことにしている。その思い出をまずは紹介したい。

青森県下北半島にサルの調査に初めて入った際、私は観察するサルの群れをなかなか見つけられず、苦労していた。調査の初期はサルをみるより、サルを捜し山をさまよう時間の方が長かったように思う。まずは観察する群れに出会わないと調査は始まらない。

当時の私の日記を読んでみると、群れを見つけることや追跡すること自体にずいぶん苦労していたようだった。

二〇〇八年一二月二日
　サルはいたが、隣の群れだった。
二〇〇八年一二月三日
　調査対象の群れと隣の群れがほぼ同

所におり、どちらについていくか混乱する。

二〇〇八年一二月四日

前日に泊り場まで追跡しても、次の日の朝にはサルが泊り場におらず心が折れそうになる。

二〇〇八年一二月五日

そんな日々が続くなか、この日、私はサルを追跡中にノートを落としたのである。ノートがない。振り返っても見あたらない。しかし、サルの群れはずんずんと先に進んでいく。『ノートを見つけてから、追いつこう』。ノートを急いで捜すことにした。しかし、ノートは見つからず、そして、サルの群れはどこかに移動していった。その日の日記を読んでみるとこう書いてあった。

今日した仕事は、昨日とったデータを落とし、サルを見失ったことぐらい。

それから私は、その日の調査を終えると、その日の分のノートをはさみで切りとることにした。そのため、私のノートはあの日以降は一日ずつのデータが切りとられホッチキスでまとめられている。ツギハギだらけである。あの日以降、ノートを落としても、『「今日」のデータを捨て、サルを追跡する』という自分ルールを決めた。

最近は、毎日その日のノートを写真に撮影するため、ノートを切りとることはなくなったが、今でも、山から帰ってくると、ノートを切らなくては、という気分になる。

ふたたびノートを落とす

二〇一一年の冬に鹿児島県屋久島でニホンザルの調査をしていた際にもノートを落としたことがある。このときの私はどのようにふるまったのだろうか。

二〇一一年一月一日

樹上一五メートルほどの高さでサルがバリバリの果実を食べている。樹上でサルがでクゥクゥと声をだしている。オトナのメス二頭とオトナのオスが一頭がいる。観察していると、樹上からパラパラと食べかすが落ちてくる。今日は朝の一〇時から今（一三時四五分）まで観察しているが、群れのメンバーの一部しか見あたらない。群れの他のメンバーはどこにいるのだろうか。他のメンバーを捜しに行ったほうがよいのか。しかし、そのうち合流するかもしれない。もう一度樹上を見上げるがメンバーはやはり変わらない。

MY FIELD

青森県下北半島と鹿児島県屋久島に生息するニホンザル

ニホンザルは日本の固有種であり、北は青森県下北半島から南は鹿児島県屋久島まで広く分布している。屋久島のサルは、亜種（ヤクシマザル）として区別されている。私の観察対象のアカンボウは、最初はどの個体よりも人間（私）を怖がるが、毎日観察していると、ちらりと私を見た後は、そばにいても気にしなくなる。そのような関係になるまでには時間がかかる。

一五時九分に、尾根の上で「クゥ」とサルの声がきこえる。「ついに、他のメンバーと合流したか」と思い、斜面をかけのぼると若いオスが二頭いるだけだった。私の勢いに驚いたのか、そのうちの一頭が私にむかい口を開けて威嚇する。私は後ずさり、尾根をおり、道の下にいるサルの群れの元に戻る。ポケットに手をのばしノートに今のできごとを書き込もうとするが、ノートがない。どのポケットにもない。落とした。捜しにもどるか。しかし、サルは南にむかっている。

「ああ」

予備のノートをザックからとりだし、サルの観察を継続する。運よくサルがすぐ南のアコウの木で採食をはじめる。しばらく、ここにいるだろうか。躊躇しながらも、ノートを捜しに戻る。さきほど通ったルートをもう一度歩いてみる。

「あった」

運が良かった。あの尾根を駆け上がった際に落としたのだ。結局は隙があれば、ノートを見捨てきれず捜しに行ってしまうんだよな、と独りごちりながら今のできごとを拾ったノートに書きこむ。

この日のノートを読みかえすと、追跡していたサルたちは一七時に無事に他のメンバーと合流できたようである。

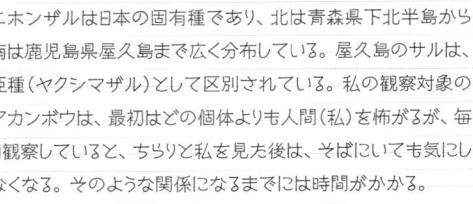

フィールド・サバイバル！

浅い排水溝にかけられた太い一本橋。本当に怖い一本橋の写真は残念ながらありません

排水溝にかかる木橋

安全に歩くための身体鍛錬

梅崎 昌裕
Masahiro Umezaki

いくら馬鹿にされようが……

目の前のテビ川は幅がおよそ一五メートルくらいだろうか。湿地帯を流れる川なので、水面は川幅一杯にひろがり、波立たない川面がうねりながら滔滔と流れている。私が歩いてきた道はテビ川に直角に突き当たり、そこから向こう岸の道に向かって、直径が五〇センチほどの丸太橋がかけられている。この丸太橋を渡らなくても、三〇分ほども迂回すれば車も通ることのできる安全な橋があるのだけど、僕と一緒にいた男は手を引いてやるからここを渡ろうという。わずか一五メートルの丸太橋を回避して三〇分余計に歩くのも確かに面倒だ。

この丸太がもし地上に置いてあるのであれば、その上を歩くのはどうということもない。しかし、渦巻きながら流れる川面をみていると目が回りそうだ。間違って橋から落ちてしまえばカメラが壊れるし、川底に沈んでしまうかもしれない。そのタイミングで、一緒にいた男が「布袋のなかのブタが暴れてこの橋から落ちた女がいてさ、溺れて死んじゃったよ」などというものだから、その男に馬鹿にされながらも三〇分ほど迂回する道を選んだ。

サツマイモ栽培と丸太橋

テビ川の流れるタリ盆地には、フリ語を話す人々が暮らしている。パプアニューギニアの焼畑農耕地帯では、大きな森のなかにポツポツと焼畑がつくられるが、パプアニューギニア高地にあるタリ盆地は、一面のサツマイモ畑のなかに成人儀礼のための森がポツポツと残されているような世界である。もちろん盆地の周辺部にいけば人口密度が低くなり、サツマイモ畑と森の割合は逆転するけれども、テビのような大きな川の流れる盆地の中央部は、圧倒的にサツマイモ畑が優占する景観である。サツマイモは乾いた土壌を好むため、タリ盆地の中心にある湿地帯にサツマイモを植えるためには畑の周りに排水溝を掘らなければならない。かくして、サツマイモ畑とサツマイモ畑の間には深い溝がつくられ、地域を歩き回るためには畑と畑の間にある排水溝にかけられた丸太橋を渡ることになる。

テビ川にかけられていた丸太橋とちがって、排水溝にかけられている橋は大抵の場合、直径が一〇センチほどの細い木である。しかも、曲がった木も多く、渡っている途中でくるりと回転するものもある。排水溝の幅は二〜三メートル、深さも二〜三メートルほどある。排水溝の底にはぬかるんだ泥がたまっており、落下しても死ぬことはないだろうが、骨折くらいはするかもしれない。

タリ盆地で調査をはじめてしばらくは、川や排水溝にかかった橋をいかに渡るかというのが、私にとっての大きな問題であった。大きな川の丸太橋は落ちたら命がなさそうだし、排水溝の橋はしなり、回転し、メキメキと折れそうな音をだす。問題を克服すべく、いろいろな木を集めて家の前に置き、その上を端から端まで落ちずに歩く訓練をした。予想したことながら、地面に置かれた木の上を歩く分には練習はいらない。回転しようと、表面がヌルヌルになっていようと特に問題なく歩くことができる。平常心でいれば、身体能力的には大抵の橋を渡る能力を私はもっているということである。そうこうするうちに、タリ盆地にかけられた橋であれば問題なく渡れるようになり、橋の存在が私の移動ルートを制約することもなくなった。フリの人からすれば、歩けるようになり、少しずつ言葉や習慣を覚えていく私は、成長する小さな子どもと同じようにみえたにちがいない。

とうとう橋が折れて落ちる……

予定された調査期間の終わり頃、誰と誰が親戚かもわかったし、どのサツマイモ畑が誰のものかもわかった、地域の人とは顔見知りになり、当初、予定していた調査データも収集し、なんとなく充実感を覚えながら日々を過ごしていた時のことである。それなりに深い排水溝にかかった三メートルほどの木を渡ろうと右足を踏み出すと、突然その木が折れてしまった。何が起こったのかしばらく理解できなかったが、背中にぬかるみを感じ、排水溝の上に細長い青空がみえたとき、逆さまになって肩口から底に落ちたのだと理解した。顔の横には地面から一〇センチほど突き出た切り株がみえた。

日本の道でマンホールや排水溝の蓋をみるたびに、それが外れて人間が落下しないように、誰かが日々の点検をしてくれているのだろうと思う。渡っている途中に橋が折れることなどありえない安全な世界で、私たちは安心しきった生活を送っている。フリの赤ちゃんのように柔らかい自分の足の裏や指先をみると、過保護な日本の社会と違って、生活するために自分の能力を鍛えなければならないタリ盆地のことを思い出す。

パプアニューギニア ヘラ州のフリ

朝・昼・晩の食事の中心はサツマイモである。たくさんの品種があり、毎日食べても飽きないと人々はいう。フリの人々は村というまとまりをつくらず、非常に個人主義的だといわれることもある。しかし、部族内戦争が起こると遠い親戚まで応援にかけつけて、大きな戦闘単位ができる。私は中立なので、戦争が起こるとそこから逃げるだけである。

MY FIELD

砂野　唯
Yui Sunano

害虫とは何だろう?

ノミやダニと戦いながらの気付き

久しぶりに村を訪れると、外国人を見るために、ひっきりなしに子供たちが訪れた

**エチオピア 南エチオピア州
デラシェ自治区に暮らすデラシャ**

デラシャは、モロコシ酒を主食とする人々だ。畑には、背丈や色、耐病性、耐乾性、味、価格の異なった数種類のモロコシ品種が栽培されている。1種類で酒を造ることもあれば、2~4種類、あるいはトウモロコシと組み合わせることもある。配合によって酒の味は変わるので、毎日、同じ酒を飲むが、全く飽きることがない。

MY FIELD

とっても痒いエチオピア

「エチオピアってどんな国?」と聞かれると、私は必ず「世界で一番痒い国!」と答える。エチオピアでは、至る所にノミやダニがいる。移動に使う長距離バスやタクシーの座席、ホテルの寝具や絨毯、知人の家のソファーやクッション、教会の椅子の下やカーテンの影、学校の机や教卓の下、木や建物の陰など、都市でも農村でも、建物の中でも外でもだ。友人宅に泊まった時に、ベッドや敷布をヘッドライトで照らすと、ノミが飛び跳ねるのが見えたことがある。決して清潔にしていないわけでなく、エチオピアの人々は綺麗好きで、朝と夕方に、家の中や玄関を箒で掃き清めている。しかし、ウシやヒツジ、ヤギ、ロバといった家畜が身近に存在しているからか、どこにでもノミやダニが居るので、毎日、身体のどこかを刺される。高級ホテルに泊まったとしても安心はできない。一泊二〇〇USD以上の一流ホテルでも、ノミやダニに刺されたという話をよく聞く。富める者も貧しい者も、ノミやダニからは逃れられないのだ。ノミやダニの数があまりにも多く、刺される場所や時間が特定できないので、日本から持参した防虫剤や防虫シート、防虫服を使っても、防ぐことができない。エチオピアでは虫に刺されながら調査することになる。

私は白人!?

私が初めて調査対象としたのは、エチオピア南部デラシェ地域の農耕民デラシャである。村の人々にとって、私は初めて見る「白人」だった。彼らにとって黒くない肌の人々は全て「白人」で、アジア人も白人なのだ。彼らは「白い肌」への憧れをもち、とくに女性は「(触ると)もちもちしている。白い肌で羨ましい」と誉めてくれた。子供達は「白い」私が怖かったようで、初めの頃は私を見かけると、悲鳴をあげて蜘蛛の子を散らすように逃げていた。しかし、数日すると、好奇心に勝てずに私のホームステイ先に、毎日、訪れるようになった。私は家に来た子供をつかまえて、言葉や洗濯、水汲みなどの生活するために必要なことを教えてもらったり、畑や放牧地に連れていってもらったりした。

白人の肌に気持ちの悪い模様

しばらくすると、私は徐々に村への生活に馴染み始めた。しかし、常に人や動物と一緒に居るため、ノミやダニに絶えず刺され、私の肌はひどい状態になっていた。私は虫に刺されやすいうえにアレ

ルギー体質で、虫に刺されると発赤やジンマシン、水脹れになってしまう。他のエチオピア研究者からは、「滞在して二〜三か月間は、身体中が虫刺されで、痒くてたまらないが、毎日のように刺されていると抗体が出来てくるので、痒くなくなる。」と聞いていた。しかし、私は抗体がいつまでも出来ず、身体中に無数の赤や紫に変色した虫刺され跡があった。

ある日、あまりにも痒いので、ぼりぼりと腕をかいていると、一緒に居た少年が私の袖口をまくって腕を見るなり、「イグザビエール!!(神様)」と叫んだ。すると、次々に周りにいた子供たちがやってきて、私の腕を見て、悲鳴をあげた。中には、泣いている子供もいた。子供達は走って大人たちを呼びに行ったため、大騒ぎになった。私は虫刺されだと説明したが、「私たちは刺されていない」「ノミやダニに刺されて、こんなふうに腫れない」「病気ではないか」と言い返され、しまいには「悪魔に取り憑かれているのでは」と心配されて、日曜礼拝に連れて行かれた。それでも治らないので、別の村の薬師のところに連れて行かれ、全身に有用植物を混ぜ合わせて作った緑色の液体を塗られたが、治らない。ついには、会議で「ユイの肌に赤と紫の模様が浮かんでいること」について話し合われてしまった。人々は私を心配すると共に、村にやってきた白人が何らかの病気を持ち込んだのではないかと不安に思っていた。また、私の肌が変色するのはホストファミリーが十分なケアをしていないからではないかと疑われていた。私は、誤解を解こうと、「私は新しい人だから、ノミやダニによく刺される」「私の肌は柔らかいからノミやダニが刺し易いし、刺されると肌の色が変色してしまう」と説明した。最終的には、人々は納得し、「頑張って早く適応しろ!」という結論になった。

人間に有害な生物は地域によって違う

それからは人目を気にせず、衣服に防虫剤をふりかけたり、防虫シートを衣類に貼り付けるようになったのだが、それを見た義理の母は「白い肌は羨ましいと思っていたけど、変な柄ができるのね」「あなたの国はノミやダニがいないから白い肌なのね」と言った。日本では、ノミやダニ、南京虫などの吸血昆虫は駆除されてほとんどいない。しかし、エチオピアではこれらは害と認識されておらず、共存している。それよりも、彼らにとって害虫は、マラリアを媒介する蚊や穀物に食害を与えるコクゾウムシだ。所変われば、害虫がなんたるかも変わるのだ。

大石 高典 Takanori Oishi

1978年生まれ。東京外国語大学准教授。自然を媒介に成立する人々の関係性に関心を持つ。中部アフリカの熱帯林をフィールドに、農耕社会と狩猟採集社会の共存メカニズムを人々と「森」との関わりの歴史に着目して探っている。主著に『民族境界の歴史生態学：カメルーンに生きる農耕民と狩猟採集民』（2016年）など。

安岡 宏和 Hirokazu Yasuoka

1976年生まれ。京都大学大学院准教授。中部アフリカの熱帯雨林で人間と自然の連関と共生について研究している。当初は〈歴史〉の観察者であろうとしていたのだが、気がつけば森の〈歴史〉に参与してしまっていた。主著に『アンチ・ドムス：熱帯雨林のマルチスピーシーズ歴史生態学』（生態人類学は挑む MONOGRAPH 10、2024年）など。

伊谷 樹一 Juichi Itani

1961年生まれ。京都大学教授。アフリカ半乾燥地域における環境保全と生活向上の両立を目指しつつ、住民の内発性を引き出す実践的な活動をとおして、林の修復とその持続的な利用について考えている。主著に『つくる・つかう』（生態人類学は挑む SECTION 4、2023年、編者・分担執筆）など。

重田 眞義 Masayoshi Shigeta

1956年生まれ。京都大学名誉教授。アフリカ農業を対象にヒト－植物関係論にもとづく民族植物学的な研究をすすめてきた。在来知をキーワードに地域社会の健康・教育・文化に関わる内発的な発展を支援する活動にもとりくんでいる。主編著に『アフリカ農業の諸問題』（1998年）、『争わないための生業実践：生態資源と人びとの関わり』（アフリカ潜在力 4、2016年）など。

佐藤 重吾 Jugo Sato

1997年生まれ。東北大学大学院環境科学研究科、博士後期課程在籍。文化人類学と生態人類学の観点から、放射能汚染環境におけるローカルな野生食物利用、人間と野生生物のあいだの関係の揺らぎについて調査している。ユーラシア・北米の北方先住民世界における環境変化と食文化、ウェルビーイングにも関心をもつ。

緒方 良子 Ryoko Ogata

1998年生まれ。北九州市立大学博士課程に在籍。修士課程時に与那国島の民具作りや古謡を調査したことをきっかけに“ヒトはどのように学ぶのか”に興味をもった。現在はメラネシアのフィジー共和国やソロモン諸島などの村で暮らしながら、樹皮布作りの身体技法の修得過程に焦点を当てて調査をおこなっている。また自身も村人たちの樹皮布制作に参加することで技法修得を目指している。

中井 信介
Shinsuke Nakai
1976年生まれ。佐賀大学准教授。人の生き方の変容について、タイの焼畑民モンと狩猟採集民ムラブリの事例から研究している。近年は、人類史を視野にいれた考察に関心がある。主著に『病む・癒す』(生態人類学は挑むSESSION 3、2021年、分担執筆)など。

西川 真理
Mari Nishikawa
1981年生まれ。人間環境大学准教授。群れで生活する霊長類がどのように他者との共存を実現しているのかに関心があり、ニホンザルの群れメンバーの離合集散動態や夜間の生態について調べている。主著に『日本のサル:哺乳類学としてのニホンザル研究』(2017年、分担執筆)など。

PART 6

自然の中に豊かに生きる

環境と調和した世界

工業化された近代社会に暮らすわたしたちが失ったのは、何より、自然界がもたらす豊穣だ。食べるもの、着るもの、使うもの、本来私たちの生を支えるすべてが自然界に由来するけれど、自然から何かを利用するとき、そこには、時に驚くような技がある。
自然は、場所によってずいぶん違う。サバンナの中に人が作り出した、日本の里山を感じさせる場所もあれば、灼熱の、水を得るのも難しい過酷な環境でも、なるほどこうすれば良いのか! と驚く工夫をして生きる人々もいる。生きとし生けるもの、水や土の特徴、そうしたものへの実に繊細な目を本来のホモ・サピエンスは持っているのだ。
「自然」という言葉それ自体は抽象的なものだ。そのリアルに、人々の暮らしの場で触れられるのが、生態人類学ならではの魅力だ。

山本 佳奈
Kana Yamamoto
1981年生まれ。京都大学アフリカ地域研究資料センター特任研究員。アフリカおよび日本における森林の利用と保全に関心をもち、林業家として森づくりから木材の加工・流通まで一貫して携わりながら、森林保全のモチベーションづくりを当事者の視点で捉えようと試みる。主著に『アフリカ地域研究と農村開発』(2011年、分担執筆)など。

川の中洲に引き上げたゴリラのトゥトゥをのぞき込むバクウェレの青年（2007年5月）

熱帯河川の寄物たち

思わぬ収穫と出会う

大石 高典
Takanori Oishi

寄物《よりもの》という言葉がある。海辺に漂着する様々な物を指す。島崎藤村は浜辺のヤシの実を歌ったし、誰でも子どものころ貝殻や流木、ペットボトルのようなゴミまで浜に流れ着いた物を拾ったことがあるのではないか。太平洋の島々では、クジラのような巨大な寄物が打ち上げられる。私はカメルーンの熱帯林で調査をするなかで、熱帯河川にも寄物があることを知った。

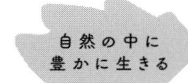

バクウェレの長期漁労キャンプ

カメルーン東南部の森には十分な降水量があり川が流れている。森からしみ出した水は茶褐色で、近くに泥炭があると

MY FIELD

カメルーン東部州の漁労農耕民バクウェレ

コンゴ川の支流ジャー川流域に暮らすバクウェレは「農耕民」だが、水位が下がり川の流れが緩くなる乾季になると焼畑をほったらかして漁労に出かける。家族や友人を引き連れ、家畜まで丸木舟に載せて「バカンス」と称して漁労に出かけてたらふく魚を食べる。私も、何度も漁労キャンプに連れて行ってもらった。

真っ黒になり、魚の体色は白っぽくなる。バクウェレは、ガボン北部、コンゴ共和国北部、カメルーン東南部に一五万人以上が暮らすバンツー語話者で、漁労と焼畑農耕を営んできた。かつては川沿いに集落があったが、現在は車道沿いに移動している。集落の位置が、交通手段と深く関係していることがわかる。カメルーンのバクウェレはジャー・ンゴコ川沿いにいる。

ジャー川は、世界自然遺産になっているジャー国立公園周辺を源流域とし、カメルーンとコンゴ共和国の国境を東に流れてンゴコ川と名前を変え、コンゴ川の三大支流の一つサンガ川に注ぐ。川幅は狭い所で三〇メートル、広い所では二〇〇メートル程度。乾季と雨季では水位変動があり、雨季になると水は周辺の森林を満たし、乾季に溢れた水は川へと戻る。この水位差を利用して、バクウェレはナマズやコイ、モルミュルスなどの魚類をターゲットに網漁、延縄漁、置きバリ漁、追い込み漁、銛突き、掻い出し漁など多彩な漁労活動を営む。

漁労活動のメインシーズンは乾季である。乾季の川は流れが緩くなるので、漁がしやすく長距離移動も行いやすい。バクウェレたちは丸木舟に乗って漁労活動を中心に、狩猟採集を組み合わせた長期キャンプに出掛ける。子どもや女性も連れていき、腹いっぱい魚を食べる。

トゥトゥ——森の恵みを川で拾う

漁労や狩猟以外に、運が良ければ川べりにいるだけで獲物を得られることがある。バクウェレ語で、トゥトゥという言葉がある。上流から流れてくる動物や魚のことである。ワニや肉食魚などの捕食者に襲われた動物（ダイカーやげっ歯類の仲間など）や魚が水面に浮かんで流れてくるのだ。それらの動物はどこかしら傷を負っていることが多いから、水中や水辺で襲われて、逃げ切ったものの力尽きてしまったのだろうと推測できる。新鮮であれば食用にすることも可能だ。

トゥトゥとして流れてくるのは、小中型の動物だけではない。二〇〇七年に滞在したあるキャンプでは、朝食の後、岸辺で食器を洗っていた女性が突然声を上げた。川の真ん中を、何かが上流から流れてくる。急いで丸木舟で漕ぎ寄ると、それはニシゴリラのトゥトゥだった。中洲に引っぱり上げたその身体はまだ温かかった。外傷もなく、木に登っていたゴリラが水に落ちて溺れたのではないかとバクウェレたちは話した。キャンプに戻った発見者は居合わせた者全員に肉を分配し、数日間にわたる宴会が始まった。私にとっては、日本昔話の「桃太郎」の熱帯林バージョンが目の前で再現されているかのような成り行きであった。

川沿いに森に入ったバンツー系農耕民の祖先たち

川を流れてくる大型動物は他にもある。熱帯林最大の動物アフリカマルミミゾウも流れてくることがあるという。この話には半信半疑だったが、雨季の後の滝つぼを訪れた際に、すっかり分解され骨格だけになったゾウを見て納得した。

川を流れる森の恵みは想像を誘う。バンツー系農耕民の祖先は三〇〇〇年以上前にサバンナから熱帯林に進出していったと考えられており、その主要ルートとして川沿いに森の奥へと進んでいったとする仮説が有力だ。その際、トゥトゥのように森の奥から勝手に流れてくる肉や魚は、祖先集団にとって魅力的な資源だったのではないだろうか。当時の動物相は現代よりもはるかに豊かで、トゥトゥの種類、量、頻度も多かったはずだ。川沿いに進んでいけば、必ずしも森の奥深くに入らずとも流れてくる森の恵みを拾って利用することができただろう。

キャンプ跡で出会ったマベ（アカテツ科 *Baillonella toxisperma*）の幼木

森の〈歴史〉に参与する

キャンプ跡の幼木との出会い

安岡 宏和
Hirokazu Yasuoka

森のキャンプ跡にて

二〇一九年三月初旬、コンゴ盆地北西部のカメルーンの森で、私はバカたちのキャンプに滞在していた。乾季がおわり、雨季のはじまるところだった。季節の変わり目、激しい雨はしばしば暴風をともなっていた。私がテントを移動した翌日、もといた場所に木が倒れてきた。近隣の村では大木が倒れ、下敷きになった人が死んだという話が伝わってきた。とかく人の生き死には、ちょっとした偶然に左右されるものだ。

ある日、天気がよかったので、バカの男たちと森を歩くことにした。一時間ほど薄暗い小道を歩くと、視界がぱっと開けて空が見えた。キャンプの跡地だ。小屋はまだ形をとどめている。草木はそれほど茂っていない。二、三か月前まで人がいたようだ。腰を下ろしてひと休みしていると、鮮やかな若緑色の大きな葉をつけた幼木が目に入った。

バカ語で「マベ」とよばれる植物だった。

マベの種子を散布するのは誰か

マベは樹高五〇メートル、胸高直径二

メートルの巨木になる。直径一〇センチほどの大きな果実は、人間のほか、ゾウやゴリラ、イノシシなど、さまざまな動物が食べる。種子は毒を含み、人間がそのまま食べることはできないが、種子から搾りとった油は食用になる。

　マベの巨木は堂堂と枝葉をひろげ、その下に大小さまざまな木木が生い茂る。しかし、そこにマベの幼木はない。発芽した実生は、その柔らかい葉を動物に食べられ、ほとんど枯死してしまう。偶偶、捕食を逃れても、母樹のつくる深い陰のなかでは首尾よく生長できない。では、マベの木はどうやって世代をつないでいるのだろう。

　ゾウが種子を運ぶのである。植物がおいしい果実をつけるのは動物が種子を運んでくれるからだ。ゾウはマベの果実を丸呑みし、離れたところで糞をする。そうして排出された種子が発芽するというわけだ。しかし、この作戦がつねに成功するわけではないようだ。森にある多種多様な果実を、どの動物がどのように食べるか、バカたちはよく知っている。ゴリラやチンパンジーはマベの果肉だけを食べ、種子はその場に残していく。イノシシや齧歯類は種子まで噛み砕いて食べてしまう。つまり種子を散布してマベの世代更新に貢献しているのは、ひとまずゾウだけだということになる。

人間とマベの複層的な関係

人間はどうだろう。搾油のために種子を潰してしまうバカは、マベにとってイノシシとおなじ捕食者だといえる。ただ、イノシシは種子を捕食してしまうだけだが、バカはかならずしもそうではない。果実を収穫したこどもたちは、歩きながら果肉を食べ、あたりに種子を投げ捨てる。キャンプに集められた種子の山から一つ二つこぼれ落ちることもある。マベの搾油をしたキャンプの跡地には、往往、マベの幼木が生えている。バカとマベの関係性は、イノシシのような捕食‐被食関係であると同時に、ゾウのような共生関係でもあるということだ。

　しかし、その関係性は揺れ動いている。町からやってきた商人がマベの油を買いつける。売れるとなれば種子のポイ捨てはしだいに少なくなっていくのだろう。マベの材は質がよく、木材生産の対象になっている。果実をつける母樹の伐採は、マベにとってみれば種子の捕食どころではない。マベと共生関係を築いてきたゾウは狩猟の対象である。ゾウがいなくなればマベの世代交代が滞ってしまう。あるいはバカたちが、一方ではゾウを狩りながら、意図せずしてマベの種子散布を肩代わりしてきたのかもしれない。しかし、その森の大部分は今では自然保護区になっている。狩猟やキャンプは禁止され、バカとマベとゾウの三角関係（そして多種多様な生物たちとの多角関係）は大きく変容しつつある。

偶然の出会いと森の〈歴史〉

異種生物どうしの関係性は、捕食‐被食関係と共生関係とがそれぞれ特定の強度で重なりあったものとして把握できるだろう。そこに人間が絡むとき関係性の内実と強度は大きくそして急速に変化しうる。変化の速度と振れ幅は、ちょっとした偶然によって左右されるにちがいない。人間たちによって増幅された偶然性のもとで、森に生きる生物たちのおりなす諸諸の関係はときに大きく変容し、ときに均衡して安定するだろう。その変転を〈歴史〉とよぶならば、聳え立つマベの巨木たちは、ゾウやバカとともに生きてきた〈歴史〉を体現しているといってよい。そしてキャンプ跡で出会ったマベの幼木は、今まさに森の〈歴史〉に参与せんとするアクターだ。

　はたしてマベの幼木はゾウやバカと共生関係を築き、母樹がなしえたように世代をつなぐことができるだろうか。そのためには人間や多種多様な生物たちの絡まりあうこの森のなかで、偶然性の当たりくじを引きつづけるしかないのだ。

MY FIELD

カメルーン東部州の狩猟採集民バカ

「中部アフリカ狩猟採集民」あるいは「ピグミー」とよばれる諸民族の一つで、カメルーン、コンゴ共和国、ガボンにまたがって分布している。ヤマノイモ、蜂蜜、野生果実、野生動物、魚、昆虫、きのこなど、多種多様な食物を採集・狩猟しながら生活している（近年は農作物の栽培もしている）。

自然の中に豊かに生きる

サバンナの里山

水田をめぐる生命と物質の循環

伊谷 樹一
Juichi Itani

MY FIELD

タンザニア南西部
アフリカ大地溝帯に暮らす人々

大地溝帯はタンザニアに多彩な地形や植生をつくりだした。山地や湖畔に点在する村むらには、市場経済に翻弄されながらも、地域の恵みを巧みに利用する暮らしが残っている。タケの樹液を発酵させたタケ酒も、ほのかなアルコールと爽やかな甘みが炎天下で渇いた喉をやさしく潤してくれる。

乾燥地の稲作

タンザニア南西部にあるルクワ湖は舟状盆地の底にできた水たまりである。水たまりと言っても雨季には琵琶湖の一〇倍にもなる巨大な内陸湖で、湖畔には周囲の山から運ばれてきた土砂が厚く堆積している。湖畔の平原を覆うアカシア林には地表近くに水を透しにくい硬い地層があり、そこは水はけが悪いために畑地としては利用されてこなかった。一九九〇年代になって農村の暮らしが市場経済の影響を強く受けるようになるとコメは重要な収入源となり、アカシア林は稲作水田に変えられていった。ルクワ湖畔に産するコメは粘りがあって香りがよいと評判になり、年間雨量が六〇〇ミリメートルほどしかない乾いた盆地は国内屈指の良米産地として知られるようになった。アカシア林と稲作というコントラストがおもしろくて、私はいつしかルクワ湖畔の村に通うようになっていた。

一一月になって蒸し暑い夜が続き、あまりにも寝苦しいのでテントからサファリベッドを引きずり出して外で寝ることにした。晴れ渡った夜空に天の川が雲のようにたなびいて見えたが、遠くの稜線に沸き立つ本当の雨雲がときどき雷光に白く照らし出されて雨季が近いことを告げていた。その日は朝からむせかえるような暑さで、メタンのような異臭が漂っていたが、それは幼い頃に川釣りをしながらよく嗅いだミミズの臭いに似ていた。昼過ぎになって突風が吹いたかと思うと雷鳴とともに大粒の雨が地面を叩き、一瞬にしてあたりは白い水しぶきに包まれた。赤ん坊を抱えた娘が家の中に転がり込み、母親はバケツや鍋を軒下に並べて雨垂れを集めるのに懸命だ。七ヵ月間の長い乾季が終わって、唐突に雨季が始まったのだ。

ナマズの産卵

アカシア林に降った雨水は、落ち葉や牛糞を集めながら畦で囲まれた水田に流れこんでいく。水の溜まった水田では、どこかに潜んでいた水生のミミズが一斉に繁殖を始める。ミミズは泥を呑み込み、腸内細菌が分解した有機物を吸収しながら泥の糞をイネの株元に積み上げていく。こうしてできた糞塊はイネに養分を供給するとともに、細かい粘土が土面を覆って水田の漏水を抑える。イネの刈り跡にみられる無数の凹凸は、そこに確かな実りがあったことを物語っているのだ。雨が降って土が軟らかくなると、農家はウシの蹄や犂で糞塊を崩して水田の表土を攪拌しながら均平にしていく。

雨が安定して降るようになり、水田の水があふれて段丘を流れ落ち、川面にほそい黄土色の水筋を描く。このときを川底でじっと待ち構えていたものがいた。産卵を控えたヒレナマズはヒゲや体表に多くの味蕾細胞を持っていて、ミミズと粘土の臭いから自分が生まれた流れの緩やかな浅瀬の位置を察したにちがいない。体長三、四〇センチメートルのナマズが水田を目指して階段状に流れ落ちる泥水を駆けのぼっていく。なんとか水田にまでたどり着いたナマズたちは、抱卵したメスに数匹のオスがかわるがわる絡みついて産卵を促す。

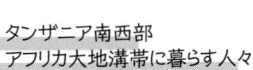

田植えとナマズ

ナマズの乱舞で水田が騒がしくなると、女性たちはヨシで編んだメガフォンのような形をした魚伏籠《うぐい》を逆さまにして頭に乗せて水田にでかけていく。泥水の中で暴れまわる魚影に魚伏籠を被せ、上部のほそい口から手を突っ込んでナマズを手掴みする。ナマズは雨季初めの貴重な食料であるが、それとは別にこの地域の稲作には欠かせない重要な役割がある。ナマズを捕まえた大人は、ふだん見向きもしない学校帰りの小学生に優しく声をか

庭で無邪気に遊ぶ子供たちを尻目に、魚伏籠を頭にのせて水田に向かう村の女性たち

ける。「ナマズを食べておいきよ」と。大人たちには下心があって、子供たちにナマズをご馳走して田植えを手伝ってもらいたいのだ。腰をかがめる田植えは大人にとってこのうえなくつらい作業なのだが、手足の短い小学生にはそれほど苦痛ではないらしく、この季節はどの農家も子供の労働力をあてにしている。田植えでもらった駄賃でおやつや文具を買い、なかには小学校の制服を新調する奇特な子供もいる。この季節の子供たちはどこか堂堂としているが、煮魚の甘い香りに誘われてうっかりナマズ料理に手を出してしまうと、したたかな大人たちに捕まって水田に連れて行かれてしまう。

水田に産み落とされたナマズの卵は数日で孵化する。天敵の親ナマズは人間が食べてしまったのでもういない。稚魚はミミズを食べながらしばらくのあいだ水田で過ごし、あふれる水にまぎれて川に下っていったのだろう。稲穂が垂れる頃には水田からナマズの姿は消えていた。

アフリカの奥地で、落ち葉、ウシ、ミミズ、ナマズ、イネ、そして人を介した物質の循環が静かに繰り返されていた。これは昔から続いてきた連鎖ではない。市場経済が広まるなかで、商品作物を育てる人の営為が「里山」ともよべる生態系をサバンナのなかにつくりだしたのである。

自然の中に
豊かに生きる

こんなにたくさんの品種は要らない？

多様性と有用性のあいだ

エンセーテのでんぷんを収穫する女性。副産物の白くて丈夫な繊維を損なわないように竹べらを用いて板の上でかきとっていく

重田 眞義
Masayoshi Shigeta

MY FIELD

エチオピア西南部の農耕民アリ

エチオピア高原の南側には、温暖な気候に恵まれた丘陵地帯がひろがる。アリの人びとはそこに起源したバショウ科の栽培植物エンセーテを中心に多様な作物とその品種を栽培して豊かな農業を維持してきた。地域の社会や経済は大きな変貌をとげたが、変わらないものも浮かび上がらせてくれる。

エチオピアの首都アジスアベバは標高二〇〇〇メートルを超える高原の都市である。真夏の京都から二日がかりで着くと、時には雹も降らせる予想外の気候に思わず衣類を重ね着したくなる。そこからさらに二日間、大地溝帯の急峻な起伏の続く悪路にエンジンを唸らせながら約七〇〇キロの道のりを走ると、エンセーテの緑に包まれた家屋の点在するアリの村に辿り着く。

エンセーテの品種多様性

草丈五メートルにもなるエンセーテを一本倒すと、収穫できる澱粉で家族四人が一か月食べるのに必要な熱量を賄うことができる。それなのに一〇〇本を超えるエンセーテを植栽し維持しているアリの農家はざらにあった。そして、一筆の畑には多ければ一〇種を超える品種が育てられ異なる名前で呼び分けられていた。一九八六年、エチオピア起源の栽培植物エンセーテを熱心に栽培し、多様な品種を維持するアリの人びとに出会って以来、なぜこんなにもたくさんの品種があるのか、必要なのか、どうやって維持されてきたのかを考えてきた。

七〇年代にはじまる生態学ブームは環境と生物の多様性の保全の大切さに対する理解を深めたが、その根本にある多様さがどのようにして今ここにあるのかについては、あまり追求されてこなかったようだ。いまダイバーシティ礼賛の風潮がある。異なる存在を容認する言葉遣いとして、あるいは世の中の「不適切」表現を乗り越える便法として、「ダイバーシティー」が多用される現況は興味深い。しかし、なぜその多様性があるかについての問いは今も封印されたままのように思える。

役に立つから知っているのか

エチオピアでの最初のフィールドワークから戻ってすぐに臨んだ学会発表で、現存のエンセーテに見られる品種多様性は有用性の範囲を超えていると発表したら、それはそれぞれの品種の役に立ち方をちゃんと調べられていないからだと反駁された。多様な品種の存在にはそれぞれに役割があるはずだというのである。

植物の民俗分類に関心を寄せていた私は、人口二〇〇〇ほどの村の各戸で聞き集めた栽培エンセーテの品種名が優に一五〇を超えることに当惑した。こんなにたくさんの品種は要らないのではないかという印象が素朴な疑問となり、いくつかの仮説をたててフィールドワークをはじめた。まず人びとが出鱈目に名前をつけて好き勝手に呼んでいるのではないことはすぐにわかった。品種の用途は二群にまとめられ、個々の品種の用途はひとつずつが異なっているとは言えなかった。用途の数よりも品種の数が上回っていたのである。その一方で、栄養体による巧妙な繁殖方法によって、親と子の遺伝的な同一性が確実に保たれていることと、それに付随した品種名が受け継がれていることも確認できた。のちに品種間の遺伝的な差異は外観の形態的な違いだけでなく、生化学的な分析によっても実証された。事実としての多様性の存在は証明されたが、それを名付ける人びとの理由づけは、それぞれが異なる役に立つから名前を違えて区別して、知っているというわけではないことがますます際立ってきたのである。

長いしっぽ

経済学の商品販売戦略にロングテール理論というのがある。縦軸に商品の販売量をとり、横軸に販売量の多い順に商品名を並べると、多品種少量販売の商品が、しっぽ（テール）のように長く伸びていく。俗にアマゾンモデルともいわれるこの戦略は、売れ筋の商品だけをたくさん販売して儲けるだけでなく、希少な商品でもそれを束ねれば十分利潤をあげることができるという、IT技術の発達した高度資本主義社会の経済合理としてよく知られている。そこでエンセーテの栽培農家が保有する品種数について、縦軸に品種数、横軸に保有数の多い順に品種名を並べてみると、同じように長いしっぽのグラフになる。重要なことは、エンセーテの品種多様性は、保有数の少ない希少な品種がたくさんあって、それが維持されることによって実現しているということである。関心はいかに多様性が維持されるのかに焦点化された。

文化の価値観という陥穽

文化人類学者の逃げ道として、文化の価値観というのがある。多様性を尊ぶ価値観がその文化にはあるのだと説明すれば、一応当初のなぜなぜ問答を終えることはできる。私も最初はそのように説明して済まそうとしたことがあった。しかし、その間違いにはフィールドに長くいればすぐに気がつく。アリの人びとは決して多様性を希求などしていないし、むしろ無頓着ですらある。

おそらく栽培エンセーテの品種多様性は、野生集団との自然交雑が機序となって、それを継続させるようなアリの人びととの宗教的な信念が無意識的に保全をすすめてきたと考えられる。所与としての多様性を容認し維持していくというヒトの行為は必ずしも意図的なものである必要はない。意図的に維持しなければ多様性が維持されない状況を作り出してきたのも他ならぬヒトのほうである。その意味で、有用性という基準は、多様性の真性の敵であることは間違いないだろう。役に立たないことを理由に廃棄してはいけないのである。むしろ、多様性は生命体のコミュニティーにとって公準ともいえるべきものではないのだろうか。

オウナスヴァーラの森で出会った老女がもっていたバスケット

バスケットの中の森林文化

北欧の非木材林産物と「万民権」

自然の中に豊かに生きる

佐藤 重吾
Jugo Sato

晩秋のオウナスヴァーラにて

ロヴァニエミはフィンランド最北にして最大であるラッピ県の県都にして、北極圏への玄関口、そしてサンタクロースの住む街として知られている。その市街からケミ川を渡って東へ約二キロメートルのところに、オウナスヴァーラという小高い丘陵地がある。一〇月になると早くも雪化粧を始めるこの丘は、数多くのスキーヤーを輩出したスキーの聖地である一方、夏から秋にはベリーやキノコの採取スポットとして地元住民に親しまれている。

九月下旬のある日曜の昼下がり、私はこの丘で旬のとっくに過ぎたリンゴンベリー、ビルベリー、クロウベリーという三種類のベリーを探し松林の中を彷徨っていた。甘味、酸味、食感がそれぞれ異なるこれらのベリーをヨーグルトの中にたっぷり入れて食べるのが、調査滞在時の私にとって日々の小さな贅沢だった。

酒のボトルがもうすぐベリーで一杯になろうかという頃、私はオウナスヴァーラを縦横に伸びる小径の一つで、バスケットを腕に下げて歩く一人の老女と出くわした。ベリー摘みをする外国人が珍しかったのか、彼女は私の姿を認めると微笑みを浮かべ歩み寄ってきた。一見したところ、彼女はいかにも散歩がてら自家用に何かを採集しているという風であった。簡単な挨拶を交わした後で、私の視線は自然と彼女のもつ年季の入った木製のバスケットに注がれた。このとき、拙いフィン語とジェスチャーで許可をもらい撮らせてもらったのが掲載した写真である。バスケットの中には、アカチチタケと思われるいくつかのキノコと、葉のないビルベリーの枝、そしてこれらの採取に使われたと思しき小さなナイフが入っていた。

籠の中から見えてくるもの

このバスケットの中身は、二つの意味でこの地域を象徴しているように思われた。まず一つは、クリスマスの象徴としてのベリーの枝である。老女の説明によれば、バスケット上部に置かれた葉のないベリーの枝は、ちょうど三か月後のクリスマスを祝う装飾として用いられるという。彼女の説明を聞きながら、私はクリスマスというイベントがフィンランドの社会に広く埋め込まれた文字通りの祝祭日であり、ことロヴァニエミの街がサンタクロースの「本場」とされるに至った歴史的経緯を思い出していた。この何でもない緑の枝が、この地域におけるクリスマスのもつ意味の重さを示しているように感じられたのだ。

もう一つは、フィンランドにおける非木材林産物（Non Timber Forest Products）利用の象徴としてのキノコである。二〇一七年の統計では、国民の四六パーセントが野外でベリーを、三二パーセントがキノコを採取するという結果が出るほど、フィンランドは非木材林産物の利用が盛んな国なのである。私の経験からも、森の中のアクセスのよいベリーの灌木はことごとくチリトリのような専用器具で葉ごとベリーがこそぎ取られていたし、街中でもバス停やトンネルの壁画等至るところでベリーやキノコの意匠を見かけた。ロヴァニエミのキノコ愛好会によれば、とくにコロナ禍以降、ベリーやキノコの採取を行う人が急増したという。

MY FIELD

フィンランド北部 ラップランド地方

ロヴァニエミを含むフィンランド北部は、ノルウェー、スウェーデン、ロシアと連続するラップランド地方の一部であり、先住民サーミの人々が比較的多く住む地域である。そこに広がる厖大な北方針葉樹林は、フィンランドにおける木材資源の一大供給地であると同時にトナカイ放牧の中心地でもある。

フィンランドと非木材林産物

フィンランドでこれほどまでに非木材林産物の利用が盛んな背景には、国土の七割以上を占める広大な森林と豊富な資源、長く厳しい冬に備えるための保存食文化や野生植物・キノコ利用の知識、そして何より土地所有の形態に関わらず（基本的に）誰でもどこでも非木材林産物を自由に採取できることを保障する「万民権」の存在がある。さらに、近年フィンランドでは非木材林産物が持続可能な未開発資源として位置づけられ、その利用と商業化を国家的に後押しするプロジェクトが進行している。こうしたフィンランドの非木材林産物をめぐる新たな状況は、グローバル市場との接合、外国人季節労働者の雇用、非木材林産物の「ピュアリティ」や「オーガニック性」を謳う言説等に特徴づけられている。これらが人類学的にも興味深い現象であることは言うまでもない。

かくして、オウナスヴァーラの森で偶然出会った老女のバスケットは、この地域の社会を映し出す一種の鏡であったと同時に、私個人にとっては、まだ見ぬ研究テーマをあれこれ夢想させてくれる宝箱でもあったのだ。

マシを叩く音が響く

母から子へ継承される樹皮布づくり

自然の中に豊かに生きる

緒方 良子
Ryoko Ogata

樹皮布、マシ

「マシ（*Masi*）」とは、南太平洋に位置するフィジー共和国（以下フィジー）の言葉で樹皮布を意味する。樹皮布とは、木の皮から作られた布のことである。フィジーでは、マシは儀式に使われる。結婚式では花嫁がドレスのようにマシを纏い、葬儀では棺をマシで包んで土に埋める。また、節目となる誕生日には、贈り物や装飾品として使われる。フィジーの人々にとって、マシを使うことは日常生活の一部なのだ。フィジーでは、主にバトゥレレ島とラウ諸島という二つの地域でマシが現在でも作られている。私が調査をおこなったバトゥレレ島のタウノボ村では、家族ごとにマシの材料となるカジノキ（*Broussonetia papyrifera*）の畑を持ち、女性や子供たちが中心となってフィジーの暮らしに欠かせないマシを作っていた。

女性たちの生業であるマシ作り

タウノボ村でのマシ作りはゆるやかな性分業に基づいていた。男性たちは、主に材料となる木の収穫などの畑仕事を担う。カジノキは竹のように地下茎で繁殖するため、島の道沿いにはカジノキ畑が広がっていた。女性たちは収穫されたカジノキを樹皮布に仕上げるまでのすべての工程を担っていた。マシ作りは、収穫されたカジノキの樹皮を剥がすことから始まる。剥がし終えた後は、海水に一晩浸けて繊維を柔らかくする。次の日からは、マシ作りの大部分をしめる「叩き」の工程にはいっていく。一枚のマシを仕上げるには、おおよそ六、七本の樹皮をつかう。まずは、剥ぎ取った樹皮の一枚一枚を丁寧に叩き伸ばしていく。その後、それらの樹皮を重ねてはさらに叩き伸ばしていく。「イケ」と呼ばれる、重さ一キログラムを超える木製の叩き棒でマシを叩くと、カンカンカンッと大きな音が村中に響きわたる。六〇代の女性は、「この叩く音を聞くと、働きたくなるよ。私も叩きたいと思う」といった。村のあちこちで、女性や子どもたちはマシを叩いている。その音だけで「あ、あそこでマシ作りをやっているな」と、人がそこにいることを感じることができた。マシ作りは日曜日の礼拝日をのぞいて、毎日のようにおこなわれる。女性たちにとってマシ作りは生業であり、マシを町で売ることで現金を得ていた。子どもたち（主に女の子たち）も、学校から戻ってくると、食べ物を少しつまんでは、マシ作りをはじめる。重たい叩き棒イケをもち、母と一緒にマシ作りをするのが日課だった。

家族を支えるため

一七歳の少女は、「私は高校に入ってまもなく母を亡くした。わたしの家には、女性が私と幼い妹だけだった。家族を支えるために、高校を中退して村に戻ってきた」とはなした。島には小中学校一貫の学校が一校あるのみで、高校はない。高校からは首都のある本島に行かなければならない。続けて彼女は、「私は、一からマシを作ることができる。そして自分で売ることができる。だから村に戻り家族を支えた」といった。私をいつも気にかけてくれた一二歳の少女も、「私はマシ作りのすべての工程を知っている」といった。確かに彼女のマシ作りの手捌《さば》きは見事なものだった。彼女たちに、どうやってマシを作れるようになったのかと尋ねると、少女たちは口を揃えて「教えてもらったことはない」といった。ある日、四歳の少女は母の横に座って、母からもらったマシのいらない切れ端を使って、母を真似するように、遊ぶように叩き棒で叩いていた。それは「教えてもらったことはない」という少女たちの言葉に包まれた内側を垣間みるようだった。

ちいさな手のひらに、ちいさな身体

家の隣に並べられたヤトゥワと呼ばれる叩き台を中心にみんなで作業をおこなう

MY FIELD

フィジー共和国 バトゥレレ島タウノボ村(国:地域)

首都スバを含む本島からバトゥレレ島までは船で2時間ほどで到着する。船が海岸に着くと誰かがマシを叩く音が聞こえてくる。女性たちのマシ1枚を仕上げるスピードはとてもはやい。私は職人見習いのごとく、子どもたちと一緒にマシを日々叩き続けた。私と子どもたちの年齢は10歳以上離れていたが、彼女たちはマシ作りの先輩たちだった。

マシを作る技法は、母から事細かく教えられることはない。けれど、暮らしに埋め込まれたマシの制作技法を、子どもたちは、幼少期から母の動きをなぞるようにして日々学んでいた。そして、年齢を重ねていくにつれて、少しずつ技法の修得を深めていくのだろう。一七歳の少女は、マシの技法で亡くなった母の代わりに家族を支えた。その技法は母からみて学んだものだった。母の死により、家族を支えるために高校を中退し島に戻ってきたことは、人生の岐路に立った先の決断だったに違いない。少女たちのちいさな手のひらに、ちいさな身体に滲み込まれていくマシ作りの技法。その技法は母から子へとゆるやかに継承され、いつか子どもたちの将来を支えるものになっていく。私はというと、毎日のようにマシを叩いたためか、手のひらにはマメがいくつもできていた。自身の身体をひらくことで、彼女たちのマシ作りについて少しわかることができたように思う。バトゥレレ島のタウノボ村の女性たちにとって、マシ作りはただの技法の組み合わせではなく、彼女たち自身の生そのものだった。

人の時間、森の時間

屋久島の照葉樹林の歴史生態学

西川 真理
Mari Nishikawa

自然の中に豊かに生きる

MY FIELD

鹿児島県熊毛郡屋久島町のニホンザル

屋久島西部の森林は、屋久島国立公園と世界自然遺産地域に指定されており、低標高地域には照葉樹林が広がっている。今では人が住んでおらず、保全された環境であるが、かつては人々が炭焼きや畑作をおこなって生活し、企業によるパルプ用の皆伐もおこなわれた地である。森に残された人工物からは、人による森林利用の歴史を感じることができる。

仄暗い森の中で

ニホンザルを探して森に入る。照葉樹に覆われた森の林床には下草が少なく、落ち葉の積もった柔らかな地面は歩きやすい。サルの気配を見逃さないよう、目と耳を集中させ、ゆるやかな尾根を静かな足取りで下っていく。沢の音のする方向に歩みを進めると、せせらぎと大きな沢に挟まれた平坦な土地が現れる。そこは、仄暗い森の中でひときわ明るい。地面に広がったコシダやタマシダの葉が木漏れ日でキラキラと輝き、そのシダの間をぬうように、ケモノ道が沢や海岸へと続いている。この場所を初めて見た時、その穏やかで美しい風景に心を奪われ、私はこの地を「桃源郷」と名づけた。ケモノ道を歩きながら地面に目をやると、茶碗や湯のみのかけら、古びた一升瓶、錆びついた五右衛門風呂といった生活用品が散在していることに気がつく。ここ屋久島西部の低標高地域には、一九六五年ごろまで人が住んでおり、当時の遺物が今も残されている。

利用された森

サルについて森を歩くと、あちこちで先人たちの生活の痕跡に遭遇することになる。「桃源郷」から少し離れたところに、石積みが何段か続く場所がある。石積みの背後は平坦な土地になっていることから、ここは畑作がおこなわれた段畑の跡地なのだろう。石積みの所どころから樹木が生え、大木に成長している。その根は石積みの上を這うように伸びたり、石の間に入り込んだりしている。石積みの側には積石だったと思われる石が転がっているが、それを元に戻す者はもうこの森にはいない。

ある日、サルがイヌビワの木に登って果実を食べていた。ふとその根元を見ると、目の前は深さ一・五メートル、直径三メートルほどの楕円形のくぼ地になっている。少し離れて全体を見わたすと、そのくぼ地は崩れかけた石積みで囲まれている。これは炭焼き窯の壁の跡だ。この森の中には、こうした窯跡がいくつも点在しており、かつてこの地域で炭焼きが盛んだったことを物語っている。

花崗岩の大岩がゴロゴロと並ぶ海岸の近くには、樹皮に矢羽根のような模様がびっしりと刻まれた立ち枯れ木がある。その付近には同じ模様をもつ倒木が他にもあり、どの木も土に還りつつある。これらの枯死木を初めて見た時、この模様は何なのか見当もつかず、不気味な存在として印象に残ったが、後年、それはクロマツから松ヤニを採るために人が削った跡だということを知った。この地で畑を耕し、炭焼きや松ヤニ採りといった生業をおこなう人々がいた頃に思いを馳せると、今は静かなこの森がずいぶん賑やかに感じられる。

時が経つと

今では成長した樹木が生い茂るこの地域であるが、一九六〇年代まで時代によって木炭や軍用材、そしてパルプの原料として樹木が伐採されてきた過去がある。強い人為撹乱を受けたこの土地は、時を経て、照葉樹林へと遷移し、サルやシカといった野生動物も多く生息する環境へと変わったのだ。

思い起こせば、私がこの森に通い始めて二〇年以上になる。サルの群れの行動圏は固定的ではなく、隣接群との関係などによって、少しずつ変わっていく。そのため、以前は頻繁に訪れていた場所でも、いつの間にかまったく行くことがなくなってしまう。そうした場所を久しぶりに訪れると、森の変化を実感する。ある谷には、かつての土石流によって岩や土壌がむき出しになっている場所があった。その谷には高い樹木がなく、日当たりがとてもよかったので、サルはよくこの谷に集まって毛づくろいをしていた。しかし、今やその谷は成長した樹木や草本で覆い隠されようとしている。また、ある尾根の斜面には、土砂崩れの跡地にできたと思われるウラジロの群生地があった。ウラジロはすべて枯れていたので、私はその地を「シダ枯れ尾根」と名づけていた。この場所も日当たりがよく、サルはここでもしばしば毛づくろいをおこなっていた。シダ枯れ尾根からは、調査地を一望することができ、西の方角には東シナ海と口永良部島が見える眺めの良い場所だった。およそ二〇年ぶりにそこを訪れてみると、あのシダ枯れ尾根を見つけることはできなかった。ここもまた、植生の遷移によって景観が変化したのだろう。

自然は人為的な改変がなくとも、時の流れとともに変化していく。先人たちの遺構もまた、自然へと還る過程でその姿を少しずつ変えている。「桃源郷」で暮らしていた人々が見ていたこの地の風景は、今日、私が見ているものとはずいぶん異なるに違いない。二〇年後、五〇年後、この森はどのように変わっているだろうか。

段畑の跡地で成長した樹木の果実や葉は、ニホンザルの食物になっている

家の入口のタケ柵の上部を花で飾る(タイのモン族　2005年10月撮影)

アートの芽のある景観

自然の中に
豊かに生きる

中井　信介
Shinsuke Nakai

焼畑民の軒先に飾られた花

花の飾り

私がタイの焼畑民の村でのフィールドワークに沈潜できていた二〇〇〇年代半ば、私は三〇歳前後だった。研究の当面の主テーマは、人と自然の関係、具体的には焼畑民の生業、とくに家畜飼育だった。この大枠のなかで、観察と聞き取り、そして記録の作成(メモと写真など)に、それなりに日々励んでいた。お世話になっていた家族、そしてその親族と次第に仲良くなるなかで、それぞれの個人の性格や置かれた状況、そして活動の違いを把握していった。

人々が頭と手足を使い、時に汗をかきながら作っていたモノ、それはその年の焼畑地にはじまり、収穫された農作物、採集された林産物、それらを料理して食卓に並べられた食べ物まで、さまざまに挙げられる。雨の日には農作業は休み、家の軒先でタケカゴを編む男性とそれをじっと見つめる孫娘、そんなゆったりした時間が流れる静かな景観もあった。
そのような日々の中、ふと足をとめて、おお、と感嘆して撮影した写真がある。よい印象だった。写真の中央あたり、家の入口付近のタケ柵の上部に、花の咲いた植物の蔓が這わせてあるのを確認できるだろうか。その花がちょうど開花した頃の写真である。

何を感じたのか

私はなぜ、おお、と感じたのか。まず思い当たる理由は、八〇戸ほどの家がならぶ村の中で、他に例がなく、めずらしかったからである。家の造りや家の前のタケ柵など、ほぼ似た景観の中で、この家だけが、ささやかながら、家の入口を花で飾ろうとしていた。そして私はその場で、これは花で飾っているわけだな、と理解したあとに、その家の誰かによって時間をかけて植物の蔓が誘引された過去を想像した。残念ながら写真を撮った時、家は留守で、花を飾った背景は聞けていない。

この家の夫婦は、私がお世話になった家族の親族一〇世帯ほどのなかでも、ひときわ優しげで控えめな印象だった。あの夫婦にしてあの花の飾りあり、と私は関係付けたからなのか、記憶に残って現在に至る。集団の文化として、皆が家の入口を花で飾るわけではないが、ある個人が意図して花を飾りに使っていた。発案か模倣かは不明であるが、自然の偶然ではなく人為であった。花を美しいと感じることは、集団にも共有されているであろうが、それをどのように使うか、いわゆる創意工夫の一例と考えることができるだろう。

アートの芽

集団内で誰も行っていないことを、ある個人が試みた時、なにが起きるか。共感や有用性ゆえに集団に広まる場合と、そうはならない場合が想定できる。なんらかの理由で集団に広まり共有される場合は、文化と見なされやすいだろう。広まらない場合でも、個人の試みが創意工夫に基づき、誰かにとって魅力がある場合、アート（芸術）と呼ばれるものになりやすい。このように考えると、花で入口を飾る家のふるまいは、私にとってはアートであった。植物の蔓を誘引するというひと工夫が芽となり、私に何かを感じさせた。優しく控えめであることと、アートをすることに関係性はあるだろうか。想像力が豊かということが多少は関係するかもしれない。

MY FIELD

タイ北部 ナーン県の焼畑民モン

モン（Hmong）は、中国南部を故地として拡散し、山地で焼畑農耕を行いながら、タイ王国の領域には19世紀末に移動してきた。写真の、筆者（左）隣の2人の男性は、調査村を1980年に形成した6家族のうち、2家族をそれぞれ代表する（2012年撮影）。

アートの起源

大きな問いであるが、人類のアートはいつからどのようにあるだろうか。例えば、洞窟壁画、骨を加工した笛、希少な素材をつなげたビーズ、これらをアート（あるいは関連するモノ）と呼ぶなら、それらが出現した頃からだろう。いわゆる認知革命後、これらが現れ、ドメスティケーションの過程を経て、都市文明が成立した頃には、アートは相当数の人びとの暮らしと共にあった、というあたりが現在のおよその定説だろうか。この過程において、美醜の価値や飾る実践はどのように動態してきたか、そして、無数のひと工夫の芽は、どのようであっただろうか。不明点が多い考古遺物の解釈には、民族誌事例が欠かせないが、ある個人の創意工夫によるアートの民族誌事例からは、文化の方向づけの要因に、多少は接近できるのかもしれない。

花を美しいと考え、愛でることをはじめたとき、自分の居場所を花で飾る可能性が人類に開かれた。ただし飾るか飾らないかは、それぞれの個人に託されてきた。花を飾ることは、広くは遊びで、口と耳よりは、目と鼻で愛でるものである。花を育てることに加えて、飾るひと工夫があることで、誰かが何かを感じ、それはアートになってきたのかもしれない。

キノコ採りに沸く山

林業家として
人と自然の関わりに参与する

山本 佳奈
Kana Yamamoto

MY FIELD

北海道沼田町

石狩平野の最北端に位置する人口2800ほどの農村。かつて炭鉱町として栄えた時代には、人びとは坑木用のカラマツを山に積極的に植えた。現在、山林を自分で手入れする人はめったにみないが、キノコ採りや山菜採りを楽しんでいる人にはよく出会う。

山を売ってもらう

「キノコを採る権利だけはわしに残してくれ」。

私が山を売ってもらうときに言われた言葉である。私たち夫婦は北海道沼田町で地域おこし協力隊になり小規模林業で独立する準備をしてきた。移住して一年も経たないころ、山好きで有名な農家の保さん（仮名）に山を売ってくれませんかと頼んだところ「お前たちのような根無し草にわしの山は売れん。ただしこの山を自由に使ったらいい」と言われて四ヘクタールのカラマツ林を紹介してもらった。一〇年ほど前に保さんが人から頼まれて譲り受けた山だった。保さんの厚意に甘え、協力隊の三年間、林業修行のために重機で作業道を付けたり間伐したりさせてもらった。私は足繁く山に通ううちに、独立してからもここを手入れしていきたいと思うようになり、林業家として独立した年に改めて山を譲ってくれないかとお願いしたのだ。

保さんの言うキノコとはラクヨウキノコをさしている。ラクヨウキノコという呼び方は、このキノコが共生するカラマツが日本の針葉樹で唯一落葉する木でラクヨウマツの別名を持つことに由来している。ラクヨウキノコは、カラマツの植林後一〇年から三〇年で良く発生するといわれており七〇年生のカラマツ林ではあまり出ないはずだが、私たちが土を掻いて作業道を作ったところ、生態系に小さな攪乱が起きたためか、キノコが大量に発生するようになった。保さんは春にはいろいろなキノコの駒菌をほだ木に打ち込み、秋にはほだ木に生えるキノコの収穫にあきたらず、梯子を持って樹上に生えるキノコを探しまわる大のキノコ好きである。なかでも「道民のソウルフード」と彼が呼ぶラクヨウキノコに対する思い入れは強い。

カラマツ林でラクヨウキノコを採ろうとすると高さ一メートルほどもあるクマザサの茂みをかきわけて進まねばならないが、この山では二・五メートル幅の作業道を全体に張り巡らせたので保さんたちは軽トラックでドライブしながら楽々とキノコ採りができる。しかもキノコは道沿いに出やすい。シーズンになると毎日のように山に入るようになり、ある日はタマネギネット八袋分も採れたと大喜びの様子であった。そんなに採ってどうするのだろうと思ってみていたら、奥さんに持ち帰る分だけでなく、知人にあげたり、行きつけの居酒屋のママに調理してもらって飲み仲間とつついたりと様々な楽しみ方があることがわかった。

北海道では山の所有者が他者の入山を積極的に禁じることは珍しく、キノコを

作業道を付けたカラマツ林では森林散策も気軽に楽しめる

採る権利も山主に帰属するわけではない。キノコを採る権利を残してくれとの保さんの言葉は、山はお前たちに譲っても、これまで通りキノコを採りに入るので不快に思うなよという意味だったのだろう。

沢山の人びとが訪れる山

ある日、昔からこの山でキノコをとってきた別の農家さんと出くわした。道ができて歩きやすくなったと喜ぶ一方、自分が入っていた山が急にキノコ採りの人気スポットになったことには驚いていた。「朝六時に来てみろ。山の前、車だらけだぞ。まるでパーティーだ!」。実際、多くの人が入っているようで、私が山の手入れのために昼間に行くと傘が大きく開いてナメクジもいるような食べ頃を逃したものか、土から出たばかりの数センチメートルにも満たない小さいものかどちらかしか見つからない。

　別の日に、五〇年ぶりに東京から沼田町に戻ってきてラクヨウキノコを採りたいという男性とその友人三人を山に案内した。「人がたくさん入っているのであまり採れないかもしれませんよ」と先に断ると「こういうものは自然のものだからしょうがない」と言ってくれた。東京帰りの男性がなかなかキノコを見つけられなさそうだったので、私がここにありますよと教えてあげると「ありがとう」と採っていたが、何回か同じように見つけてあげると、「やっぱり自分で見つけないとね」と私の助けを断った。その後四人はそれぞればらばらにキノコを探したあと、山の出口でふたたび集まり、おのおの一〇個か二〇個ほどの小さなキノコを見せ合い「全然採れんかった。でも、楽しかったわ」と笑顔で帰っていった。

開かれた山をつくる

ラクヨウキノコは九月半ばから一〇月まで次々と生えてくる。食感が良く味噌汁に入れたり、大根おろしと和えても美味しい。このキノコは、食べる楽しみ、自分で見つける楽しみ、お裾分けして喜んでもらう楽しみ、居酒屋で仲間と食べる楽しみと様々な楽しみを人びとにもたらしている。

　カラマツの山が保さんの所有であったときから、私たちは林業修行の場として自由に使わせてもらった。所有者が私たちに代わった後も、保さんはキノコを見つけやすいように作業道のまわりを草刈りし、ぬかるんでいる場所を自分の重機を持ってきて直してくれる。これからも多くの人が思い思いに訪れる場所としてこの山を大事にしながら人と自然の関わりをみつめていきたい。

川添 達朗
Tatsuro Kawazoe

1981年生まれ。NPO法人里地里山問題研究所特任研究員。直接観察や自動撮影カメラを使ったフィールドワークを通して、霊長類をはじめ哺乳類の調査を進めながら、人と野生動物の関わりについても調べている。主著に『関わる・認める』(生態人類学は挑む SESSION 5、2022年、分担執筆)など。

田村 大也
Masaya Tamura

1992年生まれ。京都大学助教。野生霊長類の行動生態学を専門とする。主な対象はニシゴリラとニホンザル。野生ニシゴリラでは、シルバーバックの子育て行動とその機能について調べ、ヒトの父親の進化的起源の理解に挑んでいる。また、霊長類の採食技術や利き手に関する研究も展開している。

藤村 美穂
Miho Fujimura

1965年生まれ。佐賀大学農学部教授。所有制度や社会秩序という枠組みを超えた視点から、地域の土地や自然とのかかわり方をとらえようとしている。それが、ときには、未知の病いや厄災への怖れとそれへの対処、身の回りの動物との駆け引きなどへの関心にも結び付いてきた。主著に『病む・癒す』(生態人類学は挑む SESSION 3、分担執筆)など。

梅屋 潔
Kiyoshi Umeya

1969年生まれ。神戸大学大学院教授。ケープタウン大学客員教授(2019−2020)、カメルーン・ランガア研究所名誉研究教授。最近では近代法と妖術の関係に注目しながら不幸の出来事を合理化するメカニズムを解明しようとしている。主著は、『福音を説くウィッチ』(2018年)とその英語版、*Gospel Sounds Like Witch's Spell* (2022年)など。

山口 未花子
Mikako Yamaguchi

1976年生まれ。北海道大学教授。動物や狩猟文化について、カナダ・ユーコンの先住民や西表島のイノシシ猟師らから学ぶとともに、自身も日本で狩猟を実践しながら研究を進めている。主著に『ヘラジカの贈り物:北方狩猟民カスカと動物の自然誌』(2014年)など。

大石 侑香
Yuka Oishi

1982年生まれ。神戸大学大学院准教授。気温−40度以下が数か月続く極北の寒冷な環境とそこに生きる人々に魅かれる。シベリアの生業のほか、気候変動の北極先住民への影響、毛皮のグローバル・サプライ・チェーンについて研究している。著書に『シベリア森林の民族誌:漁撈牧畜複合論』(2023年)など。

築地 夏海
Natsumi Tsukiji

1998年生まれ。京都大学大学院博士後期課程。アジアゾウと人との相互の関係性に関心を持つ。東京外国語大学博士前期課程では、国内動物園をフィールドとして文化人類学・生態人類学的な調査を行ってきた。博士後期課程では理学研究科に編入して、ゾウ同士の社会関係を調べながら、ゾウと飼育者との関係について明らかにしようとしている。

木下 靖子
Yasuko Kinoshita

1980年生まれ、一般財団法人沖縄美ら島財団総合研究所普及開発課に所属、アジア・オセアニアの海洋文化研究を行う。宇宙船地球号の縮小版ともいえる島嶼という環境に暮らす人たちが実践してきた自然利用、資源管理、人間関係(社会システム)のつくりかたに関心がある。主著に『分ける・ためる』(生態人類学は挑む SESSION 2、2021年、分担執筆)など。

PART 7

動物と身をもって関わる

ヒト－動物関係という問い

自然のリアルに触れると言うとき、もちろん植物、気候などの非生物的な事柄もあるけれど、何より動物は印象的だ。というのも、動物は、向こうから人に直接働きかけ、驚かせたり楽しませてくれもするし、危害を加えたりもする。生態人類学者の中には、こうした動物と人との関わりを専門に研究し、あるいは生物進化、特に霊長類の進化との関わりでホモ·サピエンスを理解しようとする者もいる。

もちろん、言葉の通じない動物と付き合うのは大変だ。そんな動物の生き方や性質を熟知し、危険を避け、ときに一体となるようにして上手に利用する人々。彼らの前では、動物がまるで人と同じ、いや人以上に人間くさく見えるときがある。

夏原 和美
Kazumi Natsuhara

1964年東京生まれ。東邦大学教授。高校時代に不登校を経験し、5年かけて卒業。その後、紆余曲折を経て人類生態学に出会う。パプアニューギニアのフードシェアリングや地域包括ケアシステムの互助など、人の思いやりや共感に関心がある。主著に『関わる·認める』(生態人類学は挑む SESSION 5、2022年、分担執筆)など。

野林 厚志
Atsushi Nobayashi

1967年生まれ。国立民族学博物館教授。過去の狩猟農耕民の生業活動の復元を考えるためのフィールド調査を学部時代から台湾で行う。今では、彼らの歴史や未来のための現在進行形の営みに魅せられている。COVID-19の猛威の後、数年ぶりに台湾に出かけ、自身の台湾依存症を自覚。主著に『タイワンイノシシを追う』(2014年)など。

動物と身をもって関わる

ハチドリのヒッチハイク

自然を見る観察力と物語が生まれるリアル

山口 未花子
Mikako Yamaguchi

川沿いで野宿をしながらヘラジカが出てくるのを待っているF氏

MY FIELD

カナダ ユーコン先住民

ユーコン先住民は、第二次世界大戦の最中に道路や空港が建設されたことに伴う定住化や移民の流入が起こる前は、ヘラジカやカリブーなどの大型動物や遡上してくるサケなどの狩猟や漁労を中心とした遊動生活を送ってきた。賃金労働が一般化した現在も、狩猟採集は活発に行われており、動物との密接な関係を垣間見ることができる。

日本とカナダ

カナダ・ユーコン準州南部のフィールドに通い始めた頃は、日本と大きく異なる自然や暮らしに驚くことの連続だった。シャボン玉を凍らせてみたり、オーロラにみとれて凍えそうになったり、何よりも初めて見るヘラジカやオオカミ、ビーバーといった野生動物たちが目の前で動いていること、同じ空気を吸っていることが信じられないくらい嬉しかった。しかし滞在が長くなると、やがて日本とのつながりのようなものにも気づくようになる。もちろんクマやキツネ、シマリスなど日本にもユーコンにもいる動物たちも多いし、北海道の学生だった私にとってはシラカバなどの森林やそこに生えるヤナギランやコケモモなども山へ行けば見ることのできるものであった。なかでも日本とカナダを行き来する渡り鳥には、自分の姿とも重なるようで親近感を覚えた。ただし、同じ鳥でも見られる季節は日本とユーコンでは異なっていて、例えばハクチョウは日本では冬の鳥というイメージだが、ユーコンでは夏の鳥である。

特別な鳥としてのハクチョウ

ユーコンの先住民たちは大きく真っ白なハクチョウを特別な存在とみなしていた。かつてユーコンで広くみられた習慣として、初潮を迎えた女性は小屋などに隔離され、食事としてはスープだけが与えられるというものがあった。そしてそのスープは必ずハクチョウの骨のストローで飲む必要があるのだという。ハクチョウは強いスピリットを持つ鳥であり、死者の魂を死者の国へと運ぶとも考えられてきた。だからこそ、特別な時期の女性がその時間を過ごすときにハクチョウのスピリットの力が必要だったのかもしれない。ただ、そんな強いスピリットを持つ存在を捕まえて骨を取り出すことは普通の人間には危険すぎる仕事でもあった。だから、ハクチョウを獲るのは強い力を持つハンターやメディシン・マンと呼ばれるシャーマンの役目だった。

しかしユーコンの人々にとってハクチョウは単に畏れられる特別な存在というわけではなく、いろいろな顔を持つ存在

でもある。なかでも私が好きな物語の一つに、「ハクチョウはその羽にハチドリを乗せて北へ飛んでくる」というものがある。これはお世話になっていた古老のF氏のお気に入りの話の一つでもあり、彼は「ハチドリのヒッチハイク」と呼んでいた。それにしても最大の鳥であるハクチョウが最小の鳥であるハチドリを、暖かい羽毛に包みこんでいる情景を思い浮かべてみてほしい。この話を聞いた後では、ハクチョウが崇高な存在というよりも頼れる優しいお兄さんやお姉さんのように思えてくるから不思議だ。

森の中で

とはいえあまりにもおとぎ話のような話であり、まさかそれが本当のことだとは考えたこともなかった。そもそもユーコンのような寒いところにハチドリが耐えられるだろうかという漠然とした疑問もあった。そんなある日、私とF氏はいつものようにリアド川の上流にあるF氏の猟場へ泊りがけで狩猟にでかけた。船外機付きのボートで猟場近くの野営地まで川を遡上すると野宿をするために防水タープの屋根を張り、トウヒの枝を床に敷き詰める。作業がひと段落したところで焚火を焚き、川の水を汲んでお茶を沸かして一息入れていた。

と、その時、目の前を青緑色の塊が横切った。

「ハチドリ!」

わたしとF氏は同時に叫んで目を見合わせた。ハチドリは一瞬でどこかへ飛び去ったが、今もその美しい姿は目に焼き付いている。その時八〇歳近かったF氏も、これまでハチドリを見たことはほとんどなく、とても驚きそして喜んでいた。その日は一日、私たちはハチドリのことを思い出して「やっぱりハクチョウに乗せてもらってきたのかな?」などと語り合い、楽しい気持ちのまま眠りについた。

ハチドリを見たこと、しかも敬愛する師であるF氏と一緒に見られたことは、ユーコンで経験したたくさんのことの中でも最も幸せな思い出の一つである。この経験をこれほど楽しいしいものにしてくれたのは、人々の想像力と自然を観察する力が生み出した物語であり、それを語り継ぐという営みである。このハチドリとハクチョウの物語に限らず、ユーコンの暮らしの中では自分自身の経験や出会いがすぐに物語となり語られていく。もしかすると今この瞬間にも、飛行機に乗って遠い日本という国からやってきたミカコの話がどこかで語られているかもしれない。もしそうなら、聞いた人が楽しい気持ちになるような物語であってくれれば、と願っている。

カメラに気づいた瞬間のハイエナ(上)と後日回収されたカメラの残骸(下)

動物と
身をもって
関わる

人の目、動物の目

壊されたカメラから考える動物の視点

川添 達朗
Tatsuro Kawazoe

カメラが壊された!?

「あなたのカメラが壊されていた。」

ある日、タンザニアの調査助手から思いもよらないメッセージが届いた。チンパンジーを含む野生哺乳類の調査のためにマハレ山塊国立公園に設置していた自動撮影カメラが、何者かによって木っ端微塵に破壊されていたらしい。送られてきた写真には、原形をとどめず、基盤さえも粉々に砕かれている様子が写っていた。誰がこんなことをしたのか。調査地は、人が住むことを許されていない国立公園内で、滞在しているのは、調査助手の他、国立公園局や観光キャンプのスタッフなど、みな顔見知りであり、私たちが研究のために自動撮影カメラを公園内のあちこちに設置していることを知っている人たちばかりである。誰かがわざわざこんなことをするとは思えない。

自動撮影カメラは、人や動物が視認することができない赤外線を使用している。カメラの前面に赤外線センサーが搭載されていて、この前を動物が通ると、自動的に写真または動画を撮影することができる。動物を直接観察するように詳細な行動を記録することはできないが、人を警戒して直接観察することが難しい動物の調査や、二四時間連続したデータ収集を可能にするという利点があり、野生動物の調査に広く使われるようになっている。

実は、カメラが壊されるのはこれが初めてではない。マハレでは、カメラを使ったヒョウの研究が継続されていて、そこでも今回のようにカメラが壊されることがあったと聞いていたため、原因はある程度予想ができた。カメラ自体は破壊されたものの、幸いなことに、映像を記録するSDカードは無事であった。現地から持ち帰ってもらったカードを確認すると、そこには犯行の一部始終がはっきりと映っていた。

犯行の詳細

私が設置したカメラを破壊したのは誰か。その犯人は、ハイエナであった。アフリカのサバンナに棲息する動物のイメ

フィールドでの写真（提供：松浦直毅氏）

MY FIELD

タンザニア連合共和国キゴマ州マハレ山塊国立公園

タンザニア西部、タンガニーカ湖東岸に広がる、面積約1600平方kmの国立公園で、1985年に国立公園に指定された。チンパンジーやアカコロブスをはじめとする霊長類の他、ブッシュピッグやブルーダイカー、ヒョウなど多くの動物が棲息しており、1965年以降、農耕民トングェを中心とする地元の人たちと協力して調査が継続されている。

ージとしておなじみのハイエナであるが、マハレの中でも特にチンパンジーの調査が集中して行われているカソゲ地域では、過去にも自動撮影カメラに撮影されたことがあるものの、その頻度は少なく、生息数も限られていると考えられている。今回撮影された写真も、現地の国立公園スタッフに確認してもらったところ、「ハイエナがいたのか!?」とたいそう驚かれた。

撮影された写真を確認したところ、犯行日時は二〇二三年七月一八日の午前一時四一分頃～午前二時一四分頃にかけて、おそらく単独犯であることが分かった。国立公園内のトレイルを北から南へと歩いてきたハイエナは、カメラの存在に気づいたようで、立ち止まりカメラを見つめ、おもむろに近づき、ためらうことなくカメラに噛みついた。まずは、二台設置されたうち一つのカメラを破壊した後、その向かい側に設置されていたもう一つのカメラもご丁寧に粉々になるまで噛み砕いていた。

獲物の骨を砕くくらいにハイエナの噛む力や歯は強い。多くの肉食動物が獲物の肉だけを食べて骨は残すのに対し、ハイエナはその骨までも噛み砕いてしまう。そのため、かれらの糞は他の肉食動物よりも白く、簡単に判別できる。プラスチックでできたカメラを壊すくらい容易いことだろう。

人の目・動物の目

ハイエナはカメラにすぐ気づき、まっすぐに向かってきていた。ここで紹介した写真を見ると、カメラのレンズを通して、ハイエナと目が合っているような気になってしまう。今回使用していたカメラは安価なもので、実はうっすらと動物が視認できるような明かりを発しているが、人の目ではほとんど見ることができない。特に夜間であればその存在に気付く人はまずいないだろう。それでもハイエナは瞬時にその存在を見つけ、すぐさま森の中の異質な存在と認識したようである。

カメラの存在が動物にどのような影響を与えるのか、そこに注意が向けられることはあまりない。しかし、ハイエナがカメラを認識しただけでなく、その存在は彼らのなにかを刺激した。ただカメラに気づいただけでも、ちょっと興味を持っただけでもなく、粉々にするまでハイエナを駆り立てたのは何だったのだろうか。私たちにとっては動物を撮影するためのただのカメラだが、撮影される当の動物にとってはそうではないようだ。レンズ越しに目が合ったあの時、ハイエナの目にカメラはどう映っていたのだろうか。

MY FIELD

ロシア連邦 西シベリア低地のハンティ

ハンティはオビ川の中下流域に広がる低地の川や湖のほとりに暮らす。漁撈と狩猟採集をしていたところ、約300年前にトナカイ飼育が伝播した。ソ連時代には彼らは職業牧夫・漁師・猟師として国営農場で働いた。ソ連崩壊後、国営農場は公営・民営化して規模を縮小したため、個人経営となって森に散住したり村に移住したりした。

大石 侑香
Yuka Oishi

シベリアの森での猛反省

トナカイにも限界がある

二月の雌トナカイ

トナカイは九—一〇月に交尾し、五月末くらいから仔を産む。二月にもなれば雌トナカイのおなかのなかで仔がだいぶ育っている。そのため、二月の雌トナカイに重い橇を引かせたり、長く縄で繋ぎ止めたりといった、心身の負担になるようなことはしない。トナカイを飼育する者の常識だ。ところが、そのことを知らない、あるいは知っていても軽んじている牧夫もいる。そして、私はそれらすべてを分かっておらず、二月の雌トナカイを長時間使役して散々な目にあった。

冬の世帯調査

二〇一二年の秋から春にかけて、私は西シベリアのツンドラとタイガのあいだのあたりに暮らすあるハンティの世帯で生業活動の調査をした。その世帯の構成員は年配の女性一人のみだった。彼女は私が滞在する一年前に夫を亡くした。冬の家の周囲数十キロメートルには人が住んでいない。そのため、息子や大甥たちが遠方から交代で助けに来て、トナカイを追い、薪を作り、魚を捕り、家や道具の修理をしていた。

二月の上旬、私は南に約八〇キロメートル離れたところにある別の世帯を見に行きたいと思い、大甥の一人にトナカイと橇《そり》を頼んだ。トナカイ三頭と橇を用意してくれ、途中までついてきてくれた。早朝に出発し、爽快に森と凍った湖上を駆けた。夏の移動は、無数の湖沼を迂回せねばならず、湿地に足をとられて歩くのも困難なうえ、蚊が多くてつらい。それと比べて冬の移動は風が冷たく、太陽が昇らずずっと暗いが、とても楽だ。

しかし、二〇キロメートル地点から思うように橇が進まなくなった。次第にトナカイたちは頻繁に休憩を求めて歩みを止めた。三〇キロメートル地点に至ると、アーツィという名前の白い雌トナカイが全く歩けなくなり、雪の上にへたり込んで力なく顔を伏せた。大きな体全体が揺れるほど息が荒かった。

アーツィの反撃

それに腹を立てた大甥は、言うことを聞かせようと、アーツィを何度も蹴った。臀部を蹴り押して立ち上がらせるということは、大きな家畜の場合、よくあるこ

アーツィさん（左）

とだが、彼の行動は常軌を逸していた。彼はアーツィの顔をこぶしで何度も殴った。アーツィの鼻からは血がたれ、唇に血がにじんだ。すると急に彼女は頭を大きく振って、大甥に大きな角を向けて突進し押し倒したかと思うと、前脚を高くあげて踏みつけた。雪が深かったので彼はそれほどダメージを受けず、体をしならせて蹄の下から脱出した。

湖上を歩く

さらに激高した大甥はアーツィをロープで木につないで置き去りにした。他二頭に橇を引かせるものの、やはり立ち止まって動かないので、嫌がるトナカイたちと橇を我々が引いて歩くことになった。いくつかの森と湖を通り過ぎると、目的地ではない誰かの狩猟小屋があった。そこにいた年配の牧夫が二月の雌トナカイを使役していることを咎めると、大甥はふて腐れてどこかへ消えた。私はそこで初めて、アーツィも他二頭も雌で、腹には仔がおり、そもそも重い橇を引かせて何十キロメートルも走らせることなどできないと知った。

その後、私は一晩かけて疲れ果てて首を垂れたトナカイたちと橇を引いて歩いた。誰かが雪を踏み固めて作った湖上の一本道を月明かりが照らす。迷いはしない。気温もマイナス三〇度くらいで、凍えもしない。それよりも、アーツィたちへの申し訳なさで心苦しかった。残りの四〇キロメートルを、二頭を労わりながらゆっくりと歩いた。

ダメ牧夫の理由

大甥のように、トナカイ牧夫といえどもトナカイを上手に扱えない者は、実は少なくない。幼児の頃から村の寄宿制学校で育ち、義務教育後は兵役に行き、そのまま村や町で暮らした者、ハンティ語が分からず年配の方と話せない者、あるいは両親が飲酒して働かず、十分に生業活動を見ていない者は、トナカイの群れを健全に維持し大きくできないことがある。後々に、こうした近代化と植民地主義の影響が彼らの生活の隅々に行き渡っていることが、私にもぼんやりと見えてきた。生業がままならない者に出会う度、トナカイと歩いた月明かりの湖上の風景が脳裏に浮かぶ。

そんなこと！──消えた研究対象群

アフリカ、ガボン共和国のムカラバ・ドゥドゥ国立公園では、二〇〇四年から、ジャンティ群（G群）と名付けられた、野生ニシゴリラの一群を対象に長期調査が行われていた。ニシゴリラはシルバーバック（SB）と呼ばれる一頭の成熟オスを中心とする、一夫多妻型の群れを作る。G群もその例に漏れず、SBのパパ・ジャンティが二〇頭前後のメスと子供を率いていた。僕はパパ・ジャンティの育児行動を研究したいと思い、二〇一七年から始まる調査に向けて意気込んでいた。しかし、初調査直前の二〇一六年一〇月のこと、現地のガボン人研究者から恐ろしい連絡が舞い込んできた。

「パパ・ジャンティが死亡して、G群が崩壊した」

はじめは冗談だと思った。しかし、声色から察するにそうではないことは明らかだ。ニシゴリラの群れはそのメンバー構成上、群れを率いるSBが死亡すれば崩壊することは分かっていた。しかし、それがまさかこのタイミングで起こるとは夢にも思わなかった。自らの運の悪さを恨み、途方に暮れた。SBがいなければ、SBの育児行動の研究は当然できない。僕の研究はいきなり暗礁に乗り上げた。

ニダイ群を率いるSBのパパ・ニダイ（左奥）と群れのメンバー。右上のくり抜きは、M群を率いる「静かな」SBのパパ・マルシャル

動物と身をもって関わる

前途多難な船出の先に……

新しい群れに初めて出会う幸運

田村大也
Masaya Tamura

気難しい！──新しい研究対象群

なんとか気持ちを切り替え、僕は残されたメスと子供の行く末を追うことにした。この調査は思いのほか上手くいき、多くの個体の移籍先を把握することができた。僕は複数の個体が移籍したマルシャル群（M群）に目を付けて調査を仕切り

村で一緒にお酒を飲んで楽しむ著者と調査アシスタントたち。
右から二番目がジョナス

MY FIELD

調査アシスタントは偉大な森の先輩

僕が気付くよりも先に「二群いるぞ」と言い続けていた人がいる。古参の調査アシスタントのジョナスだ。しかし、僕は「観察できる群れが二つも現れるなんて、普通あり得ないよ」と笑って取り合わなかった。“研究者”の常識に囚われていた僕よりも、ありのままを観る彼の眼の方が、森の事実を確かに捉えていたのだった。

直した。M群は以前から機会的な追跡が行われていたので、人付けが少し進んでいたのだ。G群には遠く及ばないが、何とかなりそうだと思い、調査を進めることにした。

調査を始めると、SBの人に対する反応が日によって異なることに気が付いた。ある日の観察では、SBはとても静かで、ほとんど吠えることはない。しかし別の日、今度は僕に対してしつこく威嚇してくる。藪に隠れて姿はよく見えないが、木枝を激しく揺らして「ヴァウ！ヴァウ！ヴァウ！ヴァウ！」と僕に向かって強く咆哮する。「今日は機嫌が悪いのか？まあ、こんな日もあるか。」と思った。

また別の日、SBは吠えてこない。さらに別の日、「ヴァウー・ヴァウー・」。やはり威嚇してくる。なぜこんなにも極端に反応が違うのだろうかと考えを巡らせた。単純に機嫌の問題か、それとも人が多いと嫌なのか、または視界が悪いと吠えるのか、などとあれこれ思案してみたが答えは出ない。ゴリラも難儀だな、なんて思っていた。

まさか！——驚くべき事実

こんな調子で調査を続けていた二〇一八年三月一〇日のことだった。この日の観察を終え、「今日はSBが吠えない日だったな」と思い、帰りの途についた。調査基地に戻ろうと一五分程歩いたその時。

「ヴァウー・ヴァウー・ヴァウー・」

突然、森の脇から聞き覚えのあるゴリラの咆哮が僕の耳を劈《つんざ》いた。慌ててその方向を見ると、SBがこちらを睨みつけている。何が起きているのかすぐには理解できなかった。さっきまでM群を観察していた。観察を終了してからここまではノンストップで歩いてきた。M群も同じ速さでここまでついてきたのか？そんなのはあり得ない。僕は、はっと思った。

「二群いるのか！」

こんな事があるのかと胸を躍らせた。今の今まで、ずっとM群だけを追跡していたと思い込んでいた。しかし、そうではなかった。僕は異なる二つの群れを追っていたのだ。SBの反応が日によって違うのは、機嫌の問題でも人数の問題でも視界の問題でもなかった。異なる二頭のSBの反応を見ていたのだ。頭の中で燻り続けていた謎は、この一瞬の出来事ですべてが繋がった。

ちょうどこの日は、一か月ほど一緒に調査をしていた中部学院大学（当時）の竹ノ下祐二教授（本書232頁）がムカラバから去る日だった。このことを直接報告したいと思い足早に調査基地へ戻る。基地に着くと、竹ノ下さんは既に荷物をまとめ、迎えの車を待っているところだった。僕は開口一番、

「すごいことが分かったかもしれないです。多分、二群います。」

と冷静を装いながらも、弾む声で話し始めた。今日の出来事を詳しく説明すると、竹ノ下さんは、

「おぉ、面白いねぇ！帰国後の報告、楽しみにしてます！」

と言い残し、調査地を去っていった。

新たな群れとの船出

残りの調査期間で丁寧に観察を続けると、二つの群れの姿が明確に浮かび上がってきた。僕は、M群ではない方の群れを研究対象に選んだ。G群に続く二代目の長期研究対象群になることを願って、その群れに「ニダイ群」という名前を付けた。そして、ニダイ群を対象に調査を続け、ゴリラの社会や行動に関する新たな一面の発見に至った。前途多難な船出の先に待っていたのは、僕の想像をはるかに超える荒波と、幸運だったと思えるゴリラ調査の日々であった。

動物と身をもって関わる

ゾウを嗅ぎ、ゾウに嗅がれる

異なる生き物の主体性に触れる

コロナ禍のため、マスクをしたまま調査を行った

築地夏海
Natsumi Tsukiji

動物園とにおい

「動物園って、独特なにおいがするよね？」

何気ない会話のなかで動物園の話題に触れた時、友人からこう言われたことがある。詳しく尋ねると、「独特なにおい」とは動物の出す糞や尿のにおいのことらしく、私達人間から出るにおいとは異なるためについ気になるのだという。

私の研究対象であるアジアゾウは、来園者からにおいの指摘を受けやすい動物かもしれない。ゾウは一回の排泄で直径約三〇センチもの糞を五～六個排出する。調査地の京都市動物園では、来園者がゾウのいる屋外グラウンドに散在している糞を見て、大きさに驚きつつ「臭い」と呟く場面によく出くわす。

ただ、屋外グラウンドと来園者通路の間には手すりや電気柵によって物理的な距離があり、私の感覚では糞のにおいはあまり届いてこない。そのため、私にとってゾウ、また動物園は取り立てて言及するほど臭くはないように感じる。これは私が動物園に週五日前後通う過程で、ゾウ特有の糞のにおいに慣れてしまったこととも関係するかもしれない。

そんな折、私はゾウのにおいに出会う場面、またゾウが私自身のにおいを探ろうとする場面という二つの状況に遭遇した。

ゾウを「嗅ぐ」——屋内寝室にて

調査中のある日、京都市動物園のゾウの出身地であるラオスとの人材交流の一環として、ラオス政府関係者が動物園にやって来た。政府関係者らは、園職員のみ立ち入りが可能な屋内寝室を訪問し、寝室で行われるゾウの健康チェックを見学することとなった。私は普段からゾウの観察をしている研究者として、彼らの見学に同行した。それまでずっと来園者通路からゾウを観察していた私にとって、寝室に入るのは初めてのことだった。

京都市動物園にいるゾウ五頭は、日中は屋外グラウンドで過ごし、夕方には屋内寝室に収容される。屋内寝室では一頭ごとに鉄柵で仕切られた部屋に入れられ、それぞれ飼育員による健康チェックを受ける。私達は約四五分間の見学中、ゾウが飼育員の指示に従いながら健康チェックを受ける様子を間近で見ることができた。

見学を終えて屋外に出てからのことだ。見学中は気がつかなかったが、着ていたパーカーにこれまでに嗅いだことのないにおいがこびりついているのが分かった。寝室での糞や尿の掃除は夕方までに済んでいるので、おそらくゾウから出る体臭のにおいだと思われる。一緒に見学したラオスの方々もまた、鼻を自分の服に近づけてにおいを確認している。放置したままで腐った生肉のような鼻につくにおいは、洗濯してもなかなか落ちずに数日間残った。

屋内寝室の見学は、私にとってゾウを初めて臭いと感じた出来事となった。頑丈な扉で密閉された寝室でゾウと出会うまで、私はゾウのにおいに鈍感になっていたように思う。研究対象としてゾウを見てきたからこその親しみによるものか、ゾウがこれだけ強いにおいを出すとは全く想像できなかった。

京都市動物園のアジアゾウと飼育員

園内会議により研究申請が下りた研究者は、動物園特製の腕章を付けて調査に臨む。腕章は、来園者通路に長時間いる私の立場を飼育員や来園者に知ってもらうのに役立つ。園内では、腕章を着けているのをきっかけに他の調査学生や研究者と知り合うことも多い。

MY FIELD

ゾウに「嗅がれる」――屋外グラウンドにて

調査中の私は、休園日も動物園に入らせてもらい、ゾウの観察記録を取っていた。ある日の昼過ぎ、ゾウ達は屋外グラウンドで思い思いの場所に立ち、干し草を食べたりまどろんだりしていた。すると五頭のうち、あるメスゾウが八メートルほど歩き、私の目の前で止まった。相対するようにして立ったそのゾウは、二分程そのままの状態で立ち続けた。

その時だった。彼女はそれまでずっと下がっていた鼻先を私の前に出し、くねくねと前後左右に細かく動かしたのだった。ゾウも私達と同じく二つの鼻の穴を持つ。大きな穴を何度も伸縮させて私との間にある空気を掴むような仕草を見ていると、互いの距離は離れているものの、彼女が私を知ろうとしてくれているような気分になった。ゾウの観察を始めてから四か月が経った頃だったが、彼女がエサ以外の何かに対して、鼻の穴が見えるほど鼻先を向ける様子はほとんど見たことがなかった。届かないだけの距離があるのは分かっていながら、思わず私も鼻先に向けて自分の手を目いっぱい伸ばす。すると一〇秒もしないうちに彼女は鼻を降ろし、ゆっくりと踵を返していった。休園日で来園者もいなければ、飼育員も近くにいなかった静かな園内で、私のにおいを嗅ぎ取ったゾウは一体何を考えていたのだろうか。

私の目の前に立ち、鼻を前に近づけるメスゾウの「春美カムパート」。京都市動物園のゾウは、来日前に使われていたラオス語名と日本語名を合わせた名前で呼ばれている

海外での野外調査などに比べると、日本の動物園という身近なフィールドでは五感で得られるものの新鮮さに少しばかり欠けるかもしれない。しかし、私はゾウそのものににおいを初めて感じたことで、自分にはゾウについて知らないことがまだ沢山あることを痛感した。そしてゾウもまた、動物園という移動が制限された環境のなかで日々新たなにおいを嗅ぎ取りながら、何かを感じ取ろうと模索しているのかもしれない。

ノートを食い、ペンのインクをすすった豚たち。二頭の間にある床の染みは青色のインク（ベトナム、ホアビン省、ダバックコミューンにて）

動物と身をもって関わる

動物の存在感

働きかけてくる豚たち

藤村 美穂
Miho Fujimura

アジアの少数民族の村で

中国西南部から東南アジアにわたる山間盆地地帯は、多くの民族がそれぞれの言語と文化をもって暮らしている地域である。私がこの地域の少数民族の村を訪れるようになったきっかけの一つは、九州山地の山村調査のなかで、東南アジアの山岳民族の村をめぐったことがあるという人から、「われわれの生活とほんとうによく似ている。説明されなくても何をしているかわかる」と聞いたからである。

確かに、いくつかの場所をまわってみると、森や山に対する儀式、食糧の集め方や保存の仕方、木の実の加工の仕方など、山で暮らすための共通の知恵や工夫が多く見られた。その一方で、日本の農山村との大きな違いも感じさせられた。その一つが、村のなかをうろうろする豚の存在感である。

ある時代以降、食生活のなかに豚を取り入れてこなかった日本とは異なり、この地域ではどこに行っても豚がいて、よそ者である私にも容赦なく働きかけてくる。ここではそのエピソードを紹介したい。

村の掃除屋

最初は、約二〇年ほど前に偶然訪れたハニ族の村での話である。中国雲南省のハニ族は、かつてはチベット高原のあたりで遊動生活をしていたが、長い歳月の間に、棚田を開墾し、水稲を栽培するようになったといわれる。ハニ族の村には、森の神や村の神がいて、それらの祭りでは、茶や酒、米のほか、豚肉や鶏肉を供物にする。

そのためか、客人をもてなす際にも、鶏と豚が、米についで重要なもてなし料理だった。当時、餌をやる余裕がなくてただ放し飼いにされていた豚たちは、いつも人間のそばをうろうろし、果物の皮や残飯が地面に落とされるとすぐに処理しにやってきた。そしてその豚の糞は人間が拾い集めて水田の肥料として利用していたので、村の中はとても清潔だった。

この村に泊まった際に衝撃を受けたのは、残飯だけではなく人間の排泄物も豚たちが処理していたことである。泊めてもらっていた家にはトイレがないので、暗くなってから村の外れまで行こうとすると、目的を知っている豚がついてくる。痩せてはいるが、ついてきたら少し怖いし、豚が待っていると他の人にもバレるではないか。そして、たとえ豚であっても恥ずかしいではないか。というわけで、次の日からは、どうやって豚を撒くか、の探求が始まった。

ノートを食べられた

ベトナムのホアビン省に住むザオ族（ヤオ族）は、焼畑のための新たな土地を求めながら、雲南から南下してきた経緯がある。ホアビン省までやってきたザオ族は、政府の低地移住政策によって現在の地に定住するようになり、一九九四年以降は制度上も焼畑ができなくなり、完全に水田稲作を生業とするようになった。

ここでは行政の指導もあって、豚は家の庭にコンクリートで囲いをつくった中で飼われ、配合飼料と残飯を与えられていた。大きくてなかなか見事な豚であった。

しかし、その豚たちは、そんなに甘くはなかった。ある日、聞き取りをしたノ

MY FIELD

東南アジアや日本の山間部

東南アジアの農村の多くでは、現在でも豚や鶏や家鴨のほか、犬も、村のなかで放し飼いにされており、犬の気迫に勝てない者は村や家に近づけない場合も多い。このような世界ではさまざまな動物と日々駆け引きをしなければならず、それが人間の観察眼や、それらの動物をめぐる人間関係にも影響を与えているようにみえる。

ートを豚の囲いの縁に置いて庭の写真を撮ろうとしていて、ふと気が付くと、豚たちがノートを床に引きずり落とし、二ページ分の記録をあっという間に食べてしまったのである。怖いのでペンで気を惹いてノートを取り上げたのだが、豚たちは、今度はそのペンを噛み砕き、インクをチューチュー吸っていた。モノクロの写真では分かりにくいが、二頭の間、床に染みのように見えるのは、私のお気に入りだったペンのインクの青色である。

飼い主にきくと好奇心旺盛な豚が何かを引っ張り込むことはよくあることのようだった。もちろん、それ以降、豚の囲いの上には座ったり物を置いたりしないように注意するようになった。

このように、命の危険があるわけではないが油断ならない動物たちとの駆け引きは、豚だけではない。狩猟の経験や、害鳥獣との駆け引きについては、どこの国のどこの地域の人たちにきいても、話しが尽きることはない。日本のフィールドでは、大人も子供も同じ話に何度も笑いながら、それを面白く語る話術をを楽しむ光景にも何度も出会った。このようなことも、フィールドワークの魅力のひとつかもしれない。

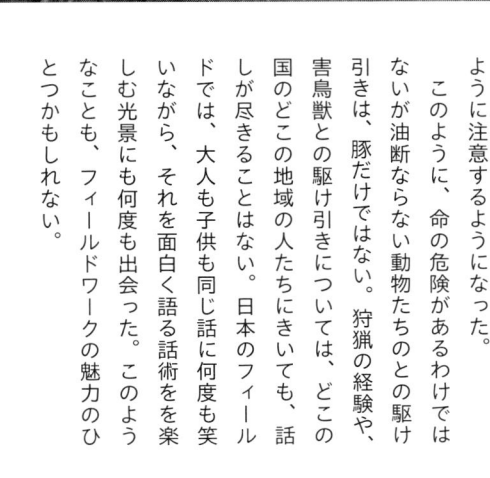

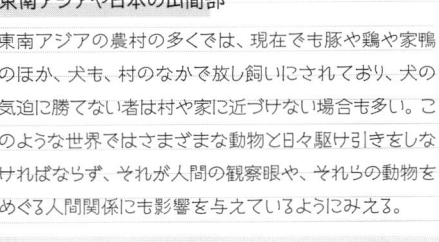

動物と
身をもって
関わる

ウミガメを曳いて泳ぐ

木下 靖子
Yasuko Kinoshita

何が起こるかわからない
海の動的な魅力

釣りに行く準備

バヌアツ共和国 フツナ島

島の周囲は約15km、最寄りの島であるタナ島とは約70km離れている、急峻な隆起サンゴ礁からなる台形状の島。夜間に行うトビウオ漁、そのトビウオを餌に大型回遊魚を狙う釣り漁をはじめ、さまざまな漁法により一年を通じて魚介類を獲っている。島での魚の食べ方は、味つけは基本的に塩（海水）のみだが、魚を一尾ずつ丸ごと香草とともに葉で包み、数時間かけてじっくりと火を通す石焼調理など、魚の種類に合わせた調理方法があり、そのこだわりとおいしさには驚かされる。

MY FIELD

南太平洋には大小さまざまな島が点在している。大きな島か小さな島か、高い山があるか低い島なのか、島の周りにサンゴ礁が発達しているか岩が多いのか、一見似たように見える島々であっても、よく見て比べると環境や歴史の違いからそれぞれの島の暮らしや文化に独自の特徴があることがわかる。海は島々を隔てるように存在し、島を島たらしめているわけだが、島に暮らす人たちにとって、カヌーで漕ぎ出せば海は身近な道であり、日々の糧を得ることができる漁場である。

　南太平洋に位置するバヌアツ共和国フツナ島には五〇〇人ほどの人が住んでいる。フツナの人たちが話す言語は、ハワイ、ニュージーランドの先住民マオリ、トンガやサモアの人たちの言語とよく似ている。かつて遠い島まで航海する技術を持って海を渡ってきたポリネシア人が彼らの祖先だ。現在でもフツナの人たちの暮らしは海とともにある。

海に行く楽しみ

　フツナの人たちは伝統的な漁撈技術をたくさん持っており、沿岸の魚を素潜りや釣り漁で獲ったり、ときに外洋に出てマグロやサワラのなかまなどの大型回遊魚を獲ったりする。浅瀬にしかける手製のカゴ罠でイセエビを獲り、いろいろな種類の貝やカニ、イワノリのような海藻も採取して食べる。一方、主食は焼畑農耕で栽培するタロイモ、ヤムイモ、キャッサバ、サツマイモなどの芋類だ。フツナ島は標高六〇〇メートルほどあり、人々が集落から通う耕作地は急峻な斜面である場所が多く、段々畑をつくっている。畑の仕事は、数年間休耕してブッシュとなった畑を開墾して火を入れるときと、種芋を植えるときには特に人手が必要で、そのときには仲間を誘い合って作業を行う。そのため繁忙期には、毎日ほとんどの人が山の耕作地に行くことになる。一日畑の仕事を終えてくたくたになって帰路につくとき、「ああ、早く、海に行きたいなぁ。畑が落ち着いたら、海のピクニックに行こう。魚を獲って、浜で焼いて食べて、アダンの樹の下で寝よう。次の大潮までにヤシの葉で松明をつくっておかなくちゃ」などと、みなよく話す。山の仕事と海の仕事、どちらも食物を得るための生業と思っていたが、海の方は仕事というよりは、遊びのようなわくわくした気持ちがあるということが伝わってくる。

　実際に私も島で過ごす中、海にみんなと行く時間は楽しかった。子どもたちと行く魚や貝を探すおかず採り、集落の女性たちと泊まりがけで行くピクニック、大潮のときにサンゴ礁の上を歩いて行うサザエやタコ採り。獲物を探すときはみんな真剣になり、思いがけず大物が獲れたときはとてもうれしい。みんなについて海に行く私は、釣りの仕方を教えてもらっても最初はまったく釣れず、小さな子どももよりできることは少なかったが、何度も海に行くうちに少しずつ釣れるようになった。コツをつかんでくると楽しくなり、自分が獲った魚や貝を仲間と分け合えるのはとてもうれしい。フツナ島の人たちは、大人も子どもも海に一緒に行った仲間で獲った魚を山分けして家に持って帰る。その場で焚き火をつくって焼いて食べるときも同じくみんなで分け合う。もらうばかりではなく、自分が獲ったものを人に食べてもらえるのは格別な喜びが伴うものだ。

飽きることがない海の世界

このように島で海に行く楽しみを覚えて過ごしている中で、獲物を狙うとき以外に緊張する出来事があった。若者と子どもたち数人のグループの沿岸の素潜り漁について行ったとき、少し遠くの前方を泳いでいた若者が両手でウミガメを抱えてきた。私は突然目の前に現れた捕まったウミガメの迫力に驚いた。海の中では実物より大きく見えるせいもある。その後、若者は立ち泳ぎをしながらウミガメをロープで逃げないように縛り、私に浜に戻るまで持っていて欲しいとロープの先を渡した。ウミガメはまだ生きており、泳いで移動する間、フゴーフゴーと呼吸する音が伝わってくる。自由に泳げないように縛られているものの、今にもロープが外れて力強く泳ぎ出し、海の底に引っ張られそうな気がしてくる。しかし、せっかくの獲物を私のせいでうっかり逃してはならないと、および腰ながらロープを握りしめて泳ぎ、無事に浜までたどりついたときには心底ほっとした。

海に入るとき、陸上の生き物である私たち人は不安を感じる。ちょっとした失敗で命を落とす危険があるからだ。一方、コンディションが良いときの海中の世界は美しく、空を飛んでいるような気持ちで泳ぐことができる。

天候、潮汐、潮流、風向、季節など多様な要因によって海の状況は刻一刻と複雑に変化する。獲物とする多様な生き物との知恵比べは一筋縄ではいかない。同じ勝負は二度とない。島の人たちは畏怖と親しみ、僥倖を期待する緊張感を持ちながら、海に行くことを楽しみにしている。

釣った魚をさばく

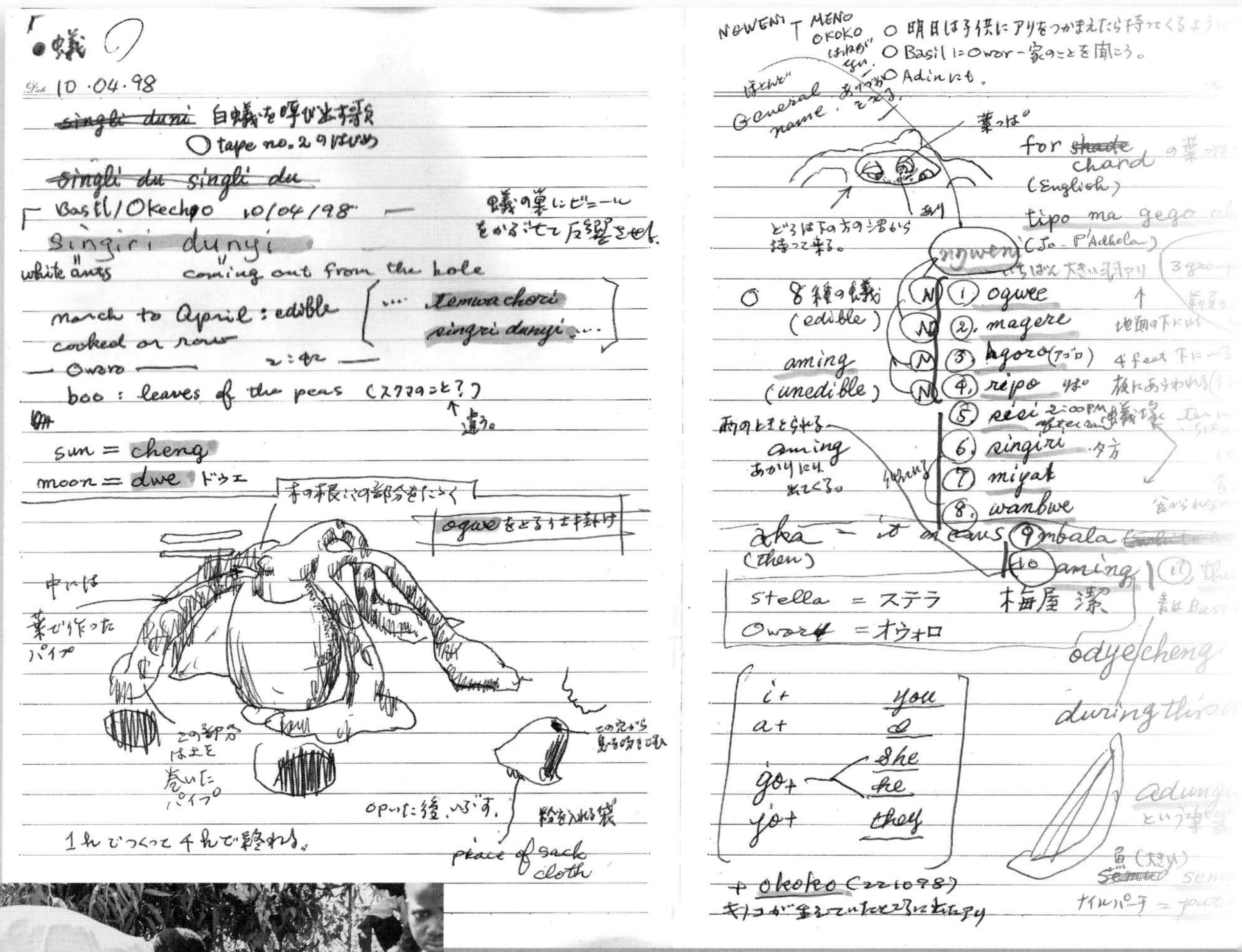

オグヴェをとるしかけが書かれたフィールドノート

蟻は子供のおやつ。みんなこの季節を楽しみにしているようだった

蟻を呼び出す歌

昆虫捕獲を歌にする

動物と身をもって関わる

梅屋 潔
Kiyoshi Umeya

子供たちの歌

「シィングリドゥーニ、シィーングリドゥ！」

叫び声とも、歌声ともつかない奇妙な声で起こされた。まだ眠い目を擦り、二日酔いの重い頭を二、三回振りながら、小屋の窓の外を眺める。当時私が住み着いていたのは、ウガンダ東部トロロ県の村のなかにある現地NGOの宿泊施設の一角だった。私の小屋の窓の外には小学校の校庭が見える。そこでは制服姿の何人もの子供たちが、二、三人のグループに分かれてかたまり、しゃがんでいる。声の主たちは、地面に向かって、リズムをとりながら歌を歌っているのだった。「調査しないとなあ」と、重い腰を上げ、カウンダ・スーツに袖を通し、カメラを持って出かけることにした。外出するとたちまち子供たちに囲まれ、人だかりがするので、用もなく出かけることもおっくうになっていた時期だった。

季節性の蟻の捕獲

近寄ってよく見ると子供たちは、単に歌を歌っているのではなかった。地面に透明のヴィニルの切れ端を当ててそれに向かって歌っているのだ。子供たちの何人かに聞くとシングリというのは、蟻の一種だという。ヴィニルは、蟻の巣穴を覆うようにあてがわれていて、それに向けて歌を歌うと、逃げ惑う蟻が巣穴から飛び出してくる。それを捕獲する仕組みのようだ。

のちに知ったことだが、これは季節性のもので、この方法では、この時期しかとれない。子供たちの季節のおやつなのだという。

採集とアート

蟻が「嫌がって」(?)巣穴から出てくるような音であればなんでもよいのであろう。しかし、それを「歌」にしてしまうところが、その社会のスタイルのあらわれかもしれない。その意味で、この子供たちの営為は、季節や気候、そして蟻の生態を理解したうえで「採集」する行為ではあるのだが、そのまま「美学」でもあり「アート」だ。

「シングリ(蟻)よ、出てこい/出てくるんだよ/シングリよ/出てこい/シングリ、お父さんが教えてくれたよ/シングリが出てくる季節だよ/シングリ、おじいさんが教えてくれたよ/出てくる季節だよ/出るんだよ/出てくるんだよ」

のちに記録できたいくつかバリエーションのある歌詞も、社会構造や伝承についての考えもうかがわれるきわめて示唆的で詩的だ。

歌は覚えているけれど

当時の私のカメラは「現場監督」と、京セラ「サムライ」。いずれも画質は今一つである。写真は民族誌の質には関係ない、というある先達の意見を真に受けたせいか、残念だがこのころの写真で現在でも使用に耐えるものはすくない。

そのあと、私は、宿舎の管理責任者だったバジル・オケチョに蟻のことを根ほり葉ほり聞いた。一二種類の蟻について、その断片的な生態も含めて聞き書きしたノートが残っている。いくつかの蟻は、食べられるが、おいしいものもそうでないものもさまざまだ。腹をこわすものもある。季節に合わせて罠をつくり、捕獲の対象になるものもある。数年前に思い立って、「シングリ・ドゥーニ」はどうなっているのか、現地で訪ねた時には、みんな歌は記憶していたが、すでにやってはいない、との返答だった。

罠でとらえる

右頁のフィールドノートと写真は、一九九八年四月一〇日。罠を使ってオグウェという羽蟻をとらえる現場に立ち会った時のものだ。

宿舎の裏で、「カンカンカンカン」と猛烈な音を立てているので行ってみると、若者がたむろしていて、壺を地面に埋めて、粘土で枝分かれしたチューブをつくり、タコ足の宇宙ステーションのような奇妙な物体を作っているのだった。カンカンというのは木の根を棒でたたいているのだ。すべての管は壺につながっている。粘土の筒をちょっと覗いてみると、ぞろぞろと羽蟻の大群が自ら壺の中に入っていく。筒の出口は木の葉をまるめて「ろうと」状にし、ひとたび壺に入ったら羽が引っ掛かって引き返せないようになっている。昆虫の習性を利用したよく考えられた装置だ。最後にダメ押しに、管の一つを持ち上げて、たぶん巣に直結している穴に、パイプで何かをくゆらせた煙を口に含み、穴に唇をあてて「ふーっ」と吹き込んだ。その煙に追われるように、壺に逃げ込む羽蟻の大群のスピードは劇的に上がり、最後の一匹に至るまで壺に吸い込まれていった。

闇のなかの光

長くフィールドに暮らしていれば、エピソードは蓄積していく。

昆虫をはじめとする生物の豊かな生命力も印象的だ。時期になると羽蟻やバッタが、大地から「ぶーん」とあふれ出してくる。説明がつきにくい経験もときどきある。真夜中に道のわきの畑のなかでぴかぴか光るものを見た。蟻塚だ、と一応思っているが、確認できていない。闇夜のやぶの中に正体不明の発光体を見たこともある。錯覚ではないのか、現在でもわからないことだらけである。

MY FIELD

ウガンダ東部に暮らす
西ナイル系民族アドラ(Jopadhola)

ウガンダ東部で有畜農耕を営む40万人弱の民族である。シコクビエやバナナから酒をつくる。近隣民族との紛争が絶えなかったというが、独立以降は、比較的穏やかな暮らしをしている。アミン政権時に国防大臣などを歴任し最後は殺されたオボス=オフンビがこの民族出身であり、70年代に建築された遺構が残っている。

部屋の壁にかけられたおびただしい数の骨を見た時の感激は忘れられない。台湾の先住民族（台湾原住民族）であるパイワン族の集落に初めておとずれた時のことである。

　博士課程の学生だった私は、修士課程でのタオ族の調査を発展させた博士論文の執筆を考えていた。修士論文の内容は農耕の遺跡化で、博士課程では農耕と漁撈を含めた資源利用全体の遺跡化に関するエスノアーケオロジー（民族考古学）を目指した。ただ、当時、ネアンデルタールの発掘調査でシリアに連れていってもらう機会に恵まれ、西アジアの考古学と東アジアのエスノアーケオロジーの二足のわらじ状態が続いていた。ある意味では、地域と分野の選択を迫られていた。生きた人間に関心があった私は民族誌を選びたかったが、知りたいことは過去の人類の行動や人間の行動原理であった。

狩猟活動への関心

　学生時代にアーチェリーをしていたこともあり、狩猟活動には強い関心をもっていた。シリアの発掘では大量に出土した動物骨の断片を洗い、年齢が推定できる歯や部位がわかる骨を拾い上げていた。こんな資料を研究できたらなと思いながら、見習い修行中の身、そんなことを言い出す勇気はなかった。

　一方で、台湾のタオ族は島に住み、その環境には狩猟の対象となる哺乳動物はいない。鳥を利用する習慣もなく、タオ族は狩猟をしない。タオ族のタンパク源はもっぱら漁撈によって得られる魚である。

　エスノアーケオロジーの目的は人間の行動とそこからはきだされる物質との関係の規則性を明らかにすることで、漁撈活動ももちろん分析の対象に含まれる。ただし、捕獲された魚がどのように遺物となるかを調べるのは容易ではない。魚の骨はとても小さく、人間がばりばり食べてしまったり、主食のイモの食べかすの中に放り込まれブタの餌になったりと、骨を拾うことすらできない。正直なところ、博士課程のテーマには限界を感じていた。

ハンターとの幸運な出会い

　そんな時、台湾研究の大先輩の先生からパイワン族の男性のハンターの写真を渡され、とにかく集落を訪ねてみた。彼は不在だったが、集落の首長は別のハンターを紹介すると言って、そのかたの家に私を連れて行ってくれた。そこで出くわしたのが、冒頭の骨である。

　家の主は七〇歳をすぎた男性で現役のハンターであり、かつ焼畑によるアワの栽培を小規模ながら続けていた。当時（一九九〇年代後半）すでに、台湾原住民族の慣習的な生業体系は衰退していた。限定的ではあるにせよ、狩猟や慣習的な農耕を続けている原住民族に出会えたのは幸運だった。

　居候を許してもらえたので、台湾と日本との間を往復しながらの調査を開始した。しばらくして知ったのは、このハンターが優れた呪術師であるということだった。集落の住民からも一目置かれており、私は精霊と呪術師の庇護のもとにあった。これもとても幸運なことだった。

野林 厚志
Atsushi Nobayashi

動物と身をもって関わる

猪は死して四肢をのこさず、牙歯のこす。

ハンター・ガーデナー

骨が語る人間と動物の生態

　遺されていたのは、イノシシ、シカ、タイワンカモシカの頭骨や下顎骨で、圧倒的に多かったのはイノシシの下顎骨であった。なにか儀礼的な意味があるわけではなく、捕獲した記念となる、いわばトロフィーのようなものであった。四肢や肋骨は分配したり、食べた後に捨てるので遺らないし、あってもしょうがないという。

パイワン族のハンターの家の壁にかけられたおびただしい数の骨

台湾の先住民族

台湾原住民族は人口約80万のオーストロネシア系の先住民族。パイワン族はその中の約9万の人口規模をもつ集団。首長、貴族、平民で構成される階層社会で、同じ階層の成員同士の婚姻を通した政治ネットワークを形成する。日本ではあまり意識しなかった故郷を想う気持ちや家族のむすびつきを学んだ。

MY FIELD

下顎骨懸架は日本のいくつかの地域にも見られる慣習で、地域文化や自然観の文脈で紹介されることが多いが、私にとっては生態学的情報が満載した分析資料であった。歯の萌出や摩耗から捕獲個体の年齢パターンを推定したり、サイズを測って加齢による成長の度合いや性差を調べたりすることで、目の前にいるハンターの狩猟行動や捕獲された動物の生態が定量化されていく快感はたまらなかった。

ノギスで骨を測るデスクワークから離れ、ハンターとともに猟場を歩くと、暑い時間を避けたいという気持ちが狩猟の時間を左右することや、小休止したくなるポイントがわかってくる。「あーこんな感じで、人間は立ち止まり、小さな遺跡を作るのか」、という体験知は行動をともにしないとわからないということがわかった。時には、アワの焼畑に生えてくる絶望的な量の雑草を抜きながら、猟場に行く気力も体力も失せるよなといった、農耕と狩猟とののっぴきならない関係も実感した。

時間がかかったが調査結果は博士論文にまとめることができた。思い返すと、ハンターは勝手知る庭のような猟場と焼畑での生き方を私に見せてくれていたのだろう。ハンター・ガーデナーの所以である。

噛む犬は良い犬

身体で感じた人ー動物関係の奥深さ

夏原 和美
Kazumi Natsuhara

動物と身をもって関わる

いきなりガブリ

私が生まれてはじめて犬に噛まれたのは、一九九〇年代の終わりにパプアニューギニア東高地州の村で調査をしていた時である。噛まれた痕を消毒しながら、調査出発前に、海外渡航外来で狂犬病ワクチンを接種した時のことを思い出していた。パプアニューギニアで調査をしてきた先輩方から「その病院の〇〇先生は狂犬病ワクチンを打つ時、必ず『パプアニューギニアに行く人は打つことになってるんだけど、パプアニューギニアでは狂犬病は確認されていないんですよね』って言うよ」と聞いていたが、本当に言われたのだ。あの時は言われたことを面白く思っていただけで、まさか本当に噛まれるとは思っていなかった。

ムームー（石を焼いてその上にバナナの葉に包んだ食材を載せ、土をかぶせて蒸し焼きにする調理法）の準備をするメロリンと、著者を噛んだ犬

行動調査の観察時間中に不在だった住民に対して、日中どこで何をしていたのかを確認するために、日が落ちてから家々を回るのが日課だった。村の中に街灯などは無く、満月の夜は月明かりで自分の影が出来るほど明るいが、月が出ていなければ真っ暗である。街灯どころかほとんどの家には電気が来ていないので、暗くなったらヘッドランプをつけて歩かねばならない。

その日尋ねた家は、ラウンドハウスという伝統的な作りの家で、戸口は六〇×一五〇センチメートルくらいであろうか、大人はかがまなければくぐれない大きさだった。熱帯とはいえ、標高約一七〇〇メートルの高地の夜は冷え込むので、焚き火の暖気が逃げないよう戸は閉まっていた。外から「おーい、ギトゥメ（村の人につけてもらった村での私の名前）が来たよー！」と声をかける。中から戸が開けられ、戸口をくぐるために頭を低くして左足を一歩踏み出した時だった。家の外に残っていた右足にズンと衝撃が走り振り返ると、ヘッドランプが照らす先には、私のふくらはぎにかじりついている茶色い犬がいた。

威嚇のウーもワンも無かった。無音で近づいていきなりガブっと。あまりにびっくりして叫び声も上げられず噛まれたまま固まっていたのだが、その家の子どもが気付いて、棒で犬を追っ払ってくれた。

縫ってもらったメリブラウス（女性の正装とされるゆったりとしたパフスリーブの服）を着て、ポーズをとらされる

パプアニューギニア 東高地州
アサロ地域トカノ・アレカノ

サツマイモが主食で、商品作物としては野菜のほかコーヒー栽培が盛ん。電気も水道もガスも無い伝統的な家に住みつつ、州都のゴロカに通勤してランチにコーラとフライドチキンを食べる人もいるなど、現金経済化が進行中だった。私はギトゥメの名前をもらい、村の人の説明では「小さい頃から自分たちが育てた」ことになっている。

噛むから良い犬？

家の中にいた大人たちは、もちろん噛まれた私を気遣ってはくれたが、その後の会話は

「今のはメロリンの犬だな」

「そうだ、俺も噛まれたことがある」

「うん、あの犬は噛むから良い犬だ」

というものだった。

子どもたちの反応は「ギトゥメがメロリンの犬に噛まれた！」と大盛り上がりで、翌日は朝から「ギトゥメの仕返しをしようぜ！」と棒を持ってその犬を追いかけまわしていた。

その頃の村の犬は、繋がれることは皆無で、ほとんどが中型の茶系の短毛種で首輪もしていなかった。言ってみれば、全部、野良犬のように見えた。とはいえ、餌をやるなど面倒を見ている人はいて、寒い時に何とか潜り込もうとする家はだいたい決まっている。火に近づこうとすれば焚き木で背中を強打されて追い払われる扱いだが、犬にしても飼い主という認識はあったのかもしれない。畑に出かける村人の後をしっぽをブンブンしながら嬉しそうについて行く姿など見ると、日本とは飼われ方はずいぶん違うが犬はやっぱりかわいいなあ、とのん気に思っていたのだった。

噛まれて初めて考える人―犬関係

しかし、そうか、噛む犬は良い犬なのか。まあ番犬としては優秀なのかもしれない。だが、噛んだ犬は全く別の場所にある家の犬で、家を守っているというわけではなさそうだ。村を守っていると考えることもできるが、同じ村の人も噛まれているということは、いったい何の番をしているのか。いや、そもそもあんなに静かにいきなり噛むってありか⁉と、犬と人間の関係性に思いを巡らす夜となった。

その後二〇年以上が経ち、村の犬の飼い方には少しずつ変化が見られる。首輪をしていたり、家の中で寝ていたりしても怒られない犬も徐々に増えている。それでも基本的に犬は自由に村の中をうろついていて、怪しい人を見れば吠えるし、その声に刺激されて犬が集まってきて、冷やっとすることもある。日本で飼い犬が脱走して人を噛んだ、というニュースを見ると、パプアニューギニアの村では今でも「噛む犬は良い犬」なのだろうか、と思う。

中尾 仁美
Hitomi Nakao

1999年生まれ。京都大学大学院博士課程。世界中で利用され、アフリカでも救荒作物や商品作物など様々な形で人びとの食を支えるキャッサバに興味を持ち、その加工・利用やキャッサバの特性と地域の人びとの食に対する嗜好性との関係を調べている。

小林 淳平
Jumpei Kobayashi

1995年生まれ。京都大学大学院博士課程。アフリカの持続的な資源利用のありかたに関心を持ち、タンザニアの小農が実践する小規模な林業のメカニズムについて、木材の生産・流通・消費から調べている。

竹川 大介
Daisuke Takekawa

北九州市立大学教授。心の理論と人間性の進化に焦点を当てた研究を進めている。代表的な近著は『野生性と人類の論理』(2021年)、『たえる・きざす』(生態人類学は挑む SESSION 6、2022年、分担執筆)など。

中村 香子
Kyoko Nakamura

1965年生まれ。東洋大学教授。サンブルの人びとの恋愛、割礼、結婚といったライフコースの変化に着目して調査をおこなっている。当初は、ビーズで着飾る美しき「モラン」(未婚の青年たち)を追いかけていたが、近年では女性を対象にした調査が増えている。主著に『動く・集まる』(生態人類学は挑む SESSION 1、2020年、分担執筆)など。

田 暁潔
Xiaojie Tian

筑波大学体育系准教授。生態人類学と発達心理学、動物行動学など多分野の研究方法の融合によって、牧畜民マサイの子どもの社会化、在来知識の学習、発育発達について研究している。主著に「ケニアの牧畜民マサイ社会における遊びとその変遷」(2020年)など。

田原 範子
Noriko Tawara

1960年生まれ。四天王寺大学社会学部教授。ガーナ共和国のアサンテの人たち、ウガンダ共和国のアルルの人たちの暮らしに魅せられて、フィールドワークを続けている。主著に『アルバート湖岸の生活誌:ウガンダ共和国北西部のアジール』(2024年)『包摂と開放の知:アサンテ世界の生活実践から』(2007年)など。

渡部 鮎美
Ayumi Watanabe

1981年生まれ。青森公立大学准教授。主に国内の農山漁村で自然・文化資源の利用の変遷を調査し、将来のより良い資源利用のあり方を考えている。主著に『現代民俗学考:郷土研究から世界常民学へ』(2021年、分担執筆)など。

飯田 卓
Taku Iida

1969年生まれ、国立民族学博物館教授。海を舞台にくらす人たちに寄り添い、迷惑がられながら調査を進めてきた。近年の関心は、文化や文化遺産をとおした「つながり」の創出と維持。主著に『身をもって知る技法:マダガスカルの漁師に学ぶ』(2014年)など。

PART 8

在来の知から学ぶ

自然を活かす様々な形

スマホでGoogle Mapを開けばたいていの場所へ行ける、というけれど、そんな場所は、実は世界の一部に過ぎない。GPSはもちろん、そもそも地図なんてない社会は、この世界にざらにある。目印など何も無いように見えるアフリカの草原、波と空しか見えない大海原、そんなところでも、人は、われわれが見知った町中を歩くように、自分の位置を把握し、自由に移動する――。

自然との付き合い方だけではない。人同士の駆け引きや争い事の解決など、この世界にはわたしたちの想像を超える技や作法がある。こうした「在来の知」を知ることも、生態人類学の醍醐味だ。もっとも「在来の知」を見つけても、自分でそれを体得するには難しいことも多いんですけどね。

風戸 真理
Mari Kazato

1973年生まれ。北星学園大学短期大学部・准教授。人類学の視点から、移動にもとづく生業と生活、移動にともなう物質文化を研究。受賞に、2004年第89回二科展写真部入賞、2004年第28回視点展入選。主著に『現代モンゴル遊牧民の民族誌』(2009年)、『モンゴル牧畜社会をめぐるモノの生産・流通・消費』(2016年)など。

市川 光雄
Mitsuo Ichikawa

1946年生まれ。京都大学名誉教授。中央アフリカの狩猟採集民と、農耕民の社会を対象とした人類学的・民族学的調査資料をもとに、多様な自然観や自然利用、およびそれらの共存関係や変容について考察。また、人類学的な立場から自然の保護やその持続的利用について提言してきた。主著に『森の目が世界を問う:アフリカ熱帯雨林の保全と先住民』(2021年)など。

頭のなかの「地図」

地図なしで地理を把握する

中尾 仁美
Hitomi Nakao

Mさんの記憶

Mさんは、私の調査地であるキゴマ州の中心地から車で八時間ほど離れた村の出身の男性である。さまざまな商売やそれに伴う苦労を経て現在は、同州の市街地で午前は幼稚園の先生、夕方はコーヒーの販売などをして毎日働いており、とても真面目な人だ。たまたま道端でMさんに話しかけられた日から少しずつ信頼関係を築き、今では調査助手として、いつも色んな話を交わしながら真摯に私の調査に協力してくれている。

ある日、私とMさんは一緒にタンガニーカ湖畔の農村に来た。タンザニアは穀物や芋の粉を熱湯で団子状に練ったウガリという食べ物を主食としていて、私はその材料と調理方法について調査していた。調査地のキゴマ市街地では主としてトウモロコシのウガリを食べるが、農村部は古くからキャッサバのウガリをよく食べていると聞いて見にきたのである。

土壁やレンガ造りの小さな家が車道に沿って建ち並び、そこからいくつもの小径が裏手に散在する家々に伸びている。小径に沿ってトウモロコシ畑やキャッサバ畑が広がり、湖岸近くにはアブラヤシが生えていた。私はもちろん、Mさんもこの村に来るのは初めてだったので、その日は案内役の村人にただ同行し、農村の雰囲気だけを軽く味わって帰ってきた。

一年後、私とMさんは再びその村を訪れた。私はその村の景色や出来事は断片的にうっすらと思い出せたが、前回訪れた場所への行き方はまったく覚えていなかった。似たような家と単調な畑の組み合わせが、思い出そうとする意欲を失わせた。ところがMさんは違っていた。

ある家の前を通りがかったとき、突然立ち止まって「ここ、覚えてる？去年一緒に来たでしょう」と私に言う。その家をじっくり眺めてもすぐには思い出せなかったが、いくつかヒントをもらってようやく一年前の記憶がよみがえってきた。目印があるわけでも、車道路に面しているわけでもなく、入り組んだ道の、何の変哲もない民家が並ぶ一角なのだが、どうしてMさんがいろいろな情報とともに覚えていたのか、私は不思議でならなかった。

道の覚え方

Mさんは一度通った道をしっかりと記憶しているだけでなく、その周囲の道や地形もあわせて把握しているようだった。同じ目的地へ行くにしても二回目は、誰かに教わったわけでもないし、通ったことがなくてもそこへの近道が選択されて

MY FIELD

タンザニア連合共和国 キゴマ州

キゴマ州はタンザニアの西部でタンガニーカ湖に面しており、対岸のコンゴ民主共和国や北に隣接するブルンジからの移住者を含む、多様な民族が混在している。人びとはトウモロコシやキャッサバを主食としながら、湖で獲れるさまざまな魚が食卓に彩りを添える。

いく。彼はスマホで地図を見ているわけではないし、地図があったとしてもそれを読めるわけでもなかった。道の分岐が現れると、周囲の景色をちらっと見るだけで躊躇なく道を選ぶ。彼は「村で迷子になるなんてありえないよ。すべての道は繋がっているんだからね」と語る。

　道をどうやって把握しているのかとしつこく尋ねる私に「景色を見ているんだよ」と答える。その景色が似ているから道を覚えることができないと私が反論する。「確かに似ているけど、少しずつ違うんだ。ほら、この家にはレモンの木が生えているでしょう。あの家には傍らにトウモロコシ畑があるけど、こっちの家にはない。こんな風に景色を良く見ておくんだ」と答える。その細かい違いを一日中歩き回った場所で一度通っただけで把握するなんて、私には到底できそうになかった。

情報でつむぐ

　現在の日本では紙であれ、掲示板であれ、電子であれ、地図は私たちの身近に当たり前に存在している。だからこそ、少なくとも私は道を覚えるとき、またはどこかの目的地に向かうとき、まずは地図を眺め、俯瞰するように現在地と目的地を道でつないでみる。つまり、すでに存在している地図を読むことで位置関係を把握している。

　では、そもそも地図が身近に存在せず、地図を見ないMさんはどのように道を把握しているのだろう。彼は訪問した家を説明するときに、その場所での出来事や人と話した内容、出会った人の様子、その家の特徴などを細かく語る。またどこかへの行き方を説明する場合は、「(訪問時に)お母さんが皿洗いをしていた家の隣り」のように、ある場所を基点にしてそこからの連続的なつながりを、位置的な関係を示す「上」、「下」、「近い」、「隣り」、「遠い」などの表現を多用しながら順に説明していく。彼は、各場所の情報、出来事、景色を立体的に記憶し、それを自分が実際にたどった時系列にそってつなげていくことで、連続した空間として地域全体を把握しているのではないだろうか。地図上の道に情報を載せていく私のような地域の捉え方とは根本的に異なっていて、彼の頭のなかの「地図」には環境や人の情報が連なることで道が描かれているのかもしれない。こうした記憶をたどっていけば一度通っただけの道でも迷うことはないのだろう。

訪れた農村の一角。レンガと茅葺き屋根でできた住宅(右)と収穫間近のトウモロコシ畑(左)

木材を集荷しに行く道中で、溝にタイヤが落ちてスタックしてしまった。これ以上の前進を諦めて引き返すことにした

森と都市を繋ぐ人たち

木材商人たちの柔軟な戦術

小林 淳平
Jumpei Kobayashi

在来の知から学ぶ

私は、タンザニアの商都ダルエスサラームに隣接する地方都市モロゴロで木材流通について調査していた。近年、住宅地が広がる都市近郊では建材や家具材の需要が高まっていて、木材を満載したトラックが町と農村を頻繁に行き交っている。

木材の買付け

ある日、材木ブローカーに付いて農村まで木材を買い付けに行くことになった。前日に行く予定だったのだが、大雨で延期になっていた。トラックの運転手とブローカーと私の三人は、フロントガラスがひび割れた三菱ふそうのトラックに乗ってモロゴロ市の後背にそびえるウルグ

MY FIELD

タンザニア モロゴロ州の木材市場

モロゴロ州の木材市場では、卸売業者と加工工房が立ち並ぶ。農村から運ばれる木材は、建材や家具材として急増する都市人口を支えている。アフリカの木材というと、違法伐採された輸出用の大径木を連想するが、ここでは、小農が植えた木材が農村から運ばれ、そのまま家具になって住宅地へ供給されるという、木材の地産地消が起きている。

ル山の農村へ向かっていた。直線距離ならほんの二、三〇キロメートルなのだが、山の裾野を回り込んで急な山道をのぼるため片道三時間はかかる。ウルグル山の東斜面はインド洋から吹き付ける季節風の影響で一年をとおして雨が降る。ぬかるんだ山道をトラックがエンジン音をうならせながらのぼっていく。近所の子どもたちはトラックが掘り返した穴を埋めると言って小遣いをせびりに来るが、運転手は悪路と奮闘していてそれどころではない。標高があがるにつれて道路の勾配はますますきつくなって、村の数キロメートル手前の急カーブでとうとうスタックしてしまった。

運搬許可証

木材の輸送を難しくしているのは、天候や悪路だけではない。木材を買い付けるには、誰が、どの村から、どの樹種を、どのくらい購入するかを森林局に申告し、政府が発行する運搬許可証を事前に取得しておく必要がある。木材を輸送するときは、この許可証を道路沿いに設けられた積荷検査所に提示して荷物のチェックを受けるのだが、このとき許可証と積み荷が合わないと罰金を課せられ、ひどいときには積み荷の木材を没収されてしまうこともある。私の友人のブローカーは申請時に車のナンバーを書き間違え、そのまま木材を搬送したことで検査所に捕まり、一〇〇万シリング（約六万円）もの罰金を支払わされていた。タンザニア政府が木材輸送の監視に厳しいのは、徴税のためだけではなく、盗伐によって森林が年々劣化していて、木材や木質燃料が著しく不足しているためだ。政府は林業に関わる人たちを厳重に管理し、彼らもそれに従順に従う。ただ、自然が相手の林業は、いつも決められたとおりに施業が進むわけではない。

ブローカーの仕事

話をスタックした車に戻そう。この木材ブローカーは運搬許可証をちゃんと取得し、農村での伐採も手配したうえでトラックをチャーターしていたのに、道路コンディションの不良で目的地を目前にして引き返すことになってしまった。手ぶらで帰ればレンタカー代がまるまる損失になってしまう。そこでブローカーは、この買い付けの依頼主（問屋A）とは別の材木問屋Bに電話をかけ、山腹の村の木材を買い付けることにした。つまり、彼は問屋Aの許可証を使って問屋Bの木材を運搬し、後日、問屋Bの許可証を使って問屋Aの木材を集荷するというプランに切り替えたのである。木材は許可証どおりに集荷することになってはいるが、検査所は市街地の近くにしかないので、積荷の内容が許可証と合致さえしていれば、どこの村で木材を集荷したのか確認のしようがないのだ。今では農村でも電話がつながるので、ブローカーは問屋Aに集荷が遅れる旨を伝え、問屋Bに許可証の発行を依頼しておけば大きな損失を出さずにすむ。私たちは山腹の村で木材を積み込み、何のお咎めもなく検問所を通過して木材を市場まで運ぶことができた。

木材の運搬許可証を取得する手続きは煩雑で政府の監視も厳しいのだが、木材の需要は高く、トラブルさえなければ材木問屋やブローカーの利益は大きい。道が雨で荒れたりして予定していた荷を積み出せないときは、ブローカーや問屋同士が携帯電話で連絡を取り合いながら木材を柔軟に融通し合っているのだ。普段は先を争って集荷している木材業者だが、非常時の臨機応変な対応がタンザニアの木材流通を成り立たせているのである。

わかるとはなにか

海の民が教えてくれた人間性の進化

竹川 大介
Daisuke Takekawa

上：地球温暖化による海面上昇のために最後の一軒になってしまった人工島の村
左：イルカ漁の村で村人たちからたくさんのことを学んだ

人類の適応への興味

生物学と進化論を学びたいと思い大学に入った。当時は利己的な遺伝子という言葉が流行語になり、包括適応度（ごく大雑把に言えば、どれだけ自分の遺伝子を受け継いだ子孫を残せるかということ）のアイデアは斬新だった。とくに魅力的だったのは「適応」をめぐる議論だった。他の生物が利用しない食料や環境を利用することで不要な競争を回避し、多くの子孫を残し、遺伝的な多様性が増加し、生息域が拡大する。弱肉強食でイメージされるような単純な競争原理よりもずっと説得力があった。鳥がいない夜をえらんだコウモリは、競争の敗者ではなく未知のフロンティアに適応した勝者なのである。高校時代に好きだった哲学者のエピクロスは「隠れて生きよ」という言葉を残している。生物の世界とは、実はそんなアタラクシアの境地なのではないだろうかと当時のわたしは夢想した。

　大学院に進学するときにはおおいに迷った。「わかるとはなにか」をライフワークにしたいと考えていたわたしは、環境適応の観点から粘菌の生態学にも興味があったし、大脳生理学にも興味があった。しかし最終的に「人類」のフィールド研究をしようと思った。他者と「わかりあう」ことで高度な利他行動と協力関係を実現した人類は、もっとも興味深い生物だった。

　そして、わたしというコウモリは、そのころ霊長類研究にシフトしつつあった理学部の人類進化論の研究室を志望し、まだ右も左もわからぬうちにヒトをやりたいと宣言する。しかもあろうことか、並み居るアフリカの研究者に囲まれながら、太平洋の島嶼をフィールドに選んでしまうのである。

沖縄の海のカウボーイたち

海民の環境適応というテーマを掲げ、私は石垣島のアギヤーの組を訪ねた。アギヤーというのは沖縄の伝統的な潜水追込網漁で、歴史学や民俗学の中で注目されてきた漁法である。わたしは漠然と、島の年寄りたちから昔話などを聞けば論文が書けるのではないかと考えていた。

　しかし、そんな素朴なもくろみは一瞬にして吹っ飛んでしまう。アギヤーは、想像以上に過酷な漁だった。海のカウボーイとも呼ばれていた若い漁師たちは、高速エンジンを積んだサバニ船団と魚探などの最先端の技術を取り入れた母船を駆使し、漁場を探しながら周辺の海を跋扈していた。漁場を決めると水深三〇メートルにおよぶサンゴ礁の外礁に巨大な網を沈め、スキューバーのボンベを背負いながら海底から全速力で魚を追い込んでいく。

　そうして完成した論文が「沖縄糸満系漁民の進取性と環境適応」である。そこでは石垣島の漁民たちの変わり身の早さと、新奇な状況への適応の日々を、進取性という言葉で論じた。

オセアニアのイルカ漁の民

沖縄の海はアジアやオセアニアにつながっていた。サンゴ礁の生態的な環境は沖縄と太平洋で共通点が多く、ソロモン諸島で調査を始めたときに、沖縄で鍛えられた魚の知識が役に立った。ソロモン諸島の中でも漁撈に特化したラウの人々は、海の民と呼ばれており、海の生態や魚の名前をよく知っている不思議な日本人を面白がってくれた。

　わたしを受け入れてくれたその村は、ラウの中でも南の飛び地にある特別な村だった。ソロモン諸島ではイルカの歯が伝統的な貨幣のひとつとして重宝されており、限られた村だけがイルカ漁の技術を継承している。

　このイルカ漁もまたハードで壮大な漁だった。未明の暗いうちに、岸から見えなくなるほどの外洋に小さな丸木舟の船団を出し、運良くイルカの群れを見つけると、旗のサインで会話をしながら群れを取り囲み、水中で石の音を鳴らしながら一気に岸まで追い込んでいく。漁期のあいだは三〇人ほどの村の男たちとともに、毎朝海に出た。

　ラウの人々の高度な漁の技術や海に対する深い知識に感銘をうけたわたしは、イルカ漁や彼らの環境利用に関する論文をいくつか書いた。

MY FIELD

沖縄石垣島の糸満系漁民、ソロモン諸島マライタ島のラウ

沖縄県の各地に分村を作り移住する糸満系漁民は、高度な潜水技術をもとに海外に出漁していた。ソロモン諸島マライタ島北部の人工島に拠点を持つラウの人々もまた、優れた漁業技術をもとにソロモン各地に移住し、焼畑農耕民との交易をしながら暮らしている。土地を持たない彼らが、海という特殊な環境への適応を果たし、漁撈と交易をもとに進取で柔軟な社会関係をなぜ築けたか？ 人類史上の大きな問いだ。

漁撈と葛藤に共通する高度な適応力

しかし、のちにこの論文がアメリカの反捕鯨団体の目にとまり、おおきなトラブルを引き起こしてしまうことになる。白人たちが村までやってきて、お金と引き換えに漁を中止するように迫った。賛成派と反対派で村内が分裂し激しい対立が起きた。わたしは村人たちに申し訳ない気持ちでいっぱいだったが、彼らはわたしを村の子のひとりであるといい、当事者として交渉の席に加えてくれた。

　交渉の席で見たものは驚くことばかりだった。彼らは実に柔軟にこの新しい事態に対応していった。相手の意図を読み取り、たくみにその裏をかきながら反捕鯨団体と駆け引きし、同時に村内の葛藤も解決していった。あらかじめ周到に準備し、たまたまおきた状況を見逃さないのは、漁をするときと同じだという。

　陸よりもずっと変化に富み、予測がつかない海への適応を果たした人類は、複雑な対人関係においても、進取の気質のもとに高度な社会性を実現している。そんなことを思いながら、わたしは未知のフロンティアに挑む海の民に、ますます惚れ込んでいくのであった。

初めて耕された土地

干ばつと牧畜民

中村 香子
Kyoko Nakamura

MY FIELD

ケニア北中部のウシ牧畜民サンブル

サンブル社会は年齢体系が比較的つよく維持されており、男性は「少年」「モラン」「長老」という三つの階梯に分けられている。少年は10代後半から20代前半に割礼を受けてモランになり、結婚すると長老とよばれる。「『割礼』と『結婚』は、『誕生』と『死』のあいだにあるもっとも重要なイベントだ」と彼らは言う。

死にゆく家畜

二〇二〇～二二年、ケニアに暮らすサンブルの人びとにとって干ばつは新型コロナウイルスの感染拡大を凌ぐ危機であった。降るべき時期に雨がまったく降らず、大地は白く乾ききって、牧草はどこにもなくなった。彼らが家族同様に愛するウシたちは空腹のためにミルクを一切出さなくなり、どんどん痩せ細っていった。人びとは森にウシを連れて行き、木に登って、枝を切り落としてウシにその葉を与えた。ウシたちは夢中でそれを食べた。来る日も来る日も朝から晩まで木の上で枝を切り続けたが、干ばつが長引くにつれ、ウシたちは次々に餓死していったという。

ウシだけではない。ヒツジも日に日に痩せ細って死んでいった。生き残っているヒツジも毎週あるいは二週間に一頭マーケットで売らなければならなかった。現金を手に入れて食糧を買わなければ、人間が生きていけないからだ。しかし、痩せ細ったヒツジには安い値段しかつかなかった。そればかりか、ロシアとウクライナの戦争のために穀類の価格は驚くほど高騰していた。大家族ではヒツジ一頭を売ってもわずか数日分の食糧にしかならなかった。現金を得るために出稼ぎに行きたくても、コロナ禍で観光地の仕事も首都の仕事もまったくなくなっていた。まさに八方塞がりであった。

それでも人びとは、なんとか家畜の命をつなごうと、これまで購入したことのなかった乾燥牧草や飼料を購入したりもした。ヒツジにはキャベツを買って刻んで与えたそうである。しかし、人間の食糧さえままならないなか、これを継続することは難しかった。

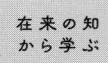

この土地はこの時点では「共有地」だが、数年以内に分割・私有化されることが決定している

壊滅的な被害

「神はいないのではないか」と誰もが感じ始めた頃、干ばつの終わりを告げる最初の雨が降った。二〇二三年の四月のことだった。私はその年の八月にコロナ禍を経て二年半ぶりにサンプルを訪問した。長く厳しい干ばつの果てに、私の友人、サイモンのウシは二〇頭が二頭に、ヒツジは九〇頭が二三頭になっていた。サイモンの隣に住む友人のナサワは地域で一番の家畜持ちだが、一二〇頭いたウシは二八頭に、六〇〇頭いたヒツジは一五〇頭になった。もうひとりの友人のスプコの被害はもっと大きかった。五〇頭のウシが二頭に、二〇〇頭のヒツジが二〇頭になってしまった。サイモン、ナサワ、スプコたちはみな五〇歳前後で、これまでに幾度も干ばつを経験してきたが、これほどの壊滅的な被害はなかった。スプコは、「われわれは、今回こそは本当に再起不能なほどにやられてしまった。もう一度立ち上がることなんてできないだろう」と弱音を吐いたそうである。

「ウシは何も悪くない」

この干ばつの後、「クライメイト・チェンジ」という言葉は彼らのあいだでも流行語となり、それは先進国によってもたらされていると多くの人が考えるようになっている。このような時代に空から降る雨にのみ依存しておこなう牧畜を人びとはこれからも変わらずに続けたいと考えているのだろうか。「家畜離れ」は起きていないのだろうか。干ばつが落ち着いた頃、私はあらためてサイモンとナサワに尋ねてみた。「今回の干ばつで、ウシに対する考え方に変化はありましたか」と。彼らの答えに迷いはなかった。「ウシは何も悪くない。彼らは野生動物ではない。ゾウのように雨が降るであろう場所を嗅ぎわけ、そこに移動することはできない。私たち人間が彼らを導いてやらねばならないのだ。つまり私たちは、彼らをうまく導けなかったので、多くのウシを失ってしまった。『どこそこに連れて行ってやれば死なすことはなかったのだろうか……』そういう後悔は常にある。しかし、干ばつで家畜群を失い、また時間をかけてたてなおしていく。これが人生というものだろう。」彼らのウシに対する価値は、簡単に変化するようなヤワなものではなかった。

農耕を始める牧畜民

そのように言うサイモンとナサワだったが、彼らは牧畜一本槍の生活に終止符をうち、二〇二三年九月、人生で初めて畑を始める決意をした。トラクターを所有する近隣の農耕民に依頼し、ふたりで四分の三エーカーを耕した。土煙をあげるトラクターを指さしてサイモンは私に言った。「よく見ろ、いまだかつて人類が耕したことのない土地が耕されるのを!」

家畜をこよなく愛し、畑には目もくれなかった誇り高き牧畜民のふたりが農耕を始める。これは確かに歴史的な事件だ。変化というのはこのように、状況に応じて生き抜こうとする人びとがつくりだすものなのだ。私は目を凝らしてトラクターの煙を見つめた。

その後、降雨に恵まれ、畑ではインゲンマメが一六〇キロ収穫でき、サイモンの生き残った二頭のウシはそれぞれ一頭の子ウシを産んだとスマホにメッセージが届いた。

学びの工夫

牧畜民マサイの子どもの日常

田 暁潔
Xiaojie Tian

学校

「パニャ！サーブを頼むぞ！あと二点！」

午後四時半ごろ、日差しの強い露天グラウンドに声が響く。教員と生徒の混じったバレーボールが白熱して、前衛の教員がサーブ担当の二年生に大声でエールを送っている。

ここは、ケニア南部にあるマサイの村の小学校である。共有地に建てられたこの小学校には四つの教室とオフィス、調理室からなる二棟の校舎がある。フェンスがないため、校庭は特に区切られておらず、一番近くにあるホームステッドまでの、五万平方メートルに及ぶ広大な草原がそれにあたる。グラウンドは特に整備されておらず、アカシアの低木が点在し、牧草地へ向かう家畜の群れが通ることもある。遠くまで見渡すと、サッカーをする男子がいて、石で作られたゴールに向かって懸命に走っている。隣の木陰では女子たちがままごとに夢中で、お喋りしながら家づくりや掃除の支度をしている。バレーボールを観戦する生徒たちは、応援歌を大声で叫び、指や小枝で砂地に設けた試合場の境界線を何度も書き直した。パニャは真面目な顔でボールを掲げ、ネットの高さを測りながら力強くサーブを打った。結局、この試合は最後に二本のサーブが立て続けに決まって終了した。

仕事と遊び

「パニャ！搾乳は終わった？チャイを作るから、水と薪を持ってこい！」

家に戻ったパニャはすぐ着替えをし、きょうだいと一緒にヤギ・ヒツジの搾乳に取りかかった。中学校から帰った姉が、家族全員分のチャイと夕飯の支度を素早くしつつ、年下のきょうだいに家事を命じる。マサイ社会では、家事と牧畜は歩けるようになった子どもの日課である。家事は普通、母親の指示を受けるが、母親が家にいない場合、年長の子どもの指示に従うのだ。パニャはコップいっぱいの乳を年下の従兄弟に渡し、姉へ持って行くよう命じた。水と薪を取ってキッチンへ向かった後、二歳年上の兄と一緒に家の近くにある丘に登って、ヤギ・ヒツジの群れを見守り、遠くへ移動しないように家の方向へ追い払う作業を日が暮れるまで繰り返した。その合間に、木登りや放牧用の杖作り、杖を高く・遠く投げる競争、そして棘だらけの灌木を跳び越えるなど、気が済むまで遊んでいた。夕方、七時半になると、パニャは兄と一緒にヤギ・ヒツジの幼獣と成獣を分離させた。それぞれの囲いへ誘導した後、二人は鉈《なた》を持って再び丘に戻る。彼らは一本の木に登り、それぞれ片手で握りやすい枝を一本切り取った。三〇センチほど削ったら樹皮を剥き、両端を石で磨いてからさらに、牧童の仲間からもらった紙ヤスリを用いて滑らかになるまで丁寧に研磨する。その後、枝をキッチンで火に当てながら曲がった部分を手で曲げて真っ直ぐにし、ガラス片ではみ出た節を削り、全体をさらに紙ヤスリで平滑に磨き上げた。明日の学校で使うリレー棒の完成だ。

学校と家をつなぐ知識と工夫

「*olporokuai*だから、スマートな棒で勝負できるんだ！」

二〇二四年一月に、三年ぶりにパニャの家族と再会し、彼の小学校も訪問した。学校では授業を終えた午後三時ごろから下校する五時まで、生徒らは校庭で遊びに時間を費やしていた。これまでの調査で見てきた試験対策中心の学校生活から一変した風景である。教頭先生の話によれば、それは、「スポーツと部活動の時

MY FIELD

東アフリカの遊牧民マサイ

マサイはケニア南部とタンザニア北部のサバンナで暮らす牧畜民である。近代化が進むなか、マサイの人々はウシ・ヒツジ・ヤギの牧畜を継続しながら多様な経済活動を展開し、子どもの学校教育にも力を入れている。子どもたちは学校に通いながらも、生業の後継者として、大人と協力しあう関係の中で放牧や薪採集などの家事を日常的に行っている。

間」であって、その徹底的な実施は、「能力ベースの教育カリキュラム」といった二〇一七年から推進された全国規模の教育改革に沿ったものだという。村ではこの方針に合わせた教員養成や設備の補充などがなかった状態でスタートし、現在も試行錯誤中である。教員の悩みと対照的に生徒との会話では、これが学校で一番楽しい学びの時間と捉える子が多かった。彼らは設備や道具などの問題をあげる一方、自らの「工夫」で充実した楽しい学びの時間が作れることが伝わってきた。その話を聞きながら、冒頭で観察した校庭での遊びや、パニャきょうだいの家事と遊びの様子を思い出す。設備や道具の不足した校庭での遊びは、その場にあるものを創造的に利用することから成り立っている。パニャたちはリレー棒を作るのに、放牧杖を作るのに良いとされる *olporokuai* の木を選んだ。この木は棘がないほか、形を整えやすく、変形しにくいからだそうだ。生徒たちの「工夫」とは、彼らがうまく分担して学校と牧畜生活を両立させているというだけでなく、日常の遊びと家事で蓄積された在来知識を学校で生かしている点にもいえる、と理解すべきだろう。この二点がこれから教育カリキュラムの中でどのようにして取り組まれていくのか、気になるばかりである。

教員と生徒が混じったバレーボールの試合

田原 範子
Noriko Tawara

シルバーフィッシュを天日干しする人びと

在来の知から学ぶ

トランスボーダーたちのアジール

断崖の下の湖岸の暮らし

アフリカ大湖地域

ウガンダ共和国の首都カンパラから北東のホイマへ約二五〇キロメートル、そこから傾斜のきつい道を滑るようにして断崖を降りていくと、太陽の光に輝くアルバート湖が見えてくる。湖面の向こうにはコンゴ民主共和国側にあるブルーマウンテンがそびえている。この湖を渡ろうとするバッタの大群が、渡り切れずにそのまま水中に落ちていくことがある。それに由来してアルル語でウネクボニョ、グング語でムウィタンジゲ、「バッタを殺す場所」と呼ばれている。

アフリカ大湖地域ではコンゴ動乱（一九六〇−六五年）、ルワンダ紛争（一九九〇−九四年）、コンゴ内戦（一九九八−二〇〇二年）などが起きた。家を失い故郷を追われた人びとは、湖のもつ自然――水、魚、草――にひきよせられて、湖岸での生活を始めた。おもに漁労と牧畜を営む人びとが暮らしている。

月と風と雨

漁民の生活は月と共にある。漁民は言う。

月が出て三夜が過ぎ、天の中央で強く輝くようになり、満月になると、ティラピアやタイガーフィッシュは姿を消す。月が丘の方へ降り始めて三日たつと、これらの魚たちは姿をあらわす。

月が夜中に空に長くとどまるようになると、シルバーフィッシュは捕れなくなる。その一週間は、月の光が私たちに休息を与えてくれているのだ。

ボートで湖に漕ぎ出すと、見渡すばかり水平線だけだ。方向を教えてくれるのは風である。「風があると、自分がどこへ行くのかわかる。湖上のボートで寝てしまっても、目が覚めれば、風を感じて、方向を知る」。スワシは南西から吹いてくる。もうすぐ雨が来ると告げる風で、力がある。その力でボートが転覆させられることもあるので用心する。スワシが左肩に後ろから当たっていれば、ボートは北に向かっていることがわかる。北から吹いてくる風はンダウェだ。乾燥した力のある風で、この風が吹いていれば雨が降ることはない。北東から吹くのは冷たい風カバディだ。魚を運んでくる風である。この風が吹くと漁民たちは起き上がり、漁に出る。漁の最中でも風の音とその変化に気をつける。湖面に渦が現れれば、風が変化しているということだ。

風は雨を呼び、雨は魚を運んでくる。激しい雨が降れば、水面は温かく、湖底は冷たくなり、魚は湖面に上がって来るので、チャンスを逃してはいけない。風、月、雨、太陽や月の動きを読み解く術は、漁労には必須である。こうした経験を積んだ漁民は「今週は魚の気配がある。とりわけナイルパーチだ」と感じることができる。

岸辺の仕事アビシャムカニ

ボートが戻ってくるのを、たらいを抱えた人びとが岸辺で待ち構えている。魚をいち早く手に入れて加工し、マーケットで売るためだ。こうした日常生活圏内で自律的に行う仕事はアビシャムカニと呼ばれる。「私が食べる場所」という意味のアルル語だ。

赤道直下、電気のない岸辺で魚を保存するために、加工方法がいろいろと工夫されている。三〇センチを超えるナイルパーチ、ティラピア、ナマズなどは、二枚に開いて塩を馴染ませ天日干しにする。手作りのオーブンで薪を使って燻製にすることもある。最もおいしいとされる二〇センチ程度のタイガーフィッシュは、身に一本の切れ目を入れて燻製にする。一メートルほどあるイエローフィッシュなどは、厚い身を切り分けて、薄く切り開いて天日干しにする。小さなシルバーフィッシュは、天日干しにしたり、素揚げしたりする。

MY FIELD

アフリカ中央部アルバート湖岸の人びと

漁労・牧畜・農業などの異なる生業を営みながら多様な民族が共に暮らしている。教会では、牧師や神父と共に通訳が並び立ち、グング語とアルル語でサービスが行われる。会議や法廷では、グング語、アルル語に加えて、ガンダ語、ニョロ語、スワヒリ語などが飛び交う。村人たちが通訳し合うが、時には「ちゃんと訳してないぞ!」とやじが飛ぶこともある。

こうして忙しく働く人びとの横を、牛たちが朝と夕方には一列になって通り過ぎていく。牧畜民たちの牛たちが、水を飲むために断崖から岸辺へ降りてくるのだ。牧畜民たちは早朝に搾乳し、ミルクをペットボトルに入れて、岸辺の家を歩いて回り、コップで量り売りをする。人びとの朝ごはんのチャイにミルクは欠かせない。この仕事もまたアビシャムカニと呼ばれる。

境界を越えるモビリティ

この岸辺は、ウガンダ領域内にありながらもコンゴ民主共和国出身の人びとが住人の過半数を占めている。また、かつてニョロ人が統治したニョロ王国の領域にあるが、住人の大半はアルル人である。ここは、国境や民族の境界を超えた多様な人びと、トランスボーダーたちがモビリティを駆使しながら暮らす場である。権力や権威にとらわれる事を避けて、自由と安全を求め、自らの力で生きようとする人たちが暮らすアジールである。

いつも二人で

海と向き合った夫婦の六〇年

渡部鮎美
Ayumi Watanabe

漁港の真ん前の民宿で話を聞く

九州の最西端、長崎県五島列島の南西に位置する福江島。その島の西の果てに玉之浦という漁業集落がある。玉之浦は沿岸八〇キロメートルにおよぶ入り組んだリアス海岸の玉之浦湾に臨み、背後は東シナ海に面した断崖の続く地形に囲まれている。

　私は三年前から漁師の柿森さんが奥さんと経営している民宿に泊まり、漁業の調査をしている。漁港の真ん前にあるという理由で選んだ宿だったが、柿森さん夫妻は九州から北海道まで広まった五島式定置網の生みの親でもあった。もともと農業の研究をしていた私はブリとヒラマサの区別もつかなかったが、柿森さんの船に乗せてもらい、民宿で奥さんの魚料理をいただきながら、地域の漁業のことを教わっている。

嫁に来たら、とんでもなかった

　柿森さんは小学生のころから家族の漁を手伝い、中学卒業後は飯炊きとして玉之浦の漁船に乗り、韓国の済州島や鹿児島県のトカラ列島に出漁するカジキ突きん棒漁に従事した。柿森さんの奥さんは同じ五島列島だが、玉之浦から遠く離れた島で生まれ育った。奥さんが嫁いで来たら、家は漁師が使っていた納屋で畳などもなく、生活ができる場所ではなかったというから驚きだ。実家ではイワシみたいな小さい魚を煮干しにしていたのに、嫁ぎ先ではブリのような大きい魚をさばくようになるなど、生活も大きく変わった。

　新婚生活が始まると、柿森さんは漁の人手がないことから、奥さんと二人で漁に出た。奥さんは朝ごはんも食べないうちに柿森さんに船に乗せられ、慣れない

五島式定置網の網上げの様子

漁の手伝いを任せられた。最初のうちは船酔いもした。それでもお腹は空いていたので持ってきたパンを食べていたら、吐いても食べていると柿森さんに笑われた。妊娠してお腹が大きくなって、船でバランスを崩して転ぶと、柿森さんは心配して駆け寄るどころか笑っていた。そんな柿森さんの姿を見て、奥さんは泣くのではなく、負けるものかと思ったのだから、かなわない。そして、当時を思い出して「漁師のかあちゃんは強くないとね」と付け加えた。柿森さんも、奥さんと一緒に船に乗っていたころを振り返り、「かあちゃんは、そこら辺の若いヤツより覚えも良かったし、根性があった」と話した。

寝る間もなかった釣り漁

柿森さん夫妻が新婚のころ、玉之浦の一本釣り漁は生活をするのも、やっとという零細経営だった。柿森さん夫妻は釣りのエサを獲って釣りに出て、少し寝たら、またエサを獲りに出てという生活で、一日二、三時間しか寝られなかった。

一九六七年になると、玉之浦では十戸がタイ養殖を始めた。次第に養殖する魚の種類も増えて最盛期には四〇戸が魚類養殖に携わった。柿森さん夫妻も一九六〇年代後半に釣り漁をやめ、魚類養殖業と定置網漁をするようになった。すると深夜の作業がなくなり、「夜、寝られて良かったね」と話すほど生活が変わった。

中古の網から生まれた五島式定置網

江戸時代から続く玉之浦の定置網漁は十数人で網を持ち上げる大型の定置網が主流だった。柿森さん夫妻は零細な一本釣り漁から脱却すべく、養殖業とともに定置網漁にも取り組もうとした。ところが、網の持ち手を雇うお金もなかったため、自分たち二人だけで持ち上げられるように定置網を改良することを考えた。

ちょうど、そのとき、柿森さん夫妻が住んでいた納屋の風呂には古い定置網が置いてあった。柿森さんはその網をほぐして縫い直し、小型の定置網を作った。網を解体して仕立て直すことで定置網の構造の理解も進み、一九七三年、ついに底建網両金箱方式の改良式定置網（通称、五島式定置網）が完成した。

五島式定置網の成功

開発当初、五島式定置網は生活を支えるほど魚が入らず、柿森さん夫妻も苦労が続いた。しかし、二年後に一回の漁で二五〇〇匹のブリが網に入る大漁となった。その後、柿森さんは新しい網を買い、製網会社の協力を得て、網のつなぎ目をチャック式にするなどの改良をした。一方、柿森さん夫妻も参入していた玉之浦の魚類養殖業は一九八九年以降、生産過剰による養殖魚の価格急落の影響を受けて経営難に陥り、多くの漁家が養殖業から撤退する。このとき、五島式定置網は養殖業に代わって地域の漁家の生活を支えた。

柿森さん夫妻は漁業で生きていくという信念を持ち、新しい情報を得ては試行錯誤を続け、地域の環境に合わせた漁法を生み出し、鍛錬してきた。漁業で生活するのが難しくなるような時期は幾度も訪れたが、それでも六〇年間、地域を離れず、海と向き合ってきたのだ。

この話を聞いた当時の私は柿森さん夫妻とは正反対に職場を転々とする生活をしていた。非正規雇用の研究者だった私は二、三年おきに新しい職場に移らねばならず、次の職場にこそ希望があると信じていた。柿森さん夫妻に教わったのは地域の漁業のことだけではなく、そんな私の生き方を見直すことでもあった。

MY FIELD

長崎県五島市玉之浦の漁師たち

玉之浦は1950年代後半まで東シナ海や済州島付近に向かう遠洋漁業の出漁基地として栄えた。その後、玉之浦湾内での真珠や魚類の養殖で一大産地となるも、養殖業の衰退により、地域の人口は減少。令和5年現在では1179人が暮らしている。写っているのは凄腕の漁師たち。

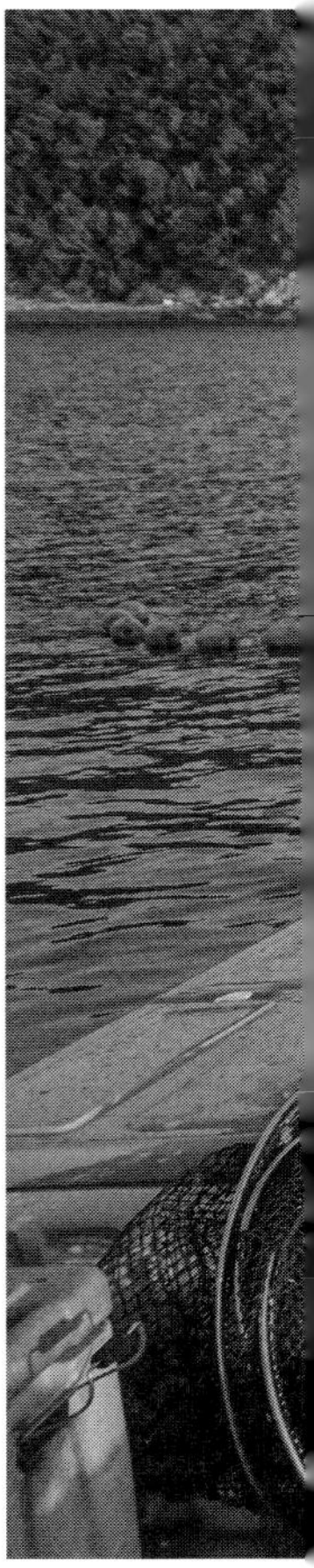

知識を分かちあう悦び

野生の思考といかに向きあうか

飯田卓
Taku Iida

MY FIELD

マダガスカル南西部の漁撈民ヴェズ

マダガスカル島南西部の乾燥地域では、作物の実りが安定しないため、多くのヴェズは農耕より漁撈に強く依存している。漁具を作るための金属製釣針やナイロン糸は手に入るが、漁具メーカーの売りこみはない。漁撈だけでなく漁具作りでも、ヴェズ漁師の創意工夫は存分に発揮される。

潮騒と暮らし

潮が満ちてくると、上げ潮に乗って漁船が帰ってくる。ヴェズの漁船のほとんどは、二〇二〇年代の現在も無動力である。無動力船が帰漁するのに、上げ潮は都合がよい。波が後ろから近づいてきたとき、櫂を漕ぐ手に少し力を入れて助走をつければ、サーフィンのように波に乗ることができる。人や漁獲を載せた重い船のことだから、一〇メートルも進めば波が船を追い越してしまう。しかし、こうした波との戯れは、漁の疲れを癒してくれる。

調査を始めて間がなく、言葉があまり通じなかったとき、わたしの日課のひとつは漁師と漁に出ることだった。漁に出ないとき、とくに干満差の大きな大潮のときには、漁に出なかった女性や老人たちとともに潮が満ちるのを待つ。遅い昼食のために魚を漁師から買ったり、めずらしい魚の写真を撮って魚名を記録したりするのが、陸でのわたしの日課だった。大潮の干潮時は汀線が一キロメートルほども退き、村では潮騒がもはや聞こえず、深夜よりも静かではないかと思うほどだ。浜から家が離れた人たちは、潮が満ちてきたかどうかを、通りかかる人によく尋ねる。潮が満ちれば、潮騒とともに漁師たちの声が戻り、魚を買いつける人や水揚げを手伝う女性たちで賑わい、村はにわかに活気づく。それほど、潮の動きは人びとの生活にとって重要だ。

図鑑に興じる海の民

マダガスカルの海辺に住む人たちを理解するうえで、わたしは、さまざまな知識を手がかりとしてきた。潮の干満についての知識も、そうした知識のひとつである。潮の干満を見たことのある読者ならば、ここまでのくだりをさほどつまずかずに読まれたことだろう。しかし、時間の経過（正しくは月の運行）とともに潮位が変わるという現象は、海を見たことのない人たちにとって自明ではない。数十キロメートルほど内陸の村から来た人たちが、遠ざかったり近づいたりする汀線を見て驚いているのを、わたしも逆に驚いて見た経験がある。漁師たちと内陸の人たちはほとんど同じ言葉をしゃべっていたが、潮の干満という現象に関していえば、言葉の違うわたしの考えかたのほうが漁師に近かったのだ。

だからかもしれないが、漁師たちもわたしを邪魔者扱いせず、理解可能な他者として接してくれた。少なくとも、訪問を重ねるごとにその傾向が強くなった。若者たちはとくに、わたしに近づいてくるのが早かった。わたしが借りていた苫屋には『世界の海水魚』（山と渓谷社、一九八七年）という魚類図鑑があって、魚の同定の参考にしていたので、ある若者がそれを見つけてからというもの、苫屋にはひっきりなしに人が訪れてそれを眺めるようになった。おとなたちも来た。小さな子どもは遠慮していた。しかし年長者がその本を開くやいなや、子どもたちは住人に断りもなくいっせいに家に上がりこみ、年長者の背中や手元に群がって、日が暮れるまでそれを見つづけた。

海の民の自然認識

この本は、イラストでなく写真で構成されており、まだめずらしかった水中生態写真も用いて、魚の姿かたちを示していた。年長者がページをめくるたび、あらたな魚が目に飛びこんでくる。子どもたちは、その魚の名をヴェズ方言で唱えあげる。ほとんどの場合、子どもたちも魚を見誤ることはない。マダガスカルでみられない魚をみつけたときには、おとなたちが「この魚は〇〇の仲間だがここにはいない」と言って、わたしからみてきわめて正確な同定をするのだった。

潜り漁で仕留めたマダラエイ（*Taeniurops sp.*）を掲げて見せる少年

漁師の同定はわたしなどよりはるかに正確で、わたしのほうこそ漁師に同定のしかたを学んだといったほうがよい。もちろん、ハタ科の魚などは写真のみによる同定がむずかしく、背鰭の棘の数を数えなければ正確な同定ができない。しかしその情報を与えさえすれば、漁師のほうがはるかに手慣れた同定をおこなうのである。けっきょくわたしは、漁師に同定のしかたを教えたのではない。逆にわたしのほうが、漁師の情報を手がかりに自身の同定能力を身に着けたのである。漁師の同定が科学的だとわたしが言うことすらおこがましい。それに気づいて以来、わたしは認識人類学者を自称することをやめてしまった。

それから三〇年近くが経った。学術書や図鑑はそれほどこの地域で流通していないが、スマホを所持する若者は少しずつ増えている。そうしたあらたなメディアを手にして、彼らもまたあらたな知識を獲得するようになっている。地球がほんとうに丸いこととか、マダガスカルで正午を迎えたときに日本では日が暮れかかっていることとか、そうした「常識」を説明するようせがまれることがほとんどなくなった。それでも、われわれはあらたな情報に接し、その情報にもとづいてみずからの知識を更新しつづけている。

ゲル

建てたり、たたんだりできる家

在来の知から学ぶ

風戸 真理
Mari Kazato

写真1：都市のゲル、2014年9月
写真2：草原のゲル、2015年8月

2

ゲストハウス

フィールド調査に出かける時、あなたはどんな宿泊施設に泊まっていますか？

私はモンゴルの遊牧地域や首都ウランバートルで調査をすることが多く、遊牧地域では牧民家族のゲルに居候させてもらう。そしてウランバートルでは、近年はもっぱらゲストハウスに泊まっている。

ゲストハウスというのは共用部分がある宿泊施設で、欧米ではホステルとも呼ばれる。ホテルとは異なり、宿主や宿泊者どうしが雑談や情報交換などのコミュニケーションをすることが多い。私はいろいろなゲストハウスに宿泊して、観光業に従事するモンゴル人やモンゴルを旅する外国人たちと、共用のキッチンやリビングでおしゃべりをしてきた。

都市のゲル

私の近年の調査テーマは、モンゴルの移動式住居「ゲル」がどのように使われているのかと、モンゴルの観光業のあり方である。

ゲルというのは、遊牧民が家畜の食べる草を求めて季節移動する時に持ち運ぶことができる、組み立て式の白い天幕である（写真2）。主な材料は、骨組みとなる木材と、壁や天井となるフェルトシートである。遊牧民ならフェルトを自家製の羊毛で手作りすることもあるが、新品や中古のゲルセットも売られている。

私が調査しているゲストハウスにはゲル・ルームがある。そのゲストハウスはウランバートル中心部の便利な場所にあるが、そこは首都にあってもゲルを住まいとして暮らす人びとが集住する「ゲル地区」に位置しているのである（写真1）。ゲストハウスの施設は、コンクリート三階建てのビルと屋上に建てられたゲルとからなり、予約サイトで調べると「ツインルーム」などと並んで「テント」という変わった部屋が選べる。

建てたり、たたんだり

このゲストハウスには四つのゲルがある。これらを宿主らは自分たちで建て、ゲストハウスの客室として使うために改造したり、状況が変わると片付けたりしている。二〇一〇年代（コロナ前）にはゲストハウスの屋上にあたる三階に四つのゲルが建っていた。そのうち二つはドミトリーで、二つはプライベートなデラックスルームであった。

ドミトリーのゲルには、四つのベッドが壁に沿って並べられており、宿泊者はベッドを借りて、複数（組）の旅行者が一つのゲルを相部屋として利用していた。シャワーとトイレはゲルの外に共用のものがあった。他方で、デラックスルームとしてのゲルの中央にはキングサイズのベッドがおかれ、セパレート式のシャワー室とトイレが作り付けられていて豪華だった。

二〇二三年九月に私が訪ねた時、このゲストハウスは二年間のコロナ期を耐え抜いたところだったが、依然として客は少なかった。このため、一つのデラックスルームだけを利用し、他の三つのゲルはたたんで倉庫に保管していた。

ゲルの保管、ゲルの縮小

他方で、草原でゲルを住まいとする人びとも、複数のゲルを所有して、季節や家族の状況に応じて使い分けている。遊牧民も、定住地の倉庫に使っていないゲルを保管しているのである。

また、ゲルには一定の仕様があるが、居住者たちは家族の生活に合わせてゲルを改造している。その多くが、外見のよい大きなゲルを買って、住んでいるうちに実用的なサイズに縮小するというものである。草原であれば、季節移動の時に小さい自動車に積み込みやすいようにゲルの骨組みを切って縮小する。またゲルをどこに建てていても、大きなゲルは夏は涼しいが、冬には暖房の燃料が多く必要になるので縮小する、というものである。

伸縮自在性

このようにゲルの特徴は、建てたり、たたんだり、改造したり、サイズ変更したり、を住み手自身ができる点にある。また、ゲルは建築物ではあるけれども、常に土地を必要とするわけではなく、小さくたたんで長期保管することもできる。

そんなゲルの伸縮自在性は、モンゴル遊牧文化の象徴として世界から注目されており、観光業者はゲルという空間に滞在する体験を提供している。遊牧民が季節や家族の変化に対応してゲルの使い方を変えるように、ウランバートルの観光業者もゲルを建てたり、たたんだりしながら、コロナ期を乗り越えてきた。

著者近影。昔、草原ではどこへ行くのも馬でした

MY FIELD

モンゴル草原と都市のノマド

1993年からモンゴルの草原と都市でフィールドワーク。モンゴル人はよく移動する。遊牧民は家畜のための季節移動に加え、子どもの進学に合わせて引っ越す。買い物で中国、仕事で韓国、留学で日本やアメリカなどへ行く。そんな彼らは日頃から、動産・不動産をよく売買し、Facebookを通して空間を越えた情報にアクセスしている。

絶景に住む

「落伍者」たちが安住する山

市川 光雄
Mitsuo Ichikawa

アフリカの絶景

私が見た「アフリカの絶景」には、例えばザンベジ川の絶壁の上に虹を架けるビクトリア・フォールや、ナイルの水が轟音を立てて落ちるウガンダのマチソン・フォール、朝日に赤く染まったナミブ砂漠などがある。しかし、実際に暮らしたなかでもっとも感動を覚えたのはケニア北部のマシュウズ山脈の上から北方のサバンナを俯瞰したときである。今から半世紀近く前のことで、その頃私はドロボと称する山地民を相手に民族植物学的な調査をしていた。ドロボは周辺の牧畜民などから薬や毒に使う植物の専門家として知られていた。毎日、うっそうと茂る森の中で片端から植物を採集し、ドロボの人たちにそれらの名前や用途を聞いていた。午後はガブネと称する洞窟の中で集めた標本の整理をして、夜になるとドロボの民話などを聞きながらそこで眠った。視界の利かない森の中で暮らしていると気が滅入りそうになる。そういうときは、ドロボの人たちと連れ立って森の中から突き出た岩に登った。そこからは

ドロボの人たちと森の中から突き出た岩に登る。はるかエチオピアまでつづく広大なサバンナを見渡せる絶景だ

はるかエチオピアまでつづく広大なサバンナを見ることができた。眼下に茫洋と広がる平原を眺めながら、私たちは歴史や世界について語り合った。マシュウズ山脈北側のサバンナは牛牧民のサンブルやラクダ牧畜民のレンディーレの世界である。

ドロボとは

ドロボとはケニアからタンザニアにかけての山地に居住して狩猟採集を生業とする人びとの総称である。ひとつの民族としてのまとまりはなく、それぞれ固有の民族名と言語をもつ集団からなっている。西ケニアで農牧民ナンデと関係が深いオキエク、ケニアのナンユキの西側に住み、牧畜民ボラナに近縁な言語を話すムコゴド、マシュウズ山脈に住み、牧畜民ライキピアの末裔が多いスエイなどである。なぜ、異なる言語を話し、遠く隔たった場所に住むこれらの集団がドロボと呼ばれるのか？一説によると、その語源はマサイ語系の言葉で「短い、もしくは不足している」ことを意味する「dorop」だということである。つまり、この人びとは、マサイ系の牧畜民が「標準」とする生き方をしていない、何かが欠けている人びとだというわけである。周辺の牧畜民に言わせれば、彼らは、家畜をもたない貧乏な人びとであり、生計のために狩猟と採集、そして養蜂を営んでいる。また、周辺の牧畜民がけっして口にしないシマウマやイボイノシシなどの「汚い」動物を食べ、牧畜民が嫌う手工芸、とくに土をいじる土器製作に携わる。さらに、牧畜民が重視する外婚制や父方居住制を守らない。要するに、マサイやサンブルなどの牧畜民が「恥ずべきこと」と考える状態に陥っている人びとだというのである。

MY FIELD

ケニア サンブル地区スエイ・ドロボ

ドロボの起源については諸説があるが、マシュウズ山脈スエイ・ドロボには、ライキピアなどの牧畜民の出自を主張する者が多い。主に狩猟採集や養蜂、土器や木工品の製作、それに小家畜の飼養などによって生計を立てている。

「落伍者」の自由

スエイの人たちに聞いてみると、彼らの祖先もかつては家畜をもつ牧畜民だったと主張する。東アフリカの牧畜民は、誇り高く勇敢で、非妥協的なことで有名であるが、その牧畜文化を発展させる過程で多くの落後者を生み出してきた。一九世紀には激しい民族間戦争がおきた。西欧の植民者によって放牧地から締め出された牧畜民も多い。家畜の略奪や、たびたび襲った旱魃、疫病の流行などによって、回復不可能なまでに家畜群に打撃を被った人びとも少なくない。こうした過程で、ライキピアなどのいくつかの牧畜民の集団が壊滅した。サバンナの草原は家畜を持たない人びとにとってはあまり価値がない。家畜を失った人びとは、山の中に入って狩猟採集や養蜂によって生計を立てなければならなかった。ドロボの社会は、このように周辺の牧畜民から「落ちこぼれた」人びとを吸収してきた。私が調査したスエイ・ドロボのキャンプには、トゥルカナやサンブルなどさまざまな民族的背景をもつ人びとが混住していたが、中心となっていたのはかつてこの地域の南方で生活していた牧畜民ライキピアの末裔たちだった。

家畜を失った人びとは、何かにつけて「男らしさ」を強調し、「体面」を重んじるアフリカの牧畜民特有の誇りを失ったかもしれない。しかし、裏を返せばそれは、偏狭で妥協を許さない価値観をもつ牧畜文化の固い鎧を脱いで、いくぶんかは柔軟な生身の人間に戻ったということではないか？彼らは、下界の牧畜民の牛群を見てときに羨望を覚えるかもしれないが、同時にまた、その管理と維持に煩わされることもない。家畜の略奪を狙う他集団を恐れる必要もない。人間の富に対する欲望と心の平安を両立させるのは難しい。ならば、敵の来ない山の中で気楽に生活するのも「あり」ではないか。彼らはどう思っているのだろう。

末原 達郎 Tatsuro Suehara

1951年生まれ。京都大学・龍谷大学名誉教授。非市場経済の視点から、農業の発展と社会組織の変化について調べている。主著に『赤道アフリカの食糧生産』(1990年)、『人間にとって農業とは何か』(2004年)、編著に『アフリカから農を問い直す』(2023年)など。

服部 志帆 Shiho Hattori

1977年生まれ。天理大学准教授。人と動植物との関わりに関心を持ち、動植物に関する民俗知識や民間医療、狩猟活動などの研究を行っている。カメルーンのほか、屋久島や種子島、香川など日本各地をフィールドとしている。主著に、『病む・癒す』(生態人類学は挑む SESSION 3、2021年、分担執筆)など。

生駒 美樹 Miki Ikoma

1981年生まれ。東京外国語大学講師。ミャンマーの山間部で茶生産を生業とするタアン(パラウン)人の生産者間関係に興味を持ち、負債を通して結ばれる人々の関係について文化人類学的視座から研究している。主著に『関わる・認める』(生態人類学は挑む SESSION 5、2022年、分担執筆)など。

黒崎 龍悟 Ryugo Kurosaki

1977年生まれ。高崎経済大学准教授。タンザニアでの農村開発にかかわったことをきっかけに草の根の自然エネルギー利用や資源の循環型利用に関心をもつ。最近では水車を調べにいろいろなところに出かけている。主な著書に『地域水力を考える:日本とアフリカの農村から』(2021年、共編著)など。

石井 花織 Kaori Ishii

1991年生まれ。東北大学助教。人々が環境汚染に対処しようとするときの主体間の交渉や、リスクの認識に関心があり、アラスカや日本で調査を行っている。学位論文の題目は、「遠隔地の廃棄物問題と人間の安全保障:アラスカの広域処理事業にみる希望」。

風間 計博 Kazuhiro Kazama

1964年生まれ。京都大学大学院教授。生態学を学んでいたが、いつのまにか文化人類学に転向していた。厳しい環境下の環礁で住民の平等性や集団性を研究した後、リン鉱石採掘のため隆起サンゴ島を追われた人びとの記憶と感情の関係について追究してきた。主著に『強制移住と怒りの民族誌:バナバ人の歴史記憶・政治闘争・エスニシティ』(2022年)など。

孫 暁剛 Xiaogang Sun

1973年生まれ。静岡県立大学准教授。遊牧民・家畜・乾燥生態系の関係に注目して遊牧生業の持続性を研究する一方、自然災害や定住化や開発援助による遊牧社会の影響にも注目している。最近は熱帯高山の水環境の変化に対する地域住民の対応も調査している。主著に『遊牧と定住の人類学:ケニア・レンディーレ社会の持続と変容』(2012年)など。

PART 9

経済原理の違いに心打たれる

分与と平等の社会

フィールドでは、資源やお金をめぐる人々の考え方に驚かされる。とくに、近代世界の影響が相対的に小さい社会に共通する、分かち合いと平等主義は、競争と格差が当然のこと、いや経済学の理論とさえなっている「先進」地域に育った者にとっては衝撃的だ。フィールドに暮らしてみると、わたしたちがいかに奇妙な存在であるかが、思い知らされる。
でもそれは、限られた自然、限られた資源、だから分かち合うのが当然というような、お題目ではない。人は生き物。どこかで自分や血を分けた者が「生き残る」ために動いてしまう。それをいかにコントロールするのか、というのがフィールドでの常識なのだ。

北西 功一
Koichi Kitanishi

1965年生まれ。山口大学教授。アフリカ熱帯雨林地域に居住する狩猟採集民の食料獲得のための活動とその結果得られた食料をどのように分配するのかを調査することで、食物分配が彼らの社会において持つ意味や所有に対する彼ら特有の考え方について明らかにしようとしている。主著に『森棲みの生態誌』(2010年、共編)など。

下山 花
Hana Shimoyama

1993年生まれ。日本学術振興会特別研究員PD。アフリカの在来作物や調理法、食の嗜好に関心をもち、主食作物の異なる農村で現地調査をおこない、アフリカ食文化の特色を研究している。主著に「エンセーテ農業と種子農業の共存する地域の食事文化：エチオピア南西部ガモ高地の主要作物の加工調理と食事行動に着目して」(『農耕の技術と文化』30、2021年)など。

調理風景（鍋の上の容器に盛られたキャッサバとプランテンバナナは分配されるもの）

経済原理の違いに心打たれる

服部 志帆
Shiho Hattori

平等主義を支える意志

バカの分配と他者の受容

夕暮れの風景

夕暮れ時、狩猟採集民バカの集落は森や畑から帰ってきた住人たちでいっぱいになり、一日のうちで最も活気に満ちた時間となる。焚き木の採集や水くみなど家族で夜を迎える準備がすすめられるなか、森や畑から持ち帰った収穫物が隣近所に分配される。仕事帰りで疲れた母親たちの代わりに子どもたちは、プランテンバナナやキャッサバを集落内の家々に配り歩く。季節によっては、掻い出し漁で得た水産物や野生のヤマノイモ、ハチミツなどが分配される。男が狩猟で野生動物を捕獲した場合は、解体された野生動物の肉片がクズウコンの葉の上に載せられて届けられる。食材はいったん分配された後、女たちによって調理され、ふたたび料理となって各家庭に分配される。

調査を始めたばかりの私は、バカの分配行為が不思議でならなかった。バカは日々の食料を自らの手で獲得しており、それぞれが毎日森や畑で得るものは、ほとんど同じ内容である。そのため、分配するものも分配されるものも同じものになることが少なくない。これは、自分のお弁当に入っていたミートボールと友人のお弁当に入っていた卵焼きを交換してきた自分には、とうてい共感しえないものであった。日本で生まれ育った私は、自分が持っているものと同じものを分かち合うというバカの行為に対して、素直に合理性を見出すことができなかったのである。

私にむけて始まった分配

　感覚的な理解が追い付かないなか、分配に関して私を悩ませることが出てきた。夕食の分配が私に対しても行われるようになったのである。日が落ちて森に囲まれる集落が暗闇に包まれるころ、ある老女が小さなプラスチック製のお皿に茹でたプランテンバナナ三本を載せて持ってきてくれた。ありがたく頂戴し、翌朝にお皿を返した。すると、次の日は新たに別の女性二人がそれぞれに料理を持ってきてくれた。なんとかこれらを食べ、翌朝にお皿を返した。そしてこの日、夕飯時に驚くことが起こった。一〇人の女性がそれぞれに料理を持ってきたのである。これは、調査集落の八割の世帯にある。とても食べられる量ではなく、だからといって捨てることもできない。机の上に一〇枚のお皿を並べて途方に暮れた。そこで私が考えたのが、一番にもってきてくれた人の料理をいただきあとの料理はくれた人に返すという方法であった。

　私は料理を持ってきてくれたバカの家を訪ね、つたないバカ語でお礼を伝え、たくさん食べられないから最初に届いた料理のみを食べると伝えて回った。この時、それぞれの家では家族が焚き火を囲んで座っており、私が考えを伝えると、家中にがっかりしたようなしらけた雰囲気が流れた。翌日も、集落のバカはなんだかよそよそしく、私は一日中居心地の悪さを感じて過ごした。沈んだ気持ちで夕暮れを迎え、せわしない集落の風景をぼんやりと眺めていると、一人また一人と料理を持って私の家に向かってくるではないか。私は最初、私の下手なバカ語のせいで、前日と同じことが起こっていると考えた。しかし、集落のなかでバカたちが同じ内容の収穫物やそれで作った料理を分配し合う姿を思い出し、彼らが他者と食べ物を分かち合うということに並々ならぬ思い入れを持っていることを思い出した。そして、同じ現象が起こったのは、私の言語能力の問題というよりも、バカが他者とともに生きる方法、分配を通じて私を集団のなかに受け入れようという意志を貫こうとしているからではないかと思うようになった。

MY FIELD

カメルーン東部州の狩猟採集民バカ

バカは中央アフリカの熱帯雨林に暮らす「ピグミー」の一集団である。ピグミーは、森に強く依存した生活スタイルや歌と踊りを中核とした文化、集団のなかにヘッドを作らない平等主義などの文化的特徴をもっている。バカは他のピグミーと比べて、定住化や農耕化が進んでいるが、歌と踊りの儀礼や薬用植物に関する知識などが充実している。

平等主義社会へのアプローチ

　調査村のバカが彼らなりの方法で私を集団に受け入れようとしてくれたのに対し、私は分配の意図をうまくくみ取れなかったのである。くみ取れないだけではなく、日本では特別な意味を持つ「一番」を基準に、二番目以降に持ってこられた料理を返す方法を提案し、集団のなかに突出した存在を作らない平等主義社会のなかに不協和音を響かせようともしていた。私の自文化中心的で配慮に欠ける方法は、バカにとって受け入れにくいものであったに違いない。このことは、人類学者としてバカの社会について研究し始めた私にとって、自文化の強固な殻の存在と人類学者の卵として自分の未熟さを痛感する出来事となった。これ以降、私は夕飯時にとどいたすべてのお皿から少しずついただいて、余ったものを全員に同じように返し、集団のなかに波風をたてないように気を配るようになった。お弁当をたとえにするならば、ミートボールとミートボールを交換する意味を感覚的に理解するまでにはいたっていないが、バカとの直接的なやり取りを通して彼らの文化を根底から支えるものを探求し続けている。

経済原理の違いに心打たれる

食料・水・エネルギー

下宿をすることで経済原理がわかる

返礼としたヤギは屠られ22のリネージに平等に分配された

末原 達郎
Tatsuro Suehara

村で生活すること

フィールドワークで心配なのは、どこに住んで何を食べるのか、である。わたしは、まず、村の中に住み込むことで、アフリカ農業の研究を開始した。しかし、いったいどうすればいいのか。アフリカ研究の先達たちは、わたしを、街道に沿った一集落に落として立ち去っていった。そして、次に来るのは三か月後で、その時まで一人で頑張れというのだ。しかたなく、定期市の立つ街道沿いの集落の土壁のホテルに滞在して、これから住み込もうとする集落を探し求めて、毎日歩き回った。

行きは四、五時間もの登り坂、帰りは二時間の下り道であった。街道沿いの集落では、なんでも現金で買うことができた。水も、ウガリも、都市からもたらされた瓶ビールですら、手に入った。

しかし、いったん滞在できる山の上の集落に引っ越すと、すべてが違っていた。現金では、何も買えないのだ。薪やキャッサバや水でさえ、お金を出しても手に入らなかった。困惑しているわたしに、集落の長は滞在の許可を出すとともに、集落を構成する二二のリネージに、各リネージが一週間ごとに順繰りに、毎日、薪とウガリの粉と二〇リットルの水を届けてくれることを決めてくれた。こうしてわたしは、集落の一員として位置づけられたことになった。リネージによっては、メンバーが二〇人を超えるリネージもあれば、四、五人のメンバーしかいないリネージもある。大きなリネージも小さなリネージも、各リネージが責任をもって、わたしに食料と水とエネルギーを提供してくれた。人間が生きるのに必要なものは、市場（マーケット）を通してではなく、村人からの贈与もしくは分配という方法で、与えられたのであった。その村「ムニャンジロ村」に住むことを許され、村人からの分与によって、わたしは生きることが可能になったのである。

わたしはその後、この村の農業や食料や社会の仕組みについて分析を進めていくが、この村での最初の体験が、研究の基盤となった。この社会では、贈与と相互扶助の原則によって社会システムが出来あがっていたのである。それは、わたしたちのなじんだ市場経済の社会ではなく、等価交換を原則とする社会でもない。

贈与・分与・互酬の世界

わたしはこれらの贈与に対し、どう返礼したらいいのか、迷ってしまった。そこで、簡単なケガの治療や病気の治療をすることにした。医師ではないので、ケガをした人にヨーチンで消毒したり、胃腸薬を与えたりという程度で、何もできなかった。村から引き上げる日に、何か返礼をしたいと村人たちに尋ねると、ヤギを一頭贈ってほしいということであった。そこで、ヤギを一頭手に入れ、別れの日に村人たちに贈った。村人たちはその場でヤギを屠り、その肉片のすべてを、村人全員の目の前で二二等分した。それは、わたしに水と食料と薪とを毎日届けてくれた二二のリネージに相当するものだった。ヤギの肉は、実に見事に等分され、すべてのリネージに分配されていった。もちろん人数の多いリネージの成員にはごくわずかの肉片しか手に入らなかっただろう。人数の少ないリネージの成員は、それ相応の肉片にありつくことができた。こうした贈与と分配における平等性の見事さと、それを支える互酬性の原理が、この社会には徹底していることが分かった。振り返ってみれば、その村のメンバーにしてもらえることさえできたなら、水も食料もエネルギーも、何も心配することがなかったのである。もちろん、贅沢はできないが、最低限の保証はしてくれた。日本に帰っても、こうした社会の在り方から、わたしたち自身の社会の在り方と、その不完全性を反省せざるをえなかった。

MY FIELD

ザイール(現在のコンゴ民主共和国)に住むテンボ

アフリカ大地溝帯の西側、高度3300mのカフジ山を主峰とするミトゥンバ山脈の高度1000mから1800mにかけての山麓地帯で、森林を伐採して造成した焼畑でキャッサバ、トウモロコシ、モロコシ、バナナなどの作物を混作栽培して暮らしている。

まとまったおカネの使い道

貯蓄と消費、投資の変容誌

経済原理の違いに心打たれる

黒崎 龍悟
Ryugo Kurosaki

家賃代わりの日用品

ニャサ湖を西に望むタンザニア南部の山岳地帯には、マテンゴと呼ばれる人びとが住んでいる。独特の在来農法による食物生産と現金収入源となるコーヒー栽培によって生活を営んできた。

　私はそのような人たちの社会に入り込み、ホストファミリーの家の部屋を間借りするかたちで住み込んで調査をおこなっていた。住み込むにあたっての約束ごとは、家賃は払わず、その代わりに日用品の購入費用を手助けすることだった。石鹸や砂糖、調理油、副食、主食になる穀物の製粉代、ランプに使う灯油などがそれだった。おおよそ一週間に一～二度ぐらいの頻度でそれらをまかなうためのおカネを家の母に渡していた。

　調査が忙しくなった頃、私はたびたびおカネを渡すのが少し手間だと感じるようになっていた。そこである日、私はそれまで渡していたおカネの一〇倍近くを一度に渡したのだった。私が忘れて、母から催促させるような状況になるのは申し訳ないという気持ちもあったのだと思う。すると、いつもは柔和な彼女の顔はにわかにこわばり、沈黙したが、その時はそのままおカネを受け取り、また家事へと戻っていった。母の対応に違和感はあったものの、とりあえず渡せたということで、半ば安心して私はまた調査を続けたのだった。

人びとはおさないころから家畜の世話にたずさわる

家にヒツジがやってきた

それから四～五日のうちに家にはヒツジが一頭やってきた。ヤギやヒツジの小家畜を飼うのは一般的だったのでとくに気にも留めなかったが、母とのやりとりでそのヒツジが何を意味していたのかがわかることになった。彼女が生活費を欲しいと言ってきたからである。ゆうに一か月分ぐらいの生活費を渡していたから、まさか一週間もたたないうちにそのように言われたことにまず驚いた。「いったい、おカネをどうしてしまったのか」と聞いてはみたものの予想はついていた。私の渡したおカネはヒツジになったのである。

　マテンゴの人びとにとってコーヒーの収穫期は、一度に大きな額の現金を手にできる待ちわびた時期となる。そのようなまとまった額のおカネは、人びとが言うところの「意味のあるもの（*kitu cha maana*）」を得るために必要だからだ。たとえば、屋根を葺くためのトタンや大きめの家具類、オートバイといった耐久財、それに家畜だ。というのも、現金を手元

MY FIELD

タンザニア南部高地のマテンゴ

雨の多い山岳地帯に適応した「ンゴロ」と呼ばれる農業をおこなう。アフリカでは珍しい労働集約型の農業で、受け継がれてきた女性の耕作技術が要。そのせいか、近隣の民族の女性はマテンゴには嫁げないといっているらしい。国内有数のコーヒー生産地だが、コーヒーを飲む村人はごく少数。

に持っておけば、たかられたり、借金の依頼が舞い込んできたりする。妬みやそれによる呪いをおそれているため無心を断ることは難しい。銀行のような金融機関へのアクセスが難しいので現金は家に置いておくほかなく、盗難の危険もある。つまり貯蓄が難しい社会であるため「意味のあるもの」を買うには、「まとまったおカネ」が入ってきたときが唯一のチャンスとなる。

　このようなわけで、私が数週間分の生活費として渡したおカネは、私の手を離れたとたん「まとまったおカネ」になり、それは「意味のあるもの」の購入へと振り向けられてしまったのである。そこでは「すでに日用品の分のおカネは支払った」という理屈はとおらない。仕方なく改めて少額のおカネを差し出すことになった。

貯蓄をめぐる環境の変化

　これは二〇〇三年ごろの話で、私が大学院生の時の調査のエピソードである。当時と比べるとおカネをめぐる環境はだいぶ変わった。もっとも重要なのは携帯電話の普及だろう。プリペイド式が基本なので、おカネをデポジットとして自分のライン（番号）上に入れておいて使うのだが、この機能を貯蓄代わりに活用する人たちが増えてきた。ひそかに貯蓄できることを可能にしたのが携帯電話だ。また、多くの地域で政府やNGOが導入したマイクロファイナンス活動が盛んになるとともに、古くからあったという頼母子講がリバイバルして関連する住民グループが急増している。メンバーが定期的に少額のおカネを持ち寄り、積み立てる。積み立てたおカネはメンバーに貸し出される。少しずつ現金をあずけておけば安全に一度にまとまった額を手にすることができるのである。

　最近の傾向として、人びとがためた「まとまったおカネ」は惜しみなく教育へと使われているようだ。人口が増加して使える農地が狭小化していることから、子どもたちが皆、村にとどまると生活が苦しくなっていく。だから、何人かでも教育を受け、将来的に定職に就いて生計をサポートしてくれることを願っているのである。このような教育への投資が、果実をもたらすのかどうかはわからない。今や中学校に学ぶことは当たり前になり、それ以上の進学を希望する親も多いが、高等教育になるにつれ、教育費は桁違いに増えていく。進学が果たされなければ、そのような投資は水の泡となってしまう。費用の捻出はだいたい農業が元手になっているが、地域の自然資源から取り出されたおカネが域外に出て行く状況が続くのも気になる。それでも現代を生きるために、教育への投資がいろいろな「意味あるモノ」につながるのを人びとは期待しているのだろう。

まとまったおカネが行き来するコーヒーの収穫時期は、祭りなどでにぎやかになる。衣装をととのえて伝統的ダンスをする男たち

雨に打たれるウシ

タアン人のトッ（支援）

生駒 美樹
Miki Ikoma

ミャンマー最古の茶産地

ミャンマーの北東部シャン州パラウン自治区ナムサン郡は、標高一五〇〇から二〇〇〇メートルほどの山間部に位置し、ミャンマー最古の茶産地とされている。村は山の尾根筋に沿って点在し、山の斜面に茶畑が広がっている。住民の九割がモン・クメール系のタアン人で、彼らは英領化以前から茶生産を経済基盤とし、周辺民族と交易をおこなってきた。

　この地域の人びとの生活は茶生産を中心にまわっている。三月末から一〇月下旬までの茶摘み期間中、人びとは朝早くから細い山道を歩いて畑に向かい、夕方に籠いっぱいになった生葉を背負って村に戻る。日が暮れる頃になると製茶工場に生葉を運ぶバイクが行き交い、各家庭では夜遅くまで茶揉みをする。三月末から四月上旬の新茶の季節は、ミャンマー平野部からビルマ人の出稼ぎ労働者が多数やってくるため賑やかだ。五月になり雨季が訪れると、村は霧に覆われ、道はぬかるむ。ビルマ人出稼ぎ労働者は去り、大規模な工場は稼働を止めて、村の農家が営む小規模な工場のみが稼働する。

「支援」の帳簿

タアン人は、米を主食とし、タケノコの漬物や、庭で自家栽培できる野菜や野草類をおかずにする。肉類は、祭や結婚式など特別な機会以外はあまり口にすることはない。ナムサン郡は茶生産に特化した地域なので、主食の米や塩、油などの調味料は他地域から購入しなければならないが、村にはこれらを販売する商店がない。都市部の業者と取引がある茶農家や製茶工場を通じてこれらを手に入れる仕組みがあるからである。食料品や日用品、少額の現金を無利子無担保で渡すことを彼らは「支援（タアン語でトッ）」と呼ぶ。「支援」を受けた側は、「支援」してくれた茶農家や製茶工場に労働力や自分の畑で収穫した生葉を提供する。「支援」をめぐるこうした二者間のやりとりは、貨幣価値に数量化され逐一帳簿に記載されており、一見すると商業的な関係のように見えるが、彼らはこれを商業交換とは明確に区別している。たとえ「支援」を受けたことにより生じた負債がかさんでしまっている場合でも、支援者が返済を要求したり、新たな「支援」を拒否したりすることはほとんどない。

　「支援」をめぐる関係に興味を持っていた私は、製茶工場を営む茶農家アウンさん（六〇代）の帳簿を見せてもらうことにした。アウンさんは同じ村に住む茶農家の姉ニンさん（七〇代）の世帯を「支援」している。そしてその内容を「カソン月黒分（黒分とは満月から新月までの欠けていく期間のこと）一二日（二〇一三年六月五日）／米／一袋／二万二五〇〇チャット／ニャントゥ（ニンさんの孫の名前）」というように、日付、品目、個数、価格、手渡した相手を記している。アウンさんは、米、塩、油、豆、味の素、石鹸、現金などを、二、三日に一度の頻度でニンさんに渡している。現金を渡す場合には、孫の学費、教科書代、受験費用、結婚式のご祝儀、葬式の際の寄付、僧侶への寄進、散髪代、サッカー大会参加費、薬代、通話代、ニンさんの仏塔参拝のための旅費などその用途まで事細かに記入する。

ニンさんの息子と薪を運ぶウシ
（2015年1月8日）

ウシが「支援」されるとき

二〇一四年八月末のある日、ニンさんの息子が世話をしていたアウンさんのウシが、後ろ脚にひどい怪我を負って村に戻ってきた。よその茶畑に侵入したそのウシを追い払うために畑の所有者が斧で傷つけたのだろうとアウンさんは言ったが、真相は分からずじまいだった。アウンさんたちは、そのウシを小屋に戻さず家の前の路上にロープで繋いだ。その理由が語られることはなかったが、もう働けなくなってしまったウシを世話することはできないと判断したのだろう。八月は雨季の真っ只中である。土砂降りの雨に打たれながら一点を見つめて立ち尽くすウシを見て、私は心が痛んだ。ニンさんの息子がこのウシの世話をしていたのも、このウシが彼らの薪を運んでいたのもいつも近くで見ていたからだ。ほどなくして私は日本に帰国し、一二月末に再び村を訪れた。いつものようにアウンさんの帳簿を確認していると、「支援」内容の中にこれまで一度も目にしたことがなかった「牛肉」という単語を見つけ息をのんだ。「トータリン月黒分八日（二〇一四年九月一六日）／牛肉／七〇〇〇チャット」。あのウシは、私が村を去ってから二週間近く生き続けた後、牛肉として「支援」されたのだった。

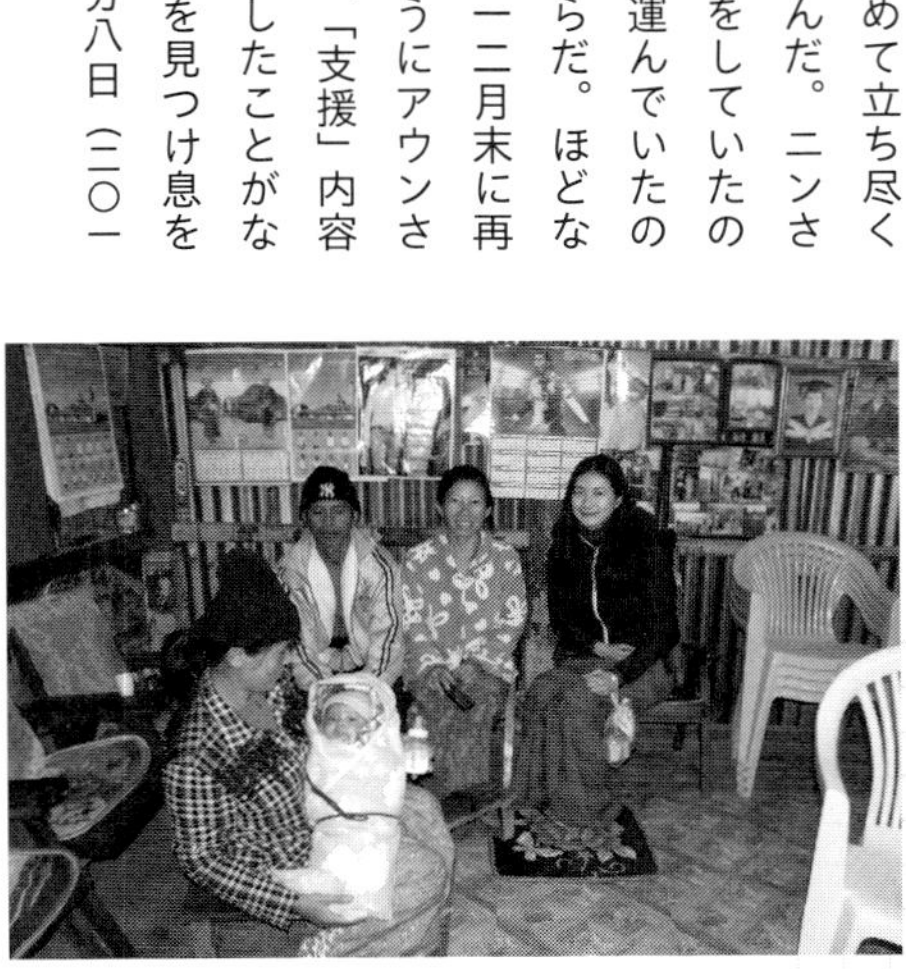
茶農家のご家族と（2015年1月13日）

ミャンマー　シャン州ナムサン郡タアン（パラウン）

タアン（ビルマ語による他称はパラウン）人は、中国南部、タイ北部、ミャンマー北東部の山間部に居住する。ミャンマーでは主にシャン州に居住し、茶生産を生業にする人が多い。ナムサン郡では、食用の後発酵茶「ラペッ」と飲用の不発酵茶、発酵茶の3種類を生産している。「ラペッ」はミャンマーの多数派民族ビルマ人の儀礼に不可欠なものである。

MY FIELD

アメリカの辺境に暮らす先住民

グローバル化の進行と抵抗

石井 花織
Kaori Ishii

経済原理の違いに心打たれる

アラスカへ

「先進国」アメリカの一部でありながら、陸からはアクセスできない遠隔地に住み、狩猟採集を行う人々が暮らしているアラスカに興味を持ち、博士課程の後期から研究をはじめた。とくに、近代化する現地における、生活廃棄物の処理に関心があった。パンデミックが落ち着いた二〇二二年の冬に、ようやくはじめての渡航がかなった。

　やってきたからには早く村を訪ねたくて、都市で複数の人に話を聞いてみたのだが、「外から突然来たあなたがあれこれと尋ねたら、先住民は水槽の金魚のように居心地の悪い思いをしてしまう」「村は閉鎖的だから、嫌な思いをするだろうよ」と、あまり良い反応は返ってこなかった。これらの助言をしてくれた人々はいずれも「白人」で、どうやらアラスカの社会的人種の間の壁は厚いようだということがわかった。

飛行場にて――先住民とのはじめての出会いと失敗

　どうにか村に住む人と話をしてみようと、大学がある都市の空港にやってきた。世界中から動物やオーロラを見にやってくる観光客が利用する煌びやかな国際空港の裏手に回ると、いくつかのプレハブ小屋と、ブッシュプレインと呼ばれる小型飛行機が並んでいる。都市と村とをつなぐ飛行場である。村への貨物便なら、荷物を下ろしたらすぐに都市に戻ることになるということだったが、安く済むし手始めにはちょうど良いだろうと考え、乗せてもらうことにした。待合室で、北方アサバスカンと総称される民族集団のひとつ、グィッチンの男性ウディと打ち解けた。その後に出会った別の先住民は、私のことを日本人と知ると「海の向こうのイトコ」と呼んでくれるなど、なにかと敵対視している「白人」に比べて親近感を持ってくれているようであった。

　後からわかったのだが、アラスカ先住民は、初対面の人や客人と話す際に自分の家族や先祖について紹介してくれる。天候が安定せずなかなか飛ばない飛行機を待つ間に、彼の四人のきょうだいのこと、離婚してなかなか会えない娘のこと、祖母からグィッチンの言語を教わったので、発音が難しい単語もあるがだいたい話せるということ、今は都市にでてきて船の溶接の仕事をしていること、最近耳にできた腫瘍を手術で取り除いたこと（腫瘍の写真まで見せてくれた）などをすっかり知ることになった。

　我々二人を乗せた飛行機は、目的地の霧が晴れた末にようやく村に飛ぶことが

海辺のごみ捨て場に廃車の山や加工食品の包装が野ざらしになっている

できた。ウディは仲間と一緒に村の老人の家をトラックで回って、都市で買った食料を配るから、一緒に来たらよいと誘ってくれる。調査がうまくいきそうだとわくわくしていたとき、パイロットのマットが強く反対した。彼女は帰りの飛行機のお金をすでに支払っているし、このまま連れて行くのは誘拐だ、トラックは寒くて快適ではないと、半ば冗談めかしながらも断固とした口調で、場を完全に制御していた。子どものように叱られたウディは、黙ってトラックに乗って行ってしまった。都市に戻る飛行機に乗るために来ていた村の男性は、「彼のことはよく知っているけど、いいやつだ。本当に善意で誘ったんだよ」と、残された私に告げた。ウディが白人だったら？私が男性だったら？黙ってついて行ったら？ともやもやしながら、どうすることもできずに大人しく帰りの飛行機に乗ってしまった。

ごみ問題の行く末――回収されないリサイクルボックスと非線形な時間

都市から村へ移動するモノは、マットの言葉を借りれば「飛行機の扉から入るものは何でも」。建材やAmazonの荷物、時間はかかるがピザのデリバリー（当然冷めている）も届く。反対に村から都市に運ばれるものは手紙くらいで、モノの流れは一方通行だ。アザラシやトナカイの狩猟、貝やベリー類の採集をし、自然に強く依存した生活した生活を送る一方で、現金で購入するものが彼らの生活に深く入り込んでいる様は、混合経済と表される。その後訪れた村では、海辺のごみ捨て場に、クジラの骨などに混じって、廃車の山や加工食品の包装が野ざらしになっていた。廃棄物は、そのまま海に流されたり、嵩を減らすために燃やされたりする。私たちが恩恵を受けているごみ処理やリサイクルの仕組みは、廃物を不可視化する輸送インフラや、国内外の土地や労働力（それらは大抵周縁のものだ）をあてにして成り立っているということを改めて認識した。

　現状、村の廃棄物を処理するために利用されるのは助成金だ。村の代表者らは、政府が主催する助成金のワークショップなどで、公共事業に使えるお金の得方や管理の仕方を学ぶ。村に滞留したモノを、新たなモノの投入によって解消しようとすること、プロジェクトの進行を政府に監査されることで、先住民はますます資本主義や官僚制に巻き込まれていくことになる。それをもどかしく思う気持ちと、ごみ処理の課題が解決してほしいと思う気持ちとが交錯した。

　上述の海辺の村では、学校に設置されている空き缶のリサイクルボックスがいっぱいになってあふれたまま、しばらく回収されていないようだった。村のある女性は、「前にリサイクルを始めた人が辞めたからね。そのあとは別にやりたい人がいないし」と、特に気にしていない様子で説明してくれた。西洋的な環境思想の移入は、そう単純には進まないようであった。

MY FIELD

アメリカ合衆国 アラスカ州

アラスカにはさまざまな人々が暮らす。先住民族のほか、ゴールドラッシュや石油採掘を機にやってきたヨーロッパ系アメリカ人、プエルトリコやフィリピンから漁業の出稼ぎにきた人々など。非先住民を中心に人口の約半数が都市に集中しているが、そこから船や小型飛行機なくしては辿り着けない遠隔地には、先住民が暮らす200あまりの村落が、海岸や内陸の河川沿いに点在している。州全体で日本の4倍程度の面積に、徳島県の人口と同程度の73万人が暮らしているから、小型飛行機は欠かせない。交通網の発展は、同化政策とあいまって、村に近代的なモノが流入するのを加速させた。

ブッシュでココヤシ果肉（コプラ）をくり抜く作業

物資欠乏下のサンゴ島

飢えと分かち合い

風間 計博
Kazuhiro Kazama

サンゴ島の厳しい環境

南太平洋のサンゴ島と聞けば、眩しい陽射し、青い海と白い砂、豊かな緑と咲き乱れる花、珍しい果実といった色鮮やかな映像を思い浮かべるだろう。しかし、その半分は誤解である。楽園イメージに該当するのは低平なサンゴ島ではなく、サンゴ礁に囲まれた火山島や陸島だ。それらとは裏腹に、サンゴ島は、高い地点でも海抜四メートルほど、山も川もない単調な環境である。サンゴ由来の砂礫が地表面を覆い、土壌は乏しく植物相は貧弱だ。

とくにキリバス南部のタビテウエア環礁では、降雨量が不安定であり、ときに旱魃に襲われる。島での自給食料は、ココナツとミズズイキのイモ、魚を除けばほとんどない。住民の主食は輸入米や小麦粉であり、海外から輸入したサバ缶を日常的に消費する。贅沢品として、コンビーフや中国製のインスタントラーメンが食される。ラーメンはただ煮て冷やし、味つけなしで食べる。スープの粉末は、子供たちが奪い合って舐める人気のおやつである。

食料欠乏と飢えの経験

主な食料をほぼ輸入品に依存するが、島への船便は不定期である。長らく貨物が入荷せず、食料が欠乏する事態も頻繁に起こる。かつて私がタビテウエア環礁で長期調査を始めた頃、島は数か月にわたる食料不足に見舞われ、私も極度な飢えを経験した。虫の湧いた小麦粉をふるいにかけてすいとんを作り、重湯のような薄い粥をすすった。朝食時に昼食を思い、昼食時に夕食を待ちわび、空腹を抱えて寝た夢には日本のレストランが出てきた。食料不足に加え、電気・ガス、風呂・トイレ、医療設備なしの生活は過酷だった。

日本の両親はげっそりと痩せた私の写真を見て不憫に思ったのであろう、段ボール箱で食料を送ってくれた。中にはサバ缶とインスタントラーメンが入っていた。食料が手に入り嬉しかったと同時に、私は落胆した。よりによって、サバ缶とインスタント麺を送ってくるとは。しかし私の失望は、サバ缶を開けて口にしたとき一気に吹き飛んだ。現地で手に入る製品とは比較にならぬほど美味だったのだ。当時日本で売られていた「中華三昧」の味は、さらに衝撃的だった。その夜、ブッシュで拾った焚き木で火を起こし、湯を沸かして食べた。出来上がってスープを口にしたとたん、舌が痺れるほどの旨味の刺激が脳天を直撃した。

「分かち合い」と葛藤

翌朝、二〇メートルほど離れた家屋に住む男性が「昨晩とてもいい匂いがしたが、何を食べたのか」と聞いてきた。また別の日に「中華三昧」を調理中、道をゆく長老たちが「いい匂いがするなあ」と、当てつけるように大声を発して通り過ぎていった。私は困惑した。日本人が旨そうな物を隠れて食べているという情報が、食料の欠乏した村中に広まっていた。キリバスでは、食料などを平等に「分かち合うこと」がきわめて重要である。例えば、タバコも少し吸って隣の人に回す。ひとりで吸っていると「白人のような奴」と陰で揶揄される。人が欲しがるものを気前よく周囲に分け与え、妬みを回避しなければならない。しかし、日本製インスタント麺の数には限りがあり、全世帯に均等分配するのは不可能だった。

私は意を決し、世話になっている数世帯にこっそりと与えた。虎の子を分けるとき、味つけのないキリバス流の食べ方ではなく、スープを麺と一緒に煮て食べるように心からお願いした。後日、味はどうだったか尋ねた。旨かったとの答えだが、大した反応はなかった。子供が寄ってきて「スープの粉末が辛かった」と言った。やはり麺だけ茹でて食べていたのだ。がっかりしたが、仕方ない。あるいは、匂いが拡散して、日本人から密かに食料をもらったことが周囲に知られるのを避けたのかもしれない。そう考えて、私は自分を納得させた。

MY FIELD

サンゴ礁の島に住むキリバス人

雨の少ないキリバスのサンゴ島は、植物相も貧弱である。人びとは、地下水が湧き出るまで掘った人工の水たまりでミズズイキ（タロイモの一種）を栽培し、乾燥に強いパンダナスの果実をブッシュで収穫して食べてきた。食料が貴重だからこそ、皆が集まる饗宴で「ともに食べること」が重要である。人びとは、饗宴のために生きていると言っても大げさではない。

経済原理の違いに心打たれる

孫　暁剛
Xiaogang Sun

MY FIELD

ケニア北部の遊牧民レンディーレ

ほとんど雨が降らない乾燥地域に暮らすレンディーレにとって、水場を探すのも、集落まで水を運ぶのも大変な重労働である。最近、地面に転がしながら水を運ぶ装置（tuktuk）が普及し女性たちの仕事が楽になった。遊牧民は伝統を固持し保守的とよく言われるが、彼らの中に入れば、いつも明るく逞しく生きる姿に惚れてしまう。

水をめぐる思い出

極限乾燥の大地に生きる遊牧民の水利用

水を一気に飲み干す牧童

午後二時、リュックにつけた温度計の赤い棒は四五度のラインを超えた。目の前のあらゆるものが地面から浮いていてゆらゆらしている。このまま歩き続ければ熱中症で倒れるに違いない。アカシアの灌木のわずかな木陰に潜り込む。リュックから水筒を出して一口飲んで目を閉じる。助かった！

目を開けると、一緒に歩いてきた二人の牧童が目の前に座って、黙って私の水筒を見ている。夜の搾乳まで、彼らは一滴の飲み物もない。砂漠に生きる遊牧民にとってあたり前の生活だとわかっているが、まだ七、八歳の子どもには厳しすぎるだろう。「水がほしいのか」と水筒を渡すと、ゴックンゴックンと一息に飲み出した。それを見たもうひとりの牧童は横からむりやり水筒を取り上げ、あっという間に全部飲み干してしまった。一瞬の出来事だった。放牧キャンプまであと四時間も歩かなければならないのに、もう一滴の水もない！水筒を渡した自分はバカだ。しかしなぜ先のことを考えずに全部飲み干してしまうのか！

ここはアフリカ東部、赤道直下の草原砂漠地帯である。ほとんど雨が降らないこの土地に暮らしているのは、ラクダを連れて遊牧するレンディーレの人々である。彼らの生活用水は、町につくられたポンプ式の井戸と涸れた川床に掘られた浅井戸だけ。放牧地には水場がほとんどない。牧童は日の出と共に家畜をキャンプから連れ出し、日が暮れるまで家畜の採食のペースに合わせて歩き続ける。食事は朝キャンプを出る前に飲んだしぼりたてのミルクだけ。次の食事は夕方キャンプに戻ってからだ。私は放牧キャンプに長期滞在して調査している。そのために車に水タンクを載せて町の井戸から水を運んで来て、毎日少しずつ水を水筒に入れて飲んでいる。牧童もきっと私と同じように節約して飲むだろうと思って水筒を渡したのは大きな誤算だった。

ラクダと水を分かち合う

数日後、またも炎天下でラクダの群れを追って歩いた。突然、何の前触れもなくラクダは走り出した。牧童は声を上げて後を追った。ライオンなどの猛獣が出たかと思って私も必死に後を追った。棘のある灌木を避けながら五分ほど走って、目の前の光景に驚いた。乾燥した大地に直径一メートルほどの水たまりがあった。先行していたラクダはすでに輪になって長い首を伸ばして水を飲んでいた。

半砂漠草原にあるわずかな水たまりを分かち合う牧童とラクダの群れ

その足元に牧童が分け入り、しゃがんで水を飲む。胸が熱くなり、涙が出そうになった。私が憧れていた「家畜と共に生きる遊牧民」とは、こういう姿ではないか！唖然としていた私に、たらふく水を飲んだ牧童は満足な笑顔を見せた。これこそ彼らのやり方だ。水があるときは飲めるだけ飲んで、ないときはひたすら我慢する。水筒の水をちびちび飲んでいる自分を情け無く感じた。牧童の真似をしてしゃがんで泥水を飲んでみた。案外冷たかったこの泥水が私の体に染み込んだとき、なんとなく彼らに一歩近づいたと感じた。

水開発がもたらすもの

あれから二〇年、「水がない」といわれるレンディーレランドにもさまざまな開発援助プロジェクトが入った。ソーラー発電のポンプ式の井戸から、一〇〇メートル四方の貯水池まで、あちこちに水場ができた。これらの新しい水場を利用して遊牧民の生活がどう変るかは私の新しい研究テーマとなった。

あるとき、川沿いの浅井戸で水汲みしている女の子に水筒を渡して「水ちょうだい」と言ったら、「白人（レンディーレは外国人のことを白人と呼ぶ）はこの水を飲むの？町にボトルの水（ミネラルウオーターのこと）が売ってるよ」と返された。ショックだった。「オレは白人ではなくレンディーレだ。この水がいい」とレンディーレ語で言うと、井戸に群がっている子供たちはどっと笑った。小学校の制服を着ている男の子は「学校に訪問しに来た白人たちはみんなボトルの水を持ってるよ」と言った。アフリカの辺境の子供たちを支援するために、先進国からの訪問団がときどきレンディーレランドにやってくる。彼らと同じようにボトルの水を飲むことは子供たちの憧れなのだろうか。

放牧地に新たにできた貯水池を見に行くと、ちょうどラクダの群れが給水に来ていた。種オスラクダの首に付いている木鈴が「ゴロ、ゴロ」とリズミカルな音を響かせていた。池に近づくとラクダはいっせいに走り出した。水辺に横一列になって、長い首を伸ばして水を飲み始めた。先導する牧童は腰に赤い布を巻き、手にヤリと放牧杖を持って貯水池の土手の上から見張りしていた。群れの最後を歩いていた牧童は池に着くと、しゃがんで水を飲み始めた。その姿は二〇年前に私と一緒に歩いた牧童と何も変わらなかった。

経済原理の違いに心打たれる

「失敗した」食物分配

狩猟採集民における所有者の意味

北西　功一
Koichi Kitanishi

農耕民の村での騒ぎ

ある日、調査地の村で大きな声が聞こえたので私はその声がした場所に向かった。そこでは、大きなたらいいっぱいに盛られたフフをアカの子供や若者と農耕民の子供が早い者勝ちで持てるだけ持ち去るところだった。出遅れた人たちは何も手に入れることができず、たらいのまわりで呆然としていた。最初は何が起きたのかわからなかったが、話を聞くうちに事の全貌が見えてきた。

アカと農耕民

ここは中部アフリカの熱帯雨林地帯の農耕民の村で、その近くにはアカという、一般にはピグミーと呼ばれる人たちが住んでいた。彼らは野生の動植物を主に利用する狩猟採集民として知られている。彼らは近くに住む農耕民とのあいだで、農作業などの手伝いの見返りに農作物や酒、たばこをもらうといった経済的な協力関係を結んでいた。

何が起きていたのか

この日は朝から農耕民が森の中で製作

早い者勝ちでフフをとっていった人たちと、残された空のたらい

した丸木舟を運び出す作業をアカが手伝っていた。丸木舟は、舟に適した大木を切り倒した場所で舟の形にある程度整え、さらに中をくりぬいて軽くして、川近くまで運んで、最終的な仕上げをする。地面にコロを敷き、それに載せて舟を引っ張るのだが、かなり重いので大勢の人たちが手伝う必要があり、そのためにアカが動員されていた。その作業の見返りとして舟の持ち主が昼食用にフフを大量に調理して大きなたらいに載せて持って行った。ここでフフと呼んでいるのはキャッサバのイモから作った粉をお湯に溶いてかき混ぜ、餅状にしたもので、この村の農耕民の主食である。

通常、このような場合は調理をした農耕民の妻自身か、その妻がアカの誰かを指名してフフを分けることになるのだが、この時はなぜかその妻が何も指示せずにフフを置いたままその場を立ち去ってしまった。この宙に浮いてしまったフフを早い者勝ちでまわりにいた人たちがとっていったというのが事の次第である。

なぜこれが不思議なことなのか

この話は特別なことに見えないかもしれないが、私にはかなりの衝撃であった。なぜなら、アカ、そしてほかの狩猟採集民も一般に、食物を分かち合うことで知られており、私自身も彼らとともに暮らす中で狩猟で得た獣肉、肉やイモなどの煮込み料理などをまわりの人たちに徹底的に分配することを常に観察していたからである。彼らは誰かが獲ってきた大きな獲物の前で、その獲物の所有者が獲物を解体して分配するのを静かに待つ。そのときは、その肉にあたかも関心がないかのように振る舞うことが多い。その彼らが早い者勝ちで食べ物に群がるという光景が信じられなかったのである。

なぜ、このようなことになってしまったのだろうか。アカでは狩猟した獲物や採集した植物にそれぞれ特定の個人の所有者が存在する。例えば、集団で行う槍猟では最初に獲物にダメージを与えた槍の所有者が獲物の所有者になる。集団網猟では獲物がかかった網の所有者が獲物の所有者になる。ただし、獲物の所有者は獲物を独占するのではなく、獲物の半分以上を他の人たちに分け与える。彼らにとって獲物の所有者は獲物を独占する権利を持っているのではなく、他の人たちにどのように分けるのかを決める権利を持っているのである。結局分けてしまうのに、なぜある特定の個人の所有者を決める必要があるのだろうと疑問に思うかもしれない。誰かが獲ったものであってもみんなのものとして分けてしまえばよさそうである。

この出来事の意味

今回の出来事からわかるのは、彼らの社会では誰かを所有者としておかないと、分配が成り立たず、早い者勝ちでたくさん持って行ってしまう人がでてきてしまうということである。つまり、秩序だった分配のためにこそ所有者が必要なのである。分けるために個人のもの（所有物）とするという一見すると矛盾することの意味はここにある。

その後

早い者勝ちでフフを手に入れることによって、今度はその人がフフの所有者となった。特にたくさんのフフを手に入れた人は、状況が落ち着いたあと、自分のまわりにいる人たちに自分のフフを分け与えていた。そこには混乱はなく、彼らにとって日常のことである、所有者による分配の様子を見ることができたのだ。

コンゴ共和国 リクアラ州の狩猟採集民アカ

1990年代前半に現地調査を行った。その時期は森と村での生活が半々くらいで、森ではほぼ野生動植物に依存する生活も観察できた。現在、木材伐採会社の道路が近くを通っており、彼らの生活は大きく変わったと予想される。

MY FIELD

竹と竹皮のみを資材にして編み重ねてつくった伝統的家屋

トタン屋根の家

経済原理の違いに心打たれる

下山花
Hana Shimoyama

家屋にまつわる人びとの苦悩

伝統的な家屋に暮らす

調査地に自分の家を持つことは、フィールドワーカーの醍醐味の一つである。調査を始めて四回目にあたる二〇二三年七月、ホスト先の敷地内に家を作ってもらった。リクエストしたのは、竹を編み込んでつくったドーム状の家で、調査村周辺に広くみられる「伝統的」な家屋だ。私の家は高さ三メートル程度だが、中には高さ五から一〇メートルにもなる大きな家もある。彼らと同じ竹の家に暮らせることに満足していた。

調査地にはトタンを屋根に使った「近代的」な家もある。細く長いユーカリの木を釘で固定し骨組みをつくり、屋根にトタンを乗せた、高さ約五メートルの四角い家だ。ホスト先の敷地内には、二〇二四年二月の時点で、四つの伝統的な家屋があった。ホスト先の両親はトタン屋根の家を作りたがっていた。ほかの世帯にはトタン屋根の家があるけれど、うちにはないから作りたいと言った。素敵な竹の家があるにもかかわらず、周囲に合わせてトタンの家をつくろうとしているように聞こえ、贅沢を言っているだけだと当時は理解した。このときは、彼らの苦悩に気づいていなかったのである。

お見舞いは噂の種

けがや病気をした人の家を訪問し、回復を願う習慣がある。葬儀には、首都や地方都市に暮らす親戚が村の家に駆けつける。困ったことに、来客はお悔みや励ましの言葉をかけながら、家をなめるように見て帰り、その人の暮らしぶりを噂話にすることがある。訪問先の人たちが竹の家に住んでいるようであれば、（こんな家に住んでいるなんて）一体どんなひどい服を着ているのか、何を食べているのか、そんなところで寝られるのかと、見舞いや追悼を忘れ、その人の暮らしぶりを哀れな目で見る。人びとにとってこのような噂が立つのは、不本意である。そのため、子どもが病気になったとき、周囲に言わず、人を家に招かないようにすることもある。手術が必要な大病を患った場合でも、聖水を飲むなどと言い、トタンの家の建設に資金を回し、健康を二の次にすることがある。客の訪問には、懸念がつきまとう。

もやもやとした気持ち

二〇二四年二月にホスト先の母がトタンを六〇枚買ってきた。その日は村で定期市の立つ日だった。普段ならば、母は、ものを売りに定期市に出かける。その日の朝に、お金の準備ができたとわかり、定期市ではなく、一時間かけて町まで歩いて行き、半日かけてトタンを買ってきた。トタンを見た家族は、はしゃぐわけでもなく、話題に挙げることもなかった。彼らは、他の人が入らない私の家にそれを運び、他の家の視線から隠すように置いた。私の家は物にあふれ、身動きがとれなくなった。竹の家にあこがれる私は、家族がトタン屋根を切望することに対して腑に落ちない気持ちがあった。トタンを前に、この感情が再び湧き上がり、トタンに嫌悪感さえ感じた。目を背けようと、自分の家から飛び出した。

トタンの家が意味すること

気持ちがはれたのは、それから一〇日後の村を出る前日のことだった。ホスト先の母が、子どもたちの様子を教えてくれた。子どもたちはもうすぐトタン屋根の家を建てられると聞いて、とても喜んでいた、他の人にトタンを購入したことを知られて、変な噂が立つことを恐れた両親は、秘密にするように言ったため、子どもたちが話題にするのを怖がっているという。私は次女と特に仲が良く、彼女が部屋に一人でいるときにトタンの話を振ってみた。いつもなら早口で話す次女が言葉をつまらせた。想像よりも早くトタン屋根の家が私の家族のもとにできると知り、心からうれしい、と彼女は言った。トタン屋根の家がないことを理由に、学校で肩身の狭い思いをしてきたと振り返った。トタン屋根に打ちつける雨の音が学校で話題になったとき、下を向いて黙っているしかなかった。学校は町にあり、町に暮らす友達を家に呼べない。トタン屋根の家がない世帯だとわかると、友達が自分のことをどう思うのかわからないと嘆く彼女の様子に心が痛んだ。下の兄弟には同じ経験をさせたくないと切望する次女は、高校を卒業後は進学せずに働き、両親を金銭的に支えようと思っていると、これまでの出来事を振り返り、また言葉を詰まらせた。貧しい暮らしをしていると知られることは、彼らにとって避けたいことである。トタン屋根の家は、彼らの暮らしを哀れな目で見られることから抜け出す手段となっている。

トタン屋根の家の完成を、家族と一緒に喜べる準備ができた。モノの飽和した世界で、不自由なく暮らしてきた私は、洋服や家などの持ち物を理由に苦悩する彼らの状況を想像すらできなかった。自分の物差しを壊す難しさを、また一つ痛感した。

エチオピア南西部ガモ高地ドルゼ村

ドルゼ村は、約4000m級のガモ高地の中腹部にあたる標高約2600mに位置する。住民は、オオムギやコムギなどの穀類や根栽類のエンセーテを栽培する。多様な主食材料をつかって作る、蒸した団子やクスクス、酸乳で練る粥、大小さまざまなパンなどの多様な料理で、日々の食事を彩っている。

MY FIELD

湖中 真哉 Shinya Konaka

1965年生まれ。静岡県立大学教授。気候変動やグローバリゼーションの影響による市場経済化、民族間紛争、国内避難民、土地問題、強制退去等の東アフリカ遊牧社会における持続可能な開発と人道支援の問題をおもに探究している。主著に『レジリエンスは動詞である:アフリカ遊牧社会からの関係/脈絡論アプローチ』(2023年、共編著)など。

大西 秀之 Hideyuki Ōnisi

1969年生まれ。同志社女子大学教授。政治生態学の視点から、アイヌ民族をはじめとする北東アジアの先住民社会の営みを読み解くとともに、技術が人類社会に及ぼして来た役割や影響についても追及している。主著に『技術と身体の民族誌:フィリピン・ルソン島山地民社会に息づく民俗工芸』(2014年)など。

佐藤 宏樹 Hiroki Sato

1983年生まれ。京都大学准教授。マダガスカルの熱帯乾燥林で、キツネザルの生態を調査してきた。近年はキツネザルによって育まれる森が人々に与える恵みについて民族生物学や生態系サービスの観点から学際的な研究をすすめている。主著に"Significance of seed dispersal by the largest frugivore for large-diaspore trees" (*Scientific Reports* 12, 2022年)など。

齋藤 美保 Miho Saito

1988年生まれ。京都大学助教。キリンが形成する仔育て集団の適応的意義について、動物行動生態学の視点から野外や飼育下で調査を行ってきた。近年は仔育て戦略の可変性にも着目し、ハンティングなどの人間活動の影響が顕著な南アフリカでもフィールドワークを行っている。主著に『キリンの保育園:タンザニアでみつめた彼らの仔育て』(2022年)など。

内藤 直樹 Naoki Naito

1974年生まれ。徳島大学准教授。アフリカや日本の景観生成をめぐる人間・テクノロジー・異種生物・地質等の絡まり合いの歴史を文化人類学的な視点と方法論をもとに解明しようとしてきた。また、食文化や環境の保全に関する国連や国際NGOの実務に関わってきた。主著に『寄食という生き方:埒外の政治-経済の人類学』(2024年)など。

佐藤 弘明 Hiroaki Sato

1947年生まれ。浜松医科大学名誉教授。アフリカの熱帯雨林住民の自然環境利用に焦点を当てフィールド調査を行なってきた。主著に『動く・集まる』(生態人類学は挑むSESSION 1、2022年、分担執筆)。

高畑 由起夫 Yukio Takahata

1953年生まれ。関西学院大学名誉教授(総合政策学部)。ニホンザル、チンパンジー、ワオキツネザルの行動生態・繁殖生理・個体群動態のほか、カラスや水生昆虫、潮間帯無脊椎動物群集、ヒューマン・エコロジー、障がい学生の学習支援にも取り組んできた。主著に『性の人類学』(1994)など。

富田 晋介 Shinsuke Tomita

1973年生まれ。名古屋大学アジアサテライトキャンパス学院特任准教授。ラオス北部で、産業化以前の社会において、世帯形成と世帯間の富の継承に出生と死亡がいかに影響してきたのかについて調べてきた。近年は、東南アジア大陸山地部に広く分布した小首長国に暮らした人々の健康に興味をもっている。主著に『動く・集まる』(生態人類学は挑む SESSION 1、2021年、分担執筆)など。

近藤 有希子
Yukiko Kondo
1986年生まれ。愛媛大学講師。1990年代前半に生じたルワンダの紛争と虐殺を事例に、凄惨な暴力を経験した社会で、対立関係に置かれた人びとがいかにともに生きるのかということについて思考している。主著に、『歴史が生みだす紛争、紛争が生みだす歴史:現代アフリカにおける暴力と和解』(2024年、分担執筆)など。

澤田 昌人
Masato Sawada
1958年生まれ。京都精華大学教授。ニホンミツバチの伝統的養蜂を紀伊山中で調査しているうちに、山の怪談に興味を抱く。アフリカ熱帯林にも『遠野物語』を思わせる怪異談が数多くあって、彼らの死生観を研究した。主著に「ヒトーハチ関係の諸類型:ニホンミツバチの伝統的養蜂」(1986年)、「ムブティ・ピグミーにおける『創造神』問題」(2001年)、「コンゴ民主共和国における武装勢力掃討は成功するか?:対ADF作戦の難しさ」(2014年)など。

PART 10

破壊・消滅・変容の現場で

近代化の現実と保全の努力

環境保護がサミットの議題となって30年も経つのに、森林は破壊され続けている。いまや地球上の4割が農地となり、しかもそれらは猛烈なスピードで劣化しているという。生態人類学の現場は、まさに、果てしない近代主義の欲望による、破壊と消滅、変容の場でもある。

ときに武力まで使って、世界中のあらゆる地域の人々を「開発」と「市場」の中に飲み込んできた「先進」世界。その様子を目の当たりにすると、たとえば多様性や持続的な発展という言葉も、実は「経済成長」のために使われていることが透けて見えてくる。同時に、そんな中でも変わらぬ人々のつながりに気づくこともまた確かなのだ。

この世界を怒りと絶望の場のままにしてはならない。生態人類学は、地球を守り、新たなつながりを紬ぐ学問でもある。

カイラスゥの山裾に遺棄されたシャーマンの家

同化政策の果てに

大西 秀之
Hideyuki Ōnisi

龍の山の麓に佇む廃屋の追憶

対岸の一軒家

その廃屋に気づいたのは、何時だっただろうか。調査のために赴いた村に沿って流れる川の対岸に、一軒の家屋がぽつんと、そしてひっそりと佇むように建っていた。なぜ、その家だけが、川を隔てた村の対岸にあるのだろうか。またそれは、なんのために建てられ、誰が住んでいるのだろうか。そんな疑問を抱かずにはいられなかった。

その家屋は、民族誌調査を行うために赴いた、ロシア極東アムール川流域に暮らす先住民ナーナイの一村落コンドンで目にした。当初は、住人か所有者がいるのだろう、と漠然と考えていた。だが後になって、それがもう誰も住んでいない廃屋だと知った。

「龍の心臓」の麓

現地で聞き取り調査を進めて行くと、その廃屋は、かつて「シャーマン（巫師、祈祷師）」が住んでいた家であったことが分かった。往時には、この地でシャーマンが儀礼を執り行っていたらしい。それゆえに、俗世から隔絶した、川を隔てた村の向こう岸に、一軒だけ建てられていたのであった。

シャーマンの家がある対岸には、集落と対置するように、小高い山がそびえていた。この山は、現地語で「龍」を意味する「カイラスゥ」という名で呼ばれ、聖地とみなされていた。ちなみに、現地の人びとによれば、カイラスゥは、チベットの名高き霊峰カイラス山と「兄弟関係」にあり、むしろこちらこそが「兄」にあたる、とのことであった。

カイラスゥは、左岸下流から上流にかけての尾根沿いに「頭」、「心臓」、「胴」、「尻尾」と目される地点があった。廃屋は、ちょうど「心臓」にあたる麓に位置していた。つまり、シャーマンの家は「龍の心臓」の真下に建てられていたのである。

旧ソ連の先住民政策

コンドンに暮らすナーナイの人びとに限らず、アムール流域を含むロシア極東の先住民社会では、超自然的存在である神や精霊などに祈りをささげるシャーマンを中心とする、シャーマニズムとされる信仰が継承され実践されていた。だがシャーマニズムは、帝政ロシアを引き継ぎ、当該地域に暮らす先住民を政治統治したソビエト連邦によって否定され、その結果消滅することとなった。

ロシア極東のみならず、世界各地の先住民は、植民地支配などに起因する同化政策によって、言語をはじめ固有の文化を一方的に奪われた歴史を共有している。もっとも、ソ連は当初、帝政ロシアの植民地主義によって搾取されてきた先住民に対して、ソビエト社会主義が許容する範囲ではあるが、一定の自治なども民族的権利として認めていた。だがその一方で、シャーマニズムなどの既存の文化的慣行に対しては、社会主義を阻害する、過去の遺制として否定し棄却を迫った。結局のところ、ソ連が先住民に対して行った政策も、多分に漏れず先住民の固有の文化を否定する同化政策に過ぎなかった。

コンドンのシャーマンも、こうした旧ソ連の同化政策によって、存在を否定され、先住民社会から姿を消していったのであろう。龍の心臓の麓に佇む廃屋は、かつて世界を二分したソ連という社会主義国家の残り香が漂う場ともいえる。

景観に刻まれた追憶

シャーマンは姿を消し、川の畔に建つ彼の家も遺棄され、今や朽ち果てようとしている。だがナーナイをはじめロシア極東の先住民が、シャーマニズムに根差した信仰や世界観を、完全に忘れ去ったわけではない。

コンドンの村人たちは、今でも件の廃屋に好き好んで立ち寄ろうとはしない。その理由は、ひとえに不気味だからである。こうしたメンタリティは、シャーマニズムを実体験していない若い世代にも共有されていた。

また龍の山カイラスゥも、現地のナーナイの人びとに、依然として聖地と目されていた。過去には、住宅や役所などの建材に用いるため、現地の行政が、山の石材を切り出そうとしたところ、村人の激しい拒絶にあい、アルメニア人労働者を連れてきて作業せざるをえなかったらしい。さらに、この山での木々の伐採は、村から見えない反対斜面でのみ行われていた。

川向うに一軒だけ、ひっそりと佇む廃屋は、村人にとって、この世ならざる異界への入口なのである。とともに、過ぎ去りしソ連時代を想い起こさせる、モニュメントともなっている。

MY FIELD

ロシア連邦 極東連邦管区
ハバロフスク地方ナーナイ

ナーナイは、河川での漁撈を主な生業としてきた。コンドンでは、ソ連時代から存続しているコルホーズ経営の組合企業が現在でも操業している。ロシア料理の水餃子ペリメニも、同地では魚肉でつくられ、日々の糧となっている。

破壊・消滅・変容の現場で

木が泣いている

ケニアの森林から追い出された人々

湖中 真哉
Shinya Konaka

かつての居住地の森をみつめる森林退去者の老婆

木がお前を見ている

「決して木を切ってはならんのだ。木はお前をみているからね。」

ここはケニア北部のキリシア森林、標高二〇〇〇メートル超の森の片隅だ。息を切らしながら小径を登ってようやく辿り着いた集落では、森林退去民はみな岩山の斜面に住んでいて、椅子もずり落ちてくる。この発言を耳にして、わたしは耳を疑った。「木が見ているって、いったいどういうことですか?」

「あんたが木を切るだろう。そうすると木はそれをちゃあんとみているのさ。次の木が切り倒されて倒れてくるときにはあんたの上に倒れてきて、あんたはそのまま木の下敷きになって死ぬってこと。木は人を呪うからね」。

この森林に暮らしてきたのは遊牧民サンブルと狩猟採集民ドロボである。彼らは森の中で家畜を飼育し、蜂蜜をとり、畑を耕し、森の植物を食べ、薬として生きてきた。また、森で炭を焼いたり、薪をとったりして、それらを町で売ることによって現金収入を得てきた。森は彼らが生きていくことそのものだったのだ。しかし、今彼らは森林を退去させられて、森の端の狭い斜面に住んでいる。

「国家の給水塔」とされた森

近年、ケニアの都市部では人口が急増している。政府はキリシア森林を都市に水源を供給する国家の「給水塔」と呼んでいる。近年、先進国や国連が途上国に対して、SDGsでおなじみの「持続可能な開発」を強く求めるようになったこともおそらく影響しているのだろう。二〇一〇年代中盤頃から突然キリシア森林の保護が声高に叫ばれるようになった。そこで森林生態系に重大な悪影響を及ぼしているとされたのが、森林の中に暮らすサンブルとドロボである。

二〇一九年一二月、キリシア森林に突然三機のヘリコプターが降り立った。政府の大臣や国会議員らが、森林居住者に対して一か月以内にキリシア森林から完全退去するよう言い渡すためである。現地での会合では、森林居住者が炭焼きや薪取りをしてきたせいで森林が破壊されてきたと一方的に非難された。彼らが森から退去することが、自然保護、放牧地保護、気候変動対策、野生動物保護、観光業振興、ひいては紛争回避に役立つとまで主張された。

キリシア森林を破壊したのは誰か？

しかし、現地で調査を行ってみると、政治家の主張とは異なる実情が明らかになってくる。サンブルとドロボの森林居住者が炭焼きや薪取りに使用するのは、おもに枯れ木であり、彼らは決して生木を伐採しない。それはなぜかを彼らに尋ねたときに返ってきたのが、最初に述べた「木がお前を見ている」という答えである。彼らは、木が呪いをかけ、人の上に倒れてきて押しつぶすことを恐れて、生木を伐採しない。木は目を持っており、人を見ている。木を伐採すると他の木が泣く。確かにわたしたちとは違っているが、それが彼ら流の森林保護実践であり、そのお陰で事実この森が護られてきたのである。政治家も科学者も官僚もこの森林の保護に役立つことを何一つしてこなかった一方で。

だが、森林居住者も近年著しく森林が破壊されたと感じている。それではなぜ、森林が破壊されたのだろうか？彼らに聞くと、二〇〇九年頃から、森の外から木材の違法伐採業者が入り込み、チェーンソーを使って大量の木材を伐採して、トラックで夜間に運び出すようになったのだという。とくにビャクダン科のサンダルウッド (*Santalum album*) は、アジア地域でアロマテラピーなどの消費が増えて高値で取引されるため、組織的に違法伐採された。「お陰で蜂蜜の収穫も減っちゃってね」。彼らは違法伐採の犠牲者なのだ。

世界が終わった日

二〇二〇年五月、政府は、退去通告に従わずにキリシア森林に住み続けていた住民の住居に火を放って、全住民を森林から強制退去させた。「燃やさないでと兵士に懇願したが無駄だった。家と全財産が燃やされるのを泣きながらただ眺めていた。ショックでその光景が昨日の出来事のように目に焼き付いている」。「あまりにもつらくて世界が終わってしまったように感じられた」。現在、森に住んでいるのは森林警備隊員のみである。

写真は、こうして家を焼かれた老婆と一緒に彼女がもと住んでいた地域を訪れた時のものである。その時、彼女の目に映っていた森の姿を一緒に想って欲しい。それは彼女が生きることそのものだった森である。木を切れば彼女を呪い殺す畏れ多い森である。そして長年彼女達が大切に護ってきたにもかかわらず、一方的に森林破壊者の烙印を押されて追い出された森である。この時、彼女は心の中で木の泣き声と自分の泣き声を木霊させていたのかもしれない。

ケニア中北部の遊牧民サンブル・ドロボ

サンブルはおもにサヴァンナに暮らし、ウシ、ヤギ、ヒツジを飼育する遊牧民であるが、多様な環境に適応して生活しており、森林に住む者もいる。ドロボは森林に暮らす狩猟採集民でおもに養蜂を営む。近年、気候変動とそれに伴う政策の導入の影響によって、遊牧や狩猟採集は害悪と決めつけられ、彼らの生計と生き方は大きく破壊されつつある。

MY FIELD

破壊・消滅・変容の現場で

にじむ境界線

人間の多面性が生み出す世界

齋藤 美保
Miho Saito

MY FIELD

タンザニアのとある国立公園

この国立公園の境界に、フェンスはない。そのため、村人が公園内に入り込むことも、逆に野生動物が公園周辺の村に現れることもある。レンジャーの多くは境界に接する村に居住している。公園に入ったことのないママや子どもたちでも、とくに村によく現れるゾウやカバの生態をよく知っている。

出所不明のナマズ

私の目の前で、レンジャーが今まさにカンバーレ（スワヒリ語でナマズのこと）をさばこうとしていた。この村の近くでカンバーレがいそうな場所というと、村人の立ち入りが厳しく制限されている国立公園（以下、公園）内の川がまず思い当たる。内陸に暮らす村人たちにとって、カンバーレは貴重なタンパク源の一つであるが、公園内での漁は禁じられている。そのため公園近くに住む人たちはこっそり延縄《はえなわ》を仕掛け、獲物がかかっていないか定期的に確かめに行っている。なかには自転車を押しながら、川の上流、つまり公園の奥の奥まで数日かけて漁に出る人々もいる。これらはもちろん違法行為である。さっき魚を売りに来た青年の顔を思い浮かべながら、包丁を握るレンジャーに「ねぇ、あの人、もしかして公園からとってきたんじゃないの?」と尋ねてみるが、彼は「ヒヒヒ」と笑うだけだった。

レンジャーと公園内でキャンプをしていたときに出てきた夕食のカンバーレ。事前に村で購入した食材にカンバーレはなかったし、私たちはもちろん公園のど真ん中で違法である釣りなどしていない。ただ、さっき出会った、パトロールを終えたばかりのレンジャーの車の荷台には、密漁者から没収したであろう籠があり、その中でカンバーレがひしめき合っていた。レンジャーの「上手いぞ!」の一声で思わず食べてしまったが、あれは一体どこからきたのだろう。

籠いっぱいの、出所不明のカンバーレ

レンジャーたちの多面性

レンジャーと森を歩けば歩くほど、不可解な出来事に遭遇する。川沿いで調査対象のキリンを探していたある日、いつも決まって水の中から顔をのぞかせているカバたちが、今日は見あたらない。かわりに、色鮮やかな布や服が川岸の草むらに広げて干してある。公園に入ることを許されてはいない村のお母さんたちが洗濯をしているのだ。その傍らでは子どもたちが笑い声と水しぶきを上げながら遊んでいる。朝方までそこにいたであろうカバたちは、大勢の人間の襲来に驚いて、どこかへ逃げて行ったに違いない。しかし、なぜかレンジャーは人々を追い払おうとはしなかった。

公園と村、その境界を行き来するレンジャーは、村人とは一見奇妙な関係で結ばれている。カーキ色の制服を着て黒色の革靴を履いているときは、村人を雇って彼らに作業の指示を飛ばすこともあれば、村人を公園内で捕まえて警察署へ連行することもある。しかし、ひとたび制服を脱ぐと彼らは村の一員として村社会に溶け込んでいく。キオスクで物を売り、村の食堂に通う。ときには出所不明のカンバーレを買い、ときには「村人」として、作物を求めて畑にやってくる野生動物と対峙する。私の目からは、野生動物などまったく恐れていないようにみえるベテランのレンジャーは、「私は、危険な野生動物には出会うことのない土地で生まれ育ってきた。だから公園に赴任した当初は、日が暮れると村に食べ物である草本を探し求めてやってくるカバとの接し方がわからず、カバに遭遇するたびに怖がっていたんだ。けれど、地元の人たちにカバとの付き合い方を教えてもらってからはそんなこともなくなったよ」と話してくれた。

複層的な文脈の中で生きる

公園と村の境界には一本の川が流れていて、その川岸には黒い泥が厚くたまっている。泥には大きなゾウの足跡、四本指のカバの足跡、水を飲みに来たのであろうアンテロープの鋭い蹄の跡がくっきりと残されている。それらに紛れて、レンジャーの革靴の跡、そして小さな素足の跡もある。混じりあうべきではないとされるものたちが、ここでは確かに時間を超えて、一つの空間を共有しているのだ。目の前に広がるこの空間を見つめれば見つめるほど、地図上ではくっきりと引かれていた境界線がぼんやりとにじんでくる。

　レンジャーと村人の関係性は、必ずしも公園の境界に沿って固定されたものではない。優劣があるように見える両者であっても、複層的な関係で結ばれることで「レンジャー」対「村人」という、本来的に対立する一つの関係における緊張感が緩和されているように思える。それは、さまざまな文脈や時間の流れにおいて、多面性をもつ生身の人間同士がときに野生動物を介しながら公園の境界線付近という一つの空間を共有しているからこそ成り立つのではないだろうか。

　境界をめぐる状況は刻々と変わりつつある。公園当局は、すべての職員を園内に居住させるために定期的に住居を建設し、職員の移住を促している。一方で、公園外に居住することで毎月一定額の手当てが当局からもらえるため、村に住み続けたいというレンジャーもいる。先行きが不透明な部分があるにせよ移住が実行に移されたとき、レンジャーと村人の関係ははたして、境界の抱える権威性と暴力性が反映された単一的な関係に収束していくのだろうか。いや、それでも私は、彼らは互いに境界を乗り越え、きっといくつもの関係を新たに築いていけるのだと、信じてやまない。

一仕事を終えたレンジャーと村人が、カバのいる「境界」を超えて共に村に帰っていく

マダガスカル北西部アンカラファンツィカの森の深部にある泉には神と妖怪が宿ると語る古老（2023年11月）

神と妖怪が宿る泉

マダガスカル人の自然観と森林保全

佐藤 宏樹
Hiroki Sato

「ジャポネの森に火の手が迫っているぞ！」

二〇二一年一〇月、日本にいた私のスマートフォンにマダガスカルから緊急メッセージと燃えている森や動物の焼死体の写真が届いた。

マダガスカル北西部に位置するアンカラファンツィカ国立公園では京都大学を中心とする日本人調査隊が三〇年以上に渡って生物学調査を行っている。私自身もマダガスカル固有の霊長類であるキツネザルや彼らの生息地である熱帯乾燥林の生態学研究に従事してきた。二〇二〇年四月にコロナ禍で渡航禁止になって以降は現地の大学院生と調査助手たちに調査を継続してもらっていた。彼らから森林火災の連絡を受けた私たちは大学側と交渉して渡航を解禁し、火災被害を調査した。どうも近隣の市街に住む住民や遠方からやってきた移民が焼畑や放火を目的に火をつけたらしい。キツネザルが闊歩していた原生林は見渡す限りの焼け野原に変わり、私たちの研究の方向性を変えるのに十分なほど衝撃的な風景だった。

実はこうした状況はマダガスカルでは頻繁に起こっており、今世紀中にはこの国の自然林は消滅するといわれている。とくにマダガスカル西部に広がる乾燥林は、東部の熱帯雨林に比べて樹木が小さいために炭素貯蔵量も少なく、動植物の多様性も相対的に低くなる。必然的にエコツーリズムや炭素取引ビジネスに対する先進国や政府からの支援は東部地域に集中し、保全インフラが未整備な西部の乾燥林は燃やされやすい状況にある。国内最大規模の原生的な熱帯乾燥林を保有するアンカラファンツィカ国立公園の状況は特に酷く、ここ数年、毎年のように火災が起こっては、国内外のマスメディアに被災地として取り上げられるようになっている。

住民にとっての森の価値

火災被害の調査で動き回っていると体中が炭で真っ黒になっていく。私はそれが悔しくて「なぜこの森が燃えないといけないのか」「森が燃えてもいいのか」と公園内の森林地帯に住む村人に嘆いていると、「私たちも森が燃えると困っているんだ」「生活が成り立たなくなっているんだよ」という答えが返ってきた。彼はあらゆる森の恵みや、それらが火災で失われていることなどを語ってくれた。

火災の惨劇を目の当たりにして以降、このまま原生林で純粋な生物学研究だけを続けていてもいいのか？この地域を拠点に長期調査を継続する研究者として何をすべきだろうか？と自問自答を繰り返していた私にとって、この語りが転機となった。私たちは今、エコツーリズムでもなく、炭素貯蔵でもない、住民にとっての森の価値を探っている。

国立公園内の村の生活をみていると、建材や農具は森の銘木が使われていたり、病気を治すために良い香りのする野生植物の葉や樹皮を煎じて飲んでいたりする。森が焼けたところではこれらの植物資源が採れなくなるだけでなく、むき出しになった森林の砂質土壌が雨季の雨で低地にある水田に流れ込み、水田が砂で埋もれて稲作が立ち行かなくなってしまうことがわかってきた。

アニミズムに込められた先祖の祈り

森の価値を探る調査を進めていると、どの村でも森の知識に富んだ案内人に行きつく。特に伝統医は森や植物に関する豊富な知識を持っており、病気にかかった村人に薬用植物を煎じたり、祈りや呪いを生業とする霊媒師に対して霊力の強い植物からできた杖などのアイテムを与えたりする。そして、彼らでもどの植物を使えば良いかわからないときに教えを乞う存在として、神との通信者がいる。彼らは伝統医療や霊媒というスピリチュアルな世界の中でも上位に位置し、人々から崇められている。

MY FIELD

マダガスカル西部で最大の果実食動物 チャイロキツネザル

マダガスカル西部に残存する熱帯乾燥林に生息する彼らは、樹々に実る大小さまざまな果実を丸のみにし、生きたままの種子を糞として排泄する。やがて種子は芽吹き、植物の次世代が育っていくことでマダガスカルの森は維持されてきた。しかし、キツネザルが数百万年にもわたって育んできた森は、人が放つ火によってわずか数日のうちに灰と化してしまう。

私たちは民族植物学の調査中、ひときわ知識が豊富な古老が神との通信者であることがわかり、森への案内をお願いしてみた。彼は村から遠い森の奥へと私たちを連れていき、綺麗な水が湧き出る静かな泉で足をとめた。古老は泉のほとりで異国の研究者が訪れたことなどを神に語り掛けた後、私たちに靴を脱いでから泉に近づくことを許した。ここは神が宿る神聖な場所で、河童や人魚のような妖怪が棲んでいるという。この泉を汚すことや生き物を殺すことはタブーとされ、村人は畏れて近づかず、願い事があるときにこの古老を介して神に祈る。アンカラファンツィカにはこうした神聖な場所がいくつもあるが、そのほとんどが澄んだ水が湧く泉である。その泉は鬱蒼とした自然林に囲まれ、そこから始まる小川は下流の谷部へと流れ、人々の主食を生み出す水田を潤す。アンカラファンツィカの人びとにとって、山の森から谷の水田に至る景観こそが護りたい自然と生活なのではないだろうか？この地域に息づくアニミズムは先祖から世代を超えて豊かな森林と生活を守るための人々の祈りが形になった実践なのかもしれない。私たちは森林保全を考えるとき、生物多様性だけでなく、森と共に生きる人々が織りなす文化多様性の価値も捉える必要があるだろう。

カメルーン南部バカ人の森の中のキャンプ

破壊・消滅・変容の現場で

アフリカの森に生きる

バカの友人ガスパールと

佐藤　弘明

Hiroaki Sato

MY FIELD

アフリカ熱帯林に暮らす森の民

旧ザイールのボイエラ人、コンゴ共和国北部、カメルーン南部のバカ人、生計の仕方は異なるがいずれも森の民であった。汲めども尽きぬ泉のような彼らの森の知識に私は魅了された。

一九七六年、私は初めてアフリカの地を踏んだ。加納隆至さんのボノボ（ピグミーチンパンジー）調査隊の一員としてボノボが生息する熱帯雨林に居住する人々の環境利用を調べるためであった。

焼畑農耕民ボイエラ

調査地はザイール（今のコンゴ民主共和国）中央部のイエレ村。住民は焼畑農耕民ボイエラ人であった。村の畑はまるで藪のようで、整地された日本の畑とはまったく異なる景観であった。住民はまず斧で休閑林（畑を放棄し、長期間休ませた森林）を伐り開き、伐採した木々を少しずつ燃やし、その焼け跡に様々な作物を数か月かけて植え付け、その後、順次収穫し、伐開後二年ほどで放棄する。この時間をかける方法だと、畑は伐採から収穫が終わるまで伐採木や周囲から侵入してくる先駆植物、さらには作物などで常に覆われることになる。熱帯雨林は土壌層が薄い。陽光がよく当たるように畑をきれいにしすぎると、激しいスコールがその薄い土壌を洗い流し、森は不毛の地になってしまう。休閑林を伐り開き、時間をかける焼畑手法は熱帯雨林の持続的な利用に適していたのである。

ほとんど自家消費される作物の中でもっとも重要なものは南米原産のキャッサバであった。キャッサバの芋をキャッサバの葉のスープとともに食べるというのが住民の普段の食事であった。芋もスープも多様な料理法があり、いそうろうの私も楽しんだ。ただ、この食事にはエネルギーは十分摂れるが、タンパク質が不足するという栄養上の問題点があった。これを解決していたのが狩猟であった。

村の男達は畑の周辺や森に罠を仕掛け、ときおり、弓矢猟に出かけ、ヤマアラシやサル、森林棲のダイカー類など小中型の動物を狙う。焼畑を営む村人の狩猟範囲は狭く、獲物の量も限られる。しかし、捕獲効率はイツリ森林に住む狩猟民〝ピグミー〟と同等であった。少量とは言え、獲物の肉は必要なタンパク質を供給するだけでなく、住民に喜びをもたらす食物でもあった。

狩猟採集民〝ピグミー〟

一九八七年からは伊谷純一郎さんのアフリカ狩猟採集社会調査隊に加わり、旧コンゴ人民共和国（今のコンゴ共和国）で〝ピグミー〟のフィールド調査を開始した。

〝ピグミー〟はアフリカ中央部熱帯雨林の全域に居住し、狩猟採集民（自ら採捕する野生の食物だけで生活する人々）として知られてきた。しかし、過去現在とも彼らが狩猟採集生活をしたという実証的証拠は今もってない。

コンゴ共和国では、北部を歩き回ったが、ほとんどが焼畑を営み、狩猟採集生活を送る〝ピグミー〟はやはりいなかった。ちょうどこの頃、熱帯雨林には有力な野生のデンプン食物がなく、農作物がなければ人類は熱帯雨林では生存できないという仮説が提唱された。しかし、私はコンゴ北部のバカ人（〝ピグミー〟集団の一つ）が森で野生ヤマノイモを頻繁に採集しているのを目撃していたのでこの問題に取り組むことにした。

一九九四年からのカメルーン南部熱帯雨林の調査で、人類が生存できる量の野生ヤマノイモの存在を確認した。そこで、二〇〇二年からは当地に住むバカ人の協力を得て二―三週間実際に熱帯雨林の野生食物だけで生活するという試みを合計四回おこなった。そこで明らかになったことは、熱帯雨林の狩猟採集生活は可能であること、もっとも重要な食物は数日に一度の採集行で夫婦が採集する野生ヤマノイモ、次いで、男性の狩猟による獲物、そして、魚、野生の蜂蜜、きのこ、ナッツ類など多様な野生食物がそれらを補っていたことである。

人類と熱帯雨林

熱帯雨林の温暖で湿潤な気候は、多様な動植物を育むが、果実は猿や鳥の食物であり、人類が頼りにできるエネルギー源食物は地中のヤマノイモに限られる。私は、アフリカの熱帯雨林に最初に生息した人類は〝ピグミー〟の祖先集団ではないかと考えている。その時期は六、七万年前。人類の進化史から見ると、比較的最近のことである。ヤマノイモ掘りの道具や狩猟具の発達を必要としたのであろう。樹高数十メートルの高木が繁り、土壌の薄い熱帯雨林に農耕民が侵入したのはさらに新しく、考古学的証拠から数千年前と考えられている。鉄製の斧の登場がそのきっかけとなったのであろう。

道具と知恵によって地球上のあらゆる環境を生息地にしてきた人類は、今や生息地を自ら破壊できる強大な力を得た。世界で進む熱帯雨林の破滅的破壊はその力の行使による。それを止めることができるのはやはり人類がもつ知恵だけであろう。

破壊・消滅・変容の現場で

水素のランドスケープ

気候変動問題とアフリカの乾燥地域

内藤 直樹
Naoki Naito

ケニア南部からタンザニア北部一帯に暮らすマサイ

ケニアの7割は乾燥・半乾燥地で、マサイのように牧畜を生業としてきた民族が多数存在する。干魃等の気候変動の影響を受けやすいため、政府は気候変動対策に敏感である。ケニアは携帯電話による決裁サービスが世界で初めて導入されたし、再エネ導入率が高い。現代のアフリカ乾燥地域での暮らしはグローバルな気候変動問題やテクノロジーと切り離せない。

MY FIELD

水素のランドスケープ

産業革命以降の化石燃料の使用による温室効果ガスの増加は、惑星全体の気温上昇をもたらしている。国連・気候変動枠組条約締約国会議で決議された脱炭素化の取り組みのなかでも、近年注目されているのがグリーン水素開発である。グリーン水素とは、太陽光・風力・地熱・水力等の再生可能エネルギー（再エネ）発電で水を電気分解し、二酸化炭素を排出せずに生産された水素である。脱炭素社会の実現に向け、各国は水素の生産・流通／貯蔵・利用技術の開発に注力している。

水素生産コストを抑える再エネ発電の適地は、乾燥地域に多い。それは再エネ発電の効率は地軸の傾きによる日照量の多寡やプレートの運動等の地学的要因で規定されるためである。グローバルサウスの乾燥地域は、以前は牧畜民や狩猟採集民が共有地として利用してきた、国家や資本主義経済の周縁だった。だが近年のグリーン水素開発では、これまでプランテーションや地下資源採掘地にならなかった牧畜民や狩猟採集民が暮らす「不毛の地」の風、地熱、日光が「次世代の安価な資源」になりつつある。乾燥地域に再エネ発電所が建設されると、そこに莫大な量の人間（技術者・管理者等の雇用・派遣や出資者の視察等）・物質（発電所・関連施設・インフラ等の材料）・情報（地域情報および首都や先進国の情報）の寄せ集まりが形成される。それはアフリカ乾燥地における独特の物理的環境（ランドスケープ・景観）を創り出す。

ケニアは総発電量の約九割が再エネ由来のエネルギー先進国であり、発電量も増加している。またケニアは、再エネのなかでも地熱発電の割合が約四割と極めて高い。日本はケニアの地熱発電に多くの支援や投資をおこなっている。こうした再エネ開発は、牧畜民が暮らしてきたケニアの乾燥地域にどのような影響を与えているのだろうか。

水生産装置エムプロの「発明」

牧畜民マサイが暮らすケニア南部半乾燥地域のナクル・カウンティには、アフリカ最大のオルカリア地熱発電所群が建設されている。オルカリアⅠは一九八一年に稼働し、現在までにⅤまで増設されている。発電所はヘルズゲート国立公園内にある。発電所周辺には、植民地期以前からマサイが暮らしていた。だが、一九〇四年と一九一一年に締結されたマサイ協定により、この土地は九九年間白人入植者に貸代されることになった。一九六三年にケニアが独立して入植者が去ると、一部のマサイはこの地に戻った。だが、土地の多くはケニア人の大規模農場主に所有されることとなった。その後、一九八一年に地熱発電所が建設され、一九八四年にはヘルズゲート国立公園が設置された。その結果、マサイは再定住地で暮らすようになった。

再定住地周辺のマサイの牧畜集落に行くと、人びとは大地から湧き上がる水蒸気（マサイ語でempurro）から水を生産する装置エムプロを使い、人間や家畜の飲用水や生活用水を得ている。もともとこの装置は、地熱発電所が試験的に導入した外来の技術に基づいていた。だが、マサイはこの装置をローカライズして独自に再生産することで、条件不利地での家畜飼養を実現している。エムプロを発明したのは五〇歳（二〇二四年現在）のマサイ・A氏である。彼は小学校も卒業していない。若い頃、オルカリア周辺の大規模農場で出稼ぎ労働をしていた時に、水蒸気から水を生産する実験的装置を見たという。数年後に故郷に戻ってから、大地からの「煙」があることを発見し、酒の蒸留技術と組み合わせて見よう見まねでエムプロを制作した。現在ではエムプロは、この地域一帯に普及している。

オルカリア地熱発電所。この場所には以前、マサイの集落が存在した

気候変動問題とアフリカの乾燥地域

アフリカ大地溝帯を創り出した五〇〇〜一〇〇〇万年前にはじまった大地の動きは、東アフリカ一帯を乾燥化させた。マサイが営む牧畜という生業は、乾燥した環境への文化的適応の一種である。だが、牧畜社会は長らく、植民地政府や独立後のケニア政府に疎外されてきた。近年のグローバルな気候変動問題は、大地溝帯の活発な大地の活動を「地熱」というエネルギー資源として利用することを加速させた。地熱発電事業には、ケニア政府はもちろん日本をはじめとする外国からの援助や投資も流入している。それらは結果的に牧畜民を定住化させた。

その中でマサイは、地熱発電事業者が実験的に設置した水生産装置をローカライズして、独自のやり方で地熱を利用するようになった。それは家畜飼養の新たな資源になっている。オルカリア地熱発電所付近のマサイによる彼らなりの地熱利用は、資本主義の論理とは異なる、生業の論理に裏打ちされている。ただそれは、元となるテクノロジーが外部からやってきたという点と、植民地期以降の支配や搾取の歴史なかに位置づけて理解される必要がある。

破壊・消滅・変容の現場で

森の支配者

匪賊と精霊の森から 国家と市場の森へ

富田晋介
Shinsuke Tomita

森と暮らす

かつて森は怖いところであった。現代において、二酸化炭素の吸収源であったり、エコツーリズムの対象であったり、環境保全の最も重要な対象であることもあり、森に良いイメージをもっている人が多いだろう。ところが、森に囲まれて暮らしてきた人々にとっては必ずしもそうではなかった。森に暮らす野生動物や野草が彼らの暮らしの大切な部分を支えてきた一方で、様々な危険に遭遇する不気味な場所であった。

中国国境の近くにある、ラオスのヤン族の村で住み込み調査をしていたことがある。この村は、谷底で水田を営んできた村で、二〇〇三年に調査を始めた頃は、その周囲は深い森に覆われていた。乗り合いトラックの荷台に乗せられて、森の中のでこぼこの道を土埃に悩まされながら進んでいくと、突然視界が開け、眼下に青々とした豊かな水田が広がる。電気は来ていないが、毎年消費する以上の米が収穫でき、人々は、自ら生産した農作物、家畜飼育、狩猟と採集によって、ゆったりとした時間の中で暮らしていた。

匪賊が潜む森

この村の中に、ひとりだけ入れ墨を全身に入れた老人がいた。妻はすでに亡くなっており、三男夫婦と孫たちと暮らしていたが、いつもひとりで高床式の家のベランダでぼんやりと座っていた。足腰が弱り、杖をついていたが、彼の周りにだけ異質な雰囲気が漂っているように感じられ、生前は挨拶を交わす程度のつきあいであった。

後年、ある村人の家に上がり込んで、夕食をご馳走になりながら四方山話をしていると、思いがけずこの老人の話がでた。昔は裕福な旅人から金や宝石を奪う匪賊が隣村に住んでおり、彼はその仲間のひとりであったという。村から歩いて一時間ほどのところに、狭い渓谷がある。現在は車道が通っているが、昔は急な斜面に人が一人とおれるほどの山道が先の村へ続いているだけであった。町から裕福な旅人がやってくると、酒やご馳走でもてなし、興が乗ってくるとかわいい女の子のいる村に遊びに行こうといって、この場所に誘い出す。周りは鬱蒼とした森であり、その中には仲間が隠れていた。死体は谷底に捨てた。人を大勢殺したあとは、刀から指が離れなかったため一本ずつ引き剥がさなければならなかった、と彼から直接聞いたという。この老人が若い頃の話であるので、一九四〇年代か一九五〇年代ごろのことであろうか。帰宅しようと家の外に出て、静寂の中に月

ラオス北部の農山村

ラオス北部は様々な民族が暮らす場所だ。ヤンやルーなどのタイ・カダイ語族が水田稲作を行ってきた一方で、クムなどのモン・クメール語話者やアカ族、フモン族などが焼畑で陸稲を育ててきた。近年は、自給用の作物が商品化するとともに、サトウキビやカボチャなどの中国市場向けの商品作物栽培が席巻している。

MY FIELD

酔って若者に背負われているのが筆者
（2005年10月26日 撮影者不明）

明かりに照らされてうっすらと浮かび上がる暗い山々を眺めていると、旅人が誘われていく当時の情景が思い描けるようであった。

森の精霊

匪賊の他にも、森には精霊が潜んでいた。山の中を歩いていると、焼畑や焼畑のあとに回復してきた様々な遷移段階の植生の中に、不自然にこんもりした森が残っていることがある。たいていは、近くの山村が土葬するための場所であったり、水源林であったりするのだが、ときおり精霊が暮らす森なので畑にしない、と聞くことがある。森を切り拓こうとしたが、村に大勢の病人や死人がでたからそのまま残している、精霊を怒らせたのかもしれない、とそんな森を眺めているところにちょうど通りかかったクム族の男性が語ってくれた。

一方で、森は精霊が暮らせる場所ではなくなってきた。水田の開拓の経緯を調べていたときである。ある村人が「いまはカイソーンの時代だから許してね」と精霊に許しを請うて森を伐開したと教えてくれた。カイソーンは、ラオス建国の父であり、近代国家建設にあたって、それまでの慣習や信仰を遅れたもの、そして経済発展を妨げるものとして完全に否定した人である。革命時に村の指導的立場にあった人たちは、再教育キャンプに連行された。そこは、それまで長い年月をかけて醸成してきた慣習を徹底的に破壊し、かわりに共産主義を植え付けようとした場所であった。あるとき、村の雑貨屋の店番をしていた若い娘が「昔は精霊がたくさんいたのに、今はいなくなっちゃったな」とつぶやいていたことを思い出す。

いまや森は、人にとって怖いところではなくなった。国家の統治がすすんだおかげで匪賊はいなくなり、森は精霊に代わって人が支配するようになった。そして、実質的には国家から市場へ森の支配が移行したことを、農山村に暮らす人々はだれもがよく知っている。かつて暗く鬱蒼としていた森は切り拓かれ、見通しの良い景観へと変容した。彼らの心象の変化を、しょせんよそ者である私はわかったつもりになっているだけなのだろう。しかし、森林面積が急激に減少し、農地に転換されている現状は、そこに暮らす人々の心象風景ともきっと無関係ではない、と伐開された山々を眺めていると思うのだ。

乾季に撮影した谷の風景。集落と収穫後の水田が谷底に見える（2005年11月8日筆者撮影）

破壊・消滅・変容の現場で

マハレの人々

国家と民族、変わる生活、そして他者と交わる

高畑 由起夫
Yukio Takahata

国境、国籍、そして病院

約四〇年前、私はタンガニーカ湖東岸のマハレ山塊国立公園で三年間ほどチンパンジーを観察していました。この湖は一八八五年のベルリン会議以来、欧州列強によってタンザニア、ザイール（現コンゴ民主共和国）等四か国に分割されています。とは言え、カヌーを漕げば国境を超えるなどわけもない。ある日、湖岸で佇んでいると、一人の男が香港製のサンダルを積んでやってくるなど、密入出国・密輸は日常です。

湖を往来するうち、男女が結ばれることもあります。知り合いのタンザニア人男性とザイール人女性との間で子供が生まれるということで、まわりの連中に「子供の国籍はどうなるの？」と尋ねると、「病院で産めば出生証明書をくれるから、タンザニアの病院ならタンザニア人に、ザイールならザイール人だ」。こうして人々は病院を通じて、かつて列強が原型を作った国家体制に組み込まれます。

トングウェ

マハレにはもともとトングウェという民族が暮らしていました。約二万平方キ

基地のボートKasiha号。はるばる尋ねてきた青年海外協力隊の二人をキゴマまで送るため、湖に降ろすところ。ヤギと同乗したのもこのボートだったと思います

ロの疎開林帯に二万人ほどで、焼畑農耕を営んでいました。一九六五年にマハレで研究を始めた故西田利貞さんは、文字を持たない彼らにその由来を聞き込みました。父系で七、八世代、およそ一五〇〜二〇〇年ほど遡る頃、対岸から複数の民族が渡来、紛争の末に融合してトングウェの原型ができあがったと推測しています。しかし、多くの人は一九七〇年代の集団農場化政策で移住を余儀なくされ、現在では、わずかばかりが国立公園関連で残るだけです。

トングウェはなかなかウィットに富んでいます。住み込んだばかりの頃の西田さんは若く、髭もなかったのが、やがて髭を蓄え始めると、おばさんたちから「お前はどうやらマハレでオトナになったようだね」と言われたそうです。人当たりが良く、優しすぎる反面、煮え切らないところもないわけではない。日本人研究者との相性も、人によって異なります。「見込みがあるので、臨時雇いから常雇いに昇格させた」のに、他の研究者と肌合いがあわないなどと聞いたりします。一度、西田さんが昔から雇っている、実直で酒も踊りも手をださないカジュギに「トングウェの人たちは、日本人をどう見ているの?人によってはうまくいかないとか、ある?」と尋ねると、諄々と「それはね、それぞれ雇われた経緯というものがあるからね。あるトングウェはある日本人とはうまくいくけど、他とはうまくいかないとかさ、色々あるのだよ」と応えてくれました。

MY FIELD

タンザニア マハレ山塊国立公園の農耕民トングウェ

国立公園昇格も近く、建築中のゲストハウス。左端に立っているのがディレクターで民族はチャガ、他はトングウェ。基地は多民族社会の縮図でもありました。

スタッフと

スタッフ中、勘が良いのはなんと言っても(西田さんとも、私とも共著論文がある)ラマザニで、スワヒリ語で雑談するうち「(首都の)ダルエス・サラームでは、日本人に似てるけれど、頭の後ろを刈り上げ、決して一人で歩かず、いつも集団でいる連中がいたじゃない!誰なのさ?」と尋ねてきます。「オォ、あんたはやはりチンパンジーだけでなく、よく物事を観ている人だね!」と感嘆し、「北朝鮮の人たちさ。日本人に似てるけど、違うんだぜ。君たちが使うパンガ(山刀)も北朝鮮製があるじゃないか」。

もちろん、我々も彼らにしっかり観られています。「日本に帰国する際、一番嬉しそうな顔だったのは〇〇、一番泣いたのは××だった」等と聴くこともしばしば。ある日、少し離れた別の基地で魚を調査中の日本人二名について「彼らは互いに口をきかない。我々にも別々に指示して、どちらに従うべきかわからない。どっちが偉いの?」との相談がありました。「組織が違うから、俺にはわからんよ」と答えると、困った顔で「どちらが年長?」と言う。「それなら〇〇さ」「それじゃ、年寄りを優先するよ」と納得顔で帰っていきました。

マハレへの帰途のボートで、ヤギと同乗したこともあります。近くの村に寄ると、ドライバーのカサカンペがヤギを一頭載せました。後でラマザニに尋ねると「サディ(別のスタッフ)の二人目の嫁さんに呪いがかけられて病気なので、呪いを解くため(呪術医でもある)カサカンペに支払うヤギさ」。「あれ、彼女は行きのボートで病院に行ったはずじゃない」「呪いと病気への扱いは別さ。呪い(原因)は呪術医に、病気(結果)は病院じゃないとね」。

もっとも、サディの第二夫人は別の民族ベンベから迎えており、その理由がたしか「民族が別なら、トングウェの呪いにかからない」だったはず。重ねて尋ねると「結婚後、何年も経ったから、嫁さんもトングウェになっちまったんだよ」。

いずれにせよ、六〇年前に西田さんが眼にした伝統的生活は一変しました。二つの国の狭間で、国立公園とツーリズム文化に向かい合う彼らの未来に幸あらんことを祈ります。

破壊・消滅・変容の現場で

戦争前夜のフィールドワークから

人類学徒による「人類」発見の顛末

澤田 昌人
Masato Sawada

親戚たちと一杯

コンゴ民主共和国 イトゥリ州

熱帯林に暮らすバレセとエフェの歌と踊りは有名で、ターンブルをはじめ多くの研究者を魅了してきた。夢のなかで新しい歌を教えてくれるのは今は亡き先祖であって、彼らは生前の姿で森の奥に住んでいるとされる。縁あってバレセの娘と一緒に暮らすことになった。彼らは「調査対象」から私の「姻戚」となった。

MY FIELD

招かれざる客

家の前で座って夕飯を待っていると、南から自転車を押して見知らぬ男が現れた。この森の住民の多くは、どこかしら破れた衣服を纏っているのだが、その男はどこも破れていないジャケットとズボンを身につけていて、靴までも履いていた。自転車も稀なこの村で、この男の出で立ちは尋常ではなかった。

男は県庁所在地からやってきた役人のようだった。

そしてこんなことを私に言った。「外国人のあなたがこの地域に滞在するためには私が許可証を発行しなければなりません。」許可証を発行するには手数料と称してお金を要求するはずだ。このご時世、この国では役人の多くはいろいろなことに「許可が必要だ」と主張するのだった。

破綻した経済と調査者としての私

当時ザイールと呼ばれていたこの国では、役人や教師に何年も給与が支払われていなかった。教師はその代わり、子どもたちの親に「授業料」としてお金を請求したが、そもそも親たちにもお金はないのだ。

一九九〇年代初頭、年率八万パーセントとも言われるハイパーインフレがこの国を襲っていた。一年間で物価が八〇〇倍になったので、まとまった買い物をするためには、札束を詰めたスーツケースを引きずって市場に行く始末だった。

しかしフィールドワークに没頭する私にとって、この国の壊滅的な経済がもたらす逸話の数々は結局のところ他人事だった。困ったことと言えば、支出が増えたり、物資が不足したりするという点に限られていた。それどころか、日本では想像もできないようなインフレは土産話にうってつけで、悪化する経済を面白がっている気持ちもどこかにあったと思う。

私はいつかは安全な日本の生活に戻ることになっていたため、破綻した経済がこの国の人びとにもたらす苦境を自分のこととして理解していたとは言えない。人間を深く理解することを目的として人類学を研究していたはずなのに、目の前の人びとの煩悶を認知することさえできていなかったのだ。

「もう、戦争しかない。」

私は語気を強めてこの男に言った。「私はこの国の国立研究所から調査許可証を発行してもらっている。また通行許可証も国軍の大佐の署名入りで発行されている。これらの許可証を持っているのに、なぜ田舎の小役人に滞在許可証を発行してもらわなければならないのか！」

私は居丈高で本当に嫌なやつだったと

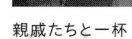

エフェの歌と踊り

思う。私はこの男を見下し権威をかさに威張って見せたのだ。私の言葉を聞いて、周りにいた村人たちからは役人を蔑むような笑い声がもれた。この男は自分のあてが外れたことを悟ったのだろう。嘲笑を受けて居心地の悪い様子であった。そして絞り出すようにこう言い放った。

「もう、戦争しかない。」

私も村人も呆気に取られた。私にたかることができなかったことと「戦争」には何の関連も無いのではないか。唖然とする私たちを残し、彼は去っていった。

自分を見下した私に敵意を抱いたため、「戦争」という言葉が出たのかもしれない。ただそれまで私は色々な役人の依頼を同じ方法で断ってきたのだ。それでも「戦争」という言葉は聞いたことがなかった。

「人類学」を生きること

帰国したのち、ザイールで本当の「戦争」が始まった。隣国の支援を受けた反政府武装勢力が戦いの狼煙をあげると、各地で政府軍を撃破した。反政府武装勢力が制圧する土地では、それに参加する若者が続出した。あの男に会った村でも数人の若者が参加したという。次の年には首都が陥落してザイールという国は終わり、コンゴ民主共和国が誕生した。前途に絶望したであろう男が絞り出した「もう、戦争しかない。」という言葉は、現実のものとなってしまった。「戦争」は甚大な人的、物的被害をもたらすものだが、その到来を覚悟するほどあの男の絶望は深かったのだろう。この「戦争」のトリガーを引いたのは隣国だったかもしれないが、人びとの心の中ではすでに弾は装填され安全装置は外されていたのだろう。

私は政治学や経済学ではなく人類学の調査をしていたのでこのような状況に気づかなかったのかもしれない。しかし「戦争」の予兆が現れていても、それを他人事としていた自分は、同じ「人類」としてあの男や人びとに向き合ってこなかったことを認めざるを得なかった。

遠い過去から現在に至るまでお互いを「サル」だの「ゴキブリ」だの「ネズミ」だのと見なし、異質なものとして攻撃し、排斥しあってきた我々を、結局は同類として措定するのが「人類」という概念だったはずだ。その概念を前提とする学問、「人類学」を私は志していたはずだったのだが……。

その後「人類学」は自分の専門分野というより、生きることの指針を与えてくれる源となった。「人類学」を生きることが私の目標となった。

あの丘の向こう

固有名の記憶を手繰り寄せる場としてのフィールド

霧の奥

「ここからは行けない。道が悪い」。

隣村の外れで、運転手は突如バイクを止めた。二〇二三年九月六日。朝から生憎の雨。新型コロナウイルス感染症の世界的な流行によって、それまで当たり前のように繰り返していたルワンダとの往来は、遠く隔たれていた。村にはじつに四年ぶりの訪問だった。

目を遣ると、陽が落ちようとしている空に、霧がかかったK村の斜面がみえる。あとすこし。胸が高鳴る。しかし、バイクの運転手は梃子でも動くようすがない。南部州N県の町を出発して隣村に至るまでに約二時間。雨後のぬかるむ道の悪さとそれを回避するための遠回りで、いつもの倍の時間がかかっていた。四国ほどの小さなルワンダのなかで、N県自体が辺境さを喚起させる地域とされるが、K村はそのなかでも辺縁とみなされている土地のようだ。彼はこの先に行けば自分も帰れなくなるからと、無下にも私を置いて来た道を去っていく。途方に暮れていると、道沿いの家に暮らす住人たちが出てきてくれた。

寡黙な丘の生活

ほどなく、K村の方向から背の高い細身の二人が歩いてくる。だれかと一瞬目を疑う。現れたのは、二〇一一年来の付き合いとなる、現滞在先のジョゼと近所に住むウェイトだった。かれらはすぐに手分けして、私の荷物を軽々と抱えてしまう。一八歳になったウェイトの身長は、この四年でどれだけ伸びたかわからない。二二歳のジョゼには、一歳一〇か月になる女の子が生まれていた。そもそも私の記憶のなかでは、いまでもかれらは一〇歳前後の幼い少年少女である。馴染みの顔を認めることの悦び、必ず来てくれるだろうという信頼の情、村までの道をともに歩くことの安心感――。こうした感情は、村に滞在するようになった当初には抱きようのなかったものだ。

村に着くころにはあたりはすっかり暗闇に包まれて、深淵な静けさを湛えていた。その情景は、日本からいくつもの明るく賑やかな町をくぐってきた私には、いつだって崇高なものに感じられる。K村の広場に着くと、まだ遊んでいた少年たちが一斉に駆け寄ってきて、「ユキコ！」と私の顔を覗き込む。近所に暮らす親しい女性たちも、一目私を見ようと外へ出てくる。忘れかけたルワンダ語の心配をよそに、条件反射で自分の口から出てくる挨拶の言葉に、再び胸をなでおろす。滞在先の家に入って荷物を置き、この数年間を埋め合わせるように会話を重ねる。

すぐに食事が供される。わずかな味だけの蒸かしたバナナと米。見た目こそ質素であるが、村ではご馳走だ。

かれらの日の目をみない慎ましさは、コロナ禍以降、物価が二倍にも膨れ上がった生活苦のなかで、「賢者は文句を言わずに手立てを探す（*Intore ntiganya, ishaka ibisubizo*）」という恐るべき国のスローガンを真面目に引き受けた結果のものでは決してない。それはおそらく、朝晩には深い霧のかかる丘陵の片隅で、隠れるようにして日々粛々と畑を耕すかれらの生きざまから来ているものだ。冷え込む早朝の澄んだ空気のなか、規則正しく振り落とされる鍬の音が、お互いその姿は見せないけれど、今日も丘陵一帯に響いている。

あの丘陵を求めて

ところで、K村で私が二〇一九年まで滞在していた家は、いまでは一人を除いて、みなが都会に出てしまった。そのなかの一人、家長のムチェチュル（「おばぁちゃん」の意）は、老衰を心配する彼女の娘たちが、彼女を首都の自宅に呼び寄せたことで村を離れた。ムチェチュルは慣れない都会の生活で、忙しなく働く家族をよそ目に、薄暗い家のなかでひっそりと生きている。その眼はいつもどこか遠くを見遣っているが、そこには彼女が人生の大半を費やしてきたあの丘陵が映し出されているのかもしれない。すこしずつ彼女を蝕む痴呆は、彼女から明瞭な感情をも奪ってきた。それでももとより明達な彼女は、私がやって来るとその頼りない存在を思い出すのか、まるで村にいたときのように、家事を引き受ける年頃の女性を呼びつけては、「あれをしてあげて、これをしてあげて……」と朧気にも指示を出すのだった。

調査地の人びとと家族のように濃密な関係を築く人類学者たちに、私はいつも憧れてきた。しかし、これまで私自身がそうした実感を得られたことはほぼなく、むしろルワンダの人たちのあまりに丁寧で几帳面な対応に、戻るたびに関係が仕切り直されてしまうような居心地の悪さを感じてきたことも否めない。それでも四年の隔たりを経て、虚ろになるムチェチュルの記憶のなかに、私はいまも固有名として失われてはいないこと、なにより私自身が、あの霧で埋もれた丘陵とそこで形成された関係性を、およそだれより自分の立ち返る場所として信じて止まないでいることを知るのだった。

近藤 有希子
Yukiko Kondo

破壊・消滅・変容の現場で

MY FIELD

ルワンダのフトゥとトゥチ

ルワンダは、1990年代前半に生じた紛争と虐殺でひろく知られた国である。一連の出来事は「多数派のフトゥによる少数派のトゥチに対する虐殺」として国家再建が進められてきたが、実際には、それとは矛盾するような多様な行為や複雑な経験があった。虐殺を体験していない若い世代が増えていくなかで、かれらが個別の記憶といかに向き合いうるのか、私もともに見届けられたらと願う。

冷え込む早朝、霧で埋もれたルワンダの丘陵は、ムチェチュルの茫漠な記憶と重なる

竹ノ下 祐二
Yuji Takenoshita

1970年生まれ。岡山理科大学教授。人類の社会進化を復元すべく、アフリカ中部の熱帯林に生息する大型類人猿（ゴリラ、チンパンジー）を対象とした野外調査を行っている。群れのメンバーが日々の遊動や採食の場面で他個体の利害に折り合いをつけて群れを維持するさまに注目している。主著に『新・方法序説』（2023年、共編著）など。

安渓 遊地
Yuji Ankei

山口県立大学名誉教授。奄美沖縄と熱帯アフリカの人と自然の関係史。地域住民との共編著として『ぬʻてぃぬかーら・どぅなん：いのち湧く島・与那国』（2023年）、『西表島の文化力：金星人から地球人へのメッセージ』（2023年）、『調査されるという迷惑・増補版』（2024年）など。

安渓 貴子
Takako Ankei

生物文化多様性研究所所員。熱帯アフリカと奄美沖縄の環境・食・文化の関係。おもな著作は『Cookbook of the Songola』（1990年）、『森の人との対話：熱帯アフリカ・ソンゴーラ人の暮らしの植物誌』（2009年、共編）、『ソテツをみなおす』（2015年）など。

花村 俊吉
Shunkichi Hanamura

1980年生まれ。京都大学研究員。人のものの見方を相対化することを目指して、異種である霊長類の社会を参与観察してきた。近年では、無人島に放獣されたサル、猿害を起こすサル、猿舞の芸ザルなどと人びとの関係についても調査している。主著に『出会いと別れ：「あいさつ」をめぐる相互行為論』（2021年、共編著）など。

黒田 末壽
Suehisa Kuroda

1947年生まれ。滋賀県立大学名誉教授。アフリカの熱帯雨林に生息するボノボ研究のパイオニア。人類社会での食物分配の進化や制度の成立、観察行為論などを研究する一方で、焼畑をしながら気候変動に対応する技法を模索中。主著に『人類進化再考：社会生成の考古学』（1999年）、『自然学の未来』（2002年）など。

小西 祥子
Shoko Konishi

1979年生まれ。東京大学准教授。大学院在学中はトンガ王国でフィールドワークをして、海外移住や肥満について研究していた。現在は人類生態学の視点から少子化について研究している。主著に『動く・集まる』（生態人類学は挑む SESSION 1、2020年、分担執筆）など。

小野 林太郎
Rintaro Ono

1975年生まれ。国立民族学博物館教授。東南アジア・オセアニアを主な調査地として、島の沿岸遺跡や海底遺跡を対象に、人類の島嶼環境への移住や海洋適応の歴史、海産資源の利用、海の移動・移住ネットワークを研究している。主著に『海の人類史：東南アジア・オセアニア海域の考古学』（2017年）など。

足立 薫
Kaoru Adachi

京都産業大学現代社会学部准教授。西アフリカでオナガザル類の混群を研究したのち、香港のマカクザルと人間の軋轢を通して、ヒトと野生動物の種を超えた社会関係を考えている。主著に『たえる・きざす』(生態人類学は挑む SESSION 6、2022年、分担執筆)など。

須田 一弘
Kazuhiro Suda

1958年生まれ。北海学園大学人文学部教授。パプアニューギニアやトンガ、マレーシア、インドネシアアなどで、「測れるものは何でも測る」を基本方針に資源利用とその変化を研究してきた。主著に『ニューギニアの森から：平等社会の生存戦略』(生態人類学は挑む MONOGRAPH 3、2021年)など。

PART 11

調査作法は人生を左右する

フィールドワークの方法論を身につける

鉄とコンクリートとガラスに覆われた都市に生まれ育ちながら、生《なま》の自然の前では実にひ弱な身体を晒しながら生きるのが、生態人類学の研究だ。だからそこには、奇妙な自分を人々の中に溶け込ませる、作法や技法がある。
驚け、怒るな、油断するな、そして笑え。細かな事に気づき配慮する敏感さと同時に、自分を追い込まない適度な鈍感さをもって人や出来事に接すれば、最後はなんとかなる。そしてなんとかなったとき、実は「たいしたことじゃない」ことこそが、いちばん大事だということに気づくのだ。

田島 知之
Tomoyuki Tajima

1984年生まれ。大阪大学特任講師。ボルネオ島の熱帯雨林で群れを作らない類人猿オランウータンを観察しながら、彼らの集まらない社会性について考えてきた。ヒト青年期の進化史的起源についても霊長類学の観点から研究している。主著に『関わる・認める』(生態人類学は挑む SESSION 5、2022年、分担執筆)など。

萩原 潤
Jun Hagihara

宮城大学看護学群准教授。主な関心は、オセアニア島嶼部の熱帯林の環境変化とパプアニューギニアに暮らすギデラの狩猟採集耕作生活。

竹ノ下 祐二
Yuji Takenoshita

珠玉の「生態的参与観察」実習

共に行く人の経験をなぞる

MY FIELD

アフリカ中部のゴリラとチンパンジー

アフリカ中部の熱帯森林にはニシローランドゴリラとチュウオウチンパンジーが同所的に生息している。多くの場合、大型類人猿の野外調査は一人ではなくチームで行う。フィールドで出会う類人猿や地域の人々に加え、一緒に行く人からも多くの刺激や影響を受ける。それは先輩後輩を問わない。同行者と経験をともにすることで、自らの経験がより豊かになる。

はじめてのアフリカ熱帯林。黒田さん(左端)、トラッカーたちと

はじめてのアフリカ

アフリカで大型類人猿の野外研究をはじめてから今年で三〇年になる。最初のアフリカは一九九四年三〜五月、中央アフリカ共和国のモンディカ森林だった。連れて行ってくれたのは京都大学自然人類学研究室（当時）の黒田末壽さん（本書238頁）である。

それは僕にとって初めてのアフリカであると同時に、初めての海外旅行でもあった。日本の空港の出国手続きから経由地のパリでさえ初めて続きで戸惑いっぱなし。首都バンギでの換金や買物、未舗装の道路を四輪駆動車で長時間移動、船外機つきの丸木舟での川下り。ここまででかなりヘロヘロなのに、さらに二〇キログラム近い荷物を背負って初めての熱帯林を徒歩で約一五キロメートル。とうとう、僕は過呼吸の発作を起こしてぶっ倒れてしまった。

「たいしたことじゃない」

そんなていたらくだったので、「調査」もひどいものだった。黒田さんの後ろをついて歩くだけで精一杯。黒田さんやアカピグミーのトラッカーたちが動物をみつけて観察しているとき、僕の目が知覚するのはただ茶、緑、グレーなどの「色」だけだった。

前を歩く黒田さんはときどき立ち止まって何かを説明してくれる。けれど、前を向いて話すので聞き取れない。そもそも何メートルも置いて行かれている。黒田さんが立ち止まってどこかを見て何かを野帳に書きはじめるので、必死で追いついて「なんですか？」と尋ねるのだが、ゴリラやチンパンジーを見つけたとき以外は、だいたい「たいしたことじゃない」と言ってすぐ歩き出してしまう。

しょうがないので、僕は黒田さんが止まったらその場所で自分も止まり、とにかく黒田さんが見た方向を見ることにした。そして黒田さんが何かを書いていたら、そこで僕も何でもいいから書くことにした。とはいえ、最初のうちはは見るものも書くこともみつからない。しかたなく「汗がとまらん」などと書いたりした。

僕がみつけた！

おもしろいもので、自分で何かを見ようとすると、少しずつ具象が見えてくるのだ。藪の向こうのゴリラはまだ難易度が高かったけれど、植生の雰囲気とか、ちょっと面白い形の樹木などに興味が出

「僕がみつけた」アリ塚に刺さったチンパンジーのシロアリ釣り棒

て、野帳に書くことも増えてきた。
そんなある日、黒田さんが通り過ぎたゾウ道の傍らに、すこし盛り上がった地面に木の枝が刺さっているのに気づいた。それはチンパンジーがシロアリ釣りをしたあと、アリ塚に刺しっぱなしにしていた釣り棒であった。黒田さんが見過ごしたのを、僕が見つけたのだ!僕にも少しは「森を見る眼」が養われてきたのだ!

黒田さんは大学の仕事の都合で僕より約一週間早く帰って行った。その翌日、僕は黒田さんが置き忘れた野帳をみつけた。中を見てみたい衝動にかられたが、みてはならない「観察の奥義」が書かれているような気がして我慢した。帰国して忘れ物を返すとき「中はみてません」と僕が言うと、「たいしたことは書いていないからみられても構わんかった」と黒田さんは笑った。

時は流れて

それから三〇年、僕はまだアフリカで調査を続けている。いつしか後輩や学生を連れて行く立場になった。

京都大学大学院生（当時）の田村大也さん（152頁）を連れていった時のことだ。田村さんは若くて僕よりずっと体力はあるのだが、やはり森歩きに慣れていない。ふと振り返ると十数メートル後ろを歩いていたりする。僕はそこらの木の幹のおもしろい形状などを書き留めたり、遠くの木にサルでもいないかと双眼鏡をのぞいたりしながら彼を待つ。

田村さんは追いついて「なんですか?」と尋ねる。けれど、たいしたことを観たり書いたりしてるわけではないので「たいしたことじゃないよ」と言って僕は歩き出した。その瞬間、「あっ」と記憶がよみがえった。そうか、これか。あのとき黒田さんが見たり書いたりしていたのもこんなことだったのだ。

僕は研究者としての黒田さんにとうてい及ぶべくもない。けれども、この時だけは、自分をかつての黒田さんの姿に重ね合わせることができて、少しうれしくなった。

いま思えば、僕がやっていたのは黒田さんのいう「生態的参与観察」だったのだ。生態的参与観察とは、サルを追跡しながらできるだけ同じように行動し、かれらの経験をなぞることで物言わぬサルの世界に迫るやり方だ。それを僕は黒田さんに対してやったのだ。

そうだとするならば、黒田さんは何も教えてくれないようでいて、実は濃密な生態的参与観察の実習をしてくれていたのだ。この経験は僕の生涯の宝物である。

物々交換の市場でのかけひき。キャッサバ芋の上にナマズを置く

驚くな、怒るな、そこで笑え

森の中で先輩と村さがし

安渓 遊地
Yuji Ankei
安渓 貴子
Takako Ankei

調査作法は
人生を左右する

初めての外国はアフリカ

一九七八年、私たちのはじめての外国はアフリカだった。カップルで行くならと、伊谷純一郎先生が先輩の掛谷誠・英子さんに、当時ザイールと呼ばれたコンゴ民主共和国の、住み込める村さがしの旅への同行を依頼してくれた。

森の中の道を歩き、村があれば挨拶をして休憩する。夜になるようなら泊めていただく。どうすれば無害な人間だとわかってもらえるか、スワヒリ語での自己紹介の仕方や、食事や宿泊へのお礼はどうするのか。何もかも初めての私たちを、掛谷さんご夫妻は、ていねいに導いてくれた。旅をともにしながら、隣国タンザニアで五か月もかけて調査許可を得た過酷な体験や、バンツー系の言語を話しタ

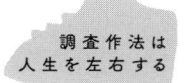

1990年、留守の間に生まれた子どもをハグする

1980年、村のママたちと料理法の確認

OUR FIELD

ソンゴーラ人

コンゴ盆地の東部マニエマ州の森に住む。インフレや新札交換で無価値になる紙幣より頼りになると、川沿いの漁民と農耕民が物々交換。地域外から岩塩を買うだけで作られる料理は2000種類を越える。

ンガニーカ湖畔のサバンナに暮らすトングウェ人との日々を聞いた。

驚きを見せるな、油断するな

旅の中で掛谷誠さんは、ソンゴーラ人の村の家の窓にたたずむおばあさんに挨拶して握手をする。わたしたちも同じようにするが、握手した手には指が一本もなかった。ハンセン病なのだ。大人にはほぼ感染しないという予備知識はあったが、これは、何があっても驚いた様子を見せないという先輩からの訓練だった。

先頭を歩いていた掛谷誠さんが、森の道のそばに腰をおろして汗を拭きながら、空を指差し「トゥオーネ　ンデゲ（鳥を見ようよ）」とスワヒリ語で言う。素直に上を見た貴子は、サファリアリの行列のまん中に踏み込んでしまう。たちまち這い上って体のあちこちに噛みつくアリたちの鋭い牙。どんな時も油断せず、あたりに細心の注意を払えというしごきだったのだが、先輩のしかけた小さな罠に、時ならぬストリップを強いられてしまった。

一週間ほどの村さがしの旅の最後の日。前日まで荷物運びをしてくれていた二人の若者が逃げた。地元の刑務所に服役中のところを動員されたのだから無理もないが、私たちは森の踏み分け道を食器や鍋まで背負って、四〇キロほど歩くことになった。伊谷先生にタンザニアの乾燥したサバンナを歩かされた先輩の武田淳さんは、途中でもうろうとして首にかけたカメラや双眼鏡を投げ捨てたという。それに比べれば熱帯雨林の道は涼しく、この体力試験は案外快適にパスした。

一触即発

日が落ちる頃、ホテルがある州都キンドゥの対岸にようやくたどり着いた。コンゴ川上流の川幅六〇〇メートルを渡す公営フェリーの最終便は終わっている。エンジン付きボートでの渡しも、ガソリンがなくなり出ない。そこに手漕ぎの丸木舟が近づいてきて、昼間のフェリーの二五倍の金額を出せば乗せるという。ずいぶん高めだがホテルの冷えたビール飲みたさに支払うことにする。

私たち四人を乗せた丸木舟は暗い水面を中洲に漕ぎ寄せる。水路でもあるのかと思っていると船頭の意外な言葉。「さっきのは一人分の値段だ。四人分払え。それが嫌なら、ここで一晩寝るか？ワニの腹はでっかいぜ……」かっとなった私は「カラテがこわくないのか!?」と、タンザニアの首都ダルエスサラームで、伊谷先生が路上強盗を退散させたはったりをかまそうとした。しかし、掛谷誠さんは、猫なで声を出した。「折れ合おうやないか。二人分ではどうや？」……一触即発かと思った緊張はほぐれて、市場で魚を買う時のような、普通の値段のかけひきの雰囲気になった。やばい時こそ笑顔で乗り切れというのが、先輩の教えだった。

村で養子にされて

村さがしの旅が終わった時、ソンゴーラ人の村々で受けた無償かつ心づくしのもてなしを振り返りながら「バンツーはバンツーやなぁ」と、掛谷誠さんは言った。客人を穏やかに礼儀正しくもてなす徳がある人々を、スワヒリ語で「ワタラティブ」と呼ぶ。これこそは、「人間」という意味のバンツーの人々にとっての共通の価値のひとつなのだった。

生活習慣の違いや旅先での様々な待遇に内心驚いても、さも当たり前であるかのように過ごせ。これが、伊谷先生と掛谷さんご夫妻の教えのエッセンスだった。

このあと、わたしたちはソンゴーラ人の村のひとつに居候した。そして滞在の一か月目に、村長の養子にしていただくという驚きから出発して、わたしたちのフィールドワークと、その後の〝日系アフリカ人〟としての暮らしはスタートしたのだった。

花村 俊吉
Shunkichi Hanamura

原野の狩人に憧れて

調査助手とチンパンジーと私

MY FIELD

**タンザニア西部のトングウェと
マハレM集団のチンパンジー**

トングウェは狩猟や漁猟もおこなう焼畑農耕民で、かつてはその一部がチンパンジーと同所的に暮らしていた。現在その多くがマハレ山塊国立公園周辺の湖岸部で暮らしており、市場経済の浸透に伴いその生活も変容してきた。チンパンジーは、アフリカ大型類人猿の一種で、果実を主食として離合集散しながら集団生活を営む。

かつてのトングウェの村で

アフリカ大地溝帯に形成された古代湖、タンガニーカ湖へと注ぐカベシ川の冷たい清流が心地よい。二〇〇六年八月、チンパンジーを対象とした一年間の初調査も終盤に近いこの日、私はトングウェのかつての村跡を訪れるべく、その地域出身で、当地の狩りの名手として名を馳せた、調査助手のムトゥンダらとサファリに来ていた（『マハレ珍聞』［http://mahale.main.jp/chimpun/index.html］の連載記事「イルンビの森にゾウを追って」を参照）。普段調査しているカソゲの森からも遠く離れ、旧マトベ村のすぐ近くを流れる原野の川に真っ裸で身をゆだねていると、洗濯や釣りにきた人びとの物音や声が聞こえてくるようだ。彼らは、一九七四年以降の集村政策と一九八五年のマハレ山塊国立公園の設立に伴い、湖岸部への移住を余儀無くされた。チンパンジーを介して私と調査助手の間に流れる様々な政治や歴史、権力関係の交錯に目眩を覚える。

マハレのチンパンジー調査

タンザニア、マハレ山塊国立公園の中央部には、約二五〇〇メートルの主峰ンクングウェをはじめ、険しい山々が南北に沿って連なる。山塊北西部にあるカソゲの森で、故・西田利貞が野生チンパンジーの餌付け（餌場を作ってチンパンジーが食べに来るのを観察し、人がいても逃げないように慣れさせること）に成功したのは一九六六年のことだ。以降、現在まで、チンパンジーの調査が続けられてきた（一九八〇年代には餌を介さない人付けに切り替えている）。近年の主な調査対象集団は、約六〇頭からなるマハレM集団である。私はその調査隊の一員として滞在していた。こうした長期調査には、継続的な調査者の投入とそれを実現する資金源以上に、現地での生活や調査を支えてくれる調査助手の存在が不可欠だ。マハレの調査隊では、主としてトングウェの人びとを調査助手として雇用してきた。調査を通じて付き合う中で、彼らの現在の生活はもちろん、原野で動植物や精霊・祖霊と密に関わりながら生きていた過去の生活にも関心を抱かずにはいられない。こうした経緯で、彼らが精霊の住処、あるいはそれ自体を精霊の一つとして信仰してきたンクングウェ山を経て、山塊東部のミオンボ林の広がる原野に点在する村跡を訪れたのだが、その前後に、かつてそこでトングウェを調査し呪医にもなった生態人類学者の故・掛谷誠らの本を開き、当時を知る調査助手たちの昔話を聞くのは本当に楽しかった。

原野の狩人たち

調査助手たちのことを、こうした歴史のあるトングウェとして改めて認識するよう誘ってくれたのは、チンパンジーたちだった。
今ではすっかり人の存在を許容してくれてはいるが、彼らは彼らの生活を送っており、観察すべく追跡するのは容易ではない。カソゲの森は起伏に富み、道刈りを続けて維持している観察路を除けば山刀で藪漕ぎしながら進むしかない場所も多い。M集団が利用する地域は二七平方キロメートルにおよぶので、発見するのも難しい。どこかで誰かが声をあげるのを待ったり、歩き回って糞や食痕などの居場所に迫る手がかりを探したりしても、空振りに終わることが少なくない。おまけに彼らは群れず、出会いと別れを繰り返しており、運よく数頭を発見したとしても目当ての個体と出会えるとは限らない。一度別れるか見失うかすると、その個体と数週間再会できないこともままある。

このような調査で、はじめはチンパンジーどころか調査助手について行くのも危ういのだが、そのうち調査助手のチンパンジー捜索や追跡の上手い下手に気づくようになる。持ち前のセンスもあり一概には言えないが、かつての原野での生活、とくに狩猟経験者は皆上手かった。まず、足音を立てずに森を歩く。しかし必要あらば素早く、藪漕ぎする際も獣道

ンコンボ（2006年当時36歳のメス）と見つめ合う

を見つけ出し、一体どこを通ったのかと途方に暮れるほど絡み合った藪や木生蔓を切らずに移動する。草のちょっとした折れ具合からチンパンジーの行方を特定する。そして観察時も、私たちの観察行為に対する彼らのそのつどの態度を読み取り、彼らが嫌がることのない距離や位置に居続ける。そうした調査助手の前では彼らも気楽に過ごせるようで、チンパンジーのンコンボ（写真）と調査助手のキジャンガが、私には目もくれずに一時間ほど楽しそうに見つめ合っていたこともある。この時は少々嫉妬を覚えたが、このように調査助手たちは、チンパンジーをはじめとする森の様々な動物とのちょっとした相互行為を常に楽しんでいた。原野での生活を通じて、状況によっては命にも関わる危険な相手である動物たちの主体性を、身をもって知っているからだろう。

調査助手の森や動物に対するこうした身構えが、山塊東部のサファリでも存分に発揮されたことは言うまでもない。最近私は日本国内の無人島で人に慣れていないニホンザルの調査を始めたが、そこでもかの狩人たちの身構えを思い出しながら森を歩き、なかなか姿を現さないニホンザルとの駆け引きを楽しんでいる。

熱帯雨林の村で

森の分かち合いの連鎖と私

黒田 末壽
Suehisa Kuroda

未知の世界

私は二六歳の時、初めての海外調査でアフリカの熱帯雨林にあるワンバ村に一〇か月間住んだ。当時琉球大学の教員だった加納隆至先生がボノボ調査のために連れて行ってくれ、あとは単独で調査した。村人はガンドゥ民族で、小規模な父系集団（リネージ）に分かれて定住し焼畑と狩猟・採集を生業にしているという加納さんの情報があったが、実際の生活の詳細はわからなかった。一方でボノボの調査については、夜の森でもニホンザルを観察して訓練した自信があった。ところが、熱帯雨林ではなぜか私の感覚が働かない。わずかな距離でも案内人の猟師から離れると位置がわからなくなる、樹上にいるボノボが見つけられない。私は未知の世界に這い入った赤ん坊だった。

懐かしい森に変わるとき

森が歩けるようになるために、私は赤ん坊が学ぶように、一緒に歩く猟師の仕草をことごとくまねた。動物の痕跡を探し、葉や実を味わい匂いで植物を覚え、通った場所に印を付ける。それを一人歩きで復習する。子供のときに野山のものをよく食べていたことが役立った。ゾウ

私と年齢組が同じワンバの若者たち。ワンバはコンゴ民主共和国の熱帯雨林中にあるガンドゥ民族の村。1974年に入った私を歓迎してくれ、その後50年続く貴重な調査地になった

に追われることもあったが、やがて五感が森に適応し始め、自分でボノボを見つけられるようになった。そしてある日の夕方、森の風なりが故郷の山の風なりのように響いた。そのとたん、熱帯雨林が懐かしい森に転換し一変した。それまで見えていなかった小さな花や動物が姿を現し、ゾウの寝息も遠くのボノボの声も感じるようになった。森は豊かで美しかった。ボノボは私が至近距離に接近しても気にしなくなった。

分かち合いと嘘つき少年

しかし村では「赤ん坊」から始めるわけにいかなかった。多く持っている者が必要な者に与えるのが当たり前、という文化があったからだ。貸すとまた貸しが起きて取り返せない。無心を断ると、相手は不可解さと落胆の混じった表情で立ち尽くすので、こちらが悪い気になってしまうが、応じていたら丸裸になる。やがて雇用した村人たちが給料や注文した着物を深夜に受け取りたいと言いだしたことで気がついた。分かち合いには隠蔽の裏があり、しかし隠蔽は黙認されている（それを暴くと当事者に恥をかかせ激昂させて刃傷沙汰になることがある）。そこで私は嘘つき少年になった。物を隠し、隠せない物は大学からの借り物と宣言した。無心は激減した。

ブラジャーもつくるのよ！

無心の要因は塩や石鹸の不足にもあったから、町からの仕入れを下宿の主人にお願いして雑貨屋を開いた。診療所が遠いので、病人・怪我人まで私の雑貨屋に来たが、医者でない私が医療行為をするわけにいかない。ところがある時、風邪が流行って何人もバタバタ死ぬ事態が起きた。村が悲嘆の叫びに四六時中包まれた。私はいたたまれず、村人に相談すると看護師資格がある人が名乗りでた。彼に抗生物資を渡すと、たちまちみんな回復した。

夕方は、調査について会議をして飲み会だ。歌や踊りもでれば本音もでる。嫉妬と対立を生むような偏った雇用をするな、補充の人夫は実直な誰々が良いなどのアドバイスもくれる。何かと反発する人物について相談したとき、彼は裁縫ができるから子ども服を作ってもらおうということになった。不機嫌に断る彼に女性たちが押し寄せて迫った。「これはみんなの頼みよ！それから私たちのブラジャーもつくるのよ！」

当時、村にブラジャーはなかったが、女性の憧れだったらしい。彼はかわいいブラジャーを作った。もちろん大好評だった。それから彼は大事な協力者になってくれた。

モキロと妻たちの立ち位置

村の女性たちは逞しくよく働き、男性たちと対等にやりあう。それは地域社会を動かす親族間の力関係とも連動している。ガンドゥ人の結婚は夫方が妻方（モキロ）へ伝統的な婚資と金品を渡して成立するが、結婚後もモキロは月に数回は必要になったものを夫に要求し続ける。要求の物品が多いと、夫は自分で調達できない分を自分たちがモキロになる複数のリネージに要求するから、婚姻で女性が動いた道筋をなぞって要求が広がって行き、物品が逆方向に流れて発信者に集まり需要を満たす。夫が渋るとモキロは妻を実家に連れ戻す。妻も息抜きや夫との関係改善のチャンスとしてこれに従うので、結局、夫はモキロに逆らえない。実家に戻った妻を連れ戻すにはモキロへの贈り物に加えて妻の機嫌取りが必要になる。そこで夫たちは、布の調達や給料の前借りを私に頼みにくるのだった。

まもなくワンバを去る日、ひとり旅の少年に会った。聞けば「中学校に行きたくて姉さんの夫にお金と服をもらってきた」と言う。あどけなくても彼はモキロだった。彼の就学を支えるモキロのネットワークのどこかで私も関与したかもしれないと想像しながら、彼の前途を祝福したのだった。

MY FIELD

アフリカの類人猿

ボノボ、チンパンジー、ゴリラの調査は、見知らぬ村に独りで住むことから始まったので、まず村人に受け入れてもらうために、あらゆることで村人のものの考え方や振る舞い方を学び、問い、意味を考え、尊重することが何よりの優先事項だった。

ワンバの女性。気さくで逞しい女性もカメラには少しはにかむ

調査する者とされる者

修士課程一年生だった私は二〇〇二年七月、人類生態学教室の指導教員だった大塚柳太郎さんと、同じ研究室の先輩だった稲岡司さん（本書258頁）に連れられてトンガ王国に初めて行った。トンガの首都ヌクアロファでネリマロッジを経営されていた又平直子アフェアキさんの紹介で、コロヴァイ村のマイラウさん、カロさんご夫婦のお宅に居候させて頂くことになった。まず手始めに村にある一〇〇世帯あまりを一軒一軒尋ねて名簿を作成することにした。「カロ・マイラウ一家にお世話になっていますショウコと申します。東京大学で勉強していて今回は調査のためにお邪魔しています。申し訳ありませんが名簿作りにご協力頂けないでしょうか。」というようなことを拙いトンガ語で伝えた。ありがたいことにインタビューできた方全員に「イーオ、サイペー（はい、いいですよ）」とご協力頂くことができた。どの世帯でもほぼ必ず、「あなたのご両親はお元気ですか？」「兄弟姉妹はいるか？」「日本のどこに住んでいる？」と聞かれた。時には「カロとマイラウには（居候するために）お金を払っているのか？いくら払っているのか？」「東京の家賃はいくらか？」などと聞かれることもあった。こちらがファアエケ（トンガ語で「根掘り葉掘り聞く」の意）なのだからあちらもファアエケなのは当然だということを知った。

しかしなかには、インタビューさせて頂けなかったお宅も何軒かあった。未婚で出産したり、離婚したり、子どもを亡くしたり、不妊で子どもに恵まれなかったりといった経験のある方は家族に関するインタビューに答えたくないという当たり前のことも私はわかっていなかったので、何度もインタビューをお願いしてしまい大変申し訳ないことをした。こちらが勝手に「調査地」と決めた村の方々全員に調査の協力をお願いする場合、やり方を間違えれば暴力的になってしまう。

調査作法は
人生を左右する

透明人間になれない

フィールドワークは難しく楽しい

小西 祥子
Shoko Konishi

透明人間

亡くなった大塚先生がとある飲み会の席で「（自分が若い頃は）透明人間になりたかった」とおっしゃったのを憶えている。パプアニューギニアのギデラで調査する際に、人々の生活に影響を与えることなく人々を観察して調査したかった、というような意味だったと思う。実際フィールドワークに出かけるとそのまったく逆の状態になる。私がいつどこで誰と何をしたか、皆が知っている。

透明でない生身の人間が「調査地」に住み込んで人間を相手に調査をするのは本当に難しい。しかしだからこそ様々な学びがあるし、おもしろい。村を歩いていると「アルキフェー！（どこに行くの？）」と大きな声をかけられる。食事中の人々のそばを通る時には「ショウコ、ハウカイ！（食べにおいで）」と呼ばれる。コロヴァイに生活しはじめた頃は声をかけられる度に食べ物をもらっていたのでお腹がいっぱいになって仕方がなかった。しばらくすると、これはただあいさつ代わりにかける言葉で、単に「サイペーマーロー！（No thanks!）」と応えればよいということがわかった。

豊かな社会

カロ・マイラウ家族の家。手前正面に大きなパンの木がある

2002年から2006年まで計15か月にわたり筆者がお世話になったマイラウ・カロ夫妻と7人の子どもたちと

MY FIELD

トンガ王国 トンガタプ島のコロヴァイ村

2002年から2006年にかけて筆者が滞在していた頃は、村の中を豚が自由に歩き回っていた。海の潮が引くと豚たちは遠くまで続く干潟に出て行き食べ物を探す。飼われている家ではココナッツの実や残飯を食べる。お祝いの席で必ず提供される子豚の丸焼きはトンガ人の大好物。

少なくとも私が知るトンガでは、お腹がすいて困るということはほぼない。色々な形で人々が食べ物を分け合っているからだ。ある日、オーストラリアからトンガに里帰りした親戚の皆さんと畑に行ってサツマイモを掘った。大きな芋だけ取って残りは畑に放っておくのだが、私が小さい芋を拾っているのを見てマイラウのお母さんであるメレラヒが「オーストラリアにいる日本人の友達も小さい芋を拾っていたけど、日本人というのは貧しいんだねえ。」とつぶやいた。

メレラヒと夫のシオペ、そして七人の子どもが一九八〇年代にコロヴァイからブリスベンに移住した。八人兄弟のうち唯一トンガに残ったのがマイラウだった。オーストラリアでは毎週親戚一同が集うとともにお金も集めた。集めたお金で兄弟七人の家をそれぞれ建てて、さらにコロヴァイにも建てた。写真は材料を全てオーストラリアから船で運んで建てた家である。私もこちらでお世話になった。

日本からやって来た右も左もわからないフィールドワーカー見習いを温かく受け入れてくださったカロ・マイラウのご家族はじめトンガの皆様には感謝してもしきれない。「よそ者」にも寛容になれる豊かな社会が存続し、また世界に広がることを願ってやまない。

調査作法は人生を左右する

最古のサピエンスを探す旅

インドネシアの発掘現場から

小野　林太郎
Rintaro Ono

海を渡ったサピエンス

トンカントンカン……。今日も発掘現場となるトポガロ洞窟群では、板を切り、金槌で釘を打ち込む音が絶えない。かなり汗をかく作業なので男たちはみな上半身裸で、色々と意見を交換しつつ、木材を組んでいく。

これは三メートルの深さまで掘った発掘トレンチに設置する、補強のための矢板を組んでいるいつもの風景だ。自分の身長よりも深い、土中に掘った穴に入るのはかなり勇気がいる。壁が崩れれば命に関わるリスクがあるからだ。そうしたリスクを最小限にするため、土壁の崩落を防ぐ矢板を入れる作業が欠かせない。熱帯圏では、土中の木材はかなりの速度で腐敗する。このため、発掘の度に新たな矢板を補強することが多い。

遺跡のあるスラウェシ島は、ウォーレシアの西端に位置する。アフリカが起源地とされる私たちサピエンスは、主に陸路でユーラシア大陸の各地へとまず拡散した。しかし東南アジアや日本の島世界へは、海を渡っての移住が求められる。東南アジアの中で、初期のサピエンスが移住を開始した最終氷期の時代も島世界だったのが、ウォーレシア域だ。

海面が今よりも一〇〇メートル以上浅くなった最終氷期の時代、その西隣のボルネオ島までは陸路でユーラシア大陸からも移住できた。しかし水深の深いマカッサル海峡から先は海を渡る必要があった。そんなウォーレシアの出発点にあたるのがスラウェシ島となる。

トポガロ洞窟で発掘した土層の断面を実測する。後ろ向きバンダナをしたのが私

インドネシア島嶼部のウォーレシア地域

ホモ・サピエンスは、アフリカを起源とし、主に陸路でユーラシア大陸の各地へと拡散した。しかし初期のサピエンスがユーラシア東南部に至った最終氷期の時代も島世界だったのがウォーレシア域で、そこから先は海を渡る必要があった。人々はなぜどのようにして海を渡り島世界へ拡散したのか。この問いに答えることは、これまでの人類史理解を大きく変える可能性がある。

MY FIELD

最古のサピエンスを探して

現在、海を渡った最古のサピエンス痕跡があるのは、オーストラリア大陸だ。遅くとも五万年前には、この地にサピエンスは到達した。六万年以上前まで遡る可能性も指摘されているが、より多くの研究者が支持しているのは五万年前頃となる。最終氷期の当時、オーストラリアはニューギニア島と陸橋で繋がり、サフル大陸というより広大な大陸の一部だった。なおニューギニア側でも最古の痕跡は四万九〇〇〇年前まで遡る。

このサフル大陸に渡るには、その西に広がるウォーレシアの島々を経由し、渡海による移住が必須となる。オーストラリアの北岸に移住するなら、ティモール島が最も近いが、それでも八〇キロメートルの渡海が必要だった。この場合の最短ルートは、ジャワ・バリ島からロンボク島、フローレス島などを経由するルートとなる。

一方、ニューギニア方面の移住の場合は、北マルク諸島を経由するのが最短距離となる。その出発点として想定されるのがスラウェシ島で、その中部を抜け、バンガイ諸島などを経由して北マルク諸島に入るルートが想定される。

もしサピエンスが、五万年前までにサフル大陸に移住していたのなら、ウォーレシアへの移住はそれよりも古くなるはずだ。しかし現在のところ、最古のサピエンス痕跡はティモール島で発見された四万四〇〇〇年前頃の岩陰遺跡で、スラウェシやマルク諸島では五万年を超える痕跡すら見つかっていなかった。最近、ようやく洞窟壁画の年代測定により、スラウェシ島で四万年を超える年代値が見つかりだしてきた。

しかし遺跡からの発見は皆無だった。ゆえにトポガロ洞窟群では、矢板まで組んでその最古の痕跡探しと格闘してきたのである。トポガロでの発掘は二〇一六年から開始したが、コロナが世界を襲う直前の二〇一九年の発掘では、ついに深度五メートルの層でも石器と複数の動物骨を発見した。サピエンスが生活していた痕跡である。

トポガロ洞窟で発掘トレンチに矢板を組む現地の男たち

発掘現場のサピエンスたち

トポガロの発掘では、様々な層で石器や骨、炭化物が出土した。このうち最古の炭素年代は約四メートルの深度から出土した二点の炭化物で、四万二〇〇〇年前まで遡ることが判った。となれば、五メートルの深度で出土した痕跡はもっと古くなる可能性がある。

最後に再び現場に戻ろう。スラウェシ島での発掘は、主にインドネシア人考古学者や学生、現地スタッフらとの共同調査となる。日本人は基本的に私一人か、日程的に可能な場合は数名の研究者が参加する程度だ。矢板を組み、そのフレームを設計してセッティングしてくれるのも現地の方々。当然ながらマニュアルも設計図もないが、ひたすら話し合いを繰り返しながら、毎度見事な矢板を組んでくれる。

参考にするのは、写真などで見た他の遺跡の矢板例などだが、一つのイメージを軸に、実際の遺跡の状況にも適応させつつ、多数のアイデアを絞ってより強固な矢板を組むという作業は、まさに私たちサピエンスの得意技かもしれない。

一方で、現在のサピエンス達は国籍に関係なく、休み時間にはみな無言で各自のスマホと睨めっこをしている。これもいかにもサピエンス的な風景であろう。旧石器人にスマホを与えたら、きっと彼らも同じことをするのだろうなと、皆の姿を微笑ましく見つめつつ、そんな想像をしてしまう。

闖入者

調査される側にとって、調査者はまったく迷惑な存在である。日常生活に土足で上がりこんできて、根掘り葉掘り質問をする。仕事に出かければ勝手についてきて、何やらメモをとったり、写真を撮ったりする。それがわかっているので、調査者はなるべく調査地の皆さんの機嫌を損なわないように努力することになる。一方で、調査される側にとって調査者は好奇心をそそられる存在でもあり、彼（女）の一挙一動に関心を寄せている場合も少なくない。

私が一九八八年から調査を始めたパプアニューギニアの熱帯雨林に暮らすクボの人びとも、私という存在に大いに関心を抱いていたようだ。植民地時代には白人のパトロールオフィサー（司法と行政の権限を持ち各地を巡廻する役人）もいたが、一九七五年の独立後は白人が行政職から撤退したため、自分たちと容姿が異なる人間を見るのは久しぶり、あるいは初めて、という人がほとんどだった。

歩き慣れない熱帯雨林の踏み分け道を、ヒルに吸血されながらやっとのことで調査集落シウハマソンにたどり着いた。宿舎に荷物を運び入れた頃には、宿舎の中や外に集落中の人びとが集まっていた。汗だくになった身体を何とかしようと、

MY FIELD

パプアニューギニア ウェスタン州クボ

パプアニューギニア大パプア台地の西寄りの熱帯雨林に暮らしている。生業は、バナナを主作物とする移動式農耕、サゴヤシからのデンプン作り、河川での漁撈、小動物や野生植物の採集、弓矢を使った森林での狩猟である。（写真は2003年8月 口蔵幸雄氏撮影）

須田 一弘
Kazuhiro Suda

調査することは
調査されることでもある

「石鹸と直毛」の仮説

調査作法は
人生を左右する

近くの小川に水浴びに行くと、男性も女性も子供も年寄も一緒についてきて、川岸から私の様子をじっと眺めているのだった。どうしようか迷ったが、ままよとばかり、着ていた服をすべて脱いで川に入り、石鹸で身体を洗うことにした。衆人環視のなかで、素っ裸で水浴びをすることになるとは思ってもいなかった。夕方の水浴びには、翌日からも人びとがついてきたが、二週間ほどで徐々に人数は減っていき、三週間目からは、あまり人目を気にせずに水浴びが出来るようになった。

調査される調査者

シウハマソンの皆さんは小川での水浴びだけでなく、宿舎として借りた小屋にも遠慮なく入り込み、私の行動を注意深く観察した。皆さんの関心の中心は私の頭髪だったようである。クボの頭髪はいわゆる縮毛で、細かく縮れている。それに対し、私の頭髪は直毛であり、まっすぐに伸びている（もっとも、あれから三六年たった現在では黒かった髪はすっかり白くなり、密度も低くなっているが）。私の頭髪は、途中までご一緒した同じ調査チームの大塚柳太郎さん（当時東大助教授・生態人類学第二代会長、故人）と口蔵幸雄さん（当時岐阜大助教授・同第八代会長）に、シ

ウハマソンに入る前に文房具のハサミで、短く刈り上げてもらっていたが、少しずつ伸びているところだった。髪がまっすぐ伸びるということは、人びとにとって不思議な現象だったようだ。彼らの頭髪は、伸びるというより、広がっていくと言った方が近いだろう。

観察の結果から、人びとはある仮説を立てた。私の頭髪がまっすぐなのは、水浴びの時に石鹸で髪を洗っているからではないか、というのである。彼らは水浴びの時に石鹸を使うことはほとんどなかった。それから、私に石鹸を借りに来る人が増えた。クボでは物の貸し借りは頻繁に行われ、それを拒絶することは緊張状態を生じさせるので、断ることは難しい。遅くとも翌日には石鹸を返しに来るのだが、新品の石鹸が半分ほどに減っていることが多かった。おそらく、一つの石鹸を何人もが使ったのだろう。二〜三週間もすると石鹸を借りに来る人が少なくなっていった。石鹸で頭髪を洗っても、効果がないことを実感したのだと思う。

また、こんなこともあった。シウハマソンに入って二か月ほどすると、私の頭髪がかなり伸びてきた。調査アシスタントの青年に、文房具のハサミで髪を切ってくれるように頼んだのだが、「まっすぐな髪は切ったことがないので無理だ」と断られた。私は手鏡しか持っていなかったので、自分で切ることは難しいため、なだめすかして何とか切ってもらったが、かなりの時間がかかった。

筆者の頭髪を触るクボの女性（調査アシスタントのキマダ氏撮影）

調査者のサービス

二度目にシウハマソンに入ったのは、一九九四年だった。一回目と同様、人びとの活動について行き、長さを測り、重さを測り、時間を測っては、その合間に写真を撮った。さすがに二度目なので、私に対する人々の調査・観察は最初の時ほどではなかったが、私の頭髪に関する興味はまだ強かったようだ。

ある日、女性のグループがサゴヤシからデンプンを作る作業に、調査アシスタントと共についていった。サゴヤシの髄を叩いて削り、水にさらしてデンプンを作る工程を観察していた時、ある女性から、「自分も調べたいことがある。あなたの頭髪を触らせてくれ」と言われた。私だけが彼女らを観察するのは不公平だ。もちろん快諾し、その様子をアシスタントに撮影してもらった（写真）。私が頭を差し出すと、作業をしていた全員が頭髪を触り、大声で笑いはじめた。私の頭髪を触ることで、彼女たちの好奇心を少しでも満足させることが出来たのなら幸いである。

フィールドワークの道具

ミッターマイヤーにアーミーシャツを着せなかった話

熱帯雨林のオナガザル類は20mもある樹上にすみ、めったに地上に降りてこない

調査作法は人生を左右する

足立　薫
Kaoru Adachi

霊長類学者の道具

フィールドワーカーは、調査のためにさまざまな道具を用いる。野生のサルの行動や生態を観察する霊長類学者の場合には、双眼鏡や観察内容を記録するノートやペンが調査に必須の道具だろう。さらに、森でサルについて歩くためには、身に着ける服や靴も大事な調査道具となる。西アフリカ、コートジボアールのタイ国立公園でオナガザル類の行動調査を行った時、フィールドに入る前にとにかく質のよい長靴を持ってくるようにと指導された。指導してくれたのは、タイの森林で長く調査プロジェクトのボスとして、フィールドにやってくる学生たちをまとめていたオランダ人の霊長類学者である。このプロジェクトには常時、三、四人の学生がヨーロッパやアメリカからやってきて、現地のアシスタントとともにオナガザルの観察を行っていた。

プロジェクトには道具に関していくつかの共通ルールがあったのだが、なかでも厳格に運用されていたのが、森に入るときには必ずプロジェクトから支給される揃いのシャツを着なければならない、というものだった。シャツはカーキ色のスイス・アーミーシャツで、ちょっとずつデザインが違っても、全体のトーンは統一されたユニフォームの役割をはたしていた。

スイス・アーミーシャツ

サルの観察のために森に入るには、研究者であれアシスタントであれ、全員が必ずこのシャツを身に着けていなければならない。そして、このシャツの流通は厳しく管理されていて、プロジェクト関係者以外の地域の人々が手に入れることがないように注意が払われていた。これは、密猟対策のためのルールである。サルはこのシャツを着ている研究者を安全な人間とみなすように、人づけされている。当時、国立公園の中でも密猟者がまだ活発に活動していたため、このシャツが彼らの仕事を効率化してしまう事態は避けなければならなかった。

フィールドアシスタントは近隣の村からやってきていたのだが、この村にAさんという年長の男性がいた。彼は森や動物に関する知識が豊富で、アシスタントたちも一目置いているようだったのだが、プロジェクトに雇われることはなかった。あとから聞いてみると、Aさんが密猟者のリーダー的存在であることは公然の秘密であり、密猟者を研究プロジェクトで雇うわけにはいかないから、ということだった。Aさんは村の若者がスイス・アーミーシャツを着て、ヨーロッパ人のプロジェクトから給料をもらっているのを、内心快く思っていないように見えた。まれに、観察路の整備や遠征時のガイドといった単発の仕事でAさんの力を借りたい案件があると、Aさんにもスイス・アーミーシャツが渡される（仕事が終わると回収される）。アーミーシャツをちょっと崩して不良っぽく着こなすAさんはとてもご機嫌で誇らしげで、調査キャンプにいる村の女性たちは、その姿を見ると必ず顔を見合わせて笑いをこらえていた。アーミーシャツは森での科学的研究活動の証であり、村で行われている密猟の活動とは違う、ということを表す象徴として皆にとらえられていた。

フィールドの訪問者

時折やってくる観光客にも、同じルールが厳格に適用された。政府の許可証があれば国立公園に入ることはできるが、調査プロジェクトの地域内でサルを観察したいなら、ボスの許しを得てスイス・アーミーシャツを借用しなければならない。

ある時、ボスと他の学生がみな街にでてしまって、私だけが調査地に残ることがあった。この時に一人の白人男性が調査地を訪ねてきて、サルを見たい、という。留守を預かった私は事情を説明した。サルを見に森に入るためにはアーミーシャツが必要なこと、ボスがいなければシャツを貸せないこと、ボスはしばらく戻らないこと、ルールは厳格で私の一存で運用を変えることはできないこと。この男性は理解してくれて、数日間キャンプ地で待機していた。ボスが戻りこの件を報告すると、ふだん観光客を歓迎しないボスは「またか」という顔で聞いていたのだが、訪問者の顔を見るなり態度が変わった。この時の訪問者が、誰もが知る（と今なら分かるが当時は知らなかった）霊長類保全研究の大物であるラッセル・ミッターマイヤーだったのだ。次の日、ボスはミッターマイヤーにアーミーシャツを着せ、丁重にサルの群れを案内して回った。大研究者をおもてなししなかった私は、その後しばらくボスに冷たくされたのだが、サルを密猟者から守るルールを厳格に運用した私にミッターマイヤーは優しかったし、なにより彼ほどアーミーシャツが似合う人はいないという存在感があった。

MY FIELD

アフリカ熱帯林に暮らす各種の霊長類

タイ国立公園は、コートジボアールの南西部、リベリアとの国境付近に位置する熱帯雨林地域で、チンパンジーやオナガザル類混群の長期調査研究が行われている。西アフリカに残る数少ない原生森林であり、希少な動植物の最後の砦として生息地保全の努力が続けられている。

写真1：甕に入ったタパイ（この場合輪ゴムは見当たらない）

写真2：バケツからタパイを飲む様子（輪ゴムと竹串が見える）

共に飲め、共に酔え

ボルネオ伝統式飲酒量測定器

田島 知之
Tomoyuki Tajima

伝統酒と祭事

私は二〇〇九年よりボルネオ島にあるマレーシア・サバ州セピロクに通い、日々森でオランウータンの行動を研究してきた。その間、現地の同世代の若者たちとひとつ屋根の下で暮らしながら、彼らの文化や言葉を学ばせてもらった。これは思い通りには進まない野外調査を行う中での大切な気晴らしであったと同時に、東京郊外の狭い世界で育ち、国際経験に乏しい私にとって異文化を体験する貴重な機会であった。セピロクの人々はビールをよく飲んでいた。自宅で近しい友人だけを招いた際もビールが飲まれていた。しかし、結婚式やクリスマスパーティー、送別会といった多くの人を招くような公共性の高い祭事にはコメから醸造したタパイ（*tapai*）と呼ばれる伝統酒がよく飲まれていた。日本でも普段はビールしか飲まない人が、正月や冠婚葬祭で日本酒を飲むのと似たようなものだろうか。

私は製造過程を見たことはないが、タパイは蒸したうるち米に麹を加えて甕に詰め、室温で一週間ほど発酵させることで出来上がる（鳥潟顕雄「ボルネオ島の米酒タパイ」『日本醸造協会誌』98(7)、五〇五－五〇六頁）。私の主観的な認識では、タパイの味は日本酒に近いものの、より酸味が強くて甘みが少ない。清酒と異なり、未濾過状態のいわゆる「どぶろく」を水で薄めながら、甕から直接竹筒のストローで吸って飲む。私が滞在したセピロクでは、イギリス人ボランティアを招いたクリスマスパーティーでは壺酒（写真1）がふるまわれたが、たいていの小規模の祭事ではブルーのプラスチックバケツに麹と酒が入っており、そこにプラスチックのストローを差して飲むことが多かった（写真2）。送別会のように大がかりな祭事の前には、主催者が「コレクション」といって開催費用のカンパを求めて関係者の間を回ることもあった。そうして集めた金でタパイを調達するのだが、タパイをもっぱら自家醸造する家庭は決まっており、事前に予約して調達する必要があるようだった。

謎の輪ゴム

いよいよタパイを飲む前にまずやるべきことは壺やバケツの上部を横切るように輪ゴムを渡してピンピンに張り、竹串を麹に差して優しく倒し、張られた輪ゴムに引っ掛けるという工程を踏む。そして、酒をストローでゆっくり吸う。次第に壺の中の液面が下がり、竹串が沈んでいく。ある程度沈んだ竹串が輪ゴムから外れると、小さく「パチン」と音を立てる。このギミックはいったい何の役目があるのだろう。初めてタパイを飲んだ私は不思議に思った。

タパイは机や床に置かれた壺を動かさず、人の方が動いて入れ替わり立ち替わり飲みに訪れる。動くのは酒ではなく人なので「回し飲み」というよりは「回り飲み」である。主催者が最初の一口を飲むことで始まり、参加者の面々が次々と壺から飲んでいく。そして一周すると自分にまた順番が回ってくる。一巡目はぐいぐい飲めても、二巡、三巡と飲んで酔いが回ってくると酒が進まなくなる。私は限界を感じ、ついストローに口をつけて飲んだフリをしてしまったところ、すぐさま周りから「竹串が沈むまで飲め」と指示が入った。なるほど、沈む竹串と音の鳴る輪ゴムは飲んだ酒の量を確認するためのものなのだ。これは昔から伝えられてきた方法のようで、以前は壺の口には輪ゴムではなく植物のつるが張られたようだ。概して集合時間にはルーズな彼らが、なぜ飲んだ酒の量にはここまで客観的な厳密さを求めるのだろうか。そんな疑問を抱きながら私はタパイを吸い続けた。

共飲を断ってはいけない

ボルネオには他者から「一緒に食べて（飲んで）いけよ」と「共食（共飲）」に誘われた際、無碍に断ってはいけないという禁忌がある。これはカプナン（*kemponan*）などと呼ばれる習慣であり、これに従わない者は災厄に見舞われるとも言い伝えられる。共食（共飲）に誘われた際、満腹だったり、酒を飲むわけにはいかない状況であったとしても断るのではなく、指で食物、飲料に触れてから自身の唇に指を当てるタプン（*tapun*）という行為で共食（共飲）への招待に応じるのがマナーとされる。私がセピロクで何度も体験したタパイの共飲も単なる飲食や娯楽行為を超えた儀礼的意味を帯びており、主催者が提供する伝統酒を「飲まない」ことは善からぬ行為であると認識されていた。「飲酒量測定器」は、ひとつの甕と竹筒を通じて祝う側と祝われる側が一体化する儀礼を成り立たせ、互いの関係を確かめ合うために長い歴史の中で築きあげられた機構なのではないだろうか。あるいは私の考えすぎで、周囲を巻き込むことで自身が酔い潰れる正当な理屈を作るための呑兵衛が考えた策謀だったのかもしれないが。

壺酒を飲む筆者とお目付役

MY FIELD

マレーシア サバ州（ボルネオ島）

ボルネオ島はオランウータンやテングザルをはじめとした珍しい野生生物の宝庫である。地元の人々はホスピタリティにあふれ、町の治安も比較的良い。食事も口に合う物が多いため、住み心地の良さからサバ州に滞在して気に入る日本人は多い。オランウータンの調査地へはサバ州の玄関口コタキナバルから国内線で移動する。

弓矢を使った集団猟

最後は、なんとかなる

フィールドへの行き方、帰り方

萩原 潤
Jun Hagihara

ギデラ社会

ニューギニア島ほぼ中央部の南岸地域に位置するオリオモ台地には熱帯モンスーン林や疎林などの豊かな自然が残っている。草原や蛇行する川や網目状に入りくんだクリークは複雑な地形をつくり、きわめて豊かな植物相・動物相が形成されている。この地域に居住するギデラの人たちは、伝統的な弓矢猟に加え、サゴヤシの半栽培や焼畑農耕、河川ではカヌーを使った漁撈活動も行う。このように、ギデラの人たちは多様な自然資源を利用し、この地域で生活をしている。

この調査地は私の大学院の時の恩師である故・大塚柳太郎先生が一九七〇年代後半から調査を始め、その後も多くの研究者が断続的に調査を行った場所である。私が渡航しても「オーツカは何をしている」などよく聞かれたものである。なので、村人との人間関係を必要以上に警戒されることなく築くことができたのであった。

ギデラまでの道のり

ギデラの人たちが住んでいる地域に行くには国際線でパプアニューギニア首都のポートモレスビーについた後、国内線に乗り換えて西部州の州都であるダルーに進む。ここからギデラの村にたどり着くまでが難しい。外部者が利用できる村までの公共交通は存在しないことが多い。州都ダルーはダルー島に位置し、海峡を挟んだ対岸にニューギニア島があるため、徒歩のみでは移動できない。したがって、ダルーに滞在し、人を頼りにカヌーやボートなどを手配しないと村にたどり着くことができないのである。

手配が終わっても安心していられない。「朝一〇時に出発する」と言っていても朝一〇時にやってくるとは限らない。なので、「他の人にお願いをして移動する場合は一日がかりになる」ことを理解した。定時に公共交通がやってくる事が普通である生活を送っていると、バスが五分遅れてもイライラしてしまうが、そういう環境が実は特殊なのかもしれないと思い知らされた。

ある調査の帰路

調査対象の村に着いての心配事に一つは「帰りの手配」であった。調査地に着いてすぐに「〇日には帰る」といろんな人に伝えておいたことがある。

ある年の調査のことである。私は大学の時の恩師である河辺俊雄先生とギデラのルアル村で調査を行った。ルアル村はギデラの中でも最もダルーから離れた場所に位置し、訪問しづらい村である。往路の手配の時に「帰りは×日に送ってほしい」とトラックのドライバーに言って調査を始めたがいざ帰りの日になってもそのトラックドライバーが来なかったことがある。帰りの飛行機をすでに手配済みだったのでどうしてもダルーまで戻りたい。そのようなことを村の人に話すと村の人が真剣に考えてくれ、「セスナが到着できる隣のカパール村でセスナを待ってはどうか」と言ってくれたので、一緒にカパール村まで移動した。しかし、到着して言われたのは「セスナはもう来ない」と言う返事で、絶望感に打ちひしがれた。しかしそこでカパール村の人も一緒に考えてくれて、「エンジン付きカヌーでクリークを下りて、大きな川に出ればエンジン付きの船に乗り換えてダルーに戻れる」と言ってくれた。

すでに夕方で日は傾いていたが「早いうちに出発した方が良い」と言われ何人かの村人と出発した。クリークはカヌーが通り抜けられる程度の幅しかなく、移動は困難なところもあったが次第に川幅は広がり、エンジンも使えるようになった。しかし周囲は次第に暗くなり、カヌーでの移動は困難になったため、目的の村まで行けず川の畔で野宿することになった。そのときにも彼らはすぐに火をたき、簡単な食事を作り食べさせてくれたのであった。そのときの会話で「なるべく早くダルーにつきたい」というと「では明日は朝四時に出発しよう」と言ってくれた。私は「いや四時は真っ暗で出発できないじゃん」と心の中で突っ込みつつも早く到着したいという私たちの希望をくんでくれたことに感動した。次の日は快晴で無事にダルーに到着し、帰路の飛行機に乗ることができたのであった。

このようなことがあると、いつか帰れないことになるかもしれないと考えがちだが、私の経験では村まで行こうと思っていけなかったこと、ダルーに戻ろうと思って戻れなかったことは一度もない。いろいろ苦労はするけれど最後は何とななる。これも村の人たちが親身になって動いてくれるからであって、冒頭に書いたように人間関係を構築した結果でもある。このように、現地の人たちにいろいろ助けてもらうことで、なんとか調査が遂行できるのである。

パプアニューギニア熱帯林に暮らすギデラ

調査地はパプアニューギニアの西部州に位置するオリオモ台地に位置する。ここで生活するギデラの人たちは周辺の森や疎林、クリークや川を巧みに利用して生活している。

MY FIELD

河辺 俊雄
Toshio Kawabe

1950年生まれ。高崎経済大学地域政策学部名誉教授。人類生態学を基盤とし、パプアニューギニアで30年以上にわたって、多様な自然環境の中で伝統的な生活をしている部族民のフィールド調査を行ってきた。熱帯低湿地（ギデラ）、山麓部（クボ）、高地辺縁部（山地オク）、高地（ブリ）、島嶼部（マヌス）などにおいて、生業活動や食物・栄養摂取量を調べるとともに、子どもや成人の身長や体重、皮下脂肪量の身体計測を行った。パプアニューギニアだけではなく、体格の大きなトンガ人、マレーシアの吹矢狩猟民やラオスのもち米農耕民でも同様の調査研究を行った。主著に『熱帯林の人類生態学：ギデラの暮らし・伝統文化・自然環境』（2010年）など。

高坂 宏一
Kouichi Takasaka

1952年生まれ。杏林大学名誉教授。高い自然出生力水準を維持していたインドネシアのスンダ農民や低酸素のもとで暮らすボリビア・アンデス高地のアイマラ農牧民の人口再生産のメカニズムを環境や生活・生存様式などを踏まえて理解したいと思っていた。主著に『人類生態学』（2012年（第2版）、共著）など。

池谷 和信
Kazunobu Ikeya

1958年生まれ。国立民族学博物館名誉教授。先史から現代まで、アフリカ、アジア、南米を中心に世界の狩猟採集民のくらし、生き物と人の関係などを調査・研究している。主著に『トナカイの大地、クジラの海の民族誌：ツンドラに生きるロシアの先住民チュクチ』（2022年）など。

塚原 高広
Takahiro Tsukahara

1962年生まれ。名寄市立大学教授。霊長類学、熱帯医学、医療経済学、栄養学と10年ごとに研究分野を変えたが、一貫して長期調査で得た資料に基づいて考えてきた。現在は、ヒトの食行動と貧血、低栄養との関連を調べている。主著に『病む・癒す』（生態人類学は挑む SESSION 3、2021年、分担執筆）など。

山内 太郎
Taro Yamauchi

1968年生まれ。北海道大学教授。小集団の食と栄養の調査に加えて、近年はサニテーション（トイレ）と排泄について、多彩なステークホルダーを巻き込んだ「超学際研究」を行い、地域社会の文脈を考慮したサニテーションの仕組みづくりに奔走している。主著に『講座サニテーション学（全5巻）』（2022-2023年、共編著）など。

稲岡 司
Tsukasa Inaoka

1954年生まれ。佐賀大学名誉教授。主にオセアニアや南アジアでのフィールドワークで得た資料を基に、近代化に伴って起こる途上国の人々の環境問題と健康問題のリスク軽減を模索している。主著に「病む・癒す」（生態人類学は挑む SESSION 3 編著）など。

山田 孝子
Takako Yamada

1948年生まれ。京都大学名誉教授。自然観、世界観、宗教など人々をつなぐ観念体系に関心をもち、八重山諸島民、ラダック人、北海道アイヌ、シベリアのサハなどの調査を進めてきた。最近では比較の視点からコミュニティ維持の問題に取り組む。主著に『ラダック』（2009年）、『ラダックを知るための60章』（2023年、共編著）など。

中澤 港
Minato Nakazawa

1964年生まれ。神戸大学教授。オセアニアや東南アジアでフィールドワークをし、数理モデルとコンピュータ・シミュレーションによって得られたデータを説明し、開発や援助や政策による介入効果を包括的に予測した上での住民によるインフォームド・デシジョンという枠組み作りの野望を抱き続けている。主著に『Rによる人口分析入門』（2020年）、『人間の生態学』（2011年、分担執筆）など。

PART 12

自らの問いにこだわる

この道、この場所、何十年

対象とする世界の風土や歴史はあまりにもさまざま、だから、それを研究する側の関心も、本当に人それぞれだ。同じ生態人類学者の仲間内でさえ、「なんであんたはそんなことに関心があるの?」と聞きたくなることもある。生態人類学が他の学問と大きく違うのが、ここだ。10代20代の頃から何かの憧れや期待を持って、あるいは全くの偶然に訪れた調査地で感じた不思議議や違和感。それらを素直な好奇心でふくらませて、自らの問いにできる。
師匠の歩いた道を行かねばならないとか、学界の流行に右往左往するとか、そんなことには意を介さず、「この道、この場所、何十年」という研究だからこそ、何が変わり、何が変わらないか、つまり人間社会の本質が見えるのだ。

田中 二郎
Jiro Tanaka

1941年生まれ。京都大学名誉教授。戦後日本の学術探検をリードした京大学士山岳会メンバーとして、ヒマラヤ・デオチバに登頂、インドラサン南西壁初登頂に参加。1960年代から日本人として初めてカラハリ狩猟採集民(ブッシュマン)の調査を開始。また、世界的には人類学における国際論争(「カラハリ論争」)の一方の旗頭として著名であり、今日に至るまで国内外の研究者を育成している。

野中 健一
Kenichi Nonaka

1964年生まれ。立教大学教授。昆虫をはじめ世界各地で身近に接することのできる野生の生き物の利用、環境の認識に関心をもち、その知識や技術の多様性と地域差を調べている。主著『民族昆虫学:昆虫食の自然誌』(2005年)など。

ザンビア首都ルサカで設立した「子どもクラブ」の参加型アクション・リサーチ

野外排泄とSDGs

トイレよりケータイ

自らの問いにこだわる

山内 太郎
Taro Yamauchi

人間の生態の研究から抜け落ちていた「排泄」

薄暗い中、そっと寝床を抜け出す。眠い目をこすりながら、ヘッドランプを片手におぼつかない足取りで廃墟をさまよう。ぼんやり記憶に残っている風景。無意識ながら昨日と同じ場所にやってきたようだ。都市スラムの中でプライバシーを保てる場所は限られる。山でも海でも、自然の中での野外排泄は慣れれば「それなりに」快適だが、コンクリートの廃墟で用を足すのは落ち着かない。

パプアニューギニア高地、ソロモン諸島の半農半漁村、アフリカ乾燥地帯・熱帯雨林、途上国都市スラムなど、三〇年、さまざまな国、地域でフィールド調査を行う機会に恵まれた。見方を変えれば、多彩な環境で用を足してきたということになる。トイレという概念が無い狩猟採集キャンプ。落とし込み式の簡易トイレ（ピットラトリン）はあるものの、清潔とはいえず使用には勇気がいる農村。海の上に小屋があり、陸から橋を渡って行く洋上トイレ。村の中央にある丘を登っていくと、頂上に囲いもなくただ穴が並んでいるなど、いろいろなケースに遭遇してきた。しかし、二五年後に自分がトイレや排泄の研究をするとは当時は全く予想していなかった。

小規模な集団を対象として人間の生態を調査してきた。一日一人、朝から晩まで後を追って、行動を一分単位で記録し、食べ物はすべて一グラム単位で秤量し、というような個体追跡調査を重ねるうちに、行動パタンが読めるようになってきた。若い男性はこんな感じ、中年女性は、高齢者は、子どもは、と彼らのライフスタイルをわかったような気になっていた。あるとき知り合いの研究者に「山内さん、排泄はどうなっているの？」と尋ねられた。ふと立ち止まって考えてみると、何もわかっていないことに気づき、愕然とした。まったくノーマークであった。

野外排泄は悪か？

移動生活を行う狩猟採集民は野外排泄が常態であるが、人口密度が高い定住集落ではトイレが必要になる。近隣に暮らす農耕民は、簡素なピットラトリンを使用している。ところが、「狩猟採集民マインド」なのか、カメルーンの狩猟採集民の定住集落でトイレはあまり見かけない。「トイレが必要か、欲しいか」と尋ねると、皆口を揃えて「必要だ、欲しい」と答える。しかし、本当に必要としているかというとかなり怪しい。かつてＮＧＯが作ったトイレの名残が散見されるが、ほとんど使われていなかったようだ。便利で都会的なものへの憧れという理由でトイレを持ちたいという気持ちはあるものの、実際には野外排泄が自然で、慣れていて、快適なのだ。

ブルキナファソの農村で手回し式のコンポストトイレを導入した。贈呈式は地元のメディアもやってきてお祭り騒ぎ。トイレをもらった家族は誇らしげだ。だが、めでたし、めでたし……とはならない。案の定、翌年訪ねてみたらトイレはゴミ捨て場となっていた。野外排泄を行ってきた社会には合理性がある。低い人口密度と豊かな自然。排泄物は土に還り、循環していく。悪臭を放ち、忌避すべき排泄物を一箇所に集めるなんてナンセンスだ。国連ＳＤＧｓ目標６「安全な水とトイレを世界中に」は二〇三〇年までに野外排泄の撲滅を謳っている。野外排泄が合理的で衛生的である場合もあることに国連は気づくのだろうか。

一方で、都市の不法居住区や未計画地域、いわゆるスラムは人口が密集しており、雨季になるたびにコレラのアウトブレイクに直面している。し尿を安全に処理、処分するサニテーション施設が必要である。スラムに暮らす人々は健康や命に直結する飲み水はお金を出しても買うが、排泄物は自分の目の前になければそれで良い。「フライング・トイレット（flying toilet）」という言葉を聞いたことがあるだろうか。家にトイレはなく、プライバシーのない壊れかけた公衆トイレで用を足すか野外排泄を強いられている。とくに女性は夜中に用を足しに行く途中で性犯罪など様々な危険にさらされている。そこで、安全な家の中でビニール袋やプラスチックのコンテナに排泄して、家の外に投げ捨てるのだ。携帯電話や通話料金といった〝コミュニケーション〟にはお金を出すが、排泄物を処理する〝サニテーション〟にはお金を出さない。〝トイレよりもケータイが大切〟。哀しいかな、これが私たちホモ・サピエンスの本質なのだ。

社会課題の解決に向けて

この一〇年、サニテーションが破綻している都市スラムで仕組みづくりに挑戦している。まともなトイレがない生活に慣れて諦めてしまった大人ではなく、子どもたちの力を借りることにした。ザンビアの首都ルサカの都市スラムで「子どもクラブ」を作って参加型アクション・リサーチを行っている。子どもから親、地域の大人、そして地域社会へとボトムアップ型で意識変化、行動変容、社会変革を目指している。亀の歩みではあるが、子どもたちの瞳の輝きに手応えを感じている。

MY FIELD

ザンビア首都ルサカのスラム住民

まともな公衆トイレはなく、家にもトイレがない都市スラムにおいて「子どもクラブ」を設立し、参加型アクション・リサーチを実施している。子どもから親、地域の大人、そして地域社会へというボトムアップ型の方法によって、地域の人々の意識変化、行動変容、社会変革に取り組んでいる。

男の子は幼いころから小型の弓矢で大人の仕草をしっかりまねて遊ぶ

自らの問いにこだわる

弓矢を使った狩猟

熱帯低地の集団猟と技量の発達

河辺 俊雄
Toshio Kawabe

弓矢による集団猟

パプアニューギニアのギデラの人びとは草原の草が枯れる乾季になると頻繁に集団猟を行う。枯れ草を燃やして、ワラビーなどの獲物を追いだし、犬を使って吠え声で慌てさせ、犬が獲物を追い立て、弓矢で射る。弓矢で獲物がどんどんとれるかというと、実際には、待ちかまえる射手から放たれる矢のほぼすべては、火から慌てて逃げてくる獲物を外れてしまう。弓矢は、走って移動する的を射るのに適さない。

とれる場合の主な状況は、犬が獲物を取り囲み、周囲から噛みついて弱ったところに矢を放つ、あるいは逃げ続けてきた獲物の足音に注意し、草むらで休んだところを至近距離まで接近して射止めるのである。弓矢の狩猟技術とは、強い弓を自在に操り、遠くを走る獲物を正確に射ることだけではなく、動物の行動を注意深く観察し、至近距離まで近づき、確実に命中させることである。運も重要な要素である。

獲物をとれるかどうかは、弓矢の操作技術の高さよりも、獲物に接近できるチャンスの多さによって決まる。したがって、集団猟による獲物の獲得数の個人差はそれほど大きくはない。経験豊富な名人だけが大量にとるのではなく、未熟な若者にもとるチャンスはある。

肉の分配

集団猟は猟場を移動しながら、一日に何度も繰り返され、歩くだけではなく走ることも少なくないので、重労働であるが、食事なしで続けることも多い。一方、獲物を追い詰めて射止めるという目標の達成感は充実しており、成果として得られた肉は全参加者の家族の夕食のごちそうとなる。狩猟に参加しない女性たちについても、肉に対する期待は大きい。乾季の集団猟が活発に行われ続けている要因は、このような点にあると考えられる。

　場所を移動しながら集団猟を繰り返すことで総じてワラビーなどの獲物を数匹獲得し、それらは参加者全員に分配される。私も集団猟に参加した時は、弓矢は持たないが、肉を分配された。また、再分配も行われるので、息子の多いおばあさんがたくさんの肉を持っていたりする。私もおばあさんから肉をもらうことが多かった。食べ残しの肉はたき火の上で表面を焼いておくので、だんだんと味は濃くなるが、非常に硬い肉となる。

男の子の狩猟技術の発達

　ルアル村の男子一四名に対して集団面接の方法で狩猟技術に関する聞き取り調査を行った。ギデラでは生年月日などの年齢に関する情報が少ないので、出生順位を使って分析した。

　数人の子どもたちが集まったところで、各々がこれまでにとったことのある動物とその数を答えてもらった。初めて獲物がとれたときは非常に感動するものであり、その経験は鮮明に記憶している。多くの場合、とったときの様子を、身振り手振りを交えて、目を輝かせながら楽しそうに説明する。ときにはすぐに思い出せない場合もあるが、周りの子どもの中に知っている者がいると、捕獲の様子が思い出されてきて、会話が盛り上がる。子どもの記憶に頼る調査は信頼性が低いとされているが、狩猟成功の記憶は鮮明で確実なものであり、子どもたち同士によるチェックがなされることを考慮すると、データの信頼性はきわめて高いと考えてよい。

　成長とともに狩猟技術を身につけていく様子をまとめると以下のようになる。

狩猟も遊びから始まる。しっかり歩けるようになると、おもちゃ代わりに小型の弓矢をつくってもらい、弓矢ごっこをして遊び、村の中で小さなトカゲなどを射止めるようになる。弓矢の使い方は、写真に見られるように、大人の仕草をしっかりまねて、一人前である。

　やがて子どもたちは集まって一緒に遊ぶようになると、村の中だけではなく、村の周辺に出始める。自立してくる七歳頃には、より強い弓を引くことができるようになり、命中力も高まる。小鳥やネズミ、川では魚やカメなど、種々の小動物を射止めるようになる。

MY FIELD

パプアニューギニア西部州のギデラ

ギデラの男たちは熱帯低地で弓矢を使った集団猟を続けている。男の子は幼いころからおもちゃの弓矢で遊び、猟に参加して大型の獲物をとるようになる。ギデラの主食は、半栽培しているサゴヤシの樹幹を砕いて取り出したデンプンを、葉で巻いて焼いたもの。焼畑は、ヤムイモやタロイモ、キャッサバやバナナなどを乱雑に混作しているが、病害虫に弱く収穫は不安定である。ギデラの調査研究は1970年に始められ、断続的に継続されて、今も続いている。

　一二歳頃になって、乾季に活発に行われる集団猟に参加し始めると、集団猟では見習いとして、犬を追う役や仕留めた獲物を担いで運んだりする。やがて弓矢を使う役割になると、集団猟の主要な対象動物であるワラビーを射止めることに成功するようになる。若者になると、親元を離れて生活し、狩猟技術は体力面でも知力面でも発達し、食用の肉をとるハンターとしての生活に進んでいく。

　狩猟技術には、弓矢を巧みに操る操作技術だけではなく、狩猟動物の生態に関する知識（生息場所や行動）や狩猟獣への近づき方、あるいは獲物のおびき寄せ方なども含まれる。このような技術は、集団猟に参加しながら、成長とともに日々の活動の中で経験を通して高められていく。たとえば私が目撃した例では、ワラビーを仕留めた時の様子があげられる。ワラビーは二本脚で飛び跳ねながら走るので、遠くからでも足音が聞こえる。音が止まった時が、獲物を射止めることのできる絶好のチャンスとなる。走って行って一気に矢を射るのではなく、獲物が潜んでいる茂みに至近距離まで近づき、背を低くしながら矢を放つ。命中したが、致命傷ではなく逃げようとしたので、近づいて足をとらえて振り上げ、動物の頭を樹幹に打ち当てて絶命させた。

自らの問いにこだわる

冒険遺伝子（[illegible]）とフィールドワーク

「没調査地的」生き方のススメ

稲岡 司
Tsukasa Inaoka

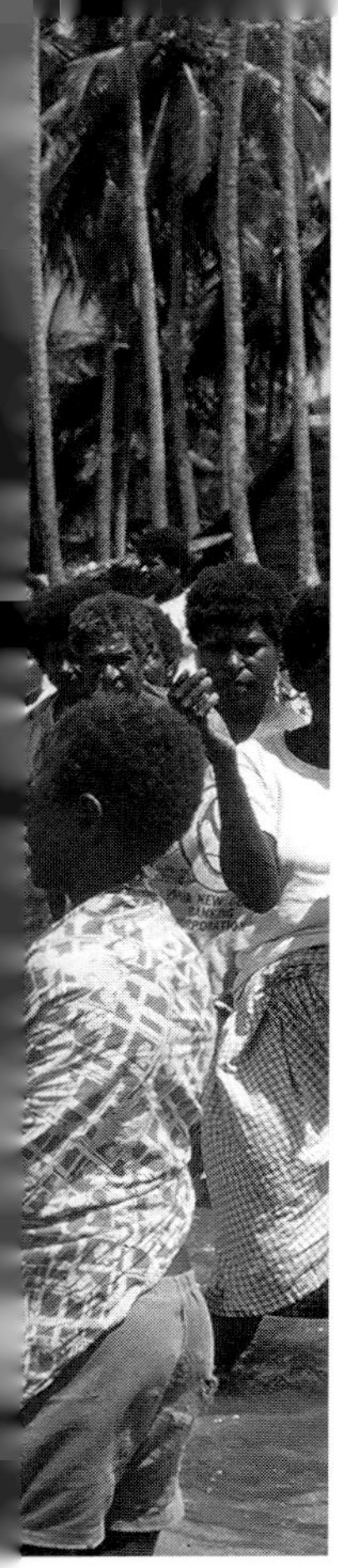

海岸沿いの村を去るときに村人がボートまで送ってくれる

植物毒を使って大型のハタを捕るマヌス州ロウ島の女性たち。向かって右端の女性が木に括り付けているのがコショウ科の木の根。これを石で叩いてから海に潜り、岩の間に押し込んで振れば、魚は失神して容易に捕まえられる

MY FIELD

1981年にパプアニューギニア低地ギデラ族を対象とした人類生態学的調査に加わり、調査地域を高地や島嶼部の6つに拡大した1990年代後半まで調査に関わった。その後、近代化が進むトンガ王国で肥満を扱い、またバングラデシュでは地下水ヒ素汚染問題に取り組んだ。近年はラオス・インドネシアにもフィールドを広げている。

「アフリカで約二〇万年前に誕生した新人（ホモ・サピエンス）が、約五万年前にアフリカを出て、短期間に世界の多くの地域に拡散した」という「グレート・ジャーニー」の要因を示すとき、人口増加で資源が欠乏して押し出されたという以外に、ホモ・サピエンスは潜在的な好奇心を持って新しい場所に出かけたのではないか、と解釈する冒険遺伝子が語られる。そう、我々の祖先は冒険遺伝子に潜在的に動かされて世界を移動し（しかしその移動速度は一世代二五年として二五キロメートルつまり年速一キロメートルだったと言うから、それほど速いものではないかも知れないが）、世界の多様な環境に適応して今に至っているのかも知れない。

その真偽はとりあえず置いて、生態人類学を志した者はそれぞれの地域に適応した（あるいは不適応を起こした）多様なホモ・サピエンス（あるいは霊長類）を求めて世界を旅して、調査研究してその結果をモノグラフや論文として後世に残してきたのだから、生態人類学研究者には冒険遺伝子が十分に発現していると言える。

「没調査地的なフィールドワーク」はどこへ？

しかし、そんな楽しい没調査地的な研究を行う生態人類学者（あるいはフィールドワーカー）が少なくなった、とつい愚痴をこぼすのは、六〇代後半になり、段々と冒険遺伝子の発現量が少なくなってきたためだろうか？と言うのも、数年前の生態人類学会のシンポジウムで研究者のアイデンティティーの話をしてもらったが、自分を人類学研究者とか霊長類学研究者とか言う人はいても生態人類学研究者という人はごく稀だったからだ。特にホモ・サピエンスのサバイバル（食と病気と生殖）を扱う人類生態学研究者は多少なりともいたが、全体的にはフィールドワーカーが減っていると感じた。いまの調査者はある意味「たいへん楽」で、昔のような没調査地的なやり方で苦労してデータを取る必要が無く、調査で用いる方法が様々に開発され、調査地や被調査者からの様々な情報がほぼリアルタイムで居ながらにして取れる、にも関わらずそうなのである。

「没調査地的フィールドワーク」の現代的意味

シリーズ『生態人類学は挑む』の中で

僕は、自分のフィールドワークをほとんど取り上げていないが、最初の強烈なイニシエーションは鮮烈に覚えている（写真）。一九八一年といえばすでに遠い昔だが、二〇代の中頃にパプアニューギニアのオリオモ台地でサゴ澱粉を主食とするギデラ族一三村落の一つのドロゴリ村に科学研究費研究の調査隊メンバーの一人として没調査地的に半年間入った。入ってすぐ気付いたのは、一九六〇年代のモノグラフなどでも書かれていた「パプアニューギニア低地はサゴが主食」という記述は、現実にはそれほどステレオタイプではなかったことである。必然的に自分のテーマはパプアニューギニアの人たちの文化変容や近代化ということになったが、後で考えてみると、これはまさにその当時オセアニアだけではなく世界中で起こっていたことだった。このテーマは環境問題の伏線としていまだに続いているが、世界中でグローバリゼーションが進むからと言って没調査地的なフィールドワークが無駄になってしまう訳ではない。むしろ他の様々な方法で取った情報の真偽を評価したり、調査地に起こっている変化がその地域の人たちにとって適応可能なものなのかを判断したりするためには、どうしても必要な手段だという気がしている。

「没調査地的フィールドワーク」の連鎖

ところで、ある地域でフィールドワークを続けるかどうかは訪問時に得られる情報量に依るかもしれない。その地を最初と再度訪れた時に得られる情報量はかなり多い。再度訪れた時には最初の時の疑問を解決しようとするからである。その後、三度目、四度目と訪れても余り情報量が増えないと、また冒険遺伝子がムクムクと発現して、その地域も生かせるよう場所を探すのだが、いずれにしても、いつまでも、なぜ、なぜと子供のように問い続けられる調査地と研究心を持ち続けるのはなかなか難しいものである。

フィールドワークを没調査地的にやれる冒険遺伝子に満ち満ちた人が増えるのを待望する訳だが、今この原稿を書いている場所はスリランカのキャンディーにあるペラデニア大学の個人の研究室である。そこは留学生だった僕の学生が就職して得た講師の部屋である。そんな彼の椅子に座って感じる「フィールドワークの連鎖」も良いものである。今日も彼は僕を置いてフィールドワークに出かけて行った。

変貌

スンダ農村と私

高坂宏一
Kouichi Takasaka

出会い

一九七九年から二〇一一年まで、インドネシアのスンダ農村に短期の滞在を含め、五回お世話になった。調査は村のある家に居候させてもらい、生活を共にしながらその社会に溶け込んでゆくことから始められた。標高七〇〇～一二〇〇メートルに及ぶこの村（デサ）には二六の集落（カンポン）があり、集落間に棚田を利用した水田、畑、多年生植物の林が広がり、その先は森林だった。当初、スンダ農村は私にとってまったく馴染みのない世界、いわば異界だった。深夜、暗闇の彼方から聞こえてくる奇声に不安を覚えた。それは森から出てきて作物を食い荒らす猪（バビ・フタン）を追い払う人の叫び声だった、ということを後に知った。

集落などの地図作りの傍ら、私はイスラム教や慣習あるいはアニミズムにもとづく行事に誘われるまま出向いたり、歩き回って村人の生活を観察した。一方、村人は見知らぬ〝よそ者〟に距離を置いていた。しかし、それとなく観察していたようだ。一か月余りして村人との隔たりが感じられなくなった頃には、彼ら彼女らの得た新参者についてのデータは、

村の景観（部分、1983年12月3日）。右の棚田は田植後39日、左の稲は5日後に収穫された。後方に畑、起伏や木立の陰に複数の集落、遠方に森林（村外）がある

情報交換も手伝って、質・量ともに私が得た村や村人に関するデータを凌駕していたのではないかと思われる。私たちはお互いに調査者であり調査対象者だったわけだ。ただ、私のほうが調査ということを意識していただけだった。

その後も私は調査され続けた。「宗教は何か?」「歳は幾つか?」「結婚しているのか?」などと村人たちは尋ねてきた。更に「早く結婚しろ」「村にもいい娘がいる」と助言までしてくれた。村人が蓄積してきたデータはほどなく私を捉え、自分たちの生活にさほど影響を及ぼすことはないと判断したのだろう、やがて私にあまり関心を払わなくなった。

当惑

一方、私はこの村での暮らし方を身に付けながら、研究テーマに添って調査を続けたが、時の経過とともに、次第にスンダ農村の世界に取り込まれていった。村人は少なからずいる妖怪や超自然の力とともに生きていた。夜に水場で妊婦を襲う妖怪、病気や怪我を治療する呪術師、翌日の晴れをもたらす祈祷師（いわば“晴れ乞い”だが、依頼者はかなりの謝礼を渡す――男の農作業賃労働の二〇日分の場合もあった）などだ。私はそのような存在や力を信じていなかったが、徐々に自信を失っていった。ある男が数メートル離れた所から、山刀で私の内臓を切ることができると言い張った時、迷った末に断った。「もしかして」と思うようにはなっていたのだ。

その後、自分を取り戻したが、以前の私ではなかった。同化したわけではないが、少なくとも村人のそうした世界を否定する気にはならなかった。あの時、挑戦を受け入れていたら、どうなったのだろうと思う。切られたか切られなかったかではなく、村人との関係が、である。八か月後、未定だが再訪したい気持ちを伝え、村を後にした。

得失

四年後、再び村を訪れる機会を得た。今度は当初から互いに緊張感はなかった。私はさっそく出生力の調査に取りかかった。御婦人方の尿を得ることが重要な作業で、三百数十人の尿を、四か月の間隔を空けて二回、集めることができた。研究に不要な尿を差し出してくれた男もいたが、私は笑顔で受け取った。前回の滞在が村人のこのような協力を可能にしたのだと思う。そして、これが私の主要な研究成果に繋がる資料となったが、四年前のような感性は失われていた。

MY FIELD

インドネシア 西ジャワ州プリアガン高原のスンダ農民

稲のほか多様な作物を栽培していた。高出生率による人口増加が食糧増産を促す一方、環境問題が漸進していた。写真は、スンダ農村への見方を変えたボリビア中央アンデス高地で、主食となるジャガイモの種イモ植付け直前の畑を背にした私（1988年）。畑に盛られているのは肥料のヒツジの糞。背景はティティカカ湖、その先はペルー。

変貌

数か月して、追跡調査のために短期間滞在した後、ボリビア・中央アンデスの標高三八〇〇メートルを越える高地のアイマラ農牧村で、数か月のフィールドワークを二回行った。そこは自然が人を圧倒する地だった。人が自然を圧倒しているスンダ農村とは対照的だった。この経験はスンダ農村に対する私の理解を、より相対的な捉え方に変えた。

最後にスンダ農村を訪れたのは二〇一一年である。私が暮らしていた集落にも電気が来ていた。ますます人が自然を圧倒して、環境問題が顕在化し、村は変貌していた。五回の訪問で最も印象深いのは初回だが、それは年齢や慣れ、あるいは時代が関係しているのかもしれない。年齢とともに感性は変わるだろう。慣れるにつれて見えなくなること、意識されなくなることもあるだろう。近代化とともに農村社会の環境や生活は変貌するだろう。

変貌はほかにもあった。かつての少年少女は中年になり、中年は老年になっていた。村人も私に同様の変化を見てとっただろう。すでに亡くなって会えない人も多かったが、変わらないのは彼ら彼女らに対する深い感謝の気持ちである。

自らの問いにこだわる

山田 孝子
Takako Yamada

ラダック人社会の今

維持されるコミュニティの「つながり」

MY FIELD

インド国連邦政府直轄領ラダックに暮らすラダック人

ラダック人はチベット語西部古方言ラダック語を話す人々である。農耕と牧畜に加え、中央アジアやカシミールとの交易が彼らの重要な経済基盤となってきた。パキスタン、中国との国境が管理ラインとなり閉じられるなか、観光を主産業として地域の発展を進める渦中にある。

生態人類学が明らかにしてきたように、地球上のさまざまな自然環境のもとで生きる人類は、それぞれの環境に合わせて自らの生活基盤を成立させてきた。その人類が培ってきた生態──生きていく生活──には人と自然との循環のなかで成立してきた智慧と工夫をみることができるといっても良いであろう。

これまでいろいろな土地で、「自然社会」を対象にフィールド調査を積み重ねてきたなかで、一九八〇年代のインド北西部のトランスヒマラヤ山脈地帯に位置するラダック地方の調査では、高標高の厳しい自然環境のもとで王国という政体が維持されてきたのをみた。ラダック人の生業は、オオムギ・コムギの栽培、ヤク、ゾモなどのウシ科の大型家畜やヤギ・ヒツジといった小型家畜の飼育を主生計として成り立つが、交易とくに国際交易が王国を支える大きな経済的基盤となってきたのであった。

調査初期に経験した村の生活では、農耕と牧畜とが互いに有機的に連繋し、循環し合う自然──人との「つながり」のシステムとして成立していた。農耕・牧畜が循環し合うラダック人の生態には、「ゴミ」が出ない工夫・対処が詰まり、人と自然、個人とコミュニティ、人と神々それぞれがみごとに連環する「つながり」のもと、「完成」されたともいえるシステムが成立するのをみることができ、目を見張ったことを覚えている。

現代化の波

その一方で、二〇〇〇年代に入っての調査では、観光地化が一層進み、レー市街地近郊ではムギ類の栽培が放棄され、換金用野菜栽培やホテル経営、旅行代理店経営への転換が進んできたのをみることになったのである。観光産業への参入などという経済生活の現代化のなかで、ムギ類の脱穀・風選作業の機械化は進み、共同作業ではなく家族内で専門業者に任せて処理する作業となっていた。また、水車小屋の碾《ひ》き臼を使用しての製粉も専門業者に任せる機械製粉へと転換が進んでいた。機械化により農作業が軽減された一方で、脱穀後の機械の刃で寸断されたムギの茎は固くて家畜の飼料には適さず、飼料を購入しなければならなくなっていた。しかも機械製粉された麦類の粉はおいしくなくなったと、ラダック人は語るのであった。

自給的生計からの転換、観光地化の進展という経済生活の変化は、家族形態や伝統的な村コミュニティにおける共同性に大きな影響をあたえてきたのである。農作業をネパールや他州からの季節労働者に任せたり、コミュニティの共同作業

レー市チャンスパ地区におけるツェチュの集まり（2017年）

への参加も人手ではなく現金での貢献で済ますようになった。こうして、畑の開墾、脱穀での家畜の利用、風選後に残ったムギ類の棹《さお》の家畜の上質な飼料としての利用、水力を利用しての製粉という、自然の力、牧畜、農耕が有機的に循環した伝統的生計システムが変容し、コミュニティの共同性も変質してきた。

コミュニティを支えるこころの「つながり」

二〇一七年に訪れたときには、レー市内にはホテルやゲストハウスがぎっしりと建ち並んでいた。中心のバザール地区の整備も完了し、土産物店が並ぶ歩行者道路が出来上がっており、二〇一九年一〇月に連邦政府直轄領となったラダックでは、地域開発の柱として観光の推進が掲げられている。

社会が大きく変化する渦中において、「パスプン」という家族を越える社会集団組織の祀る神を共通に見守りあうことや、コミュニティあるいはコミュニティを越える宗教行事が実施され、「つながり」や連帯感が育まれるのをみることができる。

たとえば、二〇一七年には、レー市内のチャンスパ地区の一軒で行われた「ツェチュ（一〇日）」の集いが開かれるのをみることができた。チベット暦の各月一〇日はチベット密教の開祖であり、ニンマ派という宗派の創始者パドマサンバヴァ（グル・リンポチェ）に因んだ祭日とされるが、この日に村創立時からの旧家が持ち回りで一軒の家に集まり、読経と共食を共にしているということであった。このときに出席していた人たちは、全員の参加は難しくなってきてはいるが、この集まりを楽しみにできるだけ参加すると語っていた。

仏教徒であればダライラマ一四世による灌頂儀礼や高僧による講話、年間の決まった読経儀礼や僧院の祭りに地域、コミュニティを越えて多くの人々が参集するのをみることができる。また、ムスリムであればモスクでの金曜礼拝に始まり、イード・アル＝アドハー（犠牲祭）、イード・アル＝フィトル（断食明けの祭り）の二大祭礼を、コミュニティとして、またコミュニティを越えて共に祝う。

今日のラダック人社会では、村というコミュニティにおける生業や社会生活を成立させてきた共同性が大きく変容するなかで、信仰縁とも呼べる宗教実践をとおして、コミュニティの「つながり」の輪が確固として保たれるのをみるのである。

乾季においても水の貯まったくぼみ

砂漠の民から学ぶ人類の姿

遺跡からでは分からない暮らしを再現する

池谷 和信
Kazunobu Ikeya

ヨルダン南部

ハルハ山麓は、常に利用できる水場のない岩肌が露出した極乾燥地域である。現在はベドウィンによるヤギの放牧がおこなわれており、岩陰では石積みしたヤギ囲いが休憩のために利用されている。そこでは3万年以上前の石器が発見されている。時代が変わっても暑さをさえぎってくれる岩陰の重要性は変わらない。

MY FIELD

水場を調査する筆者

初めて見た罠の形

私たちは、ほぼ垂直に切り立った崖にはさまれた谷の底を歩いていた。途中、二―三メートルの段差のある部分は崖をよじ登ることになる。ときどき底には砂地がみられ、石がゴロゴロしているなかに彼の仕かけた罠が点在していた。私が、初めて見る形のものだ。表面から深さ一〇センチメートルほど砂を掘り、周囲に三〇センチメートル四方の石の壁をつくり、鳥がやってくるとささえの部分が外れて平たい石の蓋がしまるという仕掛けであった（左頁写真）。あとで聞くと、なかには鳥の餌となる小麦の粒を入れておくとのこと。幸運なことにそのとき、罠の一つには生きた鳥が入っていた。体長が三〇センチメートルぐらいの羽根のきれいなハトであった。彼は、その場の近くで解体して内臓を取り出し焚火であぶってから肉の部分を食べた。

これは、中東のヨルダン南部の山中での出来事である。私は考古学の調査隊のメンバーとして地元の暮らしを知るためにベドウィンの男といっしょに歩くことになった。年間の降水量はわずか約五〇ミリメートル。周囲には樹木がほとんどない砂漠が広がっている。これまで私はアフリカのカラハリ砂漠でスティーンボックのようなレイヨウ類のはね罠を見ていたので今回の罠猟は獲物が小さくて物足りなかったが、この場所での罠猟には

罠に入る鳥の様子を再現

学術上の意味がある。ここから徒歩で数分のところにおよそ四万年前のホモ・サピエンスの遺跡がある。近くにはネアンデルタール人が利用した可能性がある遺跡もある。これらからネアンデルタール人からホモ・サピエンスへ交代劇の起きた原因を類推できるかもしれない。しかも、イワシャコという鳥の骨が遺跡から出土しているという事実がある。イワシャコもハトと同じくらいの大きさなので、当時の人類がこのような方法で鳥を獲得していたかもしれない。

乾季に水場を発見

その後も私は、彼とともに数十メートルの高低差のある周囲の岩山を歩いた。八月は乾季のために涸れ川に水はみられないが、途中、自然につくられたと思われる岩穴が川底にあり、降雨後三か月がたっても水が残っていたのには驚いた（右頁写真）。最初、これはカラハリ砂漠で見たパンと呼ばれる窪地に水が溜まっているようにみえた。しかも、こうした水場がこの辺りのどの沢にもあるわけではない。遺跡の近くに集中していた。もしかしたらこの水場と遺跡の立地が関係しているかもしれない。また、野生スイカが砂地に自生していたのには驚いた。現在はそれを食用にしていないというが、過去の人びとの水源の一つであった可能性がある。さらに、谷底よりは高さ一〇メートル以上の崖の上の平坦面を移動することで、容易に歩ける地形面があることを知った。

私は、現在のヨルダン山中を移動して狩猟や採集の場や水場をみることで、当時の生活の断面を類推するようになっていた。考古遺跡では多数の石器が出土しているが、それらを見ているだけでは、なかなか当時の暮らしまで想像がつかない。しかしフィールドを歩くことと組み合わせて旧石器時代の人びとがどのような地形をみて何を考えていたのか、想像をめぐらすことができる。かつての新人は水場を確保すれば先住の旧人を追い出すことができたのではないか。当時、この場所は今よりも降雨が多く、灌木と草地からなるサバンナ植生が広がっていたという。私が歩いてきたカラハリ砂漠では、見渡す限り地平線となる大地の上をハンターとともに水平に移動するばかりだったが、ヨルダンでは高いところと低いところを移動する、つまり垂直での人の移動の在り方を初めて学ぶことができた。ベドウィンは、ラクダやヤギを飼育する遊牧民として知られるが、シンプルな罠で鳥をとり食する行動を見ていると、遠く古の昔からハンターの精神が現在まで維持されているかもしれないと思っている。

自らの問いにこだわる

蚊を集めるには

散々試して準備したサンプルは今

中澤 港
Minato Nakazawa

最初のフィールドワーク

一九八九年の夏、修士課程二年のとき、パプアニューギニア・ギデラの村を訪れ、現地の医師が採血した血液を使って、測定や分注、遠心分離などの処理をした。初海外であった。二か月強の滞在のうち後半一か月は、ほぼ毎日三時間睡眠で頑張ったことと、合間にホタルの木を見たり鴨を叩きに沼地に繰り出したりといった現地の生活を体験したことは、今でもはっきりと覚えている。

現地で測定をしていて、貧血の人が多い村では蚊が多くて足が虫刺されでボコボコになった経験から、ハマダラカが媒介するマラリアが貧血の原因ではないかと考えた。不思議なことに貧血の人がいなくても蚊が多い村はあったが、その謎解きは後に博士論文の一部となった。

血清から抗マラリア抗体価を測る血清疫学研究とは別に、村ごとに蚊の多さが違うという実感を定量的に証明したいと思い、ギデラを再訪し、村々を回って蚊を集める研究を企画した。

蚊の集め方

どうやって蚊を集めたら良いのかが問題だった。多くの文献で、アシスタントを雇って背中か足を出してもらい、そこに止まる蚊を吸虫管で吸って採集する「人囮採集法」を使っていることがわかったが、倫理的に問題ありそうだし、夜中に付き合ってくれて蚊に吸血されても良いというアシスタントを雇い続けることは予算的にも困難だった。

文献を調べた中では、ライトトラップはハマダラカに向かなそうだし、二重蚊帳法（蚊帳を二重に吊って、内側の蚊帳の中に人が寝て、外側の蚊帳は半分めくりあげておき、朝になってから二つの蚊帳の間に集まった蚊を一網打尽にする）は大掛かり過ぎて大変そうだし、できそうなのは二酸化炭素でトラップする方法だと思った。

さて二酸化炭素で集めるといっても、電気もガスも水道もないギデラの居住地では容易ではない。ライトトラップで筒状の容器に集めている事例があったので、何か筒状で軽い容器がないかを考えてみて、思いついたのが、小魚やエビを採るのに使うビンドウであった。ビンドウの内壁に殺虫剤を塗っておき、中で二酸化炭素を発生させれば、たぶん蚊が二酸化炭素に惹かれて集まってきて、壁に触れたら殺虫剤で死んでしまうはずである。

早速釣具屋に行ってビンドウを買い、実験室出入りの業者から買って砕いたドライアイスをビンドウに詰め、東京大学医学部三号館の傍で蚊が採れるか試したところ、イエカとヤブカばかりだったが、無事に採れた。ギデラの土地でドライアイスは入手できないので、二酸化炭素をどうやって発生させるか悩んだ末、炭酸カルシウムと希塩酸を持参し、ビンドウの中で反応させれば計算上は問題ないはず、と思いついた。飛行機に載せられるのかという点については、それほど危険な薬品ではないので、密封してトランクに詰め、預け荷物にすることは可能だった。

集めた蚊は実体顕微鏡を使って自分で種を同定した上で、可能なら、ハマダラ

MY FIELD

パプアニューギニア西部州のギデラ

ギデラは、パプアニューギニア西部州南部フライ川河口に近いオリオモ平野に住み、狩猟採集と焼畑とサゴ作りを主な生業としている。

森の中に散在するギデラの村。蚊集め当時と違ってこの写真を撮った2010年代には白っぽいトタン屋根も増えた

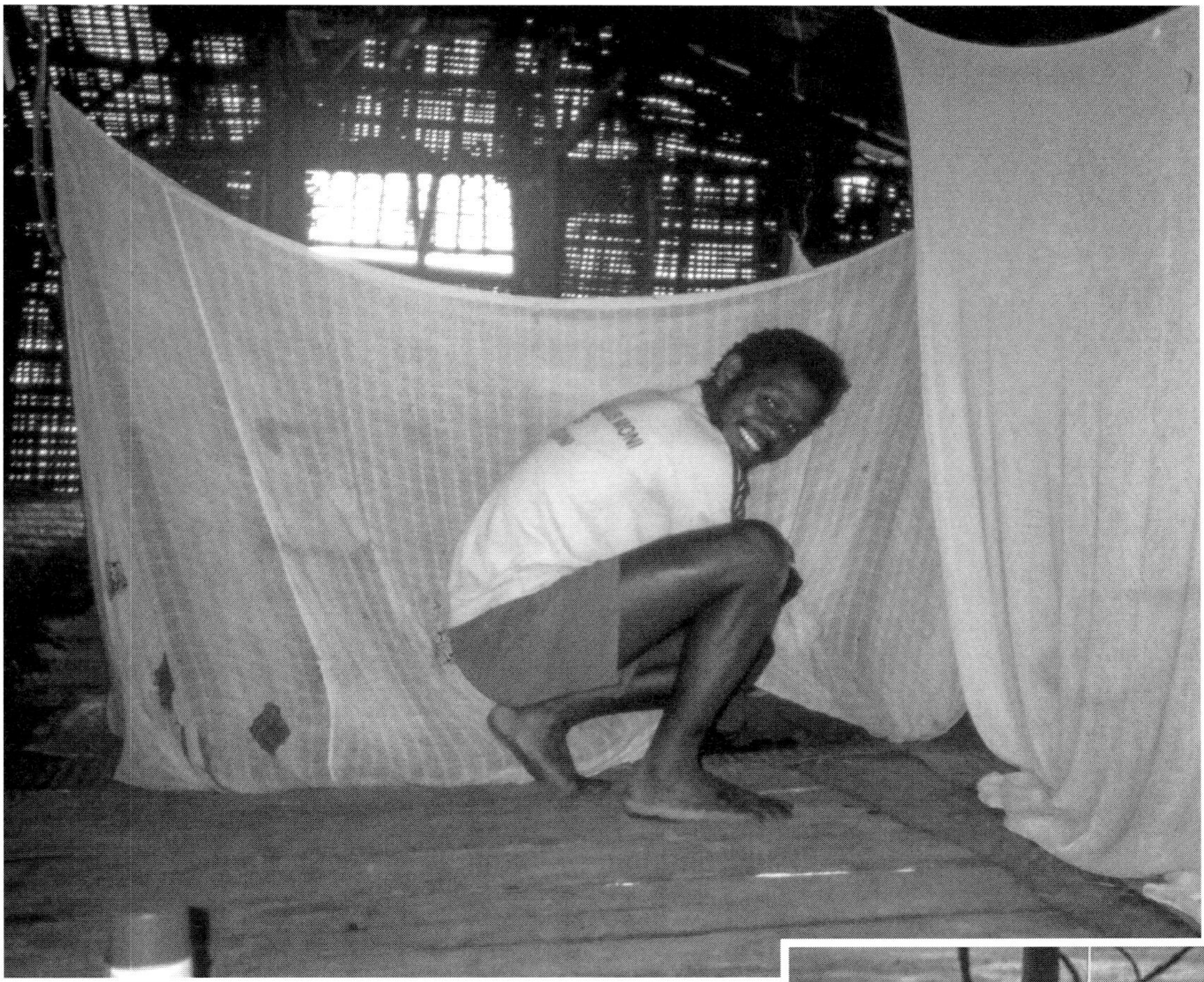

カについては一匹ずつマラリア原虫がいるかどうかを調べようと思っていた。この計画で応募した研究助成金も無事に採択されたので、いよいよ蚊集めに向かったわけである。

蚊集めの実際

しかしこれは、とらぬ狸の皮算用というか、結論としては大失敗に終わった。写真のように、ギデラの家は高床式なので、床板にタコ糸を結んでビンドウを吊り下げるまではうまく行った。しかし、炭酸カルシウムに希塩酸を垂らして二酸化炭素を発生させても、全然蚊が寄ってこないのだった。薄く刺激臭がしたので、もしかすると反応前の塩酸から揮発した成分が蚊を遠ざけたのかもしれないし、パプアニューギニアの蚊は二酸化炭素には誘引されないのかもしれないし、などと失敗の原因を考えてみても後の祭りであった。

床板からタコ糸で吊り下げたビンドウ。希塩酸は後部の穴からスポイトを差し込んで垂らした

予め多数用意したスチレンチューブにナフタレンを入れて濾紙を敷いた蚊の保存容器を眺めながら、アシスタントの青年と頭を捻った末に編み出した窮余の一策が、蚊帳の中にいる蚊を採ることであった。ギデラの人びとの蚊帳には大抵穴があるので、蚊はそこから中に入って血を吸っているのである。当初の計画とは違うが、人囮採集や二重蚊帳法と原理は同じなので、これでも良いことにした。毎朝アシスタント君と一緒に家々を回って蚊帳の中にモルテンという殺虫剤を吹き付けて落下した蚊を集めるという日々が続いた結果、何百本もの保存容器にたくさんの蚊が集まり、日本に持ち帰って検鏡し、村によってハマダラカの割合が違っていたことまではわかった。しかし蚊一匹ずつPCR検査をする予算と時間がなく、実はあれから三〇年経った今も、蚊が入った保存容器が研究室に眠ったままである。

「サル小屋」で先端の研究と出会う

今から四〇年ほど前、霊長類研究者としての第一歩を屋久島で踏み出した。村外れの海辺に建てられた通称「サル小屋」は、六畳一間に四畳半の台所、それに、汲み取り便所と五右衛門風呂からなるこぢんまりとした作りではあったが、電気、ガス、水道が通っており、ガスコンロ、小さな冷蔵庫、ラジオが備えられ、生活に必要なものは一通り揃っていた。サル小屋は学生によって自主管理されており、最年少の大学院生が管理人となって、小屋の修繕からバイク・車の維持管理、庭での野菜づくりまで行っていた。流しに面した窓を開けると、海におちていく稜線が目に入り、夜になれば東シナ海の波の音も聞こえてきた。小屋に一人だけという時期も多かったのだが、そんなときは一日中誰とも会うこともなく、自然に包まれたちっぽけな自分という存在が静かに意識された。

分裂の主役と目されるオスのアオ（左）とP家系第一位メスのハッパ（右）

サル小屋で過ごした日々

千載一遇の好機と未解明の課題

塚原　高広
Takahiro Tsukahara

小屋には何人もの霊長類研究者が泊まることもあった。焼酎三岳を飲み交わしながら、研究から文学、時事問題まで、一回り上の世代の研究者の議論は尽きることなく、興が乗ると歌になった。知識も経験も乏しい私はたいした発言もできず、名前でなく「おい青年！」と呼ばれるありさまだった。六畳一間だから議論が終わるまで布団を敷くことはできず、酒に弱かった私は、深夜になると座ったまま居眠りするのが常だった。サル小屋はさまざまな動植物研究者にも開放されていて、しばしば宿泊希望のハガキが届いた。彼らから最先端の研究手法や成果を聞く刺激的な夜もあった。

群れの分裂に遭遇する

私は、一九八五年一〇月から一年間、多くの時間をサル小屋で過ごしたのだが、ニホンザル研究者はそれぞれ別の群を観察する慣習になっており、私は半山M群、先輩のDさんはすぐ南を遊動するアルク群の担当だった。ようやく、サルの顔をおぼえ始めた一一月三〇日のことである。「大変なことが起きたぞ」「アルク群が分裂した」。森から戻った先輩たちが興奮した口調で話す。アオという群外オスが、アルク群最劣位のP家系のオトナメスと鳴きかわしながら採食、遊動をともにして別グループを作ったのである。翌日から私はアルク群に異動となった。Dさんと二人で森に入り、群を見つけると手分けしてメンバーを確認、それが終わると一人はそのグループを追跡し、もう一人はもう一つのグループを探しに行く毎日が始まった。

当時、屋久島ニホンザル群では、優位な群外オスが交尾期に群に近づき、発情メスとの交尾を契機にサブグループが生じ、加入した群外オスと群オスとの敵対的交渉によりサブグループ間の亀裂が深まり分裂に至るとされていたように思う。分裂の過程ではオトナメスたちは脇役とされ、二つのグループ間をいったり来たりするとされていた。しかし、アルク群の分裂は、この通りには進まなかった。しばしば二つのグループは遭遇したが、アオは圧倒的に優位であるのに、泣き面を浮かべてギャーギャーいう群オスたちを追い払うことなく、鬱陶しそうに眺めるだけであった。群オスはそのうちおとなしくなってしまい、二つのグループは融合して休息し、中には毛づくろいをするものもいる。ところが、やがて移動が始まると、二つのグループに分かれてしまう。それは、P家系のメスたちが、優位家系のメスの移動に追随しないことが主な原因で、この分裂はP家系のメスがカギとなっているように見えた。

解けなかった謎

結局、群の分裂が決定的となったのは翌年の六月であった。サブグループ同士が出会うと群オスたちがP家系のメスを攻撃するようになった。その後、P家系のメスはもう一つのグループの気配を察すると静かに逃げるようになり、遭遇時にしばらく一緒にいることがなくなったのである。分裂の過程をつぶさに見るという千載一遇の機会を得ながらも、さまざまなエピソードにとらわれてしまい、結局、腑に落ちるような分裂のメカニズムを思いつけなかった。分裂した二つの群は、数年後、ともに消滅するという悲劇的な結末を迎えた。四〇年を経て今もなお、一人一人のサルたちの顔を思い浮かべながら、彼らはどんな思いだったのかと考えてしまう。

MY FIELD

鹿児島県熊毛郡屋久島町西部地域のニホンザル

屋久島西部は、約20kmにわたり集落がない。1970年代後半、大学院生だった丸橋珠樹さんがニホンザル群を人に慣らすことに成功した。1982年に永田集落にサル小屋が作られ、調査地まではバイクで移動していた。以来、若手研究者に運営が次から次へと引き継がれ、現在も西部地域ではニホンザル調査が続けられている。

サル小屋にて

砂漠の狩人ブッシュマン

伝統社会の急激な変容に立ち会う

田中　二郎
Jiro Tanaka

自らの問いにこだわる

MY FIELD

カラハリ狩猟採集民

かつて南部アフリカから東アフリカにかけて広く暮らしていたサン人（ブッシュマン）は、バントゥー系の人々や白人の進出により激減し、現在はカラハリ砂漠に残っているだけである。そしていま、この地を領土とするボツワナやナミビアの政策によって定住化を強いられ、移動を基本とした狩猟採集の生業は奪われている。写真は1960年代の調査風景。

狩人たちの暮らし

狩猟と採集によって生活を営むブッシュマンが暮らしているところは、アフリカ大陸の南端部に位置するボツワナ共和国とナミビア共和国にかけて広がるカラハリ砂漠である。砂漠とはいうものの、カラハリは実は数十センチメートルほどの丈の高い草が生い茂り、一〜二メートルぐらいの灌木も混じった叢原と言った方がより適切な原野である。

アカシアなど一〇メートル以上の背丈の高い木が疎らに生えたところもあり、人々はそうした木陰で憩い、また移動の先々では適当な太さの樹木や灌木を切り倒してきて直径四〜五メートルの円形に砂の中へ埋め込んでいって小屋の枠組みを作り、その上に草を葺いて直射日光や雨風、また凍りつく寒い冬の間には霜を避けるために、半球形の住まいを作っている。

食用植物の採集と共に、主として女性の仕事であるが、適当な大きさの枯れ木を拾い集めてきて焚火をたき、食用にする草木の葉、果実、根っこ、それにカモシカ類やオオミミギツネ、トビウサギなどの獣肉を料理して暮らしている。昔は獣肉を塊のまま焚火で炙ったり、あるいは熾火《おきび》の中に埋め込んだりして調理していただろうと思われるが、近年は鉄鍋などの調理具を町の小間物屋で購入するようになったので、肉は小さく切って煮炊きすることが多くなった。煮あがった肉は手作りの木臼の中で搗《つ》き崩し、団子状にして食べられることが多い。もちろん肉塊を熾火で焼いて食べることもふつうにみられるのであるが。

採集狩猟民

狩猟採集民とはいうものの、現実にはちゃちな手作りの弓矢や槍、トビウサギ狩り用の鉤竿といった原始的な狩猟具と方法で、すばしこいカモシカやキリンのような野生動物を仕留めることは容易ではない。獲物の動物が手に入るのは一週間か一〇日に一度ぐらいであり、彼らの食料の八〇パーセント以上は一〇〇種類以上はある食用の野生植物からなっていることを見いだせたのは、私自身の最大の発見だったと自他ともに認めている。

カモシカ類やオオミミギツネなどの獲物を弓矢や槍で仕留め、日中は深い砂の中に穴を掘ってその中で休んでいるトビ

キリンを捕らえたブッシュマンの男たち

ウサギを長い鉤《かぎ》竿で引っかけ、真上から深い穴を掘って捕らえる。牛ほどの大きなものから狐ぐらいの小型のものまで何種類もが見られるカモシカ類を主たる獲物とする狩猟は男性の仕事であるが、獲物の動物はすばしっこく逃げまわるので、狩りが成功して肉が食べられるのは幸運に支えられたときに限られている。確実に収穫が見込まれる女性による植物採集が、じつはブッシュマンの主食を支えているのである。

平均年間降雨量は四〇〇ミリメートルていどと少なく（多い年でもせいぜい約七〇〇ミリメートル）、地表には池も川もないので、水の得られるのは短い雨季の間にたまさか降って窪地にできる溜水を飲める程度にすぎない。生存に必要な水分はもっぱら食用植物の実や根っこなどに頼っていて、野生のスイカ類やキュウリ類が殊に重要な水源となっている。

これが私がブッシュマンの社会に入った一九六〇年代の姿であった。

急速に変容する社会・文化

二一世紀のいま、人々は政府が主導する道路工事などの仕事に従事して現金を手に入れるようになったので、しばしば二〇〇キロメートルの距離を歩いて町まで買い物に出かけるようになり、衣類や身の回りの品、食料などを購入するようになって、ブッシュの中でのみ暮らしていた時代に比べて生活はずいぶん変わっていきつつある。

一九七九年に調査地のカデ地域に小学校が作られ、多くの子ども達が学校へ行くようになった。学校では昼食としてトウモロコシの粉で作ったお粥が振る舞われるので、これは野生植物をもっぱら食べている人々にとっては大ご馳走で人気があり、子供たちは喜んで学校へ通うようになったのである。優秀で勉強の好きな子は遠い町の中学校へ通うようにもなり、更に高校、大学まで行って、都市で働く者も出てきている。

私が初めてカラハリ砂漠を訪れた一九六七年の頃には、人々は文明とは隔絶した原野の中でカモシカの毛皮で作ったフンドシ一つの裸の姿で暮らしていた。女性はやはり毛皮の腰巻をまとい、さらに毛皮を一枚肩からかけていたものである。いまや人々は男性も女性も、そして子供たちも、布製の衣服を身にまとうようになっている。多くはすり切れたり破れたりしているのではあるが。

変化はますます急速に起こるようになってきており、「文明化」（近代化）の波はとどまることはないだろうと思われる。

自らの問いにこだわる

歩いてナンボ

「ついていく」生態人類学人生

野中 健一
Kenichi Nonaka

題字：大下由乃

生態人類学徒たるもの、長さがあれば長さを測り、時間があれば時間を計り、重さがあれば重さを量る……、観察と計量こそが調査であると先輩諸氏から教えを受けてきた。地理学出自でもある私は、人びとがなにをどこでやっているのか、どうやってそこへいくのかも課題であった。人がいるところへたどり着き、行くところへ「ついていく」生態人類学人生の一端を紹介したい。

道なき道を進む

ボツワナ、カラハリ砂漠での狩猟採集活動の一部始終を見たかった私は、人びとがどこへ行くのかも、何をするかも分からない中、別に拒否されることもなかったのでとにかくついていくことに徹していた。狩りに行く気配を察してついていく犬のように思われていたのかも知れない。一挙一動に目を離せないが、炎天下でも砂漠の中をひたすら歩く人たちに、ついていくだけで精一杯になってくる。茂みに入って行くので、何か採るのだろかと後をつければ、「うんこだ」と言われたこともあった。タバコを吸いたいからと止まったときには、私はその場に倒れ込んでしまった。しかし、そこは植物のトゲだらけで身体に刺さった。痛くても飛び上がることもできないほどだった。しかし、その人はタバコに火を付けるため、木を折り取って火起こしをはじめるではないか！這いずってビデオを回した。女性二人の採集活動についていった時には、おしゃべりに夢中の彼女らが、毒蛇に気付かず踏んづけてしまい、ヘビが鎌首を上げたところに私が直面したこともあった。夕立が来そうな気配だったが雲や風の様子を観て大丈夫だから狩りに行くというのに同行すると、やはり黒雲が湧き起こり稲妻も光った。彼らより背が高く、金属製品を身につけている私がまっさきに雷に打たれそうだった。青空の方を指して、そっちへ行けば大丈夫とみんなで走ったこともあった。子ども猟の全力疾走に置いてきぼりにされて前後左右見通しのないブッシュの中に呆然としたこともあった。

そんな私であったが、よく連れて行ってくれた人に、ある時「オレは野中に殺されそうになった」と吹いて回られた。「休みたいといわなかったんだ」と。私は、その人の邪魔になっちゃいけないと、こちらから何かを望むことはしないように努めていた。そのおかげか、いろんなところに行くことができたのだった。

山道をつるつるの靴で

ラオス北部山地の村での調査。生活領域の環境、山での食料資源獲得と村の境界を知りたくて、村人と山行に出かけた。沢登りになったが、あろうことか靴底が取れてしまった。ほどなくしてもう片方も取れて流れていった。残ったのはツルツルの底。山には焼畑へ行く道ができていたので、なんとか行けるだろうと続行した。しかし坂道は険しく、雨も降ってきて赤土の道はつるつる滑る。木枝を杖にして身体を支えて進んだ。休憩時には、杖によりかかっていないと斜面を滑り落ちてしまう。おまけにヒルが上ってきた。ヒルを払いながらじっとしていることもできない。そんな中でも村人は、道ばたでカメムシを捕まえ、クモも捕らえ、途中で焼いて食べていた。スナッキングの現場をみることができたのだ。

下りはもっと辛かった。急な斜面を村人はまるで回転スキーをするかのように先にある木を手がかりにして、つかんで駆け下りていく。しかもビーチサンダルで。私のつるつるの足元と似たものかもしれないが、年季が違う。私は掴む木がわからずトゲだらけの木を掴んでしまうこともあった。

どうにか、麓の車道へ下りた時には心底ほっとした。終わってみれば、足の両親指が真っ黒になっていた。ひどい内出血を起こしていた。指の力でなんとか踏ん張っていたのだった。そして半年ほどたって、ぽろりと爪が剥がれ落ちた。

ぬかるみを音を立てずに

パプアニューギニア、セピック川を遡った村での滞在。ノブタ猟に連れていってもらったときのこと。森の中、野生サゴヤシの木を見つけ伐り倒して、そのでんぷんを食べに来るノブタを槍で仕留める猟である。ぐちゃぐちゃの密林の中を連れ立って進んでいく。その時に、「音を立てずに歩け」といわれた。ぐちゃぐちゃしているところでも横たわるヤシの葉柄に彼らは足をうまく乗せて、軽やかに歩いて行く。私はといえば、踏み外してどぼっと腰まではまってしまうこともあった。手を差し伸べてもらって這い上がり、というぶざまなものであった。この道中でも野生サゴを伐倒した切り株にできた水たまりから魚釣りのエサに使う幼虫を集める者がいた。野生サゴの芽を食べるなどのことも、知ることができた。

結果は、何も獲れず。でも、「今日の行程を行けたから次回は一番槍の役を任せよう」といってもらえた。そもそも私を連れていって、そもそもノブタを仕留めることなど思ってもいなかったのであろう。これは試しだったのだ。

同行させてくれたことにただ感謝

わたしの関心事はメジャーなものではなく些末な部分である。それは日々の暮らしのどこででてくるのかわからない、そんな小さな行為がいくつもあわさって豊かな暮らしがつくられている。それを見つけるために、たかが「ついていく」だけであるが、思えば、よそ者でしかも体力能力も劣っている者をよく迎え入れ、同行させてくれたものだと、あらためて現地の人々に感謝したい。

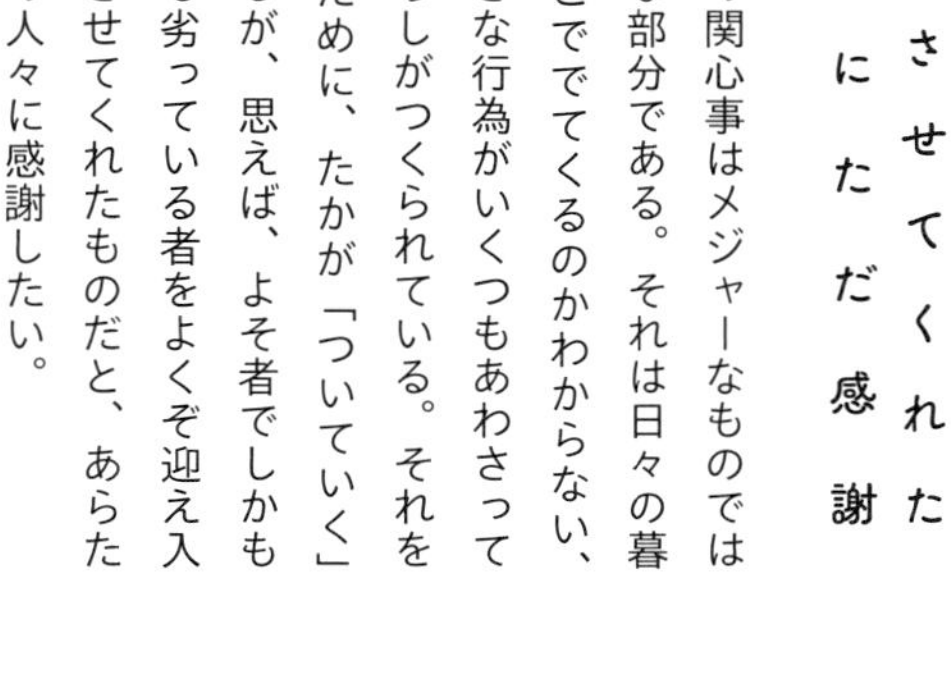

MY FIELD

ボツワナ カラハリ砂漠

茫漠と広がる景色と思いきや、1本1本の木に、茂みに、水場に名前がつけられている。それをつないでどこまでも歩いて行ける世界。子どもの狩りについていって、獲物を見つけて走ってく少年達に取り残されて、一人きりになることも。ブッシュの中では見通しがなく、とても怖かった。

カラハリ砂漠の中、獲物を探し求めて歩く狩猟者に随行。どこまで行くのか？

丸山 淳子
Junko Maruyama

1976年生まれ。津田塾大学教授。ボツワナのブッシュマン（サン）社会で人類学的なフィールドワークを続けながら、現代の狩猟採集社会の変化と持続について考えている。主著に『変化を生きぬくブッシュマン：開発政策と先住民運動のはざまで』（2010年）など。

今村 薫
Kaoru Imamura

1960年生まれ。名古屋学院大学現代社会学部教授。カラハリ砂漠にはじまり、サハラ砂漠からアナトリアをかすめて中央アジア、モンゴル高原へと帯状に広がる乾燥地の人々の暮らしを、乾燥地特有の自然環境、家畜の機動性を利用した交易、大移動、多民族関係のダイナミックな文脈から追求する。主著に『中央アジア牧畜社会　人・動物・交錯・移動』（2023年、編著）など。

松浦 直毅
Naoki Matsuura

1978年生まれ。椙山女学園大学准教授。アフリカ熱帯林をフィールドに、狩猟採集社会の変容に関する研究や、生物多様性保全と持続的開発の両立をめざした実践に取り組んでいる。主著に『現代の「森の民」：中部アフリカ、バボンゴ・ピグミーの民族誌』（2012年）など。

菅原 和孝
Kazuyoshi Sugawara

1949年生まれ。京都大学名誉教授。霊長類社会学から出発し、身体と相互行為、人間と動物の関わり、セクシュアリティなどを主題に人類学的な探究を続ける。主著に『狩り狩られる経験の現象学』（2015年）、『動物の境界』（2017年）などがある。

曽我 亨
Toru Soga

1964年生まれ。弘前大学教授。東アフリカの牧畜民は気候変動や民族紛争、牧草地の喪失や難民化など多くのリスクに直面している。過酷な環境を生き抜く彼らの戦術・戦略を、人類学に近接する進化心理学などの知見を取りいれながら調べている。主著に『遊牧の思想：人類学がみる激動のアフリカ』（2019年、編著）など。

田中 利和
Toshikazu Tanaka

1982年生まれ。事業構想大学院大学准教授。農耕社会における家畜と作物と人間の関係・実践を役畜の運搬・牽引に焦点をあててとらえなおそうとしている。人びとが抱える潜在的な問題に対して地域の人びとともに実践的に対処するフィールドワークにも興味がある。主著に『牛とともに耕す：エチオピアにおける在来犁農耕の未来可能性』など。

波佐間 逸博
Itsuhiro Hazama

1971年生まれ。東洋大学教授。人間／自然の二元論を再生産する科学的認識論と距離を取り、生きとし生けるものたちをシティズンシップの輪の中に包含する自然社会のエスノグラフィーに関心があります。主著に『牧畜世界の共生論理：カリモジョンとドドスの民族誌』、訳書として『僕らはとびきり素敵だった』『文章に生きる：チェーホフとともに、エスノグラフィーを書く』。

PART 13

かけがえのない出会いと別れ

友という果実

研究の果実と言うと、たとえばノーベル賞のような高名な栄誉、大学教授という肩書きや安定した知的職業をイメージするかもしれない。それは全然違う。
別々の社会で育った者どうしが出逢い、生活をともにし、何十年にもわたって関わるなかで、何ものにも代えがたいもの——そう、友が出来ること。そして彼らと共に年を重ね成長し、自然や社会の変化を目の当たりにしながら、共に育っていく。これこそが、フィールドワーカーの喜びなのだ。
しかし限られた命、必ず出逢いには別れがある。そして別れによって、人生は深められる。生態人類学とは、まさに、一生、育ち合っていく友に出逢う、無二の学問だと思っている。

門馬 一平 Ippei Momma

1987年生まれ。国立民族学博物館特任助教。石や貝製の貨幣を贈り物に用いる人々を対象に、贈与がどのように意味を生成するのか、そのコミュニケーションとしての側面を研究している。最近は、フィールドの暮らしや儀礼を映像化することにも取り組んでいる。主な映像作品に『SAGAE：パプアニューギニアにおける贈与儀礼の記憶』（2019年）など。

木村 大治 Daiji Kimura

1960年生まれ。京都大学名誉教授。アフリカの農耕民、狩猟採集民の日常的相互行為を中心に研究を進めている。主著に『共在感覚：アフリカの二つの社会における言語的相互行為から』（2003年）など。

3色ボールペンで宿題をする小学生のドゥル。傍の甥っ子は、今年、町の中学に進学する

宙ぶらりんの二四歳

先の見えない人生をともにする、ということ

丸山 淳子
Junko Maruyama

二四年前、私が背負った赤ん坊

ドゥルは二四歳。六人兄弟の四番目。姉が二人と兄が一人、弟が二人。弟たちは小学生で、兄姉たちには妻や夫、子もいる。ドゥルには、まだ妻はいない。弟たちみたいに砂の上を転げて遊ぶ子どもではないけれど、兄姉のように大人らしく振舞うこともできない。なんだか宙ぶらりんの二四歳。腕のいい狩人ではないし、かといって、英語を使って町で働くわけでもない。野生動物のことはそれなりに知っていて、町の中学にも通ったけれど、それだけといえば、それだけ。ごくごくフツーの、現代のブッシュマンの青年だ。

そんなドゥルに、一年ぶりに会った。ひさしぶりのフィールドワークなのに、今年のボツワナは、ものすごく暑い。昼下がりには定住地の数少ない木陰で、家族みんなでうたた寝をするしかないくらいに暑い。ドゥルは寝そべって、私の靴についた草の屑を取りながら「日本に行くには、何回、飛行機を乗り換えるの?」と尋ねる。そういえば、幼い時からこんな質問をする子だった。

ドゥルと初めて会ったのは、二四年前のこと。彼は生後五か月の赤ん坊だった。

MY FIELD

中央カラハリ地域のブッシュマンまたはサン

ブッシュマン（サン）として知られる人々は、南部アフリカで長年にわたって、狩猟採集生活を営んできたが、近年では開発政策のもと、定住化や近代化が急速に進められている。私は、その変化を追い続けているが、訪れるたびに新しい展開を目にし、まだわからないことだらけだ。

片や私は、奇しくも二四歳。初めてのアフリカでのフィールドワークを開始したばかりだった。開発政策が狩猟採集社会に与えた影響を明らかにしようと勢い込んでいたが、調査どころか、基本的な生活さえおぼつかない日々を過ごしていた。そんな私にあきれたのか、唯一与えられた役割は赤ん坊の世話だった。背中で機嫌よく過ごすドゥルをあやしながら、私はこれからどうやって生きていくんだろうと、ぼんやり考えたりした。私もまた、宙ぶらりんの二四歳だった。

「字を書く人」にはなったが

太陽が西に傾きはじめた。うたた寝を切り上げるときだ。フィールドノートとペンを取り出すと、ドゥルがそれを目ざとく見つけた。「このペン！三つの色が出るから、小学校の先生が貸してほしがったんだ」。私に背負われていたドゥルは、その後「尋問」とあだ名がつくほど知りたがり屋の少年に育った。私も、彼の成長になんとか追いつこうと、フィールドワークを続けた。小学校が大好きで、木陰で熱心に宿題をするドゥルに、日本から持ってきた三色ペンをあげると、読み書きしない彼の父親が「この子は、字を書く人になるんだ」と嬉しそうだったのを覚えている。

あの頃と変わらず、ドゥルは私のフィールドノートを眺めては質問を繰り返していたが、日が沈みかけると、兄夫妻と一緒に、定住地から数キロメートル離れた原野につくった家に帰っていった。そこで、ヤギの世話をしているという。学校好きだった彼だが、開発政策下の定住地の暮らしには、そんなになじめないのかもしれない。定住地の工事現場で働いたこともあったが、今はやめてしまった。思えば、一〇〇キロメートルも離れた町の中学でも成績は良かったが、あるとき「二度と行かない」とだけ言って中退した。もっとも、彼の兄姉も中学は中退している。この国の少数民族である彼らにとって、町の中学が容易な場所ではないことは、フィールドワークを続けるうちに私にもわかるようになった。

月が出るころ、定住地に暮らすドゥルの姉たちが集い、おしゃべりを始める。「ドゥルは、去年、酔ったせいか、一人で座り込んで泣き続けていた。心配になって病院に連れて行ったのよ」。そのおかげか、最近では落ち着いたらしいが、彼なりに不安を抱えることもあるのだろう。パチパチいう焚火を見ながら「いつか車を運転して、ゲムズボックを狩りに行くんだ」と張り切っていた小学生のドゥルを思い出す。中学を中退し定職をもたない彼には、運転免許も自動車も手が届かず、一方で狩猟の取り締まりは厳しくなるばかりだ。

さらに二四年の後には…

翌朝、涼しいうちに調査に出かけた。ドゥルの父は、長年、私のフィールドワークを手伝ってくれていて、今回も短い調査日数と大量の調査項目を聞いた途端、怠けがちな私を追い立ててくれた。父親にヤギの乳を届けに来たドゥルも、今日はそのまま私たちについてきた。私の横で、野生の動植物に詳しい父の説明を熱心に聞き、野鳥を追いかけたかと思えば、「日本に帰るとき、一緒に行ってもいい？いや、その手前の町で車から降ろしてもらおうかな」と真顔で言ったりする。彼の人生が、これからどうなるのか、彼自身もきっとわからない。

そういえば、ドゥルは昔、私が年を取って歩けなくなったら、車で日本まで迎えに行くと言って、みんなを笑わせたものだ。たしかに、これからさらに二四年たったら、そんな日がくるのかもしれない。野生スイカの群生地を見つけたドゥルが、私が引っ掛からないようにと、棘のある枝を押さえながら待っている。フィールドワークとは、先の見えない人生をともにすることなのだと、改めて思った。

アルタイ山脈を駆ける少女

カザフ牧畜民のジェンダー

今村　薫
Kaoru Imamura

移牧にさいし、家財道具すべてを運ぶラクダたちを馬で先導するジャイダルマン

かけがえのない出会いと別れ

双子の少女

二〇一八年六月、私はモンゴル国の西端にそびえるアルタイ山脈に暮らすカザフ人一家を訪ねていた。一家は、山の麓の標高二一〇〇メートルの春営地でヤギやヒツジの出産ラッシュを一か月前に終え、これから標高二五〇〇メートルあまりの山頂にある夏営地へ移動しようとしていた。移動の前日の夕方、私は、一人の少女が馬に乗ってラクダ三頭を引き連れてきたのに出くわした。

カザフの女性が「私は馬に乗れる」と言っているのは、しばしば聞いたことがあったが、荒野に近い放牧地で、裸馬にサンダル履きで跨っている少女を見たのは初めてだったので、私はたいへん感動した。牧場で馬具をつけた馬に乗るのと、原野で自由に放たれている馬にロープを投げて捕獲してそのまま裸馬に乗るのでは、力と技術の点で大違いだからである。しかも、その少女は馬を乗りこなすだけでなく、ラクダを三頭も別の放牧地から回収してきていた。

少女の名はジャイダルマンといい、家長のヌルラン氏の五女で当時一五歳だった。ヌルラン夫妻には二男六女の八人の子がいるが、男手が足りないので、活発なジャイダルマンに「男性の仕事」を手伝わせるようになったのだという。ジャイダルマンには、双子の姉――先に生まれた子――のジャイダルルがおり、顔がそっくりだが、ジャイダルルは料理や掃除、搾乳などの「女性の仕事」を中心に家族を手伝っていた。

カザフ人の性別分業

モンゴル国のカザフ人社会では、今日でも明確な男女の性別分業がおこなわれている。男性は、放牧、家畜の毛刈り、屠畜、大型家畜の飼育や調教、越冬のための飼料の準備（草刈り）などを分担する。

一方、女性は、料理、掃除、洗濯などの家事の他、搾乳や乳製品作りなどに従事する。

このように、男女の役割はおおよそ分けられているが、この境界は必ずしも「伝統的に決められている」とは言えないらしい。モンゴルがソ連の影響下にあった社会主義期に、政策として搾乳や乳製品加工をもっぱら女性の仕事と定めたのである。

生業としての牧畜は、生きていくために、ある程度補完的に男女の仕事を分けているが、基本的には男女問わず誰もがすべての仕事を知っており、男女の数に過不足があるときは、性別役割を超えた仕事をしても、とくだん問題にはされなかったのである。ただし、ジャイダルマンのように小さいころから女の子を男のように育てていると、結婚適齢期を迎えても心身の性が一致しない深刻な問題を抱える例があるという。

ラクダを使った移牧

ヌルラン氏は、ヤギ・ヒツジ約二〇〇頭とヤク牛八頭を、春営地から夏営地までの八キロの道のりを二時間半かけて移動させた。カザフ人が移牧するときは、家畜の群れだけでなく、自分たちの家屋（天幕）と家具、寝具、衣類、食器などの家財道具一式、さらに食料も伴って移動する。

これらの荷物は合わせて一トンを優に超える。ヌルラン氏はこれらの荷物をラクダ五頭に振り分けて夏営地まで運び込んだ。

夏営地にて

ヌルラン氏と長男のエルジェプは、正午に夏営地に到着するや否や荷物をラクダから落とし、休む間もなく天幕を組み立てにかかった。建て始めて三時間半後には快適な天幕が完成した。この中に家財道具を配置し、最後にストーブを天幕中央に設置して湯を沸かし、夕方五時には皆でお茶を飲んで一服した。

それから、山の斜面で草を食んでいたヤギ・ヒツジを天幕の近くに集めるために、兄のエルジェプが馬上から群れを誘導する。エルジェプが一本の長いロープを群れの中に投げ込むと、さっと魔法のように群れが分かれる。こうして搾乳可能な雌群、仔の群れ、搾乳できない雌群、去勢雄に次々と群れが分割されていく。ジャイダルマンも馬に乗り兄の反対側から群れを追い込む。

ヌルラン氏の次女、三女と四女のジャイダルルが、搾乳家畜の群れの中に入って、母畜の顔を互い違いに反対に向かせながら、角をロープで縛って数珠繋ぎにしていく。この方法は母畜が一か所に集まって固定されているので、搾乳を効率よくおこなうことができる。

こうして、移動と夏営地での群れ管理という長い一日が暮れていった。

MY FIELD

中央アジア高原地帯の遊牧民

モンゴル国西部で生活するカザフ人は、中央アジア諸国に暮らす牧畜民。カザフスタン共和国では多数派だが、モンゴル国においては西端を縦走するアルタイ山脈を主な居住地とする少数民族である。多数派のモンゴル人の中でイスラムの教えとカザフ人の伝統を頑なに守って生きるカザフ人は、一族の結束と、天幕型住居を飾る華麗なフェルト刺繍に代表される美へのこだわりを誇りとしている。

「森の民」との出会いと別れ

狩猟採集民バボンゴと私のかかわり

松浦 直毅
Naoki Matsuura

MY FIELD

ガボン　グニエ州オグル県バボンゴ

アフリカ熱帯林に暮らす「ピグミー系狩猟採集民」の一集団であるバボンゴの生活は、近年になって大きく変容しており、グローバル化の中で外部世界とのつながりも強まっている。彼らは、私たちと同じ時代を生きる「現代の森の民」なのである。

「森の民」と暮らす

国土の八〇パーセント以上を森林が占めるアフリカ中部の赤道直下の国・ガボンの森の中で、バボンゴと呼ばれる狩猟採集民が暮らしている。私はフィールドワークとして彼らの村に住み込んで、寝食をともにし、一緒に森に出かけ、日々のおしゃべりに興じた。成人儀礼を受けて彼らの一員として受け入れられたり、過酷な試練を経て呪医に弟子入りしたりもした。そうして自分がまったくのよそ者であることを忘れて現地の生活に没入し、バボンゴ文化の深淵に触れることが

バボンゴの村。私が暮らしていたテントも写っている

できたという自負もある。しかしながら、村での私はいつまでも半人前のままで、彼らのもつ豊かな知識や多様な世界観の理解には到底たどりつけないという思いもあった。結局のところ、彼らとのやりとりはすれ違いばかりで、さまざまな相違に戸惑い続けた日々だったようにも思う。それでも、あるいはだからこそ、バボンゴの人々と生活をともにした日々は、研究者としてだけでなくひとりの人間として、私にとってかけがえのないものであり、そこでのさまざまな経験は、私の身体に文字どおり刻み込まれている。

村の家族とのかかわり

いつまでも半人前の私のフィールド生活は、村の人たちみんなに支えられてきた。なかでも村長のディピンゴとその妻ズィンブは、村での父母と呼べるような存在であった。私は、村ではいつも彼らの家に間借りして、生活の面倒をすべてみてもらっていた。職人の風情があるディピンゴは朴訥として物静かだが、いざというときには頼りになる村長で、みんなから慕われ尊敬されていた。子どもたちが遊びかけに行くと、おどけて相手をしてあげるようなお茶目な一面もあった。私にもあまり干渉してこないのだが、いつもさりげなく気にかけてくれていることはよくわかった。対照的にズィンブは、豪放な性格のおしゃべり好きな人で、子どもを呼び寄せる声、ほかの女性たちとの世間話、家事をしながら大声で話す独り言など、村にはいつも彼女の声が響いていた。何かにつけていつも声をかけてくれて、そのかわりことあるごとに頼みごともされた。苦虫をかみつぶしたようなしかめっ面をしていることが多いが、ふとしたときに、いたずらっぽい笑顔や優しいほほ笑みを見せるところが魅力である。対照的な態度であるが、ふたりに共通しているのは、それぞれのかかわり方で私のことを受け入れてくれていたということであった。

彼らとのかかわりの中で、私は以前、その素っ気ない態度に戸惑うこともあった。調査を終えて私が村を去るとき、彼らは見送ってくれるどころか、ふだんのように森に仕事に出かけていってしまう。そのあいだに迎えの車が来れば、あいさつを交わすこともなくお別れすることになる。逆に、しばらく離れてから再会するときも、たくさんのお土産を持っていっても、それほど大げさに喜び、歓迎してくれるわけでもない。しかしながら、彼らとの付き合いが深まるにつれ、それが彼ららしい振る舞いであることが次第にわかってくると、そうしたドライな態度がむしろ好ましいようにも思えるようになっていった。

それぞれの二〇年後

森と深く結びついた狩猟採集民バボンゴは、二〇世紀後半以降、定住化・農耕化という大きな変化を経験してきた。また、とくに今世紀に入ってから、グローバルに進む資源開発や自然保護政策などの影響を受けて、彼らの生活や社会関係はさらに大きな変容を遂げている。村の家族や友人たちのひとかたならぬ助力を得ておこなった調査の成果をもとに、私は、調査をはじめてからちょうど一〇年目の二〇一二年に、そうした社会変容のなかで現代を生きる彼らの民族誌を書きあげた。

それからさらに時が過ぎた。周囲のサポートや幸運な巡り合わせもあって、私は変わらずフィールドワークを続けているが、ほかの地域での調査にも手を広げるなかで、しばらくバボンゴの村を訪れる機会を得られずにいた。そして、二〇年目となる二〇二二年、コロナ禍を経て久しぶりにガボンに戻った私は、ガボン人研究者の友人から、ディピンゴが亡くなったという話を聞いた。目の前が暗くなる思いがした。老境にさしかかっている年齢で、いつそのときが来てもおかしくないと知りながら、なかなか会いに行く機会を作れず、ついに二度と会えなくなってしまったことを後悔した。しかし同時に、それがドライな彼らしい別れ方なのかもしれないようにも思えていた。だから、きっと彼らがそうするように、私もクヨクヨと悲しむことはしない。そして、それが私を受け入れてくれた人たちへの恩返しになると信じて、私はこれからもフィールドに通い続けるつもりだ。

ツチブタの掘った穴の前に立つタブーカ

ツチブタの巣穴の上に立つタブーカ

円環がひっそり閉じられるとき

菅原 和孝
Kazuyoshi Sugawara

グイは四季を不毛な春（ʔ^{n}óó）、酷暑の夏（ŋǁàō：雨季）、恵みの秋（bàrā）、寒い冬（sáō）の四つにわける。定住地カデから四〇キロメートル南に位置するカオキュエの原野はナオのまっただなかだ。この日は朝から薄曇りでしのぎやすかった。小動物を撲殺する武器にもなる堀棒を肩に載せ、当時一七歳の青年タブーカが颯爽と立つ。背後の大木はケルーだろう。根もとに溜まる雨水は〈木の水〉という美しい名で呼ばれる。このなんの変哲もない風景が中央カラハリに通いつめたわたしの半生を象徴している。

アフリカへの憧れ、ツチブタへのこだわり

「動物学者になってアフリカに行くんだ！」小学五年生のころから子どもっぽい夢に取り憑かれたわたしは、「べつの場所」への憧れを共有する大学のクラス仲間たちと共に伊谷純一郎先生を遠くから仰ぎ見ていた。若い読者のために説明すれば、伊谷さん（敬愛をこめこう呼ばせてもらう）はわが国の霊長類学のパイオニアで、アフリカでは焼畑農耕民や牧畜民を対象にして生態人類学のフィールドを切り拓いた。「肩で風を切って歩く」という伊谷さんの言葉はわれわれのスローガンになった。このころ友人から借りて

読んだ『チンパンジーを追って』のなかの一節にひどく惹きつけられた。「私は、地中をこうも自由に、しかも急速にすすむことのできる動物を知らない。まるで、地下鉄のようだ。」強力な手足のつめでシンバの顔にしがみつくとけっして放さずついにシンバは死に至るといった恐ろしいことが書かれていた。その後しばらく「地下鉄みたい！」というのが仲間うちの流行り言葉になった。

　それより前から、動物少年にとってツチブタは特別な存在だった。TVのクイズ番組で「鼻は豚、足は熊、耳は兎、背中は河馬、シッポは恐竜」というヒントが与えられても出演者は途方にくれるばかりだった。でも「ぼく」にはすぐわかった。スタジオに科学博物館所蔵の巨大な剥製が持ちこまれると、まるで自分が褒められたように得意になった。

　カラハリに通いつめる生活を選んだことの底流には、破滅的な戦争のあとも同じような支配体制が続いている母国への厭わしさがあった。二三回ボツワナと日本のあいだを往復し、カデとコエンシャケネ（一九九七年以降の「再定住村」）に通算三年九か月滞在した。この写真は第一回目の調査の終盤に撮ったものだ。一九八二年八月中旬の深夜に初めてカデにたどり着いてからの最初の調査は困難をきわめた。言葉がさっぱりわからないまま身体接触や近接の定量分析に禁欲したことが気を滅入らせた。「焦点個体サンプリング」の目標を達しないうちに雨季の到来とともに対象集団はカオキュエの原野へ移住してしまった。故障やパンクの絶えない車をおそるおそる運転してわたしもはるばるカオキュエへ出かけた。この数週間の滞在だけが伝統的な狩猟採集生活を堪能した唯一の機会だった。

深手にもめげずツチブタを捕った老人

　その五年後からタブーカを強力な助っ人としてわたしはグイ語の底知れぬ世界に沈潜することになった。さらに五年が経過すると、天才的な音声学者・中川裕を共同研究に引きずりこんだ。中川はわたし以上にグイの生活世界に魅了され、数々の驚くべき発見を成し遂げた。もうすぐブッシュマンの生態人類学的研究を開拓した田中二郎（本書270頁）との共著で完璧なグイ語＝英語辞典が刊行されるはずだ。

　第一回目の調査でまず人びとの戸籍調べを始めてまもなく、ある小屋に黒っぽい肉厚の毛皮が干してあるのを見た。小屋の主人が深傷を負いながら獲物を夜どおしかついで帰ってきたことを通訳を介して知った。一九九四年から生活史の語りの分析を始め、二〇〇九年にカオギ老にやっとマイクを向けた。彼こそがあの小屋の主人で、ゴウ（g!óò：ツチブタ）を巣穴から掘り出そうとして恐ろしいつめ、に陰嚢を引っ掻かれ裂傷を負った本人だった。その経緯をおもしろおかしく語ってくれた。「睾丸の破けた所から中の模様がはっきり見えた。ドゥー（g‡óō：トビウサギ）のキンタマの中に見えるような模様。おまえたちは見たことがなかろう。」これを聞いたときわたしは、大学生のころ小説や漫画でよく目にしてきた言いまわし「いま巨大な円環が音を立てて閉じられた」を実感した。このような瞬間に出遭うことにこそ長期フィールドワークだけがもたらす無償の意味がある（ただ、いまになってみると、「音を立てて」はあまりに仰々しいのでタイトルはこうなった）。

　タブーカは一九九四年に美しい新妻を結核で失って以来、忘れがたみの一人息子をたいせつに育てながらやもめ暮らしを続けていた。二〇〇八年の滞在を終えて帰国してから、わたしは現地に滞在していた中川からのe-メールによって、タブーカがHIVキャリアであると判明したことを知った。それから彼は、診療所でもらったエイズ発症を抑える薬を毎日欠かさず飲み続けた。わたしが最後のフィールドワークを終えてからも、タブーカはしばらく元気にしていたようだが、丸山淳子（本書276頁）からの便りで、彼が二〇一七年に入ってから衰弱し、首都ハボローネの病院に搬送され、みとる親族もいないまま死んだことを知った。

MY FIELD

アフリカ南部カラハリ砂漠に暮らす狩猟採集民

グイ（g|úī）は近縁の言語集団ガナ（g||áná）と共にボツワナ共和国中央部の中央カラハリ動物保護区（Central Kalahari Game Reserve）に住む狩猟採集民であった。グイの総人口は1000人弱と推定される。1966年に始められた田中二郎の研究によって乾燥サバンナにみごとに適応した生態と社会の全貌が明らかになった。その後、田中をリーダーとして、10名近い日本人研究者が多様なテーマで調査を続けてきた。1979年より、政府の遠隔地開発計画によって、保護区中央の西の境界に近いカデへの定住を促され、1997年5～9月にカデから西へ70km離れた場所に設立された「再定住村」コエンシャケネ（ニュー・カデ）になかば強制的に移住させられた。写真は再定住が始まる直前の4月にカデの東側の原野で撮影したもの。穴から引きずりだしたニシキヘビの死骸を持っている。

調査助手との離別

「〇〇人に成る」ということ

かけがえのない
出会いと別れ

曽我　亨
Toru Soga

北ケニアの牧畜民

北ケニアには、ガブラ、ガリ、レンディーレなどの牧畜民が暮らしている。これらの民族はいずれも父系出自の原則によるクランを基盤とする。一方、民族を超えて共通するクランも多くあり、民族が生成する過程で、人々の活発な往来があったことが窺える。

MY FIELD

アリと出会う

一九九〇年、私は初めてアフリカの地を踏んだ。一年二か月にわたるフィールド調査の始まりである。期待と不安に包まれながら、牧畜民ガブラ人が暮らす北ケニアを目指してオンボロのランドクルーザーを走らせた。県庁があるマルサビット市にたどり着くと、ここに数日滞在して、調査許可のレターを手に入れたり調査助手を探したりすることにした。

夕方、アリという男性が、調査助手を探しているという噂を聞きつけて、ホテルにやってきた。自分を雇わないかと言う。やせた顔に大きな目。歳は三〇才くらいだろうか。彼の綺麗な英語なら、ゆっくり話してもらえば聞き取れそうだ。給料の金額を決め、さっそく買いだしにでかける。アリの意見を聞きながら、ガブラの村人へのお土産として紅茶、砂糖、洗剤なども買い求めた。

村に住み込むと、彼はいつも私の健康を気づかってくれた。最初、私はガブラの食事にどうしても馴染めなかった。ミルクティーにはヒツジの脂肪が厚く浮き、燻煙したミルクの強烈な薫りが漂う。どうにも胃が受け付けない。トウモロコシ粉をお湯で練ったウガリも口に合わない。アリは、何も食べない私のために、ミルク抜きの紅茶を入れ、小麦粉でチャパティを焼いてくれた。あの苦しかった最初の一か月、彼の助けがなければ調査を続けられなかったに違いない。調査が進むにつれて、アリへの信頼がどんどん深まっていった。

騙されたと思った私

アリとは約一〇か月間、調査を共にした。私も村の生活に慣れ、何でも美味しく食べられるようになっていった。ところがある日、買い出しに行った町で、変な話を耳にした。アリはガブラ人ではなく、ガリ人だというのだ。私は激しく混乱した。アリとは一緒に、彼の母方オジが住む村を訪ねたこともある。当然、ガブラ人だと信じていた。けれども冷静に考えてみれば、アリがガブラの何クランに属しているのか、聞いたことがなかった。私はすっかり騙されていたのである。

怒った私は、アリを問いつめた。けれども彼は、自分はガブラ人だと言い張った。彼の言い分はこうだ。確かに彼の父親はガリ人である。けれども結婚に際し、父親は婚資を払わなかった。だから自分は父親のものではなく、従ってガリ人ではない。自分は母の出身民族、すなわちガブラに帰属するというのである。

これを聞いたとき、私は詭弁だと感じた。そして、いろいろな理由をつけてア

ありし日のアリ。調子外れの歌をうたい、村の生活に不満もいわず、支えてくれた

リを解雇した。アリには「お前がガブラ人であることはよくわかったよ」と言いながらも、心のなかではまぎれもなくガリ人に思えたからである。

別の民族に成りつつある人びと

その後、長い年月を経て、私の考え方は大きく変化した。特に、いろいろな民族出身の人が寄せ集まってガブラ民族ができたという起源譚を知ったことが契機となった。今でもこの地域には、アリのように別の民族に成りつつある人がいる。ガブラ人に成りつつある人もいれば、ガブラ人から他の民族に成りつつある人もいる。

ある時、私はガブラの人々と一緒に、レンディーレ人の村に行った。そこで、ある青年と話しているうちに、彼の父親がガブラ人であるとわかった。それを聞いた人々は「じゃぁ、お前はガブラ人じゃないか!」と叫んだが、青年は頑なに「いや、俺はレンディーレ人だ」と言い張った。彼はレンディーレ人になろうとしていたのである。

人々は、父系出自の原則「息子は父親と同じ集団に帰属する」という考え方に沿って、青年の民族を決めつけた。しかし青年はこの原則に抗い、能動的に「レンディーレになろう」と生きているように思えた。アリも、周囲の人たちが投げかける「お前はガブラ人ではない」とか「ガリ人だ」という視線に抗いながら、能動的にガブラ人であり続けていたのだろう。私が「アリはガブラ人ではない」と気付けなかったのは、彼がガブラ人であり続けていたからだ、と今は考えている。

アリの死

解雇してから三年後、アリは悲劇的な死を迎える。その日、マルサビット市を出発したトラックは、いつものように荷物を満載し、アリはその上に座っていた。トラックが平原を走っていると、驚いたダチョウが勢いよく駆け抜けた。すぐに運転手はダチョウに挑戦し、加速した。ダチョウが急に向きを変えると、運転手もハンドルを切った。飲酒運転が原因だった。トラックは横転し、アリは投げだされ死亡したのである。

そしてボラナ民族出身の美しい妻と子供、ガブラ出身の母が残された。今も私はフィールドに行くと、必ずアリの遺族を訪問する。子供もすっかり大きくなった。ガリ人の祖父とガブラ人の父を持ち、ボラナ人の母から生まれたアリの息子は、いったいどの民族として生きるのだろうか。

かけがえのない
出会いと別れ

イファーとの歩み

親しかった人との別離

田中 利和
Toshikazu Tanaka

憔悴しきった母

二〇二三年六月に日本でイファーの訃報をうけとった。私は、エチオピアのフィールドで彼に何が起きたのか詳細を知ることもできず、ただひとり、行き場がなく暗闇の中をさまよう気持ちで、ただ悲しみに浸ることしかできなかった。

それから半年後の二〇二三年一二月に、一〇か月ぶりとなるフィールドワークで彼の死についての詳細を聞いた。最近になって、農村にも、人びとの手によって電線が張り巡らされるようになってきた。彼はその配線工事の手伝いをしていた時に誤って感電死したと聞いた。

彼の家を弔問した。一六年フィールドに通うなかで身近な人が亡くなったのは初めてである。彼を一七年間ひとり親で育ててきた母のボガレは憔悴しきっていた。通常、葬式ではおおくの人が声をあげて泣く。彼女の家の入り口で座らせてもらい静かに挨拶を交わした。その後、何を

エチオタビの展示で友人とポーズをとっているパネルを持つイファー

話したらよいかわからず沈黙した。彼との思い出を巡っていると、静かに涙が溢あふれた。ボガレも涙を溢こぼした。その場にいた、イファーの兄のシャンラマもただ涙を溢こぼした。

イファーとの出会いと成長

イファーとは、二〇〇七年に出会った。私がエチオピアのウォリソの農村で牛耕を研究するための住み込み調査を始めた時のことであった。その時は言葉をまだ喋れない、ひとりで歩けない年齢で、姉のシュンビレが私のところに嬉しそうに抱き抱えてつれてきた。

MY FIELD

エチオピア中央高原で有畜農耕を営むオロモ

フィールドの家畜飼養と農業を有機的に結びつけた「牛耕」の技術と文化を細かくみていくと、人びとと動植物の巧みな連携と、土の力で、生命を連綿と循環的に繋いでいくことを学ぶことができる。また、地域の人びとは、多様な作物や、やり方を一旦受けとめ、自分たちのものと結びつけていくことにも、積極的なように見える。

時間をともに過ごすにつれて、私の呼びかけにも「おーぉ」と素直に反応してくれるのがとても可愛くて嬉しかった。ひとりで歩き出すようになってからは、一緒に遊んだ。おおきくなるにつれて、農具調査の計測の手助けをしてくれた。私の家を建てる時には、率先して建築材料となる竹の葉をおとす作業をしてくれた。

彼とまわりとの関係をみていると何か特別な才能があるように私の目に映った。とっくみあいの遊びでは、器用に自分より体の大きい友達を転ばした。祝祭のときの踊りも、誰よりも美しく踊ってみんなを魅了した。子供の仕事である家畜の放牧はとても丁寧だった。家族や近隣世帯の仕事も気持ちよく手伝っていた。近所でも非常に評判のよい手先が器用で聡明で優しい子だった。負けず嫌いで芯がある強さを感じる、人懐っこい子として育ってきたと感じた。

地下足袋を履く、歩く、描く

二〇一七年から牛農耕民の足を護る労働履物の実践的研究を開始した。私が牛耕の調査で履いていた「地下足袋」に興味関心を抱いていた彼自身も、畑を耕す年齢になっていた。地下足袋の老舗メーカー「丸五」から提供してもらった、日本の地下足袋も彼に自由につかってもらう形で履いてもらい、ともに歩き、率直な感想をもらった。フィールドの職人たちとともにエチオピア産地下足袋(エチオタビ)を製作するようになってからは、私たちの仕事にもつねに好奇心をもって近寄り、楽しんでくれていた。出来上がったサンプルは真っ先に履いてもらい、感触を確かめてもらい率直な言葉をもらった。

二〇二〇年はエチオタビをめぐる展示をアーティストの是恒さくらさんの主導のもとフィールドでおこなった。このときも、展示の設営など、私たちの意図を的確に読み取り、積極的に皆をリードする形で動いてくれた。用意した三角画用紙に彼らの日常を自由に描いてもらうという場面でも、彼は画才を発揮した。コブ牛とエチオタビの特徴を見事にとらえ、力強い線を描いてくれた。そしてエチオタビを履いて全身で友達とさまざまなポーズをとってみせてくれた。

二〇二三年二月にコロナ禍を挟み、三年ぶりにフィールドを訪問した。イファーは立派な青年となっていた。彼の成長に感動するとともに、牛耕のこと、エチオタビのこと、色々な話をした。三年前の展示のときのパネルをもち、最新作のエチオタビを履いて写真を撮った(右頁)。ともに一六年間このウォリソというフィールドの地で育ってきた仲間として、今後半世紀近くにわたって付き合っていける、次の世代の仲間になったと確信した。

弔問とその先の歩み

そんな矢先、彼は逝ってしまった。これまで経験をしたことがない弔問だった。イファーの家族とともに、涙をしても、私の悲しみはなくなることはない。けれども、行き場がなく暗闇をさまよう気持ちに光を差し、彼とともに再び一歩踏み出せた気がした。彼が残してくれた、言葉や絵とポーズといった表現は、私の研究と実践のフィールドワークのなかでともに歩み続けるのである。

かけがえのない出会いと別れ

気流の鳴る音を聴け

サバンナで歌う少女に教えてもらったこと

波佐間 逸博
Itsuhiro Hazama

エラ・フィッツジェラルド『虹の彼方に』

音楽を聴いていてあるフレーズがどうしても頭を離れなくなってしまうことがある。二五歳の時ウガンダの北東部カラモジャで、隣に住んでいたロムリア・マーガレットの『クリーム羊の歌』を聴いて、最後のフレーズが耳に刻まれてしまった。こんな詩だった。「そして彼女はマットレスに顔を押し付け、両手で耳をおおい、こう思った。なんでもないことだけを考えよう。気流の鳴る音にだけ耳を澄ませよう、と」

そのときオリーブ・グリーンの分厚いキャンバス・テントの前で、僕は口笛でエラ・フィッツジェラルドの『虹の彼方に』を吹きながら昼食を作っていた。日よけ《タープ》の陰に椅子とアルミのテーブルを置き、アンチョビと玉葱を小さくきざみ、ソースパンのトマトソースを炭コンロにかけ、しばらくして隣のアルミの深鍋の中でスパゲティをゆで始めた。最初から最後までエラの歌声をなぞると、肩の力が抜けて、気持ちがすっきりとしたことを今でもはっきり覚えている。そういうフィジカルなことは不思議と記憶に残っているものだ。

雨上がりのサバンナの息

その日も、タープの向こうでは、正午前に止んだ雨が白い霧になって、地面からゆらゆらとたち昇っていた。やわらかくて温かな泥の甘い匂いがあたりにたちこめていた。何しろサバンナの雨季なのだ。いったいどうして雨上がりのサバンナってこんな匂いがするのだろう。ロムリア・マーガレットが塩を借りに来たとき、僕は彼女にそんなふうに訊いた。「あなた、そんなことも知らないの?」と、ロムリアはあきれたように言った。「地中で眠ってるトカゲやサソリやカエルの吐息の匂いに決まってるじゃない」

「へえ、そう言われれば、たしかにそれっぽい匂いだよね」

「ええそうよ……」と彼女は言って、にっこり笑い、笑ったきり口をつぐんでしまった。

ロムリアはなにしろ歌うことと歌づくりが大好きな一五歳の女の子で、どれくらい好きかというと、とにかく歌のことばかり考えていて、歌の話題でなければ、あるいは歌っている時でなければ、ほとんど口もきかないというくらい好きなのだ。だから僕らの会話はいつもとても短く終わった。でも、たぶんこのときはエラ・フィッツジェラルドがロムリアの背中を押してくれていたのだと思う。

君は何故歌うの?

「君ってどうしてそんなにシャイなの?歌っている時は、人前でも一人の時でも、あんなに元気なのに?」と僕は訊いた。

一人で小屋の前庭を箒で掃除している彼女の歌声は、なにしろ集落の反対側で追いかけっこしていた子犬たちがはっと立ち止まり、遠吠えのコーラスを始めてしまうくらいのびやかで大きいのだ。

彼女は、ずいぶん長い時間をかけてまっすぐに前を向いて考えていた。そこには僕の顔があった。でもその目は、僕の顔の後ろだか顔の手前だかを見ていた。雨上がりの青空を、鳥の鳴き声が隙間なく埋めつくしていた。その大部分は、スパーブ・スターリングが鳴き交わしている声だった。夕陽色のベストにスカイブルーの上衣をまとった、地球上まれに見る小綺麗な鳥だ。ソースパンと深鍋はく

MY FIELD

東アフリカの牧畜民たち

カリモジョンの女性は出産直後、腕の中に抱いた新生児に名を訊く、「雨? 踏み分け道? イチジク? 違うの。豹? あらそう」。赤ん坊は母の乳首を口に含み自分の名前を伝える。3歳までには群れの山羊を個体識別し、搾乳を手助けする。歌を作り始めるのは、放牧に同行するようになる9歳くらい。歌詞は家畜をめぐる語彙の夜空の銀河(©E.E.プリチャード)、メロディーはロマンチックで自然だ。ミルク搾りの時、歌いかけられる母牝はうっとりと目を閉じ、足と乳管を開く(居眠りすることもある)。牛のミルクから人は1日1人当たり2000Kcal以上をえている。

カラモジャの遊牧キャンプで

つくつとささやかな音をたて、控えめに煮え立っていた。

僕はふと口笛でエラの『虹の彼方に』のフレーズを吹いた。

「虹のはるか上のほうのどこかに　むかし子守唄の中で耳にした世界がある

虹の向こうには青空が広がっていて

君の夢見ていることがそこではほんとに実現するんだ」

やがて少女の目は、通り過ぎてしまったパレードが再び舞い戻ってきたみたいに僕の顔に焦点を合わせた。大きくて素敵な目だ。小さな、澄んだ声で女の子は言った。「間違ったことを言いたくないんだけど、いつもつい言っちゃうの。そういうのって、歌っているときの方がずっとうまくいく気がする。わかる?」

「うん、わかるような気がする」

ロムリア・マーガレット『クリーム羊の歌』

「ねえ、クリーム羊の歌って、あなた知ってる?」と彼女は言った。僕は首を振った。「立派な巻き角を盗まれた羊が、牧童の女の子に角を取り返してもらったの。感激した羊君が女の子にきみのことが大好きだって言うから、どれくらい好きなのって女の子が訊くわけ。すると羊君がいきなり木のまわりをぐるぐる駆け回りだして、ふっくらした真っ白なクリームになっちゃうの」

「すごいや」

「で、もごもごした声で、きみのことこれくらい好きって言うの。恋人同士みたいにいつも二人はくっついて離れなかった。でも羊君はおじいさんになって死んじゃうの。女の子は羊君の毛皮でマットレスを作るの。で、女の子がもう悩み事を話す相手もいなくて、しょんぼりとマットレスに横になった時、もごもごした声が聞こえたの。『マットレスに顔をつけて、うつ伏せになって、耳をふさいで、目をつぶって、気流の鳴る音だけ聞くといいよ』って」

それからロムリアは僕にさっきの口笛をもう一度吹いてほしいと言い、『虹の彼方に』の音楽にカリモジョン語のリリックをのせて歌った。「かわいい小さな鳥が虹の彼方まで飛べるのなら　僕らにだってきっと飛べるはずだよ」と僕の口笛が終わるとき、彼女はちょうど最後のフレーズを歌いきった。

最後の「*Atamun emam ibore. Amamun etoil a ekuwam*」というカリモジョン語の響きを僕はとても気に入ってしまった。だから、何かつらいことや悲しいことがあるたび、僕はきまってこの詩を自然に思い起こすことになった。「なんでもないことだけを考えよう。気流の鳴る音にだけ耳を澄ませばいいんだ」と。それはたしかに役に立ったと思う。

かけがえのない出会いと別れ

門馬 一平
Ippei Momma

仲間と潜る海

経験を共有できる喜び

大きなシャコガイの肉を持って記念撮影。カメラを向けると途端に盛り上がる

海の底へ

思いきり息を吸い込み、海の底へ向かって垂直に潜る。酸素を消費しすぎない程度にフィンを動かし、深く進んで行く。五メートル……一〇メートル。シャコガイの開いた殻の口が近づいてくる。口の幅は五〇センチくらいだろうか。いいサイズだ。ようやく海の底にたどり着いたが、ここからが大変だ。手に持った山刀を握りしめ、開いた殻の口に刺し入れるー！突然の異物混入に驚いたシャコガイは、開いていた殻を閉じた。刺し入れた山刀を殻の口に沿って動かし、貝柱を切って肉を殻から引き剥がす。焦ってはいけない。前回は、肉と殻がきちんと切り離されておらず、取り出すことができなかった。だから、今回は入念に山刀を動かしておいた。……肉が取れた！

はじめて自分で採ったシャコガイの肉を大事に抱え、急いで上昇する。海面では、ニューギニアの屈強な若者たちが待っていた。

「ヒュー！」「イェー！」

みんなが歓声をあげた。

「やったな！」「お前も息が長いな！」

僕が照れ笑いをしながら呼吸を整えていると、若者のうちの一人が貝の肉を持ち運び用の紐に括りながら言った。

「でもよ、道具もちゃんと持って上がってくれよ。山刀は海の底だよ。ほれ、もう一回行ってこい。」

しまった……。僕がうんざりした顔をすると、みんなが笑った。

仲間になるということ

パプアニューギニアの東端に位置するカルヴァドス諸島。諸島全体が環礁に囲まれ、シャコガイやタカセガイが豊富に獲れる。人々は現金が入り用な時や、別の地域からきた人へのお土産として持たせる時などに、漁に出て素潜りでこうした貝を獲る。島からすぐ近くのリーフ（礁）では獲物が少ないため、帆のついた航海カヌーを使って二〇～五〇キロほど離れた場所にあるリーフへと向かう。この地域の航海カヌーには、一度に一〇～二〇人が乗ることができるが、カヌーの操船は力仕事のため、乗組員は若い男性が多い。特に素潜り漁の際は村の青年たちだけで海に出て、三日～一週間は帰ってこない。漁に行くメンバーは、長い時間を狭いカヌーの上でともに過ごさなければならない。もちろん、カヌーの操船やダイビングもできなければならない。結果的カヌーに乗り込むのは航海やダイビングをすることのできる体力があり、かつ畑や家の仕事がそれほど多くは課せられない、一五歳～三〇歳くらいの未婚の男性が多くなる。

僕はこの島にきて、村人の世話になるだけではなく、村の一員として役立つことができるよう必死だった。僕を客ではなく、村の若者と同じように扱って欲しかったからだ。彼らは、普段から僕がそう望んでいることをよく知っていた。だから、僕が初めてシャコガイを採ってきた時、同じ経験を共有できる仲間が増えたことを彼らは喜んでくれたのだと思う。海の底で協力してシャコガイを採り、カヌーの中でともに食事をし、海の上で一緒に歌いながら夜を過ごすことのできる、そして自分たちと同じようにそれを楽しむことができる、そういう仲間が増えたことを。

自ら選択すること

日本の都市に住んでいる身からすると、ニューギニアの小さな島でできることは限られているように思えてしまう。しかし、生活のなかには驚くほど多様な、生きる上での選択肢がある。畑に野良仕事に行くのか、村で家の修繕をするのか、別の村へと誰かを訪ねて行くのか。カヌーで漁に出るのもその多様な選択肢のうちのひとつなのだ。そして、その多様な選択肢の中で、その時そのカヌーに乗ったからこそ、経験を共有することによる一体感が生まれるのではないだろうか。自ら選択して誰かとともに過ごし、経験を共有すること。そこには、人間の根源的な喜びがあると思う。

ある時カヌーに乗り込み、漁に出発しようとすると、浜の方から女性の怒った叫び声が聞こえた。「なんであんたが乗ってんのよ！」どうやら、いつの間にかカヌーに彼女の息子が潜り込んでいたようだ。七～八歳くらいの少年で、今日も明日も小学校に行かなければならない。しかし、時すでに遅し。カヌーは岸を離れ、徐々に浜から遠ざかっていく。カヌーに乗っている青年たちが浜へ向かって叫び、彼女をなだめた。

「しょうがないよ、こいつは自分でカヌーに乗ったんだから！カヌーに乗りたいんだよ！」

男たちは構わず帆をあげ、カヌーはさらに船足をあげてどんどん進んで行く。彼女は苦笑いをして、そしてため息をついて村へと帰って行った。少年は、カヌー上での唯一の子どもの仕事である淦《あか》汲みを、嬉しそうに始めた。

パプアニューギニア ミルンベイ州
カルヴァドス諸島サイサイ

南洋の海に、火山島や珊瑚礁でできた島が点在するこの地域では、帆のついたカヌーで日常的に海に出る。その目的は漁労に限らない。儀礼に必要な石や貝の貨幣、豚、土器、バスケットなどを求めて人々は航海し、人と会い、交易する。生活のためだけではない、豊かな海の生き方があることを知った。

MY FIELD

掻い出し漁をするゴーンギンダ

夜という名の少女

会えない人の記憶

木村 大治
Daiji Kimura

私は二十代後半の足かけ二年間を、コンゴ民主共和国（当時はザイール）の焼畑農耕民ボンガンドの村で過ごした。当たりのきつい村人たちとつきあう中で、たまさかの子供たちとの交流は心が休まった。私を受け入れてくれたジャンマリー一家には、五人の子供がいた。十歳の女の子コンスタンティンを頭に、男の子が三人、そして生まれたばかりの女の子エンガ。そんな中に、あるとき八歳ぐらいの女の子が現れた。ジャンマリーの親戚で、しばらく預けられていたらしい。名前をゴーンギンダ・ボチョといった。くりくりした目をして、いつもにこにこ笑っている。私の家によく遊びに来るようになった。

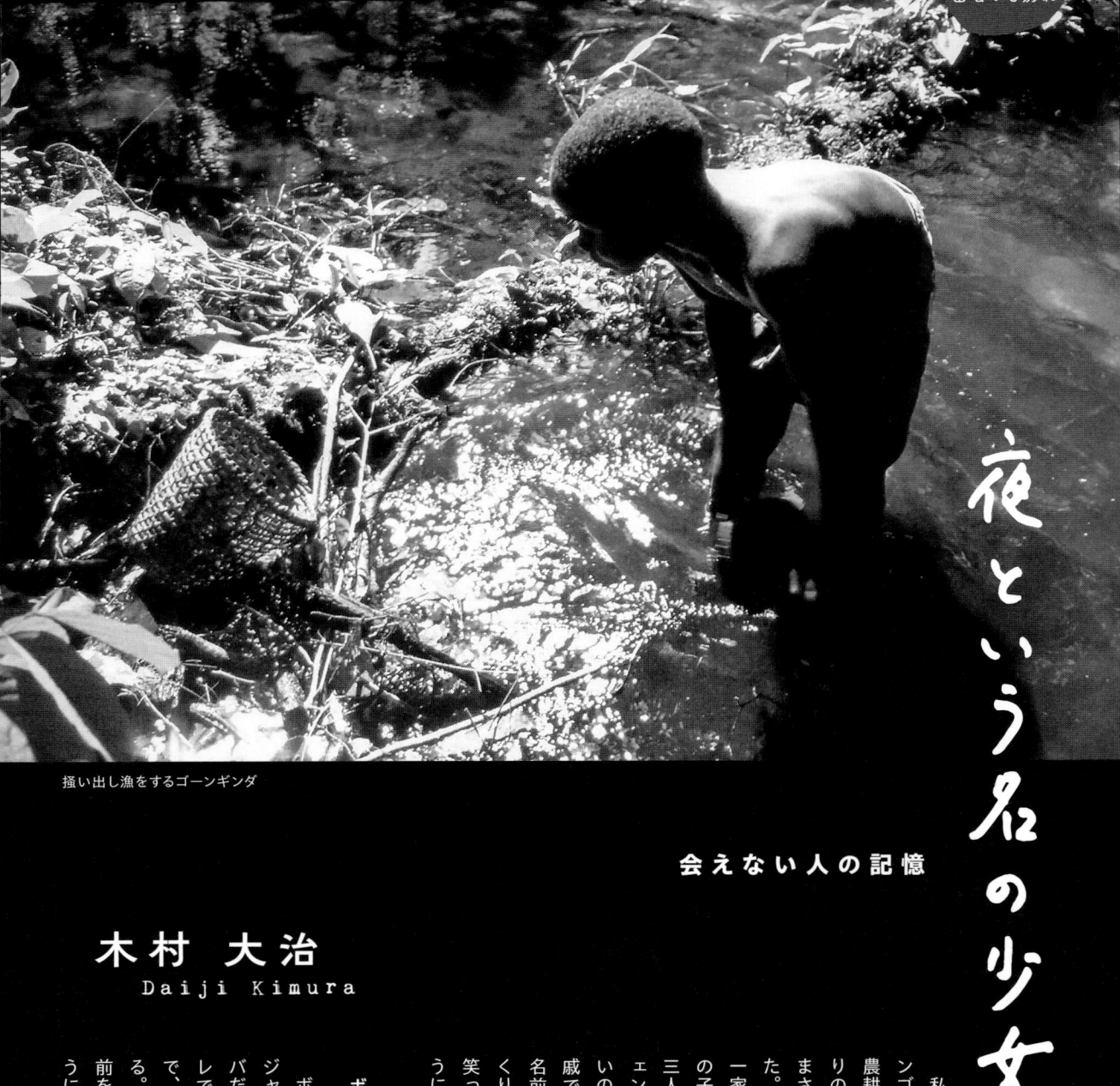

ボンガンドの名づけ

ボンガンドには姓という概念がない。ジャンマリーの本名はシンバ・ロッケンバだが、その父親はロッケンバ・エンベレである。「シンバ」が自分自身の名前で、「ロッケンバ」は父親の名前なのである。人びとは日常、こういった正式の名前を口にすることはあまりなく、呼び合うにはクリスチャン・ネームやあだ名を使う。ジャンマリーはクリスチャン・ネームで、コンスタンティンも同様、そしてエェンガはボンガンド語で「日曜日」の意味だ。彼女は日曜日に生まれたのである。ゴーンギンダ（Ngonginda）の本当の名前はボンギンダ（Bonginda）だが（意味はよくわからない）、女の子の場合、名前の最初に"Ngo"をつけて呼ぶことが多いので、そう呼ばれていた。その後ボンガンド語を勉強していて、父の名前にあたる「ボチョ」は「夜」という意味だということを知った。何だか不思議な名前だな、と私は思った。

ゴーンギンダ

ある日、コンスタンティンとゴーンギンダが私の家に来て、「森にポセを取りに行こう」と言った。ポセは倒れて腐りかけたアブラヤシの幹に巣くう、イモムシの一種だ。カブトムシの幼虫に似ていて、見た目には気持ちが悪いが、包み焼きにすると美味である。私たちは二次林で、アブラヤシの幹をほじくって何匹もポセを取り、村に持ち帰って食べた。彼女らとは、一緒に掻い出し漁に行ったこともある。小川の一部をせき止めて水を掻い出し、小魚やエビ、カニを獲るのである。ゴーンギンダも一人前に、掻い出し作業を見せてくれた（右頁）。

二年間の滞在を終えて村を去る少し前のことだ。ゴーンギンダが、青と黄色のまだら模様をしたゴム製の腕輪をしているのを見かけた。「それいいね」と言うと、彼女はふいに、「キムラ、これあげる」と言って腕輪を差し出してくれた。その後彼女はさよならを言うこともなく、知らぬ間に村から姿を消していた。私はしばらくその腕輪を大切にしていたが、今はどこへやったかわからなくなってしまった。

一九八九年に帰国した後一六年間、私は彼の地を踏めなかった。ザイールで内戦が始まってしまったからだ。二〇〇五年にやっと調査村に帰ることができて、最近まで調査を続けてきた。コンスタンティンは数十キロ離れたセマ村に嫁ぎ、ときどき里帰りしている。久しぶりに会ったとき、彼女はぽつりと「キムラ、私たちは森にポセを取りに行ったよね」と言った。私は彼女が同じ思い出を共有していることに少し驚いた。そして、一緒に行ったゴーンギンダはどうしているのだろうと思った。

キサンガニで

村人たちによると、ゴーンギンダは村から二六〇キロ東にある大都市、キサンガニに行ったという。彼女に限らず、「キサンガニに行った」と言われる人は多い。私が最初の調査で世話になったコイ・ローンゲもそうだ。精悍な顔をした若者だった。「コイ」は豹、「ローンゲ」は「霧」という意味で、「霧の豹」とはなかなか素敵な名前だ。調査再開後はキサンガニ経由で調査地に入ることが多くなったので、キサンガニにいるボンガンド人のジルベールに、コイやゴーンギンダの居場所を調べてくれるように頼んだ。

コイの消息はほどなく知れ、ミッションに泊まっている私に会いに来た。行った最初はダイヤモンドを掘っていたのだが、それが出なくなって、今はキサンガニから一〇〇キロほど東の村で、畑を作り狩猟をして生きているという。左目が少し不自由な感じだったが、元気そうではあった。「生活が大変なので、金をくれ」と言われたので、いくばくかを渡して別れた。少し悲しかった。ゴーンギンダは軍人と結婚して、イシロというキサンガニから北東に四〇〇キロ弱の町に住んでいるという。外務省の海外安全情報では「退避勧告」の赤色が塗られた地域に入っていて、行ってみることもかなわない。一緒にポセを取りに行ったことを覚えているだろうか。ボンガンド人は結婚しても名前は変わらない。だから今も「夜」という名前を持っている彼女と、おそらくもう会うことはないのだろう。

MY FIELD

コンゴ民主共和国の農耕民ボンガンド

ボンガンドはコンゴ盆地の熱帯林に住むバントゥー系焼畑農耕民である。姓という概念がなく、本名は日常的には使用しないなど、日本とは異なる命名システムを持っている。人口の都市部への流出が激しく、都市ではボンガンドのコミュニティも形成されている。

あとがき

フィールド研究の生《なま》の姿を伝えたい

この本は、生態人類学会の会員が、老いも若きも中堅も、みんなが総出で作った本です。

生態人類学会では、二〇二〇年から二〇二四年にかけて「生態人類学は挑む」というシリーズ全一六巻を刊行しました。本シリーズは、この国の生態人類学を黎明期から支え、牽引してきた故・掛谷誠さんのご遺志により、ご夫人の掛谷英子さんからいただいたご寄付によって刊行がかないました。この本は企画当初にはシリーズの中に入っていませんでしたが、位置づけとしてはシリーズの最終巻といってよいと思います。

「挑む」シリーズは、単著の民族誌であるMONOGRAPHの一〇巻と、共著の論文集であるSESSIONの六巻で構成されています。生態人類学の最先端の到達点を記した渾身のシリーズであり、生態人類学の魅力を伝える読みごたえのある学術書となっています。ただ、学術書という性質上、書けないこともたくさんありました。フィールドで暮らす間には実にさまざまな出来事に遭遇しますが、そうした、いわば個人的な体験や感情の揺らぎは論文や学術書を書く際には捨象されてしまうことが多いのです。豊かなフィールド体験の中から論文では書ききれなかったエピソードをすくいとり、思う存分に綴るエッセイ集を作ろう！　そんな思いでこの本を作りました。

生態人類学は、ときに「地を這うような」とも形容されてきた、実直で妥協を許さない長期におよぶフィールドワークが研究の基盤にあります。われわれが生身の身体をもってフィールドを生きた、その等身大の体験をみんなで共有したい、世の中の人たちに語りたい。人類学だけでなく他の分野も含めた学問に従事する研究者や、これから研究の道を目指す若い人たちに、そしてまた学問自体とは直接、関係はないけれど、ヒト＝ホモ・サピエンスに興味をもつたくさんの人たちに、われわれのフィールドでの生《なま》の姿を伝えたい。なによりこんなにおもしろい話を人にしない手はない。この本が多くの人びとの心を動かすエッセイ集になっていることを願います。

この本は生態人類学会編の本です。でも、手に取った方の多くは生態人類学も生態人類学会もご存じないでしょう。「こんな学問がありますよ」「こんな学会がありますよ」という意味もこめて、紹介しておきたいと思います。

生態人類学は、人間の活動を自然とのかかわりの中で、環境の諸要素との緊密な相互関係の総体としてまるごと理解することを基本的なテーマとします。人びとの暮らしや生きざまを科学する学問分野であり、同時にヒトの適応と進化という大テーマを掲げています。自然科学的な態度と人びとの具体的な行動を徹底的に観察するという手法により、生業基盤の解明、人間活動の体系的把握、人口や栄養を中心とした環境適応といった当初の中心的な課題から、いまや社会、宗教、価値、意識、行動など、人間存在のあらゆる側面を解き明かそうと多彩な展開を見せています。

　半世紀ほど前の一九七三年五月、生態人類学会の前身である「生態人類学研究会」の第一回研究会が、東京大学理学部人類学教室、京都大学理学部自然人類学研究室、東京大学医学部人類生態学教室、京都大学霊長類研究所の教員、大学院生、研究員などが集まって開催されました。以来、研究会は毎年一回、日本各地に場を移しながら開かれてきました。この研究会を母体として、一九九六年三月に生態人類学会が設立されました。今年で二九年、四半世紀あまりが過ぎました。

　生態人類学会は研究会時代の伝統を踏襲して、毎年三月に学会員が集結して研究大会を開催しています。発表は若者優先、フィールドから持ち帰ったばかりのフレッシュなデータをもとに、自由な発想で己の思いと考えを話す。発表会場はひとつであり、参加者全員が一堂に会して、すべての発表をみんなで一緒に聞き、おもしろい議論につなげてゆく。懇親会や夜更けまで続く交流の場でも議論を尽くすという発表と討論のスタイルもまた、研究会時代から引き継いだ伝統であるといってよいでしょう。誰もが臆することなく参加できる自由闊達で「本気」の討論を通じて研究が次第にかたちになってゆく、その過程をみんなで共有する場が生態人類学会なのです。詳しくは、学会ホームページ：http://ecoanth.main.jp/index.html をご覧ください。

　最後に各エッセイに掲載されている写真について触れておきます。写真は断りがない限り、基本的にすべて書き手自身の撮影によるものです。その多くは自身が通い続けている／きたフィールドの写真であり、各エッセイを印象深く伝える役割を担っています。いや、むしろフィールドで出会った出来事のなかで強く印象に残った場面を切り取った写真がまず目の前にあって、それを紹介・解説する＝語る文章を綴った、という順序のほうが正しいかもしれません。もう一点。各エッセイの主タイトルの文字はそれぞれの執筆者の直筆です。

　世界が狭くなり、さまざまな自然や文化に直接触れる機会がふつうになってゆくなかで、異文化体験や、自然と文化の多様性を認識することはますます重要になってゆくでしょう。とはいえ、地球上に暮らす八〇億の人間の生きかたをすべて知ることは無理な話です。でも、もしこの本が、その一端を垣間見られるエッセイ集になっていたなら、とてもうれしく思います。

　本書の企画・編集は梅﨑昌裕と河合香吏が担当するかたちで進めました。その過程で、また刊行に向けて、京都大学学術出版会前編集長の鈴木哲也さんとデザイナーの森華さんにはたいへんなご尽力をいただきました。記して心よりの謝意を表します。

二〇二五年一月

河合　香吏

ザ・フィールドワーク
129人のおどろき・とまどい・よろこびから広がる世界

2025年3月25日　初版第一刷発行

編　者　生態人類学会
発行人　黒澤隆文
発行所　京都大学学術出版会
京都市左京区吉田近衛町69番地
京都大学吉田南構内（〒606-8315）
電話　075-761-6182
FAX　075-761-6190
https://www.kyoto-up.or.jp
振替　01000-8-64677

ブックデザイン・イラスト　森　華
印刷・製本　亜細亜印刷株式会社

ISBN 978-4-8140-0586-4
Printed in Japan　定価はカバーに表示してあります